DU MÊME AUTEUR

Aux Éditions Gallimard

Romans

L'INVITÉE (1943).
LE SANG DES AUTRES (1945).
TOUS LES HOMMES SONT MORTELS (1946).
LES MANDARINS (1954).
LES BELLES IMAGES (1966).
QUAND PRIME LE SPIRITUEL (1979).

Récit

UNE MORT TRÈS DOUCE (1964).

Nouvelle

LA FEMME ROMPUE (1968).

Théâtre

LES BOUCHES INUTILES (1945).

Essais – Littérature

PYRRHUS ET CINÉAS (1944).
POUR UNE MORALE DE L'AMBIGUÏTÉ (1947).
L'AMÉRIQUE AU JOUR LE JOUR (1948).
LE DEUXIÈME SEXE, I ET II (1949).
PRIVILÈGES (1955). (Repris dans la coll. Idées sous le titre FAUT-IL BRÛLER SADE ?)
LA LONGUE MARCHE, *essai sur la Chine* (1957).
MÉMOIRES D'UNE JEUNE FILLE RANGÉE (1958).
LA FORCE DE L'ÂGE (1960).
LA FORCE DES CHOSES (1963).
LA VIEILLESSE (1970).
TOUT COMPTE FAIT (1972).

Suite de la bibliographie en fin de volume

JOURNAL DE GUERRE

SIMONE DE BEAUVOIR

JOURNAL
DE GUERRE

SEPTEMBRE 1939 - JANVIER 1941

Édition présentée,
établie et annotée par
Sylvie Le Bon de Beauvoir

GALLIMARD

Il a été tiré de l'édition originale de cet ouvrage cinquante exemplaires sur vélin pur chiffon de Rives Arjomari-Prioux numérotés de 1 à 50.

Ce journal de la déclaration et du début de la guerre (sept carnets) ne constitue qu'un fragment du journal que Simone de Beauvoir tint dès sa jeunesse, presque dès son enfance, et sa vie durant, quoique par intermittence. Il faut le considérer comme une partie d'un tout considérablement plus vaste. Mais sa publication isolée a été conçue comme complément de la correspondance avec Sartre, dont plus de la moitié appartient à la même période noire de 1939 et 1940. Il a paru intéressant de confronter les deux versions contemporaines dans leurs subtiles mais significatives différences. Surtout, le journal vient combler les trous de la correspondance, inévitables lorsque les deux épistoliers se rejoignaient : visite clandestine du Castor à Brumath, en novembre, permission de Sartre venu à Paris, en février, ou pendant leur brutale séparation, toute communication coupée, quand Sartre fut fait prisonnier en juin 1940. Il permet alors de reconstituer l'histoire dans sa continuité.

Cette perspective déterminée explique que les notes soient moins détaillées que celles des lettres, ne comportent pas, par exemple, de renvois développés, pagination à l'appui, aux œuvres romanesques ou autobiographiques de Simone de Beauvoir. Leur but se limite à rendre intelligible le texte, à identifier les divers personnages, bref à faciliter une lecture courante. Si l'on souhaite plus de précisions, on les trouvera

9

dans *l'édition des lettres à Sartre. Plusieurs extraits expurgés de ces carnets ont été incorporés par Simone de Beauvoir dans* La Force de l'âge. *Je les signale au fur et à mesure.*

Sylvie Le Bon de Beauvoir

CARNET I

1er SEPTEMBRE-4 OCTOBRE 1939

1ᵉʳ SEPTEMBRE [1]

A 10 h. du matin je déjeune chez « Rey [2] »; pour la première fois depuis de longs jours je suis vraiment de bonne humeur, je sens l'ensemble de ma vie autour de moi tout équilibrée et heureuse. Le journal annonce les revendications d'Hitler; aucun commentaire, on ne souligne pas le caractère inquiétant des nouvelles, on ne parle pas non plus d'espoir. Impression trouble. Je m'en vais vers le « Dôme », désœuvrée, incertaine. Peu de monde. J'ai à peine commandé mon café qu'un garçon annonce : « Ils ont déclaré la guerre à la Pologne »; c'est un client à l'intérieur qui a *Paris-Midi*; on se rue vers lui et aussi vers les kiosques à journaux où *Paris-Midi* n'est pas arrivé. Je me lève, je cours vers l'hôtel [3] pour attendre Sartre. Les gens ne savent encore rien, ils sourient dans la rue comme tout à l'heure. Personne dans l'hôtel, je monte, je lis *Marianne-Magazine* pour passer le temps; par instants l'évidence : mais ça y est, c'est la guerre. Je sors de nouveau, quelques types ont *Paris-Midi,* on les arrête pour voir le titre. Je reviens chez moi – une seule idée : attendre, revoir Sartre au plus vite. Il arrive à midi. On cherche les musettes, les souliers dans la cave.

1. A partir de cette date jusqu'au 5 novembre, ce journal est très partiellement cité dans *La Force de l'âge.*
2. Brasserie « Aux Trois Mousquetaires », avenue du Maine.
3. L'hôtel « Mistral », 24, rue Cels, où ils étaient installés depuis octobre 1937.

J'aperçois nos deux paires de skis dans un coin, ça me fend le cœur. José[1] est décomposé. Sartre me donne rendez-vous à 2 h. 1/2 et je vais en taxi retrouver Sorokine[2]. On va au « Murat », on mange des gâteaux ; c'est désert et sinistre ; la mobilisation n'est pas encore affichée ; pourquoi ? on aimerait mieux savoir une bonne fois. Je lui fais la conversation sans trop de peine ; je ne pense presque rien. De temps en temps un peu d'hébétude. On sort pour voir s'il y a des nouvelles ; il n'y a rien. Je la quitte et m'assieds au « Viaduc » au pied du métro Passy. Passy est absolument désert, toutes maisons fermées, pas un piéton dans les rues ; mais un interminable défilé d'autos sur le quai, pleines de valises et parfois de mômes ; il y a même des side-cars. Sartre arrive avec sa musette – la mobilisation est décrétée. Les journaux annoncent qu'elle a lieu à partir de demain ; ça nous donne un peu de temps. On passe à l'hôtel. Sartre a quand même peur d'être en retard à son centre de rassemblement. On part sans musette, en taxi, vers la place Hébert ; c'est vers la porte de la Chapelle une petite place un peu difficile à trouver. Elle est vide. Il y a un poteau au milieu avec une pancarte « Centre de rassemblement 4 » et en dessous de la pancarte deux gendarmes. Nous tournons un peu autour d'eux. On vient de coller des affiches au mur, nous allons voir : un grand appel à la population parisienne, sabré de bleu-blanc-rouge, et plus modeste, l'ordre de mobilisation décrétée à partir du 2 septembre 0 h. Sartre joue « Mr. Plume[3] mobilisé », il s'approche des gendarmes et montre son fascicule en réclamant avec modestie d'être expédié à Nancy. « Venez dès 0 h. si vous voulez » dit le gendarme « mais nous ne pouvons pas faire un train pour vous tout seul. » On convient de revenir à 5 h. du matin. Nous partons à pied vers les boulevards de Montmartre ; on achète un couteau à une horrible femme à barbe et je mange un peu au « Dupont » ; je ne me sens pas émue mais je peux mal manger. On va en métro au café « Rey », puis à pied au

1. Employé de l'hôtel.
2. Nathalie Sorokine (Lise Oblanoff dans *La Force de l'âge*), élève de S. de Beauvoir au lycée Molière l'année précédente.
3. Personnage de Michaux.

café de « Flore ». Sonia est superbe, avec un foulard rouge dans les cheveux, et Agnès Capri printanière avec un chapeau de bergère à grand ruban blanc; une femme qui a plutôt l'air d'une dure a les yeux pleins de larmes. L'optismisme cède un peu. « Cette fois ça a l'air plus sérieux » dit un garçon; mais les gens restent souriants. Nous sommes fatigués. Je ne pense toujours rien mais j'ai mal à la tête. Nous remontons la rue de Rennes. Un beau clair de lune; le clocher de St Germain-des-Prés, on dirait une église de campagne. Et au fond de tout, et devant soi, une horreur insaisissable; on ne peut rien prévoir, rien imaginer, rien toucher. D'ailleurs mieux vaut ne pas essayer. On est tout barré et tendu au-dedans, tendu pour maintenir le vide – et une impression de fragilité : il suffirait d'un faux mouvement pour que soudain ce soit une souffrance intolérable. Dans la rue de Rennes, pendant un moment, je me sens fondre en petits morceaux.

La nuit – J'ai peur de la nuit bien que je sois si fatiguée; je ne dors pas tout de suite; mais je ne pense rien, une espèce d'horreur fixe – on a mis le réveil à 3 h. du matin, il y a du clair de lune plein la chambre. Soudain un grand cri – je vais à la fenêtre, une femme a crié; rassemblement, des pas de course, une lampe électrique dans la nuit. Je m'endors.

2 SEPTEMBRE.

A 3 h. on se lève – valises, musettes en désordre – on s'habille vite. Sartre se mange obstinément un ongle. On descend à pied au « Dôme ». Silence, nuit, il fait très doux. Le « Dôme » et la « Rotonde » sont faiblement éclairés; le « Dôme » est tout bruyant; beaucoup d'uniformes. Deux putains à la terrasse encadrent deux officiers, l'une chantonne machinalement, les officiers ne s'en occupent pas – des rires, des cris à l'intérieur. On boit des cafés. Nous partons en taxi pour la place Hébert à travers une nuit vide et douce. La place est vide sous la lune, toujours avec ses deux gendarmes. On dirait un roman de Kafka; on a l'impression d'une démarche absolument indivi-

15

duelle de Sartre, une démarche libre et gratuite, avec pourtant une profonde fatalité qui vient du dedans, par-delà les hommes – en effet les gendarmes accueillent d'un air amical et indifférent ce petit homme à musettes qui demande à partir. « Allez gare de l'Est » disent-ils, presque comme à un maniaque. On va vers la gare de l'Est en suivant les grands ponts de fer, et en dominant la voie ferrée; c'est l'aube, le ciel rougit, c'est d'une beauté surprenante. La gare est presque vide; il y a un train à 6 h. 24, mais il semble que Sartre soit seul pour le prendre. Finalement il prendra celui de 7 h. 50. On passe un moment à une terrasse dans le petit matin doux et c'est presque gai – si seulement je pouvais ne pas penser à Bost [1] ce serait tolérable, mais je ne peux pas. Sartre répète qu'il n'est pas, lui, en danger, c'est juste une séparation. On se parle encore à la gare, séparés par une chaîne, puis il s'en va, son dos, sa nuque disparaissent. Je m'en vais vite et je marche; il me semble que tant que je marcherai, ça pourra tenir mais qu'il ne faudrait jamais s'arrêter. Un si beau matin d'automne, on dirait une rentrée de vacances heureuse; le boulevard Réaumur, les Halles, l'odeur des carottes et des choux – je m'arrête au « Dupont » St Michel et je commence à écrire. Pendant qu'on écrit on ne pense pas non plus. Le Luxembourg, Montparnasse; je repasse à l'hôtel. Diversion heureuse d'une lettre de Kos [2]. qui m'irrite et pour laquelle je médite une réponse; je me bute sur cette petite histoire, elle me remplit. Je commence à écrire et j'aperçois Gérassi [3], je suis contente de pouvoir parler à quelqu'un. Je dors à moitié. On déjeune ensemble à la « Coupole ». Sorokine a quitté Paris, j'ai eu juste un petit pneu. Je mange, je vais au « Dôme » et j'écris des lettres – puis je prends un métro et je vais au cinéma bd Rochechouart voir *Trafic d'armes*; pas trop bon, et trop court. Il est 5 h. quand je sors – contente d'avoir un rendez-vous à 7 h. 1/2, ça fixe une borne. Besoin de garder des directions dans l'espace, des bornes dans le temps.

1. Comme soldat de l'active, il allait être exposé en première ligne.
2. Son amie Olga Kosakievitch.
3. Peintre, mari de son amie Stépha, qu'elle avait connue lorsque celle-ci était gouvernante chez Zaza. Raconté dans les *Mémoires d'une jeune fille rangée.*

L'Intransigeant parle de vagues manœuvres diplomatiques : la Pologne résiste, le Reich est intimidé ; une seconde d'espoir, sans joie, plus pénible que la torpeur. Au sortir du cinéma Paris est lourd ; on parle peu dans les rues. Passé chez Toulouse [1] – dans un café des boulevards je lui écris, puis j'écris ceci. Demain il faudra se réveiller et penser des choses – mais pour aujourd'hui, tout est sauvé par la profonde hébétude – sommeil.

Sur le bd Montparnasse la librairie Tschann a mis une petite pancarte manuscrite : « Famille française – 1 fils mobilisé en 1914, etc. – mobilisable le 9ème jour. »

Gérassi estime inutile de se battre comme soldat ; il consentirait à 5 mois d'instruction s'il devait être commandant. Je le fâche en lui disant qu'il ne sera sûrement pas commandant.

Retour à pied vers Montparnasse – une file de gens attendant des masques à gaz sur l'avenue de l'Opéra. Je monte chez Gérassi et je somnole, accablée de fatigue ; je pense maniaquement à ma dispute avec Kos. parce que c'est le seul point auquel je puisse m'accrocher, du présent sur lequel on peut agir. Gérassi arrive, pathétique : « Voyons si vous avez du cœur... Ehrenbourg [2] est un homme fini » ; Ehrenbourg ne mange plus, ne dort plus, à cause de la trahison soviétique [3], peut-être il se suicidera – ça me touche peu. Nous allons dîner à la crêperie bretonne rue Montparnasse ; on prend une petite table sur la rue ; nuit noire : les grandes pancartes ABRI sur le mur d'en face, les putains qui arpentent le trottoir, une ou deux lumières bleues – il fait lourd. La crêperie n'est plus ravitaillée, elle manque de pain, de farine, etc. Je mange peu. Ce soir les cafés ferment à 11 h. ; plus de boîtes ; nous faisons un tour rapide, je ne peux pas supporter l'idée de ma chambre, j'irai coucher chez Gérassi. Je repasse chercher mon courrier : un mot du petit Bost qui s'ennuie à mourir – je pense qu'ils vont me le tuer, et c'est si absurde et injuste, je m'effondre. Je retrouve Gérassi ; on met un drap sur le divan d'en bas. Je suis longue à m'endormir mais je m'endors.

---

1. Surnom de Simone Jollivet, compagne de Charles Dullin. Vieille amie de Sartre puis du Castor. Elle habitait alors 11, rue de Navarin.
2. L'écrivain soviétique, ancien de la guerre d'Espagne comme Gérassi.
3. Le pacte germano-soviétique.

3 SEPTEMBRE. DIMANCHE.

Je me réveille à 8 h. 1/2; il pleut. Cette fois je suis bien réveillée, il n'y a pas à compter sur le sommeil hébété qui m'a soutenue hier toute la journée; ma première pensée c'est « C'est vrai »; tout de suite besoin d'activité, on ne peut pas rester une minute sans rien faire. Je fais longuement ma toilette. Je pense que je ne suis pas exactement triste ou malheureuse, je n'ai pas l'impression d'un chagrin *en* moi; c'est le monde dehors qui est horrible. On met la radio. Ils n'ont pas répondu aux dernières notes de la France et de l'Angleterre, on se bat toujours en Pologne, il n'y a plus d'espoir. Je descends, je remonte chez moi – pas de courrier encore, c'est très irrégulier. Je prends un café chez « Rey ». C'est impensable : après ce jour il y en aura un pareil et un autre et un autre, et bien pires même car alors on se battra. Tout est barré, souvenirs, avenir, perception même; à chaque arrêt du corps, des yeux, de la pensée, les larmes montent aux yeux; ce qui empêche de pleurer c'est l'impression qu'après, on aurait exactement autant de larmes à verser – tandis que parfois on a le goût d'aller jusqu'au bout de ses larmes et après ça fait comme une bonne chose de faite et une mesure prise. Je pense Sartre, Bost, mais comme des mots et des images figées sans expression; je n'ai pas relu la lettre de B. – je ne peux pas me décider à faire des rangements chez moi ni à aller chez le coiffeur où il faudrait rester 2 h. immobile. Je crois que je pourrai travailler, mais pas dans ma chambre, dans un café. En tout cas, le problème n'est pas le même qu'hier : hier c'était juste tenir la journée, n'importe comment. Aujourd'hui et à l'avenir il faudrait essayer de vivre convenablement. J'attends d'avoir repris mon roman chez V. et j'essaierai.

Je lis le *Journal* de Gide – le temps passe lentement. 11 h. : ultime démarche à Berlin, on saura aujourd'hui la réponse. Pas d'espoir – impossible de réaliser concrètement aucun espoir, je n'imagine même pas une joie si on me disait « la guerre n'aura pas lieu » et peut-être je n'en aurais pas.

18

A midi je passe chez moi; télégramme de Védrine [1] et coup de téléphone de Gégé [2]. Je lui téléphone aussitôt et ça me fait un plaisir démesuré d'entendre sa voix; qui on voit, ça ne fait rien, ce qui compte c'est l'impression d'une société organisée autour de soi avec des rendez-vous et l'usage de la parole et des soucis communicables. Je vais chez elle à pied; toutes les distances se sont tellement raccourcies; un km. à faire, c'est toujours 10 mn. d'occupées. Paris me semble ramassé et individualisé. Les sergents de ville ont de superbes casques neufs et leurs masques en bandoulière dans de petites musettes cachou, il y a des civils qui portent ça aussi – beaucoup de stations de métro sont barrées avec des chaînes et d'énormes pancartes annoncent la station la plus proche. Les autos avec leurs phares bleus semblent parées d'énormes pierres précieuses.

J'arrive chez Gégé, très mignonne avec son joli petit chemisier blanc; il y a Pardo [3] et un autre type aux yeux très bleus; on cause un peu, de Poupette [4], des vacances – détente. On va au « Dôme » où Gérassi est en train de manger une poule au riz – on déjeune tous quatre ensemble. Pardo fait le pari contre G. et moi qu'il n'y aura pas la guerre; mon voisin, un Anglais, dit la même chose; cependant le bruit court que l'Angleterre a déjà déclaré la guerre. On discute – état de vague espoir ou du moins d'incertitude. Gégé va quitter Paris mardi pour le Limousin, elle n'a que 2 000 f. pour faire vivre sa famille; elle raconte ses vacances à Porquerolles, sa visite à La Grillère et le retour dur de Limoges à Paris, une suite ininterrompue de trains et de voitures chargées de matelas; vers Paris, peu d'autos et rien que des hommes seuls, des rappelés. Le type aux yeux bleus vient, et Ella Pardo [5]; il essaie vaguement de défendre l'U.R.S.S.– on met au « Dôme » d'épais rideaux bleus pour voiler les vitres. Soudain à 3 h. 1/2, *Paris-Soir* : « L'Angleterre a déclaré la guerre à 11 h. La France la déclare

1. Louise Védrine, ancienne élève devenue une amie.
2. Amie de la sœur du Castor, devenue la sienne et celle de Sartre.
3. Ami de Gégé et son futur second mari. Leur fils Frédéric, né en 1944, aura Sartre comme parrain.
4. Sa sœur.
5. La sœur de Pardo.

à 5 h. de l'après-midi. » Énorme secousse malgré tout – de nouveau un éclair « ils vont tuer Bost » ; je rentre chez moi en larmes et je me mets à ranger maniaquement. La pipe de Sartre, ses vêtements. J'ai l'évidence que je ne vivrai pas s'il meurt ; ça me donne presque une tranquillité tandis que pour B. c'est intolérable et mêlé comme d'un remords de lui survivre.

Je me calme, je descends ; les rues sont graves. Sur la place Montparnasse, une bagarre. Une femme je crois a traité un type d'étranger et il l'a engueulée ; des gens ont protesté ; un garde municipal s'interpose et attrape le type aux cheveux – protestations de la foule – le garde est confus et disperse les gens – dans l'ensemble la foule semble hostile à cette hostilité contre « l'étranger ». Je viens au café de « Flore » et j'écris à Bost.

A 6 h. Gégé arrive ; elle est nerveuse, les larmes aux yeux. Ella Pardo arrive aussi, elle me parle de sa séparation avec son ami qu'elle a quitté brusquement au milieu de la rue, sans pouvoir aller jusqu'à la gare. Pardo plaisante et rit ; des gens de « Flore » disent encore qu'ils ne croient pas à la guerre ; mais des gueules sinistres. Je fais parler Gégé sur les gens de « Flore » ; impression d'être liée à tous ; ça bouge, ça grouille, on ne sent aucune vie personnelle, mais la communauté vit en soi comme chez les primitifs. On va au restaurant des St Pères, il y a Sonia et plein de types de « Flore » ; on s'assied dans une salle au fond et là, un moment affreux en commandant le pâté, le beaujolais ; je retrouve ma vie individuelle, il me semble que je vais me mettre à crier. Il y a là un type de chez Hachette, Philippe Aberi (?), un Grec très sûr de lui ; ils déconnent formidablement sur la politique, Pardo essaie de soutenir l'U.R.S.S., disant que c'est un plan machiavélique pour susciter révolution et triomphe du parti. On sort ; Aberi raconte son travail aux Messageries Hachette avec les types mobilisés, les camions réquisitionnés et les femmes qui chialent ; toutes les librairies des métros sont sur le pavé. Il s'attendrit devant un couple : « Ces gens simples, ça doit être si dur de lâcher une femme » ; l'imbécile ! On remonte avec Gégé la rue de Rennes toute noire et on s'assied au « Dôme » ; nuit épaisse. Un policier discute

20

avec le gérant qui rajoute encore d'épais rideaux bleus masquant toute lumière. Admirable ciel sur Paris et dans la nuit merveille des lumières colorées et des phares violet et bleu. Pardo revient, amenant Pozner, un soldat jeune et sympathique. Grouillement, fièvre, dépaysement de se sentir lié si fort à tous ces étrangers. Et constante horreur : l'essence enflammée, les gaz, l'ypérite, et Bost dans tout ça. On a aperçu P. Bost[1] qui ne sait rien de plus. Aperçu Téssaide le matin au « Dôme », et le Hongrois[2]. A 11 h. on vide les cafés. Je vais coucher chez Gégé. Pardo me donne un cachet et je m'endors d'un sommeil angélique où je rêve avec tendresse à Merleau-Ponty.

4 SEPTEMBRE.

En me réveillant à 8 h. reposée dans la chambre toute bleue, une minute j'ai un souvenir affectif des réveils normaux : ce bonheur devant la journée qui vient, cette aisance ; ça me fait presque une « corvée » d'avoir à retrouver le monde de la veille. Je salue Gégé, embêtée pour sa famille, embêtée d'aller en Limousin. On prend le thé, la confiture, avec Pardo, et je fais ma toilette.

Les journées ont un rythme. Immense différence du matin et du soir. Le soir c'est la fièvre, la décomposition, on pense à se saouler, à sangloter, à faire n'importe quoi et on se perd dans la foule. Le matin est tout lucide. Je suis beaucoup plus calme qu'hier matin. Je vais à pied bd St Michel acheter pour Bost *L'Adolescent* ; il y a des soldats dans le Luxembourg. Admirable matin d'automne, marronniers dorés, odeur de feuilles mortes. Je pense à de petits plaisirs : lire *L'Adolescent,* lire Gide. Je dis : Sartre ne mourra pas, peut-être Bost ne mourra pas et je me sens indifférente à tout, à tous. Pas malheureuse : hier non plus. Le monde horrible est dehors, et ce matin pour une ou

1. Pierre Bost, le frère aîné de Jacques Bost, écrivain et journaliste, rédacteur en chef de *Marianne.*
2. Ex-amoureux de Stépha, connu à la Nationale en 1929.

deux heures je suis retirée du monde. Sur les balcons des Guille[1], des fleurs rouges et une bonne femme, la concierge sans doute. J'achète *L'Adolescent* et je lis chez « Capoulade ». La guerre n'est nulle part.

Je ne suis pas malheureuse parce qu'il n'y a aucune réflexion sur ma vie; les objets « bonheur » et « malheur » n'existent plus, ni cet objet : vie. En même temps, cela va ensemble, aucun « accrochage » de volonté, regret, espoir; je ne désire, n'attends rien, et je suis bien par-delà les regrets. Une sorte de paix.

Je passe à l'hôtel. Pas de lettres. Le cœur se serre. Je me sens coupée du monde. Pourtant Sartre n'est pas séparé de moi. Je ne pense absolument pas : je le retrouverai. Mais simplement je continue à être dans le même monde que lui, avec lui. Je lis un peu le *Journal* de Gide, avec intérêt, et je déjeune au « Dôme »; Gérassi passe un instant. *Paris-Midi* : les opérations militaires ont commencé sur terre et sur mer; rien de plus. Comme ça fait propre! – toujours ce visage pâle du petit Bost qui revient, comme une obsession.

Je lui envoie *L'Adolescent* et téléphone de la poste à Mme Mancy[2]; il faut montrer ses papiers d'identité. Mme Mancy très aimable me prie de venir la voir; difficile de trouver un taxi; il faut guetter le moment où les gens en descendent. J'en accroche un gare Montparnasse. Visite ennuyeuse. La pauvre femme ne peut s'empêcher de me dire d'un petit air allant : « Ça lui fera du bien, ça lui montrera qu'on ne vit pas comme on veut »; elle me donne un tas de conseils minutieux et me montre sa lampe électrique perfectionnée. Je passe chercher nos manuscrits chez Védrine. Mais la concierge n'est pas là; dans cette impasse de Passy, un tas de drôles de clochards. Je vais au lycée[3], la directrice en personne prend les mesures de ma figure et me donne un masque à gaz de petite taille dont elle m'explique le maniement. Je pars avec mon cylindre en bandoulière; un moment d'émotion en

1. Camarade de Sartre à l'École, appelé Pagniez dans les *Mémoires*.
2. La mère de Sartre, remariée à M. Mancy.
3. Molière.

22

voyant la cour du lycée avec ses fleurs, c'est le premier moment où *ma* vie, mon bonheur passé me reviennent en un éclair; ça passe tout de suite. De nouveau, taxi dans un Passy absolument désert. J'arrive chez Gégé. Drame de ménage. Elle est follement énervée de n'avoir pas revu Denonain [1] qui est parti ce matin; elle va voir Nogues [2] à 6 h. ce qui fait râler Pardo; et ça l'emmerde de partir en Corrèze. Elle s'en va sangloter dans sa chambre et je la console; des mots tendres de piège [3] me viennent à la bouche, machinalement : « ma petite fille, ma chérie », pour un peu j'aurais dit « mon amour »; elle est attachante, avec son plaisant costume, sa taille gracieuse et ses cheveux en désordre, pleurant des larmes de petite fille qui délaient son rimmel. « J'ai peur, j'ai peur pour eux »; elle tient encore à Bost dont elle m'a montré une petite photo où il a l'air d'un jeune détenu – je la secoue. Je suis sèche comme trique aujourd'hui, du bois mort. Je l'accompagne à pied à la gare St Lazare; belles plates-bandes du Carrousel – du monde sur les boulevards. Gégé parle de Nogues et de Pardo; elle est butée, raidie, terriblement nerveuse.

Je reviens en métro. Une queue immense gare St Lazare; le métro brûle des stations, ça fait étrange. Je descends à Solférino et viens au « Flore » où j'écris à Poupette et Védrine. Pardo vient me faire ses doléances; il a les larmes aux yeux et la fièvre, il est sonné; son ami Philippe Aberi(?) nous salue; il raconte l'histoire des volontaires de la mort. C'est Péricard, le type de « Debout les morts! » qui a inventé ça : un appel à tous les boiteux et goitreux, qui ne perdront rien en perdant la vie, pour qu'ils l'offrent à la patrie. Il cite une lettre formidable d'un mec : j'ai 32 ans, un bras, un œil, je croyais que ma vie n'avait plus de sens mais vous m'avez rattaché à l'existence en me restituant toute la grandeur du mot : « Servir »; et le type termine en demandant qu'on utilise aussi les demi-déments. Mme Patisson, comtesse Montinori(?) dont Poupette m'a

1. Son premier mari.
2. Son patron et ami.
3. Expression de « cette dame », Mme Morel (dans *La Force de l'âge* Mme Lemaire), grande amie de Guille, puis de Sartre et du Castor. Elle appelait « pièges à loups » les homosexuels des deux sexes.

parlé souvent, annonce qu'elle s'est engagée dans les volontaires garibaldiennes. Conversations. Le gérant du « Flore » annonce qu'on ferme le café le lendemain ; ça me fait triste, c'était une bonne petite quérencia [1]. Amusant de voir les gens en militaire : Breton en officier au « Flore », le petit Mané-Katz [2] en soldat de l'autre guerre au « Dôme ».

Arrive le Hongrois – il s'assied en face de moi et m'annonce en bégayant avec un peu de pompe qu'il s'engage ; je lui demande « pourquoi ? » et il fait un geste vague – un aviateur demi-saoul, demi-fou à côté de moi lui dit noblement : « Monsieur, permettez-moi de vous offrir un verre. » Ils boivent des fines et discutent sur la légion étrangère, le Hongrois ne voudrait pas être avec de la pègre. On parle des raids d'avion ; l'aviateur ne croit pas aux gaz mais aux bombes à air liquide et conseille de descendre dans les abris. Tout le monde parle d'alerte pour la nuit ; jamais Paris n'a été aussi noir. Gégé et Pardo reviennent, ils sont horriblement nerveux et déprimés ; on monte au « Dôme » dans la petite auto ; nuit épaisse. Une table à la terrasse ; je leur raconte des histoires bien que j'aie grand mal à la tête. A 10 h. 1/2 on rentre chez eux ; je vais encore coucher chez eux à cause du raid annoncé et je m'endors comme un ange.

La nuit – Gégé entre dans la chambre, je crois qu'elle vient faire les valises, mais ce sont les sirènes. Odieux de retrouver brusquement la guerre ; brève pensée de leur vie là-bas, c'est odieux. On se met à la fenêtre, les gens marchent ou courent vers les abris ; beau ciel étoilé, clair de lune. On descend jusqu'à la loge où la concierge a déjà mis son masque à gaz, puis on remonte, sûres que c'est une fausse alerte. Gégé et Pardo très nerveux ; Gégé ne retrouve pas sa robe de chambre, Pardo geint qu'il faut vite quitter Paris. Il est 4 h. Je me rendors profondément jusqu'à 7 h. où on entend la breloque. Les gens sortent des abris ; deux espèces de folles en robes de chambre fleuries

1. Mot emprunté au vocabulaire tauromachique, désignant un endroit où l'on se sent à l'abri de tout.
2. Le peintre.

avec des linges autour de la tête : en guise de masque sans doute. Un type passe à bicyclette, masque à gaz en bandoulière, et crie « Ah! les vaches! ».

5 SEPTEMBRE.

Le réveil est pris dans la suite de la nuit. Je pense que si seulement il y avait plus de mouvement et de danger, on s'occuperait plus de soi et la pensée des autres serait plus tolérable. Heure presque agréable. On prend le thé. Le journal annonce que « les contacts sont progressivement pris sur le front »; que c'est propre et poli! le même mot que pour les diplomates. Arrive une petite script-girl du « Flore » qu'ils emmènent avec eux, elle est hagarde de tristesse et de peur, ils ne pensent qu'à foutre le camp. Raconte qu'il y a eu avant-hier soir un formidable accident de chemin de fer aux Aubrais : 120 morts – et des tas d'accidents sur les routes. Elle est toute mal coiffée; elle prétend que les femmes ne se maquillent et ne se coiffent plus, c'est assez vrai. Je lis un peu le *Journal* de Gide cependant qu'ils s'agitent et achèvent les valises. Je les vois partir sans regret; à présent j'ai plutôt envie de vivre seule, de travailler, de m'occuper la tête. Personnellement, ça m'amuse un peu la modicité des ressources qui me sont offertes; j'ai toujours aimé imaginer des situations où il fallait arranger sa vie presque sans matière : extrême pauvreté, ou maladie, ou village, ou province. Je suis assez bien servie et les moindres choses semblent des richesses immenses : j'ai quelques livres, les disques de Gégé, du cinéma. Mais je prévois que dans deux ou trois jours, et plus la fièvre tombera, plus je me dégoûterai de ce jeu et il faudra du plus robuste.

Ils partent, Gégé plaisante sur son fichu noué. Je lis au lit, je vais chercher mon courrier – lettre de Sartre, ça me tire les larmes quand il écrit : « je me sens absurde et tout petit ». Sa petite personne de chair et d'os me tire les larmes, mais tout le reste ne me manque pas, je ne l'ai pas perdu. La lettre est vieille, du 2 septembre au soir. Je viens au « Dôme » et j'écris ces notes. Il y a là J. Barré qui salue Kisling[1] en militaire : « Alors, on remet ça pour la seconde fois mon pauvre vieux ! ». Le Boubou[2] passe, il me raconte comme les putains faisaient le trottoir hier soir avec le masque en bandoulière. Tabouis dans *L'Œuvre* est toujours optimiste ; il y a encore des gens qui ne croient pas à la guerre. J'entends ça sans le moindre mouvement de joie. Je me dis « ils reviendraient » et j'essaie d'imaginer leur retour sans un sursaut de plaisir. Je pense que cette indifférence est précisément l'absence de croyance.

Je déjeune à la « Coupole » avec le Boubou – je mange une Toulouse-Esaü[3] sans un saubresaut de souvenir, je commence à être assez racornie pour ne plus craindre perceptions, souvenirs. Le Boubou est grave et important, il répète « c'est tragique » comme si le vrai tragique des situations ne se dévoilait qu'à lui seul dans son authenticité et il parle de s'organiser une vie amusante avec l'impression d'être héroïque et en répétant que c'est moins pénible au front qu'à l'arrière – il est d'un égoïsme si profond que lorsque quelque chose touche sa sensibilité, il en est bouleversé : non de la chose même, mais d'en être touché – et il vous en fait part avec importance. Il part tôt ; je vais à la poste téléphoner à Mme Mancy puis à la *N.R.F.* pour toucher du sou mais ils déménagent. Je viens m'asseoir à la terrasse des « Deux Magots » : le « Flore » est fermé. Voilà Capri, Sonia et son amie brune. Capri parle de départ pour New York. Un petit spasme en m'asseyant ici : la fenêtre de Bost[4], Bost traversant la place (avant notre amour), je le revois si bien. J'ai envie de partir et je reste, on ne peut pas chasser tous les souvenirs, il faut ne plus les sentir. Indifférence à tout – je ne suis toujours pas malheureuse. On ne sent pas encore que c'est vraiment la guerre ; on attend. Quoi ? que ça finisse, que Bost soit blessé, ou l'horreur de la première grande attaque – mais en ce moment ça fait presque une farce, les gens avec leurs masques, ces airs « sérieux », leur importance en parlant de la

1. Le peintre.
2. Surnom de Gérassi.
3. Saucisse aux lentilles, un des plats favoris de Sartre.
4. Rue de l'Abbaye, où il habitait chez son frère.

nuit d'alerte, les cafés fermés; ce n'est qu'un envers et la première fièvre tombée tout est dépouillé, nu et ennuyeux. L'ennui n'est pas encore venu mais menace, c'est comme dans la maladie, les premiers jours de fièvre, il suffit d'un bruit de pluie, d'un rond de lumière pour les peupler; et puis ça se tire indéfiniment dans le morne. Je commence à avoir envie de vivre et plus seulement de faire la planche. Écrire, penser... mais il faudrait une assise, on est dans l'incertitude, on ne sait comment ça tournera hors de soi ni en soi même.

Un décret sur les Allemands habitant la France; on va les foutre dans des camps de concentration. Les magasins Uniprix affichent : Maison française – Capitaux français.

Sonia qui disait si crânement, avant, qu'elle resterait à Paris, crève de peur – elle part – elles font leurs projets de voyage. C'est marrant à quel point les gens sont poltrons et veules, on entend partout des réflexions angoissées sur l'alerte de la nuit. (C'était des avions allemands qui avaient passé la frontière en reconnaissance, dit-on.) Comment peuvent-ils s'occuper ainsi d'eux? finalement, c'est si peu intéressant, ici, juste du pittoresque, ça finit par écœurer.

Comme lentement du matin au soir les journées glissent au sinistre – lentement, si lentement. Ça, il faudrait le décrire : la place St Germain-des-Prés tellement morte sous le soleil, des hommes en salopette qui remuent des sacs de sable, des visages mornes; le marchand de cacahuètes est là; un homme joue d'une petite flûte. Et silencieusement, le temps passe.

Je lis le *Journal* de Gide de 1914 – beaucoup de choses pareilles à maintenant.

Par instants, des éclats de peur, intolérables, le sentiment le plus horrible à supporter. Les souvenirs sont désarmés par la sécheresse du cœur, mais que cette phrase puisse se dire, s'écrire : « le petit Bost est mort », ça donne envie de se sauver en criant. « Sartre est mort », je sais que cette phrase-là je ne la dirais à personne.

Les communiqués ne disent rien. « Les opérations militaires se déroulent normalement. » Est-ce que des gens sont déjà morts?

Et tout ça va durer des jours.

Je ne peux plus y tenir et je me jette dans un taxi pour passer chercher mon courrier. Une lettre de Kos. très gentille, j'ai envie de l'avoir avec moi, je me sens terriblement seule; je lui écris un petit mot et aussi à Bost mais j'entends quelqu'un, chez « Rey », parler d'avance vers la ligne Siegfried et j'imagine une attaque, des morts, je suis prise d'une panique folle. J'achève ma lettre à la nom de Dieu et je vais retrouver au « Dôme » le Hongrois mais je ne me tiens plus. On dîne à la terrasse d'un petit restaurant bd Montparnasse; il explique qu'il s'est engagé parce qu'il ne peut ni retourner en Hongrie, ni avoir en France une situation possible; début de soirée atroce, il parle par idées générales qui ne m'accrochent pas une seconde et j'ai envie de me sauver en criant. Finalement comme il me dit m'avoir aperçue chez « Dupont » avec un charmant jeune homme, j'ai une crise de larmes; ça me détend; je bois du vin rouge, je me mets à le faire parler, à parler, sans plus rien penser pendant que la nuit s'épaissit autour de nous. On va aux « Vikings [1] » boire de l'akvavit, on dirait un caveau mortuaire; je suis complètement saoule sans avoir beaucoup bu, je dis n'importe quoi et il me baise les mains en disant que je suis délicieuse, que jamais il ne m'a vue ainsi – je lui sais tellement gré de remplir cette soirée, j'accroche comme une noyée. S'il le voulait je crois que je coucherais avec lui quoiqu'il me répugne, tant je me fous de tout, tant j'ai envie d'être perdue dans l'instant. Il me dit des choses amusantes sur sa sexualité : c'est un masochiste, ça lui va si bien, il ne peut coucher qu'avec des femmes plus robustes physiquement que lui, dans les bras de qui il se sente un petit enfant; c'est difficile, vu qu'il est énorme. Il en a trouvé une qu'il a fait sortir d'un bordel et qui le soulevait à bout de bras. Amoureux d'une jeune fille plutôt fragile, il lui fallait se persuader qu'elle le dominait intellectuellement et pour faire l'amour avec elle, il avait des trucs : il se répétait les mots « infini », « une grande mer », « se perdre dans la mer » et alors ça allait. M'emmène chez lui pour me traduire des morceaux de son roman sur Stépha, il bafouille et

1. Rue Bréa.

28

m'emmerde. Je ne le reverrai plus. Je rentre par une nuit profonde, minuit, tout est fermé. Jamais encore je n'ai été seule dans ces ténèbres. Je rentre et m'endors.

La nuit – Je suis réveillée par de grandes explosions; je ne comprends pas tout de suite; sinistre, un moment de désarroi en cherchant mes vêtements dans le noir sans les trouver; comment les sirènes n'ont-elles pas sonné? je m'enveloppe dans une couverture et me penche sur l'escalier; j'entends des voix calmes : « Ce sont les mitrailleuses – Mais les sirènes? – Il y a une heure qu'elles ont sonné. » Je m'habille vite et descends; les gens sont calmes – on n'entend plus de canon et au bout de 10 mn. je remonte et me couche habillée; puis quand on entend la breloque je me déshabille et dors à peu près jusqu'à 10 h.; je rêve d'un autobus qui s'avance sur Sartre pour l'écraser et que je m'évanouis de peur.

6 SEPTEMBRE. MERCREDI.

Je me lève et cherche mon courrier : rien. Je vais au « Rey » et je lis *L'Œuvre* et *L'Ordre*, puis *Marianne*. Plus de mots croisés, tous ces jeux sont interdits par crainte de langage chiffré. Je lis Gide quand brusquement le rideau de fer s'abaisse avec bruit et je vois les gens courir; je rentre chez moi, sirènes; un peu d'énervement : « est-ce que ça sera tout le temps comme ça? »; les gens restent réunis par petits groupes dans la rue, vraiment calmes; la patronne continue sa vaisselle; je lis dans ma chambre. Bientôt c'est la fin de l'alerte. Je continue ma lecture, puis vais déjeuner à la terrasse du « Dôme ». Je lis *Le Canard enchaîné*, assez drôle et que je regarde à cause de son sottisier. Le Boubou vient; je l'accompagne déjeuner. D'après *Paris-Midi*, il n'y a pas encore de vraies batailles sur notre front, quel soulagement! – je suis calme. Si j'avais fait des conneries hier soir, je le regretterais amèrement, donc me méfier des soirs. Le matin, malgré tout, je *me* retrouve dans *ma* vie et de nouveau je crois que je les reverrai et mes rapports avec eux continuent comme en temps de paix. Le Boubou dit que cette guerre lui fait effet d'une « guerre-attrape » comme dans les boutiques de farces-attrapes : une guerre en trompe l'œil, toute pareille à une vraie, mais sans rien dedans. C'est bien l'impression qu'on a en ce moment, si ça pouvait durer! On va faire une partie d'échecs chez lui, insipide, nous jouons trop mal. Puis je viens chez « Dupont », j'écris à Kos. en lui envoyant 50 f. pour qu'elle vienne – à Védrine. J'écris aussi. Je lis Gide. Sans cesse passent à toute allure des voitures de pompier et des ambulances avec leurs cris aigus. Je n'ai pensé à peu près à rien de toute la journée.

Chez moi une petite lettre de Sorokine – au « Dôme » j'écris à Bost et continue à lire jusqu'à 9 h. Soirée à peu près calme chez Gérassi ; on boit du cognac et écoute la T.S.F. : un peu de Mozart, un peu de Bach. Grand plaisir à réentendre de la musique. Je dors là, dans la petite chambre d'en haut. Pas d'alerte.

7 SEPTEMBRE. JEUDI.

Gérassi m'a un peu rassurée en me disant que ce n'était pas les jeunes recrues qu'on envoyait au front; et qu'on s'était encore très peu battu. Je crains au jour le jour, je ne pense pas au mois prochain mais seulement à me dire : en ce moment il est vivant. J'ai bien dormi et le jour commence comme un jour normal. Jour sans ennui malgré le vide, comme si on était dans une ville étrangère, seule, à ne rien faire; l'existence neuve de l'objet, sa richesse, justifient chaque heure et l'ennui n'a pas place.

Je suis tendrement attachée à ce carrefour Montparnasse, ces terrasses de café demi-vides, le visage de la téléphoniste du « Dôme », je me sens en famille ici. Une certaine stabilité humaine qui représente pour moi la stabilité du monde même. Une familiarité qui empêche le « dévoilement angoissé ». Je m'assieds à la terrasse du « Dôme » à lire Gide en prenant un café et bientôt un type m'interpelle, un affreux, édenté, couturé, à demi bossu que nous avons vu souvent au « Dôme ». « Voir quelqu'un lire de l'André Gide, on pourrait croire que la grande stupidité n'existe pas », me dit-il, et il me parle de Sartre, et de Wanda [1], et s'étonne parce que autrefois on nous voyait tous trois avec la grande et maintenant on voit S. seul avec la petite. Il est stupide ; me raconte que la femme de Breton a fait scandale hier à la terrasse des « Deux Magots » en criant à tue-tête « cette putain de Général Gamelin » ; il s'appelle Adamov et connaît vaguement les Surréalistes. Je tue une heure à lui parler puis je rentre ; 2ème lettre de Sartre, encore à traîner à Nancy. Je vais déjeuner au petit restaurant « Pagès [2] » où pour 10 f. je mange très bien, puis je prends le café avec le Boubou – j'ai acheté *Marie-Claire*, le mot « guerre » n'est pas prononcé une fois et pourtant le numéro est parfaitement adapté. Dans les lavabos du « Dôme » une putain se fait le visage ; elle explique mystérieusement « je ne mets pas de rimmel, à cause des gaz ». Je vais chez le coiffeur, il me fait une belle coiffure, je me sens triste en sortant de n'avoir personne que j'aime à qui me montrer. Je vais lire au « Dôme ». Gide devient nettement gâteux sur la fin, il est court, il ratiocine, et sur la politique et l'économie il est emmerdant comme tout – et quelle vie de politesse. Adamov rapplique, me parle avec poésie de l'Irlande et me montre un manuscrit ahurissant ; vide, platitude et grandiloquence ; mais la terre est donc peuplée de masochistes ! Il parle de talons hauts et de sandales boueuses lui lacérant la face, je voudrais plus de précision – emmerdant comme la pluie, même en temps de guerre.

Je me sens installée dans cette vie maintenant, je vais chercher des vêtements dans l'appartement vide [3], je range vêtements, livres, je m'installe. Une lettre de Sartre qui me donne une adresse ; il semble bien à l'abri – un moment de vrai bonheur avec cette lettre. Je vais manger quelques crêpes rue Montparnasse, je m'installe au « Dôme » près du petit Allemand et du pseudo-Hitler qui me caresse la tête au passage et j'écris à Sartre une immense lettre. Je vais aller dormir.

1. Sœur cadette d'Olga Kosakievitch.
2. Rue Delambre.
3. De ses parents, 71, rue de Rennes.

La journée commence assez bien. Le Hongrois me téléphone à 9 h. et je le retrouve au « Dôme » pour le petit déjeuner ; jamais le temps n'a été si radieux – il m'avoue n'être pas hongrois, mais slovaque et juif ; me raconte des histoires sur sa mère, sans intérêt, et aussi sur des hallucinations dues à l'alcool. En taxi avec lui chez Védrine pour chercher les manuscrits ; émotion, mais très légère, devant l'appartement vide et les notes bien rangées dans son tiroir. Je repasse chez moi, j'écris à Sartre, je déjeune. Le Boubou me retrouve au restaurant rue Vavin et prend le café avec moi. Il a vu hier Ehrenbourg et Malraux sur qui il ne raconte rien d'intéressant ; Malraux essaie de venir en aide aux étrangers qu'on enrôle de force dans la Légion étrangère ; une armée slovaque est constituée ; 150 000 guides d'Amérique ont proposé de former une armée mais il semble qu'on va renforcer le pacte de neutralité et qu'ils ne pourront pas venir. Les journaux annoncent « amélioration de nos positions » et parlent de « violents combats entre Rhin et Moselle » ; Gérassi prétend qu'on aurait déjà enlevé quelques forteresses de la ligne Siegfried – mon cœur se serre ; j'arrive pourtant à écrire calmement des lettres à Sartre, à Bost, et à finir Gide ; mais après avoir envoyé à Sartre le journal de Gide je passe à l'hôtel et voilà la femme de chambre qui me parle d'un petit jeune homme qui venait de finir son service comme M. Bost et qui est sur les lignes, on le bombarde ; avait-il fait deux ans ou un, je ne sais, mais je suis envahie d'horreur. Le Hongrois arrive, me donne une immense montre en verre, sphérique, qui pèse au moins 1 kg. et des livres, et me confie des manuscrits – on prend un verre ensemble mais ma gorge est serrée, il faut que je sois seule ; il est d'ailleurs à moitié abruti de pernods, on se quitte. Je prends le métro et vais gare du Nord, puis à pied sur les boulevards de Montmartre, la rue de Clichy, les grands boulevards. État de peur intolérable, seule la marche peut un peu soutenir. Je m'étais dit qu'en faisant cette promenade j'allais essayer de ne plus fuir, de penser à Bost avec son casque, sa capote, son barda, son pauvre visage ; je voulais aussi laisser revenir quelques souvenirs, mais c'est impossible, je ne peux pas regarder ça en face, aussitôt l'estomac si tordu, les lèvres si sèches que de nouveau je ne peux avoir souci que de moi, ne pas sangloter, ne pas crier, et je marche en fuyant de nouveau les images. État atroce ; presque chaque soir ainsi, Bost est mort ; le matin il est parfois vivant ; mais ce soir était pénible entre tous. Tout à l'heure en dînant j'ai sauté une page du livre qui décrivait la vie des tranchées ; mais je ne peux pas exiger de moi de me représenter ces scènes, c'est une vaine torture.

Huit jours de lutte, pourquoi ? comme si j'attendais un miracle, mais 8 jours ne m'ont pas avancée d'un pas, ça commence à peine. C'est ça qu'il faudrait arriver à penser, que je ne peux pas penser. Je ne sais par quel bout saisir la guerre, rien de plein, comme disait de Roulet [1] à propos de la maladie, une éternelle menace. Par instants je prends l'état de peur comme une crise à laquelle il faut bien faire sa part, mais qu'on doit essayer de réduire — et par instants, ça me semble le moment de vérité, et le reste une fuite lâche. D'ailleurs, non, ce n'est même pas vérité, ce n'est pas saisie d'aucun objet, c'est seulement une fuite poussée à la panique.

Aucune émotion devant les décombres de la « Maison Rouge [2] », devant rien ; j'en aurais tant s'il s'agissait d'une rupture. C'est que, comme Sartre disait bien, dans une rupture il s'agit de renoncer à un monde, et ce monde est encore là qui vous accroche de partout et le déchirement horrible. Ici, une fois pour toutes, ce monde est détruit, il n'y a plus qu'un univers informe. Toute mélancolie, tout déchirement même est interdit. Il faudrait au moins un espoir.

Je suis repassée chez moi ; place Edgard Quinet les gens lèvent la tête pour regarder monter dans un ciel gris-rose de

1. Ancien élève de Sartre, atteint de tuberculose osseuse. Ami de sa sœur et son futur mari.
2. Charmant restaurant de Montmartre où elle allait souvent avec Bost, ou Sartre.

grosses saucisses grises. Pas de lettre. Je mange deux crêpes et je viens au « Dôme » où j'écris ceci. Dans les cafés à présent, il faut régler sa consommation tout de suite, pour pouvoir partir en cas d'alerte.

Gérassi parle de peindre; « si je fais ça » dit-il « je pourrai avoir du respect pour ma vitalité; déjà Ehrenbourg trouve que tout ce que je fais est d'une telle vitalité ». Il m'exaspère; il traîne, c'est tout. Il me donne envie de travailler et d'être dure. Mais ce soir, je ne m'en sens guère capable. Sinistre. Tout pourrait aller, solitude, absences, s'il n'y avait pas cette terrible peur. Impossible de la supporter longtemps; au bout d'une heure ou deux elle retombe, il ne reste qu'un mal de tête flasque.

Et malgré ça, la même impression que Sartre dans sa crise de foie [1]. La vraie douleur, la vraie horreur, ça doit être plus fort que ça.

Le Boubou passe et me propose une partie de poker; j'hésite puis j'y vais; on boit un peu, on joue, j'arrive un peu à m'intéresser au jeu mais sur un fond terriblement morne. A minuit je rentre chez moi et je trouve un petit mot : « je suis là, je suis au 20 au fond du couloir. Kos. » – impression mêlée de plaisir et d'un peu de peur à retrouver un morceau de ma vie. Je frappe au 20 où une grosse voix d'homme me répond – puis avec ma bougie (mon électricité ne marche pas depuis 2 jours) j'erre dans le couloir en écoutant les bruits; le Russe d'en face sort de sa chambre et me regarde avec méfiance. Je finis par frapper au 17 où je trouve Kos. à moitié endormie; je reste causer avec elle jusqu'à 3 h. du matin.

SAMEDI 9 SEPTEMBRE.

Une journée presque comme s'il n'y avait pas la guerre. Un grand moment de répit qui m'étonne, comme soudain si le mal de mer s'arrête, si on fait escale à terre alors qu'on ne croyait pas voir ce balancement disparaître jamais. Le courrier m'a

1. Il s'agissait en réalité de coliques néphrétiques.

34

apporté une lettre de Sartre qui semble bien paisible – et enfin une lettre de Bost qui est pour l'instant à l'abri. Il me semble sortir d'un carcan, libération physique, toute une journée je vais vivre sans peur. Du coup je retrouve sinon des souvenirs du moins un avenir : nous nous retrouverons tous, nous nous aimerons, nous travaillerons, la vie aura encore un sens.

Nous allons au « Dôme » avec Kos. – il y a deux petites pièges à côté de nous et l'une s'engueule avec le garçon, elle semble très nerveuse : « Je ne parle pas avec les garçons » dit-elle ; et le garçon, moustachu, bonasse et menaçant : « Mais les garçons ont des oreilles pour entendre et ils peuvent le répéter et le donjon de Vincennes n'est pas loin ». Kos. me raconte comment la guerre a transformé L'Aigle [1] : les trains de réfugiés à qui les boy-scouts arrachent sauvagement les enfants pour les gorger de lait condensé – les élégantes qui courent les rues de la ville, les trains de soldats passant toute la nuit pleins de chevaux qui gémissent et d'hommes, et l'incessant trafic de wagons dans la gare ; il n'y avait que les nègres qui chantaient. Nous allons nous installer chez Gégé, déjeuner rue Vavin puis on revient ici et j'écris à Sartre et Bost ; on finit l'après-midi aux « Deux Magots » : visages connus, Sylvia Bataille est là. Il fait très lourd. On remonte à pied au « Dôme » où on s'installe un moment dans le noir profond ; ça grouille de gens, on a dîné à la crémerie rue Delambre et aperçu le Boubou qui dit que ça marche mal en Pologne, Varsovie serait prise.

On rentre vers 10 h., on fait un peu de musique et on se couche. Étonnement de cette journée presque pareille à une d'autrefois ; une brève échappée sur la vie de cette année : aller au lycée, voir Kos., c'est tout et pour la première fois impression de bonheur perdu ; parce que de nouveau je me sens dans *ma* vie et alors je sens cette vie tellement appauvrie. Mais c'est un faux pressentiment, ça ne sera pas seulement une calme année d'ennui ; la peur reviendra aussi ; un de ces jours on se battra vraiment. Je continue à être terriblement limitée au présent.

1. Résidence de ses parents.

35

Seconde journée de répit. Je pense être installée pour un temps dans ces espèces de vacances. Je me lève vers 9 h. 1/2, on prend le thé tout en causant, et la matinée passe dans un grand loisir. Je passe chez ma grand-mère [1], vers 11 h., que je trouve avec une bonne femme mobilisée à la défense passive et qui veut persuader à la vieille femme de partir ; « on évacue les enfants et les vieilles gens avant tout » dit-elle. Ma grand-mère met les mains sur son petit ventre rond et d'un air mutin et buté : « Mais je ne suis pas une enfant » ; vraiment gâteuse. « Admirable » lettre sur la guerre de ma mère qui prétend qu'à Saint-Germain-les-Belles on a arrêté un espion qui voulait faire dérailler le Paris-Toulouse. Je passe à l'hôtel : j'ai manqué les boxeurs [2] de passage à Paris. Lettres de Sorokine qui torche des gosses à Salies-de-Béarn, ça a l'air sinistre. Lettre de Sartre et vieille lettre de Bost. Un avis de dépêche aussi, sûrement de Védrine, mais pour avoir la dépêche il faut faire viser l'avis au commissariat ce qui exige un certificat de domicile, et ensuite on va chercher le télégramme à la poste. Je n'y vais pas ; je retrouve Kos. et on déjeune chez « Pagès » ; café aux « Deux Magots » : Sonia n'est pas partie, Agnès Capri a une superbe robe imprimée bleu-vert. On cause, puis on va à Montmartre et on monte jusqu'à la place du Tertre – beaucoup de monde, mais ça ne sent guère le dimanche. On s'arrête chez « Wepler » puis on revient en métro à Montparnasse. On dîne rue Vavin à la table du Boubou qui moitié exprès moitié pas me fait des peurs folles. Puis nous allons nous balader bd St Michel qui est superbe dans le noir. Au restaurant un homme a chuchoté à mi-voix à Kos. : « Vous savez danser ? » On semble nous prendre pour des filles de joie, ou tout au moins des femmes en mal d'homme – il y a très peu de femmes un peu maquillées et gaies dans Paris, mais c'est

---

1. Rue Denfert-Rochereau, 91.
2. Bonafé, ancien collègue de Sartre au lycée François Ier du Havre, et sa femme Lili. Il avait beaucoup pratiqué la boxe.

étonnant comme on nous regarde partout où nous nous posons. La Seine est bien belle dans la nuit ; il paraît qu'à elle seule elle peut servir aux avions à repérer Paris. Nous prenons un verre chez « Capoulade » et nous rentrons. Longue explication à propos de l'histoire Wanda contre qui Kos. est pleine de rancune – on achève idylliquement. Je me couche et pendant que je lis quelques pages de *La Mère* de Pearl Buck, livre insipide, j'entends dans la rue des grosses voix « Lumière ! Lumière ! » – j'essaie de discuter mais j'entends « Fous-leur des coups de revolver dans les volets... Si vous voulez faire de l'espionnage, allez ailleurs ! » et je me décide à éteindre.

La nuit à 4 h. une courte alerte. Nous descendons dans l'abri parce que Kos. n'est pas très rassurée – des planches par terre, des chaises sur lesquelles on s'assied – quelques locataires se ramènent avec de petits pliants et la concierge nous dit que les chaises appartiennent à des messieurs d'en face. Nous remontons sous prétexte de chercher des sièges et nous restons étendues sur mon lit jusqu'à la fin de l'alerte. Au restaurant le matin il y avait un soldat énergumène qui racontait que dans une caserne deux soldats s'étaient pendus pour ne pas partir, dont un qui ne voulait pas abandonner ses quatre enfants.

LUNDI 11 SEPTEMBRE.

A 9 h. 1/2 on prend le thé et on cause très longtemps, jusqu'à midi, Kos. me racontant un livre de Lawrence *La Mort de Sigmund*. Impression de loisir, le temps n'a plus de valeur. J'ai envie nettement de travailler maintenant mais il faut que j'attende. A midi je passe à mon hôtel : lettre de Bost, attendrissante ; il ne s'ennuie pas trop et se demande s'il aura peur quand on lui tirera dessus. Je vais chercher la dépêche de Védrine, elle voudrait que j'aille la voir, et j'irai. J'écris à Bost de la « Closerie des Lilas ». Il fait une pluie battante mais je me sens de bonne humeur. Je ne peux croire que je retrouverai des moments d'horreur comme l'autre soir.

Je retrouve à 2 h. Kos. et nous allons déjeuner à la crémerie puis prendre un café au « Dôme ». Le garçon moustachu qui engueulait vendredi la petite piège raconte : « Mon premier boche, il était si gros que quand on l'a ramassé on l'a mis dans une brouette et il ne tenait pas, il fallait lui tenir les pieds. J'étais tellement impressionné que quand j'ai été blessé, mon sang ne se coagulait pas. »

On passe une après-midi très « femmes de l'arrière »; on achète de la poudre bleue que Kos. délaie dans de l'eau, dans de l'huile, et même dans l'ambre solaire de Gégé et elle badigeonne les vitres, cependant que je fais jouer au phonographe *Pétrouchka* et que j'écris un tas de lettres : Sorokine, Védrine, Sartre, et pendant qu'elle écrit à Bost, à Bost aussi, officiellement. De 3 h. à 9 h. on est restées enfermées là, coupant le travail par un thé aux petits gâteaux et conversation. On parle même de toilettes, de coiffure comme si c'était une rentrée de vacances ordinaire et que la vie allait recommencer. Je suis même effleurée par l'*ennui* à l'idée de la séparation d'avec Sartre et Bost, comme s'ils étaient partis pour un service militaire d'un an.

A 9 h. nous sortons. Nos fenêtres sont merveilleusement bleues; nous allons au « Dôme » à travers de formidables ténèbres, on bute sur les bords de trottoirs; nous sommes très gaies. Dîner dans la petite crémerie vide; puis au « Dôme » nous voyons Gérassi entouré d'une tablée de gens et nous prenons place : un Grec très beau mais de beauté bâtarde qui semble terriblement s'emmerder – un Espagnol échappé d'un camp de concentration et qui semble fort retardé – un superbe Espagnol bronzé – un autre qui parle avec de grands gestes; le petit Florès qui se dit accablé par toute la tristesse du monde; une charmante petite Espagnole, et enfin une bonne femme que j'ai vue là souvent, vague poétesse surréaliste qui tient à la fois de Toulouse et de la femme lunaire [1] : grasse à lard, mais une peau, des yeux, des dents admirables. Elle est bouleversée de fureur parce qu'un ami l'a présentée à deux types qu'il ne connaissait même pas et ensuite lui a demandé des nouvelles de son mari (qui n'est pas son mari, explique-t-elle); elle a fait une vague réponse et

1. Connue par Sartre à Berlin en 1934 (Marie Girard dans *La Force de l'âge*).

un des types a dit : « Madame tient des propos qui ne me plaisent pas » ; il paraît que ce sont des agents provocateurs. Elle raconte vingt fois son histoire, elle est bouleversée de peur ; tous ces étrangers sont traqués, beaucoup vont foutre le camp. Gérassi pensait à les faire monter chez lui pour boire et chanter mais il a peur que ça fasse scandale. Nous montons seuls chez lui toutes deux, on entend une élégie de Fauré, *L'Oiseau de feu*, et de belles variations de Beethoven sur un thème de Mozart. Puis nous rentrons et on se couche presque aussitôt.

MARDI 12 SEPTEMBRE.

Kos. se réveille fatiguée avec une tête de petite fille boudeuse ; elle a eu mal aux dents cette nuit. Il fait gris. Je vais acheter du lait, des œufs ; les Sita [1] passent à 10 h. du matin seulement et une statuette de plâtre gît au milieu de la rue – tout est assez sinistre. On prend le thé, plaisamment ; toujours les mêmes nouvelles, avances locales sur notre front, résistance de Varsovie. Je pars chercher mon courrier ; lettres brèves et sinistres de Védrine qui voudrait que je vienne ; une sale lettre de Bost : il part, avec 10 jours de vivres, il ne sait pour où – une sale lettre de Sartre : il est non avec l'aviation mais avec l'artillerie ; par ailleurs il s'énerve de n'avoir encore rien reçu de moi. Comme on est coupés, comme on est loin. Et surtout j'ai peur, de nouveau je plonge dans la guerre, la tranquillité d'hier me semble folle ; ils vont tuer Bost et Sartre sera en danger. Je marche sur le boulevard Arago sans arriver à mettre un vrai contenu dans ces phrases, mais sans pouvoir m'empêcher de pleurer. Une espèce de résignation accablée au pire, avec l'idée qu'au moment du pire je verrai bien si je me tue, si je deviens folle. La concierge de Poupette n'est pas chez elle et je prends un café chez l'Italien en écrivant ça ; écrire me calme un peu, mais tout est empoisonné, horrible.

Déjeuner à la crémerie avec Kos., puis nous faisons un tour sur les Champs-Élysées, lugubres. Mauvais film policier. On

1. Camions municipaux.

monte chez mes parents et on fouille partout, mais aucun de ces souvenirs ne me touche, sauf l'odeur des *Orientales* de V. Hugo. On dîne rue Vavin et on rentre crevées. Kos. s'est couchée – la lampe est mortuaire sous son voile bleu – j'ai écrit quelques lettres.

Attendre – qu'est-ce que j'attends – on attendra ainsi des mois, des mois – je suis fatiguée de fuir sans cesse, mais dès que j'essaie de fixer ma tristesse, ça déborde tout de suite, ça devient intolérable. Il faut penser à Bost comme à un mort – mon Dieu! mettre tant de choses dans une présence et une éternelle absence ne sera jamais rien de plein et saisissable mais un néant indéfini; que l'anéantissement est facile. Insaisissable à lui comme à moi. Ça déconcerte la pensée, il n'y a rien qu'on puisse réaliser même si on a bien décidé de se gorger de tristesse.

Gérassi m'a affirmé que Sartre ne serait pas bien en danger, mais que sait-il?

Ces jeunes Anglais aperçus hier soir au « Dôme », comme ils faisaient romanesques – jeunesse, aventure, soirée de Paris à la suite des tranchées – font penser à une page de John Dos Passos.

Pour la première fois, le soir au lit, je regarde les photos de Sartre et relis ses lettres.

MERCREDI 13 SEPTEMBRE.

Journée plus calme, dans le morne – on s'habitue, même à cette incertitude. Le matin thé; on écoute les *5ᵉ* et *7ᵉ Symphonies* – je vais chercher mes lettres : lettre de Sartre qui travaille bien et que la guerre « intéresse » – il n'a toujours rien reçu de moi. Petit mot de Toulouse qui m'invite à Férolles [1] – ça me fait plaisir. Rien de Bost. Je vais attendre Kos. au « Dôme » et l'attends longtemps en lisant *Portrait de femme* de H. James; aperçu le Boubou, Stépha va rentrer [2]; il me réaffirme que Sartre n'est pas en danger. On déjeune à la crémerie; puis on boit aux « Deux Magots »; Sonia est là, et Fernandez. On va chez le dentiste à la

_____

1. Maison de campagne de Dullin, près de Paris.
2. Elle était restée à Nice.

40

Trinité, on monte à pied gare du Nord, on revient en métro à Montparnasse où on essaie en vain d'aller chercher chez Zuorro[1] des disques et des livres, mais la concierge résiste. On rentre chez nous où Kos. fait cuire des macaronis. On met *Pétrouchka*, on dîne et jusqu'à 11 h. on fait des projets de culture pour Kos. – soirée plaisante, elle est très gentille. Je lis un peu au lit et m'endors.

JEUDI 14 SEPTEMBRE.

J'aime bien ce moment, après le thé du matin, où je vais seule chercher mon courrier, faire des courses, écrire un peu, toute seule. On a parlé de Bost au petit déjeuner et Kos. m'a dit que s'il mourait, ça serait un grand malheur pour elle mais qu'étant donné leurs rapports, ça ne toucherait rien d'essentiel. Ça me confirme dans ma résolution de ne jamais renoncer à Bost à cause d'elle ; elle m'étonne aussi de n'avoir pas fait suivre les lettres, de pouvoir supporter toute une semaine sans nouvelles. Elle est sensible et touchante souvent, mais une sorte de frivolité profonde en elle.

Les nouvelles de la guerre ne changent pas. Les Polonais résistent, ils ont repris Lodz et la pluie gêne l'avance allemande. Restrictions sévères à l'intérieur de l'Allemagne et, dit-on, mécontentement. Peu de mouvement sur le front français, on masse les réserves en vue des événements à venir. En somme la guerre pour nous n'a pas vraiment commencé. Quand vraiment on se battra et que Bost se battra, quand vraiment Paris sera bombardé, tout aura un autre aspect. On ne peut pas encore *croire* que ça arrivera, d'où le drôle d'état neutre de ces jours-ci.

Paris rouvre ses cinémas, et même les bars et dancings jusqu'à 23 h. Tout va redevenir plus normal.

Je me suis installée au « Mahieu ». J'ai écrit à Bost, à Védrine

1. Ami de Sartre qui l'avait connu à la cité universitaire en 1929. Professeur de lettres ; doté d'une voix remarquable, il avait espéré faire une carrière de chanteur d'opéra. Avait enseigné à Rouen, maintenant à Paris. Marco dans les *Mémoires*.

et commencé ceci. Au « Bobino » où je voulais louer des disques, tout était fermé. Je suis revenue rue d'Assas en traversant le Luxembourg, calme comme la mort ; le bassin est vidé, tout croupi ; des sacs de sable autour du Sénat. De fragiles barrages de chaises coupent la région proche du petit Luxembourg ; il y a des militaires là-dedans qui creusent vaguement la terre et un tas de branches abattues. Je me demande ce qu'ils foutent là.

Je retrouve Kosakievitch qui m'a préparé un merveilleux riz au lait ; je vais acheter du miel, de la confiture de framboise délectable. Puis nous allons faire un tour bd St Michel. On entre dans un cinéma d'actualités où on voit *Mickey chasseur d'élans* très plaisant, et un sketch américain stupide, *Jack le satyre*. Puis on va au « Dupont », juste à la place où j'allais avec Bost prendre le petit déjeuner et on parle d'un projet de nouvelle de Kos.

On passe dîner chez « Pagès », on rentre, elle se couche très tôt et je lis le *Portrait de femme*.

VENDREDI 15 SEPTEMBRE.

Sartre a enfin reçu ma première grande lettre, ça me fait bien plaisir. Toujours la même petite existence. Thé, conversation ; je passe chez moi, lettre de Bost du mardi qui semble bien déjeté, il a voyagé deux jours, mais il demande des livres, il doit être encore un peu à l'arrière. J'écris un mot au « Rallye » à Védrine et lui. Je retrouve Kos. au « Dôme » et on achète du tabac ; les garçons nous plaisantent, « je voudrais bien un peu de tout ce tabac » ; on fait très marraines de guerre. Dans les lavabos du « Dôme » nous fabriquons d'énormes paquets. Nous déjeunons au « Milk Bar » ; un moment Kos. fait l'enfantine à propos de politique, mais ça ne dure pas. Nous allons envoyer nos paquets. On rencontre devant la poste Levillain [1], en officier de cavalerie, désinvolte, frappant de sa cravache ses belles bottes tout en nous parlant. Parfait officier, et Bost et Sartre doivent respecter des types comme ça, c'est marrant. A la poste il y a une grande queue et Mme French est là-dedans ; elle s'engueule avec un

---

1. Ancien étudiant de Rouen, d'Action française.

monsieur; la moindre dispute en ces temps devient aussitôt discussion nationale et les conciliateurs bénévoles incarnent consciemment l'union sacrée. Nous allons à pied au « Dupont » St Michel; j'écris à Sartre et quelques petites lettres, et Kos. écrit à Bost. Puis nous allons voir *Blanche-Neige*, c'est fade et assez moche; pendant le film, l'angoisse me reprend, et une espèce de remords, et une compassion éperdue pour Bost – je le sens seul, totalement seul devant la mort, et la souffrance, et ça me déchire. On remonte un peu lugubrement vers chez nous; on refait du riz au lait. On cause macabrement, mais plaisamment, pour savoir si on tuerait un type trop abîmé. A 10 h. 1/2 Kos. va se coucher, mais moi je ne peux pas dormir. Je finis le *Portrait de femme* et je commence *Jane Eyre* qui est moins ennuyeux que je ne me le rappelais.

SAMEDI 16 SEPTEMBRE.

Je me réveille à 8 h. après avoir mal dormi et trop peu. Je suis vague – un peu animée cependant à l'idée de changer de vie, de voir d'autres visages. Cette semaine a été aussi plaisante que possible, mais j'aimerai me retrouver sans Kos. et faire un peu quelque chose. Je repense à la petite carte de Védrine reçue hier et qui me reprochait de n'être pas encore venue la voir; ça m'est désagréable.

Thé avec Kos. tout aimable; conversation, sur les complexes des gens, je suis plus libre avec elle et plus sincère que je ne l'ai jamais été; elle est mignonne, tout enfouie dans la grande robe de chambre beige de Pardo, avec sa face blême et ses bigoudis autour de la tête. On cause. Je passe à l'hôtel. Longue lettre de Sartre qui me fait immensément plaisir; il est dans un paisible village d'Alsace, il travaille; le contact est complètement gardé avec lui, il me parle de ma lettre et ça lui fait tout vivant et à moi tout ce qu'il me dit. Rien de Bost. Je retrouve Kos. On déjeune; on fouille dans les lettres de Gégé, on nettoie notre petit intérieur. Ç'a été plaisant et j'ai été unie avec elle toute la semaine. J'écris quelques lettres, puis on reste une grande heure, nos bagages prêts, à fumer et causer. Je lui promets de tout faire pour qu'elle revienne. On va envoyer à Sartre un paquet de livres et de papier. Puis on boit encore un verre au « Versailles », et devant le métro Montparnasse on se quitte avec une petite émotion. C'est toute une forme de vie qui vient de prendre fin.

Dans le métro, et encore plus dans cette gare de l'Est où j'ai accompagné Sartre voici 15 jours, je me sens replongée dans le monde, dans la guerre, de nouveau seule, juste un morceau d'une humanité tragique. Avant, ces jours-ci, jusqu'à cette minute j'avais encore ma vie autour de moi. Avec Kos. elle m'a quittée, et Sartre et Bost se sont éloignés. Seule. Dans le train, à la portière je regarde longuement la Marne, toute poétique et tendre dans le soir et je me sens sûre de ne jamais revoir Bost.

Ça serre le cœur, ce café d'Esbly où j'attends le train de Crécy; je suis dehors, à la terrasse et les gens sont à l'intérieur près de la fenêtre allumée. On parle d'une femme qui a reçu une dépêche « Mari mort au champ d'honneur » et on s'indigne un peu; généralement c'est le maire, disent-ils, qui vient et qui annonce « Écoutez, ma pauvre femme, votre homme il est gravement blessé », mais ça c'est froid. Ils disent que le maire de je ne sais quel trou a 15 dépêches comme ça qu'il n'ose pas porter; et ils disent : 15 000 Allemands morts, combien ça fait de Français ? Et on parle des dépêches, et du passage du facteur, et des femmes qui sans cesse passent à la poste. C'est absolument atroce. Sans retour sur moi, cet atroce est mêlé à tout ce petit village, et tous ces gens. Ils boivent du porto et du pernod et discutent sur le deuil. « C'est défendu de porter le deuil » dit un homme avec indignation « sans ça ils vous mettent dans les camps de concentration ». Les femmes tombent d'accord sur la vanité du deuil. La nuit tombe, les autos passent... Une femme dit « Et ceux qu'on aime et qu'on ne peut rien poster ». Des trains passent; l'un d'eux était plein de soldats entassés dans des wagons et qui ont à peine crié au passage. La nuit est tout à fait tombée et j'ai été à la terrasse d'un autre café; on ne parle que de soldats et de guerre. La guerre est partout ici et de nouveau jusqu'au fond de moi-même.

Je comptais arriver à Crécy en 1 h.; mais les trains sont déréglés. A 7 h. 1/4 seulement je suis arrivée ici après avoir un peu lu *Jane Eyre* dans le wagon et longuement rêvé à la portière. Bost : comment écrire, comment penser à quelqu'un qu'on ne reverra sans doute plus ? Une conscience qui assiste au monde, retirée du monde, et qui conçoit sans horreur de pouvoir tout à fait s'anéantir – je suis ainsi pendant un long moment. Je me rappelle tant d'autres voyages : le voyage à Amiens [1], pour la première fois je me rappelle clairement ce que c'était que le bonheur et je suis envahie de tristesse – simplement de tristesse, comme si j'étais encore toute vivante et déçue. Et puis je me replie dans une sorte d'indifférence.

A Esbly on me dit qu'il faut attendre une heure ; un premier café m'a chassée ; dans le second et le troisième j'ai écrit tout ceci. J'aime cette halte, et cette nuit, et le bruit des trains. Ce n'est pas une halte. C'est ça qui est le vrai : être sans maison, sans ami, sans but, sans alentour ; et Kos. ou la demeure de Toulouse sont de brèves échappées de cette vérité, des soporifiques. A présent, le vrai ce sont ces moments hors ma vie où je ne suis plus exactement personne, mais une souffrance toute prête, au matin d'une nuit tragique.

J'ai repris un petit train noir, avec au plafond de sombres veilleuses bleues qui n'éclairaient rien ; je suis restée à la portière ; le train projetait sur le talus un carré de lumière. Dans les petites gares, un employé criait le nom de la station et agitait sa lanterne. Je croyais devoir monter à pied mais j'ai trouvé à la sortie Dullin enveloppé de châles qui m'a prise dans ses bras et m'a fait monter dans sa vieille carriole ; il y avait un chien noir très encombrant. La voiture n'avait pas les feux réglementaires et Dullin a traversé Crécy avec des airs de conspirateur ; il ne faisait pas froid, on avait la couverture rabattue sur les genoux et c'était plaisant le pas du cheval dans la nuit ; on n'y voyait rien du tout. A l'entrée du village des hommes nous ont demandé nos papiers. Dullin répétait de son ton le plus « tragediante » : « c'est affreux, affreux ». Il est écœuré des types de l'arrière et en particulier de Giraudoux avec sa clique de censeurs et d'embusqués, et de Jouvet que Giraudoux a fait grand magnat du

1. En juillet 1939. Bost y accomplissait son service militaire.

45

cinéma et qui, le monocle à l'œil, prend des airs de général ; comme il a plusieurs films commencés, il déclare : « Il faut d'abord finir les films commencés, et puis encourager la production cinématographique... A la radio il faut des choses qui remontent le moral, des choses gaies, faciles à comprendre : *Le Soulier de satin* de Claudel, la *Jeanne d'Arc* de Péguy. Pas d'auteurs étrangers » ; il ne veut rien faire pour le théâtre. Baty a longtemps conféré avec Dullin [1], ils ont envisagé des tournées en Amérique et chez les neutres mais l'Amérique ne plaît pas à Dullin et puis il trouve que ça serait se débiner ; il préférerait essayer en France une sorte de théâtre ambulant, mais il est très soucieux parce que ça ne semble pas aller facilement. Dès que j'ai aperçu Dullin, j'ai été happée dans cette nouvelle forme de vie et je m'y suis laissée aller avec plaisir. Nous entrons dans Férolles et voici une silhouette sombre, éclairée par une petite lampe bleue, c'est Toulouse. Elle escorte la voiture et deux soldats se joignent à nous qui plaisantent la vieille guimbarde. Il y a des soldats partout, la maison de Mme Jollivet est en même temps une infirmerie, elle n'a pas sa chambre à elle, même le cabinet de toilette elle le partage avec le sergent. Au coin des rues il y a de petits écriteaux : « Section X, Section Y ». Ils ont mené le cheval à l'écurie et l'ont dételé en prenant grand soin de ne pas laisser filtrer de lumière ; on prend autant de soin ici qu'à Paris. Et puis on est entrés dans la salle à manger, où Mme Jollivet nous a regardés d'un air sévère, déjà prête à prendre Dullin en faute ; elle m'a embrassée cependant sur les deux joues. Elle est un peu effrayante, rousse mais avec la racine des cheveux blanche, les yeux exorbités, la bouche tombante, le visage poché, la voix coupante et dure. On s'est mis à table et Dullin et elle se sont âprement disputés à propos d'un rond de saucisson ; elle l'appelle cependant Lolo et l'a embrassé avant d'aller se coucher. Quand elle a été couchée je suis restée seule avec Toulouse qui m'a raconté comme sa mère était devenue éthéromane et comme ça faisait scandale dans le village ; c'est surtout devenu terrible

1. Dullin, Baty, Jouvet et G. Pitoëff s'étaient groupés en un Cartel des théâtres de 1927 à 1940 pour défendre solidairement leurs intérêts professionnels ou moraux.

lorsque le père a été atteint d'encéphalite léthargique, soigné par cette droguée qui se foutait par terre, à s'ouvrir le crâne sur les chenets; on a fini par transporter le père dans une clinique à Lagny où Toulouse a suivi pendant huit jours son agonie – elle n'en était pas très atteinte, seulement touchée par le côté extérieur de l'événement.

Elle me prête le prologue et le premier acte de sa pièce sur la des Ursins et je les lis au lit; ce n'est pas maladroit, c'est assez plat; ça pourrait avoir du succès. Je m'endors et ne me réveille pas avant 11 h. du matin.

DIMANCHE 17 SEPTEMBRE.

Tristesse du réveil – une lumière plaisante passe par ma petite fenêtre masquée de vert, et je me sens horriblement triste. Mais jadis, le pire dans mes tristesses c'était l'étonnement qu'elles me causaient et ma révolte scandalisée. Tandis qu'ici, j'accepte ça de bonne grâce, avec une impression de familiarité.

Toulouse me dit quelques mots à travers la porte; ils partent aux provisions. Je fais ma toilette, je descends. J'aime cette maison; elle est si plaisante, d'un plaisant profond, tout recuit, qu'en ce moment c'en est vraiment émouvant. Ils ont encore embelli la chambre du corsaire. Il y a une admirable malle ancienne et un dessus-de-lit rouge brodé de bateaux somptueux. Mariette m'apporte le café dans le jardin, sur une petite table de bois. Je finis la pièce de Toulouse et j'écris à Sartre. Que ce jardin est charmant. Fleurs, soleil. De la cuisine vient un bruit de casserole et d'eau bouillante. Tout a l'air si heureux, je me sens amollie et je désire presque aux larmes que Sartre soit là, dans la pièce à côté, avec un journal et sa pipe. En face du jardin, des soldats; partout des soldats, le village en est transformé. Toulouse et Dullin reviennent, on déballe les provisions et on déjeune dans le cloître; un succulent déjeuner avec bon vin et marc; les rapports de Dullin avec sa belle-mère sont toujours enchanteurs. On était assez gais quand arrive la nièce de Dullin, jeune, un peu difforme, qui embrasse son oncle, salue à la ronde,

47

puis nous annonce que les Russes sont entrés en Pologne; ils prétendent que ça ne supprime pas du tout leur neutralité à l'égard des autres nations, mais c'est atterrant. Il semble qu'ils fassent un traité avec le Japon et aussi avec la Turquie. Ça peut signifier une guerre de trois ans, de cinq ans, une *longue* guerre; je n'ai jamais encore envisagé une longue guerre; Dullin reparle de la guerre. La veille au soir, il m'avait déjà décrit avec assez de précision la vie de tranchées où il est resté trois ans sans aucune blessure; il s'était engagé. Il insiste surtout sur la souffrance physique, sur le froid; il décrit les relèves dans la nuit. Il semble qu'à travers l'horreur et la peur il restait dans cette vie quelque chose d'humain, une possibilité de liberté et de morale. Il en reparle ce matin et ça m'agace de voir que lui aussi il admire ce que Céline appelle « l'âme héroïque et fainéante » de certains chefs; il a la notion du chef, et du type très épatant, et d'un certain panache; les seules histoires qui me touchent, ce sont celles où le type fait preuve en guise de courage d'une pensée positive et lucide et de contrôle de soi-même. Il décrit aussi avec art le sort de l'infanterie légère, les gaz, les lance-flammes, les bombardements, les types montant à l'assaut avec les baïonnettes et les grenades. Je pense Bost, Bost, Bost, c'est horrible de faire coller sa figure et ces récits, il va vivre tout ça, peut-être il le vit déjà ou il a fini de le vivre. J'ai les larmes aux yeux, on le voit mais je m'en fous. J'arrive quand même à me calmer.

Promenade avec Toulouse. On va à travers champs, le ciel est un peu couvert et très beau; des vergers pleins de lourdes pommes, de paisibles villages aux toits rouge sombre, avec des grappes de haricots qui sèchent aux façades des maisons. On parle du travail de Toulouse, de voyage. On s'arrête au bord d'une route, près d'une petite station, et on boit de la limonade à une terrasse d'hôtel; deux soldats gardent la voie, l'un tout barbu, c'est un peintre de Crécy, l'autre tenant en main un bâton de sergent de ville; des autos passent, souvent pleines d'officiers, un incessant défilé d'autos; ça sent terriblement la guerre. On suit un moment la route et on remonte à travers champs et villages. C'est un moment très fort et je me rappelle ce que Sartre m'avait dit à Avignon qui est si vrai, qu'on peut vivre un présent tout entouré de menaces avec pourtant une grande douceur; je n'oublie rien de la guerre, de la séparation, de la mort, et l'avenir est tout barré et pourtant rien ne saurait tuer la tendresse et la lumière du paysage; comme si on était envahi par un sens qui se suffit à soi-même, qui n'entre dans aucune histoire, arraché à sa propre histoire et totalement désintéressé; c'est cette espèce de désintéressement qui fait un peu pathétique. Ce sont les moments les meilleurs, meilleurs que la pure horreur ou que la distraction totale. Et je me sens solide, capable de traverser presque n'importe quoi.

On rentre, on écoute les informations; Dullin n'est pas content de ses calculs, ses projets ne se dessinent pas. Informations vaseuses. On essaie de masquer l'importance de l'intervention russe. Nous restons accablés un long moment devant cet horizon si changé, si indécis.

Dîner. Dullin s'anime et raconte des histoires amusantes sur Gide et Ghéon. On cause jusqu'à 10 h. Puis je monte, j'écris à Sartre, j'écris ce journal et je finis *Jane Eyre* qui est insipide. Je m'endors vers 1 h. du matin.

LUNDI 18 SEPTEMBRE.

La bonne m'apporte mon café à 9 h. comme j'ai demandé. Il ne fait pas très beau. Je me lève sans gaieté ni tristesse, avec la consigne de lettres à écrire. Toilette, longue lettre à Kos. et mise au point de ce journal. Je descends vers 11 h. et je m'assieds près du poêle; Dullin d'un air appliqué couvre des pages d'écriture : je crois qu'il travaille à ses projets. Je lis la première partie d'*Henri IV* de Shakespeare que j'avais commencée jadis en anglais et jamais fini − c'est assez mal traduit mais ça me charme. Vers midi Toulouse apparaît en négligé; on entend un petit morceau de Couperin « C... [1] » assez plaisant; puis les informations : nuit calme sur l'ensemble du front. Mais la Pologne est prise entre deux feux, il n'en reste plus rien ou presque. Toulouse réapparaît gracieusement vêtue, avec un

1. Illisible.

49

corsage noir à pois bleus et de jolis bijoux noirs. On déjeune; on parle encore sur la guerre. Toute la matinée on a entendu de grosses voix de soldats, en face; comme si déjà avec la chair, la voix, on exigeait de construire un univers bardé d'acier; chaque ordre, chaque coup de sifflet, chaque soldat me fait sinistre, je ne peux imaginer Bost pris dans une semblable machine, et avec toujours là-dessous quelque chose de contingent, de familier, humain, intime, les blessures et la mort. Belle machine de précision de début de guerre, et la présence du sang en est d'autant plus énervante. Après déjeuner je monte dans la chambre du corsaire et on cause avec Toulouse, je lui lis des lettres de Sartre. Puis nous descendons à pied sur Crécy, elle tient le chien en laisse, elle est jeune et gracieuse aujourd'hui. Nous buvons du cidre bouché à Crécy : c'est plein de soldats et d'autos réquisitionnées; et puis je prends le petit train; il est 5 h.

On met 2 h. 1/2 pour arriver à Paris avec encore 1/2 h. d'attente à Esbly – de longs trains passent, vides, en direction de l'Est et leur fuite a des prolongements sinistres; un autre train avec des soldats et des canons : il y a un autre monde là-bas au loin, un monde insoupçonnable. Je lis *Le Chien des Baskerville* qui m'amuse assez. La gare de l'Est est toute noire, et noirs les couloirs du métro avec leurs ampoules bleues. J'arrive à l'hôtel : un immense courrier. Il y a trois petites lettres de Bost, tout gêné qu'on s'inquiète pour lui, modeste et touchant à tirer les larmes – deux lettres de Sartre qui ne reçoit toujours pas mes lettres, ça m'agace – grande lettre de Sorokine qui a une vie sinistre et impossible à torcher tous ces enfants – et des lettres de Védrine, émouvantes, où elle dit qu'elle me désire tant mais que je vienne seulement quand j'en aurai envie – ça me donne une envie immense de la voir. Je vais vite au « Dôme » pour écrire une grande lettre à Bost, ça me fait comme si j'avais un rendez-vous avec lui. J'écris, et à Sartre aussi, jusqu'à 10 h. 1/2. C. Chonez [1] vient me demander des nouvelles de Sartre en m'expliquant qu'elle donnerait bien dix vies de médiocres pour sauver la vie de Sartre. A 10 h. 3/4 on commence à mettre brutalement les gens à la porte; les gens s'accrochent, quoique cet intérieur

1. Écrivain et journaliste, avait fait une interview de Sartre.

50

du « Dôme » soit sinistre, on n'aime pas être jeté dehors. Il faut pourtant rentrer ; je suis gaie ce soir parce que Bost n'est pas en danger immédiat et sa lettre était si aimable ; j'aime les rues noires et les petits bars bleu sombre dans la rue de la Gaîté et les voix qu'on entend : « Non, c'est le dromadaire qui a une bosse, le chameau en a deux ». Je me couche – ma chambre est funéraire avec cette lumière. Je relis mes lettres, je finis *Grand Cap*, et lis *Tarass Boulba* [1]. Je suis très longue à m'endormir.

MARDI 19 SEPTEMBRE.

Je me réveille à 8 h. et sans langueur, comme si c'était un jour normal. Je range activement ma chambre car je pars ce soir, je prépare mes valises. Et puis je viens prendre mon petit déjeuner à la terrasse du « Dôme ». J'attends C. Audry [2]. Il fait beau ; je suis contente d'aller voir Védrine ; contente de cette journée d'automne à Paris, de ma solitude retrouvée et des lettres reçues hier soir. C'est presque une joie qui me soulève, une joie gauche de n'avoir aucun prolongement possible. Mais comme j'aime vivre, malgré tout.

J'ai lu un peu *Tarass Boulba* et à 10 h. 1/2, Audry est arrivée sur une superbe bicyclette aux nickels étincelants – c'est la première chose qu'elle a faite à la déclaration de guerre, d'acheter une bicyclette à 900 f. qui lui a mangé tous ses sous – c'est marrant de voir les réactions des gens. Elle a filé en Seine-et-Oise et puis elle s'est emmerdée et quand elle a su que c'était calme elle est revenue ; elle s'inquiète de l'inconfort, de l'ennui, elle essaie de donner un peu de consistance à sa guerre, on a l'impression qu'elle n'arrive à la saisir par aucun biais. Elle est mariée avec Minder [3] dont elle ne sait absolument pas me parler ; il est réformé et geint sur ses rhumes ce qui agace Audry, je pense qu'elle aimerait plus de pathétique. Sa sœur [4] est très impor-

1. De Gogol.
2. Colette Audry, qu'elle avait connue au lycée Jeanne-d'Arc à Rouen en 1932, où celle-ci était professeur de lettres. Son amie toute sa vie.
3. Spécialiste d'allemand.
4. Jacqueline, cinéaste.

51

tante maintenant avec son mari général ; il paraît qu'on peut bien des choses avec des protections, par exemple faire revenir Bénichou de la frontière comme interprète, ou obtenir un laissez-passer pour qu'une femme aille voir son mari – mais comment avoir la protection ? Elle me parle de Katia Landau dont le mari a été enlevé et qu'on n'a jamais revu ; et qui est elle-même comme juive allemande salement embêtée. On aperçoit cinq minutes Rabo, le frère de Rabinovitch ; il prétend que le moral des soldats est infect, qu'ils ne parlent que de se crever un œil pour ne pas aller en ligne. Pendant que je suis avec Audry j'aperçois Alfred [1] qui me dit à voix basse que Fernand est arrêté. Je monte chez Stépha que je trouve en larmes : hier des types sont venus chercher F. et on ne l'a plus revu. Pendant qu'elle me raconte ça arrive M. Billiger, très pathétique : « j'ai passé la nuit avec Fernand. » Hier comme il sortait de la « Rotonde » on lui a demandé ses papiers ; il a un laissez-passer de sujet autrichien, il a déjà été deux fois en camp de concentration à Colombes et on lui a donné un papier lui permettant d'en repartir ; le flic l'a quand même mené au commissaire qui lui a déchiré avec rage son laissez-passer. Ensuite on l'a conduit à la Préfecture et il a eu l'étonnement d'apercevoir Fernand au milieu d'un tas d'Espagnols. On leur a jeté à dîner un morceau de pain et la nuit on les a bouclés dans une sorte de salle pleine de charbon. On avait arrêté tous les Espagnols, même des commerçants résidant en France depuis des mois. Le matin on a relâché Billiger, mais le malheureux devait retourner à Colombes et Stépha lui préparait une musette, une gamelle. Pour Fernand, on l'avait gardé là-bas ; Stépha fait agir sa voisine, une appétissante jeune putain amie d'un député socialiste. Je dis qu'Audry fera sans doute quelque chose et Alfred passe chez elle pendant que je déjeune avec Stépha à la crêperie bretonne ; elle tremble pour sa mère qui était à Lwow. On déjeune, elle se calme un peu et me raconte comme elle a passé une nuit à Nice avec un type rencontré dans un autobus – comme elle a eu peur de la syphilis après ça et l'a plaqué. Je monte un instant chez elle, puis je passe à l'hôtel, j'écris des lettres et je donne ren-

1. Frère de Gérassi (Fernand).

dez-vous au « Dôme » par téléphone à Raoul Lévy [1] qui m'avait mis un mot. Il est charmant en un sens, mais ennuyeux; il compte tout en calcul des probabilités et spécialement ses chances de mort à la guerre qui lui semblent grosses sans que ça l'ennuie trop, ni Kanapa non plus, Ramblin en est plus affecté. Il me parle de la propagande allemande en France : comment les soldats de la ligne Siegfried plantent en terre d'énormes écriteaux : « Nous n'en voulons pas aux Français; nous ne tirerons pas les premiers », et comment une mère allemande a fait un discours aux mères françaises en disant que tout était de la faute de l'Angleterre, qu'il ne fallait pas faire tuer pour elle de jeunes Français. Il me parle aussi d'un article de Massis : la philosophie allemande est une philosophie du devenir et c'est pourquoi les Allemands dépassent leurs promesses et ne les tiennent pas. Et aussi d'un article : « le boche n'est pas intelligent ». Il est marrant, depuis des semaines il se forge de petites idées sûres et il les déverse toutes avec avidité; il ne sait pas écouter, il dit « oui, oui » d'un air qui donne envie de s'arrêter. Me soutient que 5 millions d'hommes ou un c'est la même chose car il n'y a personne qui pense la totalité – mais il confond la conscience et le « das-man [2] » en parlant ainsi. Je le quitte, remonte chez Stépha qui ne sait rien, passe rue de Rennes chercher un manteau et chez Gégé finir un pot de miel et rendre la clé. Puis à l'hôtel, lettres de Bost et Sartre que je lis en hâte à la lueur funèbre de ma lampe; une touchante lettre de Bost, j'aurais aimé la lire mieux mais il faut filer à la gare. La valise est lourde. Un immense train sur la terrasse en plein air qui surplombe l'avenue du Maine; ce qui frappe c'est moins le nombre de voyageurs que la hauteur des piles de valises dans les filets. Je trouve une place, je vais écrire à Kos. un mot au bistro d'en face, je le date de mercredi, Paris (je dois arriver le vendredi matin à Quimper) et je retrouve ma place dans le compartiment où déjà les bonnes femmes s'inquiétaient de moi.

La nuit – A 9 h. 1/4 le train s'ébranle; la lumière est si faible que je ne peux relire mes lettres; je déchiffre *Tarass Boulba*,

---

1. Ancien élève de Sartre à Pasteur, ainsi que Kanapa et Ramblin.
2. Le « on » selon Heidegger.

j'écris quelques lignes puis je somnole. Je pense à ma vie dont je suis profondément satisfaite ; je pense au bonheur et comme j'y ai toujours vu avant tout une manière privilégiée de saisir le monde, et comme si le monde change au point de ne pouvoir plus être saisi ainsi, le bonheur n'a plus d'importance. J'ai des vagues souvenirs, des rêveries. Il y a sept bonnes femmes avec moi et un homme ; l'homme et deux femmes emportent avec eux des valises bourrées d'argenterie ; une gamine infecte babille des histoires d'espion et épie avec blâme les moindres lueurs. Atmosphère de panique, on croirait le train chargé sur son toit, sous son ventre, de conspirateurs armés de bombes fulminantes. On guette les signes : « J'ai vu un éclair » dit l'autre en frissonnant, « J'ai senti une odeur », « J'ai entendu un bruit » ; le bruit, c'est le couvercle du siège des cabinets qui claque, on croit à des explosions. Le train a de terribles arrêts brusques, ce sont de vieux mécaniciens rappelés qui les conduisent à présent ; à un arrêt une femme se trouve à moitié mal et étale sa peur, elle tremble, on la gorge de thé froid. Tout le monde croit à un déraillement. Il est vrai que dans un compartiment une valise est tombée sur la tête d'un type et l'a étendu : on l'a emporté sur un brancard. Nuit longue et étale, sans ennui ; on passe Nantes où je lis sur une boutique « Au Vrai Castor » ; l'aube se lève lentement, je reconnais cette vilaine campagne bretonne et ces clochers gris et trapus. Lorient. Quimperlé. Tout cela est laid mais ça m'amuse d'arriver dans de la campagne et dans une forme de vie toute nouvelle.

MERCREDI 20 SEPTEMBRE.

Védrine est sur le quai, avec son tailleur bleu, mince, gracieuse et farouche. Elle commence par ne pas me reconnaître ; elle a des larmes au bord des yeux. Elle m'emmène prendre un café en face de la gare en me disant que sa mère a fait une horrible scène à cause de mon arrivée, elle prétend avoir chipé une lettre qu'elle enverra au ministre. Mais je n'en crois rien et ne me frappe pas. Védrine est horriblement nerveuse. Elle mène une vie impossible avec des gens qui interdisent toute distraction et déconnent du matin au soir; elle même force un peu trop dans le pathétique. Elle me parle aussi de la propagande anti-anglaise des Allemands et me dit que beaucoup de gens par ici en sont touchés. Elle me raconte leur voyage d'affolés à travers la France. Cette idée de se planquer à Quimper est d'une connerie sans nom, les gens ne savent pas comment traiter leur peau; qu'est-ce qu'elle va faire, elle ? Elle me mène à mon hôtel, le « Relais St Corentin » qui était très chic jadis et où j'ai une chambre à 12 f., minuscule il est vrai; c'est un peu le genre du « Petit Mouton [1] »; je suis la seule cliente avec un officier; la vieille Bretonne ferme presque à toute heure la porte et on entre par le derrière, par une espèce de dépôt à charbon et une arrière-cour puante; c'est plaisant comme tout et je me charme d'être là.

Je me rapproprie, je vais avec Védrine dans une jolie crêperie où on mange des crêpes puis tandis qu'elle déjeune chez elle, je prends un café sur le quai et j'écris à Sartre et Bost. Quimper est plaisant, je me rappelle bien notre [2] séjour ici sous la pluie.

A 2 h. Védrine revient, il fait si beau; nous partons faire une grande promenade; route, puis à travers bruyères et landes nous descendons vers l'Odet; beau point de vue d'en haut; des fermes charmantes, grises sous les roses blanches, mais dedans des idiots aux yeux blancs, des malades, des enfants apeurés. Les bords de l'Odet sont jolis, on remonte, on a de nouveau une vue sauvage et plaisante puis par de petits chemins on retrouve une route; ça se tire un peu l'entrée dans Quimper, on est fatiguées, il est presque 7 h. et il faut vite se quitter. Toute la journée a été une journée de paix, de complet oubli, de plaisir, avec même des désirs un peu vivaces : voir la Pointe du Raz, St Guénolé; je me retrouve seule et un peu chose pendant que le ciel rosit derrière les flèches de la cathédrale. Je cherche un restaurant bon marché, je suis très pauvre : j'échoue dans un ignoble bistro, sale comme tout, où on me sert de la soupe au pain pendant que la radio raconte un atroce combat polono-allemand. Je mange en 1/4 d'h. et je vais écrire ceci à la « Brasserie de l'Épée ». Il était 8 h. quand je suis entrée; à 8 h. 1/2 on a tiré d'épais rideaux

1. Vieil hôtel de Rouen où Castor et ses amis habitaient en 1935.
2. Avec Sartre, à Pâques, en 1932.

55

bleus, puis on m'a refoulée près de la caisse et on a quasi tout éteint. C'est mortuaire plus qu'il n'est permis. Il y a deux tables : moi, et puis un homme avec deux putains. Mais le sinistre est assez mêlé à mon sommeil pour être indistinct. Je vais écrire à Sorokine et aller dormir.

JEUDI 21 SEPTEMBRE.

J'ai lourdement dormi. J'ai rêvé qu'on avait une scène horrible avec Védrine à propos de Sartre qu'elle voulait voir ces dix derniers jours et que je voulais voir aussi. Le réveil sonne à 7 h. 1/2 et je me rendors jusqu'à 8 h. 1/4, je m'habille en hâte ; inutile, car Védrine n'arrive au café qu'à 9 h., sa mère a fait d'horribles scènes et il n'est pas question d'aller aujourd'hui à la Pte du Raz. On monte au mont Frugy, une petite colline au-dessus de Quimper. On s'y assied un peu au soleil, et vers 11 h. 1/2 je l'accompagne chez elle. J'écris à Bost dans la salle à manger vide de mon hôtel, puis je vais déjeuner dans un bistro un peu plaisant en buvant beaucoup de cidre : du veau froid, du veau chaud, trop de veau, et du café. Je continue la lecture de *Tête d'Or* que je trouve beau, surtout la mort de Cébès ; mais c'est une pièce fasciste et même nazie. Védrine revient dans sa petite robe rouge campagnarde, toute mignonne. On suit l'Odet, le chemin de halage, puis de petits sentiers ; la rivière est déjà un estuaire, ça sent l'algue et la vase. Plaisant paysage d'automne. On revient par l'intérieur et les faubourgs de Quimper ; à 7 h. 1/2, Védrine me quitte et j'écris à Sartre dans ce café. C'est un peu moins triste que l'autre quoique les rideaux de fer soient baissés ; ça reste allumé, il y a du cuir au lieu de peluche et des clients à deux tables.

Cette journée était douce, j'ai à peine pensé à la guerre. Mais je commence à m'ennuyer de Sartre mortellement ; je voudrais quelque chose de solide à me mettre sous la dent.

56

La vie au jour le jour continue. Ce matin je me lève à 7 h. 1/2. Je fais une grande toilette et à 8 h. 1/4 je retrouve Védrine au café. Admirable soleil. Elle a un paquet de sandwiches mais une pauvre petite figure décolorée par les larmes; sa mère lui a fait des scènes d'hystérique à propos de moi, l'a à moitié chassée, lui a défendu de me revoir. Nous errons un peu tristement; on va s'asseoir dans le jardin public, sur une espèce de petit rempart tout désert et on cause doucement et je tâche de l'apaiser. Elle se calme peu à peu. A 11 h. nous prenons un car pour Concarneau. La vieille « ville close » est charmante, elle est entourée de remparts et s'avance dans la mer comme un petit St Malo; les maisons grises aux toits d'ardoise sont vraiment belles. Nous montons sur les remparts et je me gorge de pain et de rillettes en regardant les bateaux où sèchent des filets bleus; nous sommes heureuses pendant un moment, pendant cette halte, pendant la promenade dans la ville, pendant la promenade au bord de la mer et l'arrêt sous une véranda bleue, dans un hôtel désert où nous buvons du cidre bouché. On marche assez longtemps, je raconte à Védrine mon voyage à pied; on traverse des landes et quelques coins charmants : cette espèce de calanque douce où buvaient des vaches. A la fin nous avons peur de manquer le car mais une auto aimable nous conduit jusqu'à lui. On rentre. On monte dans ma chambre. Étreintes. Mais je n'ai plus aucune sensualité. Ni rêveries, ni désirs, c'est aussi une espèce de barrage. Je vais au « Café de Bretagne »; une visite de Védrine que des camarades avaient inquiétée en la priant de rentrer vite chez elle et qui n'y a trouvé personne, puis une seconde visite : sa mère a pleuré tout le jour, la croyant disparue, et s'est radoucie. On se promène un peu au clair de lune; la cathédrale est belle sous les étoiles. Je rentre, je lis un peu *La Jeunesse de Théophile* [1].

1. De Jouhandeau.

De 8 h. 1/2 à 10 h. 1/2 je lis au café du quai *Tête d'Or* et la 2ème partie de *Henri IV* de Shakespeare; moins bon que la première partie. Védrine arrive, toujours un peu hagarde, agacée pour des histoires de clé et de carte d'identité perdues. A la poste, une carte de cette dame [1] qui m'invite à La Pouèze; ça me fait plaisir. Zuorro est à Constantine, Guille à Dijon; ils sont bien pour l'instant. On va à la gare, au commissariat, chez un serrurier. Sur la place du marché on voit passer des soldats canadiens sur d'énormes motocyclettes kaki. Tout le monde regarde; il y en a un petit tout jeune qui ressemble à Bost. Je déjeune dans un plaisant bistro-tabac en buvant un litre de cidre et en lisant *Mars ou la guerre jugée* [2]; c'est excellent, mais c'est atroce sous son air tranquille et ça me bouleverse. La radio donne des nouvelles de la Pologne; étrange ces têtes de Bretonnes sous les coiffes blanches qui se tournent vers l'appareil et laissent glisser avec recueillement sur leurs visages butés les désastres polonais. Ensuite il y a un discours aux paysans français qui me fait fuir –

A 1 h. 1/2 on part en car avec Védrine et sa sœur vers Beg Meil. La plage est déserte et somptueuse avec ses sables blancs et ses vaches; la mer est toute colorée, vivante, et l'horizon immense; l'eau glacée brûle, mais cette brûlure est voluptueuse et j'éprouve une joie profonde à sentir mon corps qui tient et glisse sur l'eau presque naturellement. On rentre – promenade à Locmaria où il y a une si belle église romane. Védrine s'attriste de plus en plus; à la poste j'ai deux lettres de Sartre, ça me fait plaisir mais ça m'enfièvre; il commence à recevoir mes lettres. J'amène Védrine chez moi, j'essaie un peu de la consoler, mais elle est sinistre. Elle me quitte à la crêperie, et je deviens morne. J'écris à Sartre et Bost, puis mon journal. Je vais rentrer un peu lire et dormir.

1. Mme Morel (dans *La Force de l'âge* Mme Lemaire).
2. D'Alain.

DIMANCHE 24 SEPTEMBRE.

Réveillée à 7 h. 1/2 du matin, je lis pendant une heure au lit *Mars ou la guerre jugée* qui est excellent jusqu'au bout. J'écris au café à ma sœur, à ma mère, et je retrouve Védrine ; nous montons à Kenfennten où il y a une charmante église trapue avec un long clocher ; la situation ne change pas, Allemagne et Russie se sont partagé la Pologne, sur notre front quelques « contacts » mais on n'a pas encore l'impression d'être en guerre ; pourtant des gens sont déjà morts. On fait un tour, on s'assied dans un pré puis on rentre et je déjeune dans un petit restaurant, fort bien. Sartre m'écrit qu'il se trouve un vilain personnage d'être si quiet ; je m'effraie aussi un peu d'avoir tant de joie à vivre, simplement vivre, manger, dormir, bien respirer, avec indifférence à tout le monde, comme pendant ce déjeuner ; suis-je donc, ou courte, ou frivole ? Tous ces jours ont passé sans heurts et presque sans sentiments. Je retrouve Védrine vers 2 h. et nous allons nous promener dans des landes au bord de l'Odet ; c'est beau ces pins, ces ajoncs tristes, ces eaux grises ; on s'assied un moment, on revient par la route et le car. Puis je viens boire du lait et manger des crêpes à la crêperie. Un monde fou et piaillant, des réfugiés chics qui roulent voiture et se plaignent du manque de distractions.

Je suis contente de changer de vie demain ; j'ai tout le temps envie de changer, et contente d'aller voir cette dame : la personne que je vais voir me semble toujours plus désirable que celle qui est là ; et à chaque fois je suis déçue parce que c'est Sartre que je cherche en vain. J'ai lu *Rimbaud en Abyssinie*, ce n'était pas passionnant. Aucune lettre reçue aujourd'hui.

LUNDI 25 SEPTEMBRE.

Je me lève à 7 h. Je suis contente de me retrouver seule, et curieuse de savoir comment se passeront ces trois jours de voyage en Bretagne. J'écris des lettres urgentes, je mange une brioche, je passe à la poste où j'ai une très gentille lettre de Kos. et je prends le car ; il fait très beau ; je fais des comptes dans ma tête car je n'ai presque plus de sou. Je n'ai pas osé mettre le sac au dos et j'emporte dans mon costume de bain mon réveil et deux livres : un ridicule paquet qui se défait tout le temps. Le car me conduit en deux heures à Morgat. Le petit port m'enchante, j'ai déjà faim mais je ne mange rien par économie et je pars le long de la côte à travers un bois de pins et des landes ; çà et là des villages où les gens me regardent comme une espionne, les vieilles marmonnent en breton sur mon passage, personne ne parle français. Je vais au cap de la Chèvre, mais les derniers 500 mètres sont défendus par les autorités militaires ; de là je gagne par sentier le cap de Dinan. Dans une boulangerie je mange au passage un morceau de pain et de chocolat et de très mauvais gâteaux secs. Cette campagne me plaît profondément. Un fond blanc, de ciel, d'air, d'eau, de pierre et sur cette blancheur sourde des couleurs tristes ; la présence de la mer est partout sur la lande, parmi les moulins à vent et les maisons et leur donne leur sens. A cause de ça, et de la sauvagerie des gens, et de cette découpure de la côte qui montre le dedans du plateau où se dressent les maisons, ça me rappelle Santorin [1] en occidental et nordique, il y a une analogie ; les chemins aussi, et surtout le rapport de la mer à la terre. Je rentre à Morgat par le car de 5 h. qui me pose à Locronan. La journée a été radieuse, radieuse de soleil, de beauté, de vent, et grisante ; j'ai mal à la tête, sans doute de n'avoir rien mangé, et le cœur tout amolli. Tout le jour j'ai pensé à Sartre, à notre voyage en Bretagne, à d'autres voyages aussi et je commence à le regretter avec désespoir. Je reconnais bien Locronan, et notre hôtel, et je me rappelle jusqu'au détail de nos conversations ; je veux retourner dans l'hôtel mais ils en ont fait une crêperie qui est fermée et l'hôtel a déménagé en face dans une superbe maison Renaissance. Je m'y fais servir du lait et des œufs, la salle à manger est somptueusement belle avec ses faïences, ses grosses solives et sa vue sur la baie, mais elle est vide et la patronne achève de la ranger : elle quitte demain, ça ne rapporte plus ; elle

1. Visitée pendant l'été 1937.

avait aussi une petite crêperie à Megève sur laquelle elle ne peut plus compter. Je reprends un car, pour Douarnenez où je prends une chambre à l'« Hôtel de Bretagne » qui est moche. Je fais un tour sur le port. Je le reconnais bien, avec ses pêcheurs en pantalons rouges, et les barques, et les filets bleus. Il y a à la fois clair de lune et coucher de soleil, c'est la lune qui domine, on dirait un paysage de nuit éclairé par un artifice magique. Je fais un tour sur la côte et reviens au port. C'est tout à fait la nuit maintenant, des filles rient, des garçons chantent en se promenant sur la jetée, des cigarettes aux lèvres. On dirait un soir de paix et j'ai un désir violent d'avoir Sartre à mon côté et je me mets à sangloter ; il me semble que je n'ai jamais été assez gentille, que je ne lui ai pas dit assez comme je l'aimais. Je rentre et je lui ai écrit dans le café de l'hôtel où il y a des barbus sinistres : un à mâchoire tordue qui produit des sons inarticulés. Je me couche et l'ampoule est si bleue que je ne peux pas lire. Je m'endors.

MARDI 26 SEPTEMBRE.

A 6 h. 1/2 il fait encore nuit, ça m'étonne, j'en étais restée aux matins de juillet. Je me lève et pars à travers Douarnenez, munie de mon paquet et de deux sandwiches au pâté ; il fait froid. Je prends une petite route qui suit la côte à 3 km. dans les terres avec de belles échappées sur la mer ; de temps en temps je coupe à travers landes et le froid de la rosée dans les châtaigneraies et les guérets me rappelle le Limousin. Il n'y a pas de cafés dans les villages, mais des buvettes, des épiceries avec un comptoir et sans tables. C'est sauvage, non de la sauvagerie inhumaine de la montagne, une sauvagerie humaine qui glace bien plus le cœur. Beaucoup d'avions sur la côte ; et des croiseurs sur la mer. Ça rappelle la guerre ; et aussi la population : des femmes, des gosses, des infirmes, mais vraiment on sent l'absence des hommes. Je fais 24 km. environ sur la route et puis c'est la pointe de Brézellec et les falaises déchirées et cette mer violente et bleue ; je me baigne dans une crique, je peux encore être si béate. Je reprends le sentier, je longe la baie des Trépassés où je me baigne à nouveau et je suis le sentier jusqu'à la pointe du Raz. C'est aussi beau que tout ce qu'on m'en avait jamais dit, un des spectacles les plus grands que j'aie vus au monde. Au bout de la pointe, au soleil, je lis *La Comédie de Charleroi* de Drieu La Rochelle, j'arrive un peu à me représenter cette guerre. Pourtant j'ai la joie ; ma vie a été si comblée ; je sens une joie immense dans le présent, quel que soit mon avenir.

Je rentre au coucher du soleil ; il y a quatre hôtels près du sémaphore, un grand fermé et deux petits fermés aussi ; le quatrième respire faiblement, on ôte les papiers d'une petite chambre pour me la donner. On me donne à dîner et je dévore avec une joie animale en buvant un litre de cidre. Il y a un marin et sa femme institutrice qui dînent à côté et discutent des questions pratiques, pyjama chaud, etc. On a des lampes à pétrole pour s'éclairer, c'est plaisant, et je lis *Les Mémoires de Gramont* qui m'amusent un peu. Je vais faire un tour au clair de lune, je suis un peu ivre et je m'étonne du ciel étoilé et de l'immensité de la mer : pourquoi la conscience humaine est-elle amenée à des constructions de distance, de masse, etc., qui ne sont pas du niveau de l'humain ? c'est demander pourquoi la hylè [1] est ce qu'elle est, le pourquoi est absurde, mais comme tout ça pourrait être tout autrement. J'ai toujours la même joie avec une nuance d'exaltation due à la boisson. Deux types m'abordent, du sémaphore sans doute, en uniforme de marins : « Vous êtes de la région ? – Non – Vous vous promenez ? – Oui – A cette heure-ci ? on ne voit rien – On voit le clair de lune – Le clair de lune, vous le verriez aussi bien de Quimper ou de Landerneau. » Le ton s'est monté jusqu'à être franchement insultant ; c'est moi qui propose de montrer mes papiers, qu'ils examinent avec une lampe de poche, puis ils s'excusent un peu. Je rentre ; ma chambre est presque au rez-de-chaussée et donne sur la lande et la mer et il me semble être à la belle étoile. Je me mets au lit, et je continue *Les Mémoires de Gramont* à la lueur de ma lampe à pétrole. Et je m'endors. Je n'oublierai jamais ce

1. Terme phénoménologique employé par Husserl. Ici analogue à la « conscience » en général.

soir et cette joie profonde qui n'était pas, j'en suis sûre, de la frivolité. Malgré tout c'est toujours gênant car les malheurs que je
nie dans ma joie présente sont des malheurs d'autrui avant d'être
les miens.

MERCREDI 27 SEPTEMBRE.

Je me lève à 6 h. et m'habille en tâtonnant dans la nuit; il y a
une bougie allumée en bas, et je continue *Les Mémoires de Gramont*; puis je monte dans le car; il fait froid, j'ai mal dormi et je
suis chose; un peu dolente. Le soleil se lève sur la lande pendant
qu'on gagne Audierne. Je me promène sur le port d'Audierne,
un peu plaisant sans plus et je bois un cassis dans l'épicerie-
régie-buvette en attendant le car. Jusqu'à Pont-l'Abbé on suit de
loin une côte plate. Je vais à pied à St Jean-Trolimon où l'église
est ravissante, puis au calvaire de Tronoën puis par les dunes
jusqu'à St Guénolé; tout ça est plat et désolé. Les roches rouges
de St Guénolé ne m'émerveillent pas; je bois un bock et continue
mon livre en attendant mon car. Car bondé; c'est marrant quand
ces Bretonnes se maquillent sous leurs coiffes en pain de sucre.
On traverse le pays de Penmarch, plat, jaune et sinistre; puis on
rentre à Quimper.

Une bonne lettre de Bost, une petite de Sartre, du 18, une
grande de Kos. très gentille et un mot des boxeurs. Je vais manger des crêpes et boire du lait, mon seul repas de la journée et
j'écris de la crêperie à Sartre et Bost, puis du train à Védrine.

La nuit – J'ai un coin dans le train qui s'ébranle à 7 h. du
soir [1], c'est plein, mais de gens pas trop antipathiques. Je peux
lire encore une heure environ, et puis la nuit est tombée et on ne
peut qu'écouter les gens et regarder. La campagne est plate,
mais le clair de lune l'embellit, « on dirait du cinéma » dit une
bonne femme avec extase; les gens discutent sur le beurre breton,
de temps en temps je somnole. Je me sens d'une patience infinie,
c'est comme un état de grâce que m'a donné la guerre. Je pense

1. Elle se rendait à La Pouèze, près d'Angers, maison de campagne de
« cette dame ».

vaguement comme nous sommes séparés Sartre, Bost, moi, comme j'ai la meilleure part et j'en ai un peu honte. Si j'avais à choisir, sans que personne le sût, que choisirais-je ? serais-je capable de choisir leur sort pour leur laisser le mien ? je crains que non.

On arrive à 2 h. du matin. A la sortie un militaire m'aborde, « Mlle de Beauvoir ? ». Un peu surprise je crois qu'il est envoyé par cette dame mais il bafouille quelque chose sur Mlle de Stoecklin [1] qui a téléphoné ; il prend ma valise et mon bras en disant : « Je pourrais être votre père » et m'amène dans une chambre qu'il m'a retenue ; il apporte de la bière, des bananes, des sandwiches, je suis ravie de cette réception et amusée comme tout de me trouver à 3 h. du matin dans une ville inconnue, enfermée dans une chambre d'hôtel avec un militaire inconnu. Ça me fait tout irréel et comme un chapitre d'un roman de guerre. Il a une attitude louche d'ailleurs. D'abord il demande à rester d'un air bizarre, puis comme gênée par son regard insistant je reste debout il me dit : « Asseyez-vous » ; j'attire une chaise : « Asseyez-vous sur le lit. » Je prends la chaise et l'invite à boire. « Il faudra que je boive dans le même verre que vous ? ça ne vous ennuie pas ? vraiment ? » On parle mondainement ; il est ancien prix de Rome de peinture et habitait l'appartement des Nizan rue Vavin ; il semble mal connaître les Stoecklin et nous nous embarbouillons un peu. On parle sur la guerre nécessairement. Il finit par me quitter en disant qu'il me fera monter mon petit déjeuner. Et je me couche, amusée, enchantée à l'idée d'entrer dans une autre forme de vie encore.

JEUDI 28 SEPTEMBRE.

Je me réveille tôt et toute gaie. On m'apporte mon petit déjeuner et je descends au café écrire quelques lettres : les boxeurs, Sorokine, Kosakievitch. Je continue à écrire dans un grand café place du Ralliement. Je suis un peu inquiète sans presque un sou en poche mais je pense bien que cette dame viendra. Elle

1. Une amie des Morel.

arrive en auto avec le Mops [1] vers midi, elles sont toutes pimpantes. Ça me fait formidablement plaisant de voir cette dame, ça me fait *vrai* ; à part Bost et Sartre il n'y a qu'elle avec qui j'aie des rapports intimes et vrais ; et je suis contente de sortir de la sentimentalité ; je me sens tout près de Sartre près de cette dame ; elle seule aussi a partagé depuis dix ans toute notre vie. On me laisse une heure à Angers que je visite et qui me plaît sous ce beau soleil froid : le château, les quais, les petites rues. On me reprend, on m'emmène à travers une laide campagne. Je suis contente d'être prise dans une forme, c'est ce que j'ai cherché tout ce mois-ci, les formes qui me saisissent, et dans lesquelles il n'y a plus ensuite qu'à se laisser aller.

On arrive à La Pouèze vers 1 h. 1/2 ; le village est laid aussi, mais la maison me charme ; c'est toujours la grâce sans apprêt de cette dame, aussi plaisante dans son genre que les beautés concertées de tout ce qui touche à Toulouse – je vois d'abord l'immense chienne, puis la salle à manger où l'on fait un somptueux repas, puis les chambres de cette dame et du Mops avec leur carrelage rouge, leur rusticité confortable. Je suis éblouie par la quantité de livres qu'il y a dans la maison, trois armoires du premier en sont pleines ; c'est plein aussi de confitures, de fruits, de conserves, ça me touche moins mais ça fait généreux et riche. Je fais une première provision de livres et je vais à la poste : trois lettres de Sartre du 20, 21, 22 – il manque celle du 19 qui se balade sans doute à Quimper – et 3 lettres de Bost du 21, 22, 23. Je lis d'abord celles de Sartre, assise dans le grand fauteuil de la salle à manger et ça me fait fameux parce qu'enfin il me *répond*, nous causons, et il est tellement proche, et on reste si unis dans les moindres détails à travers les lettres. Les lettres de Bost sont si plaisantes et sympathiques, si ça pouvait être vraiment une guerre sans tuerie et qu'il ne lui arrive pas de mal. Après cette lecture j'ai une journée de bonheur profond ; ils sont si proches, nous nous aimons, on n'est pas séparés. Et je suis bien ici dans cette salle à manger où brûle un grand feu de bois ; c'est ma chambre, il y a une toilette dans le placard. Le Mops me

1. Surnom de sa fille Jacqueline.

65

donne des photos charmantes de Sartre et de moi [1]. J'écris une immense lettre à Sartre ; on prend le thé chez cette dame, on cause : Guille est téléphoniste dans un État-Major, Zuorro à Constantine. Je lis *Bessie Cutter* qui m'amuse bien. On dîne et ensuite c'est un vrai coucher de la reine, cette dame et le Mops s'activent, on me prépare une collation sur ma table, et des peignoirs et des coussins et des lampes. Le feu flambe. Je suis si bien que je reste à lire jusqu'à 1 h. du matin *Bessie Cutter*, *La Marie du port* de Simenon et *Mademoiselle Bécut* de Véry [2] ; tout ça est amusant. Je m'endors avec un désir fou de voir Sartre pousser cette porte et venir dans son petit vêtement blanc s'asseoir près de moi et parler sans fin.

VENDREDI 29 SEPTEMBRE.

Journée charmante. En un sens c'est la guerre qui rend si précieux tous les instants que je vis ; jamais je n'ai senti les choses si violemment, si pleinement qu'en ce temps. Tout ici m'enchante et surtout cette griserie de lecture que je n'ai plus qu'en période de maladie. Je me suis levée dès 8 h. ; j'ai écrit à Bost et relu ses lettres en mangeant pour mon petit déjeuner une merveilleuse confiture d'abricots. Puis je fais un tour sur les routes mais le froid piquant et la laideur du paysage me découragent. Je rentre lire ; je lis *Les Généraux meurent dans leur lit* [3], c'est atroce, insupportable par moments ; mais ce qu'il y a, c'est qu'on n'y croit pas encore. Cependant Varsovie a capitulé, le traité est signé entre Russie et Allemagne et l'Allemagne annonce qu'elle va offrir la paix aux démocraties ; et nous refuserons, et ça va commencer pour de vrai. Je me dis ça, je lis ces livres, et je n'arrive pas encore à une vraie croyance ; c'est un cauchemar, on va se réveiller.

Vers midi je monte au grenier et dépiaute toute une armoire de livres ; j'en descends des brassées, que c'est plaisant d'avoir

1. Sans doute celles prises en août à Juan-les-Pins.
2. Pierre Véry (1900-1960), auteur de nombreux romans policiers.
3. Livre écrit par un Américain, Charles Harrison.

tout ça à sa disposition. Cette dame m'emmène à la cave choisir du vin et je choisis un Chambolle-Musigny qu'on boit avec le rôti et qui est délectable. Je lis *Campagne* au soleil jusqu'à 4 h. puis avec une princesse russe totalement sourde on part pour Angers où cette dame cueille tante Suzanne. Je les lâche, je me promène un peu au jardin botanique : sur un grand terre-plein près de la Loire il y a des centaines de Bohémiens réfugiés avec leurs roulottes. J'écris à Védrine du café, et on rentre. Lecture à la salle à manger – dîner – au lit je lis *La Tradition de minuit* de Mac Orlan.

SAMEDI 30 SEPTEMBRE.

Encore une charmante matinée solitaire. Lever à 8 h. J'écris à Sartre ; ce monsieur [1] me fait parvenir une collection de *Crapouillot*, sur la guerre, que je commence à lire en prenant des notes. Lettres de Sartre du 19 et du 23 – une lettre de Bost. Je lis jusqu'à midi et je vais encore fouiller dans le grenier : cette fois j'ai une immense collection de livres dont beaucoup sur la guerre. Cette dame m'emmène à la cave où je choisis un merveilleux Meursault – honteuse vie de coq en pâte. J'ai téléphoné à ma directrice et je peux rester jusqu'au 6 ou 7. L'après-midi se passe assise sur le divan, la lampe de chevet allumée, à lire jusqu'à m'en faire mal à la tête les *Crapouillot* de guerre, un petit livre de Rathenau, un de Kautsky ; le feu flambe ; à côté le Mops tape à la machine ; il pleut. Il y a longtemps que je n'ai connu tel loisir. Petite promenade en auto avec cette dame puis lecture encore, dîner et lecture d'un P. Véry *Le Clavier universel*.

---

1. Mari de cette dame. Depuis son retour de la guerre où il avait servi comme médecin, il n'était plus sorti de sa chambre et ne voyait quasi personne.

DIMANCHE 1er OCTOBRE.

Je me réveille à 8 h. passées un peu molle ; je lis au lit *Guerre* de L. Renn qui est bien mauvais – petit déjeuner. Je finis le P. Véry et me plonge dans le Kautsky. Je réponds aux questions de Sorokine sur Kant.

Staline et Hitler font une offensive pour la paix – naturellement on n'acceptera pas mais on ne sait rien de ce qui se passe ni de ce qui va se passer.

Déjeuner arrosé de Pouilly que je vais chercher à la cave – toute la journée lecture de *Crapouillot* de guerre et de *Plutarque a menti*. Je savais en gros l'impéritie de l'État-Major en 1914, mais lire ça dans le détail, c'est étonnant. Le soir au lit je lis une des *Aventures du Saint* [1] ; c'est bien mauvais.

LUNDI 2 OCTOBRE.

Lettre de Sartre – 2 lettres de Bost – je leur réponds. C'est formidable l'importance du courrier, ça c'est bien ce que je pensais touchant la guerre, toute la couleur de la journée en dépend. Toute la matinée, lecture sur la guerre 1914. Après déjeuner je vais lire dehors *Les Aventures de Jack London* [2] ; j'ai un moment de profonde béatitude, étendue au soleil au pied des peupliers, à lire ; ça me rappelle le Limousin. Comme il fait beau : les prés, la barrière blanche, les pommiers, les grosses prunes ; abondance d'automne heureux.

On va à Angers et je reste dans un café, à écrire à Kos., Védrine, Sorokine. Le soir de nouveau lecture, et au lit jusqu'à minuit *L'Agent secret* de S. Maugham et *Le Peuple de l'abîme* de Jack London.

1. Par Leslie Charteris, né en 1907.
2. Livre écrit par la femme de London.

68

MARDI 3 OCTOBRE.

J'ai mal dormi, je pensais à Sartre, à Bost, j'avais trop envie de les voir. On vit un drôle de moment. Hitler propose la paix, c'est une paix dont personne ne peut vouloir; mais quelle guerre va-t-on leur faire? Que signifie au juste ce mot : guerre? Il y a un mois, quand ç'a été imprimé en grosses lettres sur les journaux, c'était une horreur informe, c'était une tension de toute la personne, sans savoir vers quoi; c'était confus, mais plein. Maintenant, c'est un éparpillement vague d'emmerdements, de petites peurs, ça n'est plus nulle part ni rien. Je suis détendue et vague, j'attends je ne sais quoi. On dirait que tout le monde attend, comme si le temps pur avait une efficacité quelconque. D'ailleurs c'est ça qui frappe d'abord dans l'histoire de la guerre de 14 : c'est une attente de 4 ans, coupée de massacres complètement inutiles; on dirait que les massacres ne sont faits que pour habiller un peu cet écoulement pur du temps qui brusquement à la fin se condense en une victoire. C'est absurde au possible, et contingent plus que je n'aurais jamais cru. On va à Angers l'après-midi – le soir je lis un bon Curwood, *Au bout du fleuve*, et un exécrable Stevenson, *Aventures de John N.*

MERCREDI 4 OCTOBRE.

Je me suis réveillée très morne. De nouveau j'ai envie de changer d'existence, je suis contente de partir après-demain pour Paris. Comment ça va être ma vie? jusqu'ici ce n'était encore que des vacances, un commencement incertain. Paris, le lycée, je vais m'installer dans cette existence de guerre, et de loin elle me semble assez sinistre. Près de 5 semaines passées maintenant. Ça a fait plusieurs formes bien distinctes :

a) Du 1er au 8 septembre compris : une grande horreur, une fuite vaine et perpétuelle – solitude, lecture de Gide – bel automne à Paris. Et des peurs folles.

69

b) Du 9 sept. au 16 compris : vie avec Kos. dans l'appartement de Gégé – vie au ralenti, vide et douce ; nouveauté de cette douceur retrouvée.

c) 17-18-19 Chez Toulouse – amusement d'être là mêlé à l'horreur de la première semaine.

d) Du 20 au 25 : Quimper et Védrine – état de paix – villégiature plaisante.

e) 25-26-27 : voyage à pied avec de très belles heures.

f) Du 28 à maintenant : semaine de retraite, tout absorbée de lecture ; pas de vie intérieure ; seulement du confort et de l'étude.

Je me rappelle que la première semaine je me contentais de presque rien ; je suis devenue plus exigeante en même temps que l'intérêt de cet objet : guerre, s'effaçait.

Ça m'a prise comme une panique ce matin ce désir de fuir le calme, de ressaisir quelque chose. Avec le vague espoir après la lettre de Sartre de pouvoir aller le voir à Marmoutier ; avec la peur ressuscitée, et l'impatience et l'agitation. J'ai décidé de partir et on m'a conduite à 7 h. du soir à Angers. Je suis dans un café près de la gare. Que c'est sinistre. J'ai voulu aller au cinéma, j'ai été dans un quartier de casernes, avec des putains qui racolaient les soldats et les bistros pleins de militaires ; j'ai longtemps hésité avant d'entrer au café où j'ai lu *Marianne*. Le cinéma ne jouait pas. Je suis repartie à travers ces rues qui me faisaient peur. C'est de nouveau la guerre en moi, autour de moi, et une angoisse qui ne sait pas où se poser.

CARNET II

5 OCTOBRE-14 NOVEMBRE 1939

JEUDI 5 OCTOBRE.

J'ai très mal dormi. L'espoir est un sentiment pénible à supporter quand il est si mal assuré – des pas dans le corridor, la lumière de l'imposte me tiennent éveillée et surtout mon agitation intérieure. J'ai hâte d'être à Paris, même sans trop savoir pourquoi.

Je me lève à 6 h. Je mange et bois au buffet de la gare et à 7 h. je prends le train, en compagnie de trois religieuses rondes – il fait beau. La campagne défile, plate et dorée; on passe Chartres dont j'aperçois la cathédrale, et St Cyr tout plein de souvenirs, et Versailles. Je finis *Le Cabaret de la dernière chance* qui m'amuse et je lis *Moll Flanders* [1] qui est excellent.

Je passe hôtel « Mistral » où je trouve un tas de lettres et où je prends mes paquets pour aller m'installer rue d'Assas. Je trouve Gégé, toute hâve, je la salue à peine et je me jette sur mes lettres. Une de Kos, toute gentille, qui est sinistre à Laigle – deux de Sorokine malheureuse comme les pierres – de petits mots et une lettre de Védrine qui s'installe à Rennes – un tas de lettres de Bost et de Sartre. Je parcours tout ça et je file au commissariat de police, toute impatiente; là je dis bêtement que je veux aller voir « mon fiancé mobilisé » et on me répond que de telles autorisations sont refusées systématiquement et qu'il

1. Le premier de Jack London; le second, roman de Defoe.

73

serait puni si j'arrivais à le rejoindre. Je décide de changer de commissariat et d'être moins bête ; mais c'est tout un boulot. Je vais au Bon Marché me faire photographier et au bar à côté du Photomaton je mange un bout de porc avec des lentilles ; mes photos sont horribles. Le plus dur c'est un nouveau certificat de domicile pour changer de commissariat. Madame Parrier m'en refuse un : « Mais vous n'habitez pas ici ; ça serait un faux » très sèchement ; on voit que c'est la guerre, avec le peloton d'exécution à l'horizon pour toutes les âmes de concierge. Je vais au lycée Camille Sée [1] ; superbe bâtisse ; j'attends un moment et je vois la directrice. Assez jeune, mince, élégante, poudrée, avec un menton bleu sous la poudre ; elle joue la personne vive, fantasque, et crâne : « Moi qui suis assez crâne » dit-elle même sans vergogne. Elle me parle de mon service, il semble que je n'aurai pas beaucoup à faire ; 200 élèves en tout dans le lycée, je n'en aurai que 20. On regorge de professeurs femmes à n'en savoir que faire.

Je retourne en taxi rue d'Assas, la concierge coud à la machine, elle dit qu'elle ne peut pas me donner ce certificat vu que je sous-loue ; je reste plantée devant elle, elle continue à coudre longtemps, on ne dit quasi rien et soudain elle se lève et me donne un certificat à partir du 14 septembre. Je lui refile 50 f. et elle refuse indignée ; puis elle fléchit : « Seulement la moitié » ; puis elle prend le tout. Au commissariat, ça se passe très bien ; je parle d'une sœur qui a une maladie dans les os et que je vais chercher à Marmoutier. L'employé est tout paterne et me fait un papier de sa plus belle écriture. Cependant on décourage une blonde qui veut aller voir son mari en Seine et Marne : « Pas pour cette raison-là – Mais pour d'autres raisons, on peut ? – Encore faut-il trouver des prétextes valables » dit le scribe qui fait mon papier. On me promet le sauf-conduit pour lundi ou mardi et je sors de là tout excitée, et nerveuse au possible. Je viens au « Dôme » écrire à Sartre et puis à 6 h. je monte saluer les Gérassi. On boit un coup chez eux puis au café du « Rond-Point ». Fernand est resté quatre jours en prison. Il

1. Où elle était affectée (en même temps qu'à Fénelon), le lycée Molière étant déplacé en province depuis la déclaration de guerre.

74

raconte qu'il a été dénoncé pour « propagande contre l'engagement des étrangers dans la légion » ; un type lui a dit qu'il était russe blanc et lui a demandé s'il pensait qu'il puisse aller en Espagne : sûrement oui, a dit Gérassi ; « mais je n'ai pas de passeport ? – On va à la frontière et on marche ». Or le type était un agent provocateur ; il a été expédié à la Préfecture puis au camp où les soldats et les sergents étaient extrêmement gentils pour eux ; l'un d'eux lui a refilé du tabac quand il a dit s'être battu pour l'Espagne et quand il a dit avoir été général, le soldat a refilé un autre paquet. Il dit que ses amis sont étonnés qu'il ait été relâché si vite et sont même un peu méfiants ; il a l'impression d'être surveillé par la police et n'ose pas aller voir Ehrenbourg. Il paraît que Malraux veut s'engager dans les tanks mais on ne veut pas de lui à cause de ses tics nerveux ; deux jours avant l'arrestation des communistes Nizan a envoyé à Duclos une démission très sèche en disant « ma situation de soldat mobilisé me dispense de rien ajouter de plus ». Stépha reste une heure seule avec moi, très gentille. Je vais dîner à la « Coupole » ; c'est plein de monde ; Montparnasse est envahi de militaires et de toute une clientèle neuve, et les quelques vieux habitués ont l'air un peu préhistoriques là-dedans, ça fait témoin d'un monde mort. Je demande étourdiment « un demi Munich » et le garçon rit et me dit « Il faut d'abord qu'on passe la ligne Siegfried ». Je vais au « Dôme » écrire à Bost – je crève de fatigue. Ça me fait une formidable impression la nuit à Paris, j'avais oublié : la Grande Ourse rutile au-dessus du carrefour Vavin, c'est si étrange ; et c'est beau. Presque plus personne aux terrasses des cafés, il commence à faire trop froid ; tout est encore plus désert que le mois dernier. Je rentre chez moi par des rues noires comme des tunnels ; une petite lettre de Bost sous la porte qui me remplit de tendresse pour lui.

VENDREDI 6 OCTOBRE.

J'ai mal dormi ; à 10 h. le livre m'est tombé des mains mais quand Gégé est rentrée à minuit elle m'a réveillée et nous avons fait la conversation : elle revient de Castel Novel où il y avait une horde de femmes et de réfugiés espagnols ; mais elle ne raconte rien d'amusant. Je ne peux plus fermer l'œil ; je m'épuise en de vaines et fiévreuses combinaisons pour cacher aux Kos. la venue de Sartre, celle de Bost ; dans la nuit ça me semble extrêmement urgent et ça m'épuise d'énervement. Vers 6 h. 1/2 la voix d'une sirène mais faible et insolite ; les gens se mettent aux fenêtres ; est-ce une alerte ? c'est seulement un caprice mécanique. Je dors un peu encore, puis je me lève, salue Gégé et m'en vais au lycée Pasteur [1]. Je suis de bonne humeur, à cause de cet espoir de voir Sartre ; je me suis habillée fin : j'ai mis le sweat-shirt de Sartre avec une écharpe verte et un turban vert, c'est très joli et ça m'émeut d'avoir son petit vêtement sur le corps. Je vais à Neuilly en autobus, puis les poches gonflées, au lycée Molière où j'échange quelques mots avec la surveillante générale ; le lycée est transféré à Meulan ; enfin je repasse donner des signatures à C. Sée et je vais attendre la Baba [2] à « Lutétia » car elle m'a donné rendez-vous pour se baigner [3] ; tout ce temps je lis *Les Ames mortes* de Gogol que j'ai achetées pour Bost et qui m'amusent un peu. Le Boubou vient à bicyclette, Stépha ne peut pas se baigner ; je prends mes vêtements chez la concierge et je les apporte chez Gégé ; là je trouve des lettres : une de Bost, une de Védrine et deux de Sartre dont l'une a été ouverte par la censure : c'est la première fois ; hélas ! le 3 octobre il est parti pour [une] destination inconnue, tous mes projets sont à l'eau – j'ai un moment de détresse noire ; et en même temps la lettre de Bost me dit qu'on leur explique comment se comporter sous les balles. Je vais déjeuner chez « Pagès » ; j'ai la gorge absolument serrée ; ces trois semaines derrière moi, c'est une trêve dont je ne comprends plus la douceur, c'est un sommeil sans vérité et maintenant de nouveau je retrouve la détresse ; elle était déjà là hier, partout dans Paris ; mais aujourd'hui elle est entrée en

1. Lycée de Sartre à Neuilly, où elle devait se rendre pour toucher le traitement de celui-ci. Ni l'un ni l'autre ne possédait de compte bancaire.
2. Surnom de Stépha, qui était polonaise.
3. Il y avait une piscine dans l'hôtel « Lutétia », à Sèvres-Babylone.

moi aussi, c'est la substance dont je suis faite. Détresse et peur. Et j'ai un moment de révolte à retrouver toute cette amertume et toute cette fadeur et à penser que ça va durer. Ça ne m'intéresse plus; je tiens ce carnet par consigne à présent tandis qu'au début j'étais curieuse de toutes mes réactions. Je relis toutes les lettres de Bost depuis samedi et j'arrive à une image de sa vie qui glace les os; c'est l'énumération de ses petits plaisirs qui fait sinistre et il les sent bien comme tels, l'oie rôtie, les ceintures de flanelle, « le pou et l'araignée »; j'ai une violente envie de pleurer.

Je vais au « Dôme », j'écris à Kos., Védrine, Poupette et je lis *Les Ames mortes* puis j'écris à Sartre. Hirsckovic, superbe avec une cravate violacée, reste plus de deux heures à côté de moi sans broncher. J'occupe ma tête avec des histoires de budget, d'emploi du temps, d'organisation matérielle. J'achète pour Sartre *L'Idiot* et le *Journal* de Green mais la *N.R.F.* ne paraît plus ou plutôt ne s'envoie que sur abonnement. Je repasse rue d'Assas; Gégé me dit qu'elle ne pourra pas me garder, j'aime autant ça mais alors il faut chercher à m'installer, l'hôtel « Mistral » est trop loin. Je visite des hôtels, ceux de la rue Vavin me plaisent assez. J'achète une belle pipe pour Bost et le marchand me fait des paquets superbes avec du papier violet; deux espèces de scouts femelles entrent dans la boutique et demandent une pipe G.B.D. « gueule de bois renversée » disent-elles, et elles plaisantent pour faire comprendre que c'est destiné à un soldat. Trop tard pour envoyer mes paquets à la poste. Je repasse au « Dôme » écrire à Bost et un peu mon journal puis je monte chez les Gérassi. Il y a brouille dans le ménage parce que hier Stépha est restée une heure entière avec moi; et comme je dis au Boubou que ce n'est pas si grave : « C'est grave de gâcher la bonne humeur, on a assez à faire à se maintenir en ce moment de bonne humeur »; ça c'est plus beau que tout : le droit à la bonne humeur. On mange une poule au riz; le dîner est assez morne. Puis on joue aux dominos ce qui est très amusant. A 11 h. je rentre me coucher et je dors à peu près.

J'ai lu le *Journal* de Green hier soir au lit; ce type est d'une écœurante médiocrité, il ne sent rien et ce qu'il se donne consigne de remarquer est d'une platitude noire; je me rappelle le bonheur de Gide au contraire à chacun de ses choix. Ici c'est du minable.

Je n'ai pas dû m'endormir avant minuit passé et ce matin à 7 h. 1/2 j'ai déjà fait ma toilette; j'ai un immense besoin d'activité, il faut que je me remette à mon roman [1], mais j'attends d'être réinstallée dans l'existence et surtout d'avoir renoncé à l'espoir de voir Sartre. Je cause un peu avec Gégé qui me parle de son complexe d'infériorité, et je mets à jour ce journal.

Lettre de Sartre, du lundi, qui me fait chaud au cœur; ça m'avait assombrie la veille, l'idée de quitter l'hôtel « Mistral », il me semblait que je renonçais à mon existence avec lui, que c'était un adieu définitif; et justement il m'écrit tout ce que j'avais envie de m'entendre dire, et plus encore. Quand je ne le vois pas, ou même qu'il ne me le fait pas expressément sentir, je ne pense pas à son amour pour moi comme à une chose vivante pour lui. ça me semble quasi une condition de vie qu'il ne discute plus, qui lui plaît même, mais presque une condition de vie plus qu'un lien personnel; et ça donne souvent quelque chose de durci à mon amour pour lui. Ça vient en partie de l'horreur que m'inspirent les illusions sentimentales d'une Poupette, d'une Védrine; ça me dégoûte l'idée que je pourrais me leurrer aussi; c'est surtout ça : le leurre reposant sur l'idée qu'on a une situation privilégiée. Je sens bien comme on interprète en psychologique, et conscient et calculé, les conduites, les mots qui s'adressent aux « autres » – alors que par rapport à *soi* le même mot, la même conduite est prise comme un objet signifiant. Ce n'est pas une différence du vrai au faux, je ne pense pas : il lui ment, et à moi il dit la vérité – parce que alors interviendrait l'idée qu'il peut aussi me mentir. C'est une différence

---

1. *L'Invitée.*

d'objet « mis entre parenthèses » à objet posé absolument. On pense « Il lui écrit qu'il l'aime » – et « Il m'aime ». Et la première phrase ne signifie pas qu'il ne l'aime pas au moment où il l'écrit, c'est oui et non et sans grande importance. C'est ça qui explique l'extraordinaire puissance d'illusion de Poupette sur l'Oranaise, de Védrine à l'égard de Wanda – mais c'est agaçant cette façon de ne pas même supposer la parenthèse possible pour soi. Et cependant, du moment où on l'a introduite, on renonce à « ne faire qu'un », on s'oppose. C'est ça qu'il faudrait bien expliquer dans mon roman à propos de F. et Pierre [1], et aussi d'Elizabeth. Mais par ailleurs je sens avec violence combien entre Sartre et moi cette parenthèse est absurde – je ne crois pas que je la ressentirai d'ici longtemps.

Lettre de Bost qui me fait un grand plaisir ; quand il me dit des choses tendres, lui au contraire j'y mets comme une parenthèse de bienveillance ; non seulement je pense que c'est vrai, mais dès qu'elles sont un peu inventives, je pense qu'il a tenu à me le dire et cette volonté, étant donné son caractère, est un acte de tendresse par soi-même et qui m'émeut plus que tout.

Je lis ces lettres, puis je passe envoyer mes paquets, des mandats, et déménage ma chambre de l'hôtel « Mistral ». Je vais me faire laver les cheveux, j'achète des ingrédients de toilette et je me fais belle, un peu par représentation de moi-même comme « la femme qui ne se laisse pas aller » en temps de guerre. Puis je déjeune chez « Pagès », je vais aux Champs-Élysées pour retrouver les Audry.

On a rendez-vous au « Marignan », mais c'est fermé par l'autorité militaire pour cause d'ouverture passé 23 h. Je vais en face, au « Colisée » et je lis *Meurtre en Mésopotamie* d'Agatha Christie. Un public infâme de poules chères, d'officiers « qui meurent dans leur lit » et d'embusqués ; le public de 1916 vu à travers John Dos Passos et le *Crapouillot*.

Je retrouve les Audry et on va au « Pam Pam ». La sœur Audry plus jeune que jamais avec ses cheveux dans le cou déclare que la guerre « est un trop grand malheur public pour qu'on ait le droit de penser à ses malheurs privés » ; son mari

---

1. Françoise et Pierre, personnages de *L'Invitée*, ainsi qu'Elizabeth.

gagne comme général et membre influent du grand conseil de l'air plus de 20 000 f. chaque mois – elle est prospère. C. Audry me dit sérieusement qu'elle estime sa sœur de sentir combien c'est dégoûtant ces films de propagande qu'on tourne maintenant : « Elle y travaillera peut-être quand même » me dit-elle « mais pour l'instant elle sent que c'est dégoûtant. » D'ailleurs la sœur Audry est charmante, farcie d'histoires obscènes qu'elle raconte avec charme, et d'adresses de bons restaurants. C. Audry collectionne les anecdotes sur la guerre, et colle sur des cahiers des débris de journaux. Elle s'est acheté de superbes gants fourrés et m'emmènera au Bon Marché essayer une jupe-culotte pour bicyclette.

Je la quitte pour aller aux Ursulines. On donne *St Louis Blues* et je me mets à pleurer à la vue d'une boîte de nuit ; je pleure sur Bost et mes soirées avec lui – et pendant *Cavalcade* aussi je pleure tout le temps, avec une totale bassesse sentimentale et une atroce certitude que je ne le verrai plus. Je sors du cinéma encore sanglotante. Une nuit un peu brumeuse, qui sent déjà l'hiver et si tragique et belle que je me dilue, je redeviens conscience impersonnelle d'un cataclysme. C'est ça qui est formidable à Paris, le cataclysme est présent partout et c'est une occupation quasi suffisante que d'en prendre conscience.

Je repasse chez moi, je lis fébrilement la lettre de Sartre : il est parti à 20 km. de Marmoutier, mais il va repartir plus loin, je n'ai plus d'espoir. Je pleure encore un bon coup et me refais le visage tant bien que mal. Puis je vais manger des frites et des crêpes à la crêperie en finissant Agatha Christie ; une bande joyeuse où l'on échange les képis. Je viens dans un coin reculé du « Dôme » écrire une immense lettre à Bost, et je commence une lettre à Sartre quand on me fout à la porte. Je traverse un « Dôme » entièrement désert, tables renversées, avec trois garçons qui font des comptes à la caisse. Des groupes dans la nuit sur le trottoir hésitent à se disséminer. Je rentre, j'écris de longues pages à Sartre et au lit je lis encore un peu *Le Singe d'argile*, puis je m'endors.

DIMANCHE 8 OCTOBRE.

Réveillée vers 8 h., je reste au lit, je n'ai qu'à tendre la main pour prendre mon livre; je lis *Le Singe d'argile* puis le *Journal* de Green; j'attends le courrier. Il m'apporte à 10 h. une petite lettre de Bost; rien de Sartre. Je vais prendre un café à la « Closerie des Lilas » en finissant le Julien Green; c'est complètement désert. Puis j'envoie un paquet à Sartre, je mange un morceau au « Milk Bar », je salue cinq minutes Stépha chez elle et du « Dôme » j'écris à Védrine, Sor., cette dame. Puis je vais à pied à l'Atlantic, rue Boulard, pour voir *Anges aux figures sales*. Pas de place avant la séance de 5 h. Je vais lire sur l'avenue d'Orléans, à cet « Oriental » tout vert où un matin Sartre arrangea nos affaires à Bost et moi. Je lis *Colonel Jack* de Defoe et la seconde partie des *Ames mortes*; c'est dimanche, beaucoup de promeneurs défilent devant la terrasse. Il fait doux.

Je retourne au cinéma à 5 h. – une immense queue, de tout petits jeunes gens surtout. Pour entrer, c'est une ruée, tout le monde a ses billets et on bouscule les ouvreuses, on enfonce à moitié les portes – immense cinéma populaire. Le film est très amusant et James Cagney plus plaisant que jamais. En sortant de là je vais manger chez « Pagès » puis écrire au « Dôme » à B. et S., je rentre dormir tôt. Je lis une heure au lit *Les Enfants du limon* de Queneau qui est un livre amusant.

LUNDI 9 OCTOBRE.

Des pas de chevaux sous mes fenêtres, longuement. Je me réveille; il est 8 h. et il pleut; journée poisseuse. Je reste au lit, je lis du Shakespeare, *Le Marchand de Venise* que je me rappelais mal et *Les Joyeuses Commères de Windsor*. Puis je m'habille; le courrier : rien qu'un mot de Sorokine qui rentre à Paris et une charmante lettre de Kos. à qui je réponds tout de suite. J'ai envie de la voir; mais en même temps je me rends compte que je vais être vraiment installée dans la vie avec elle pour toute ressource pour l'année, sans Sartre, sans Bost, pour des années peut-être. Ça, cette fois, c'est le sinistre qui m'effleure. Pas de lettres de S. ni B. – peut-être cet après-midi. Je lis, je déjeune à la « Coupole » en compagnie de Stépha, je passe rue Amélie; *Europe*[1] ne paraît plus et je rentre chez Gégé attendre le courrier – elle dessine et moi j'attends sans presque pouvoir lire. Rien qu'un mot de Védrine. Sorokine passe me voir vers 5 h.; nous descendons vers l'Odéon; on me donne un laissez-passer pour Sarrebourg, pas plus loin, il n'y a plus guère d'espoir. Nous buvons un verre dans un petit café et nous marchons jusqu'au métro Duroc; elle me prend le bras d'un geste gauche et plaisant, mais je reste embarrassée sans savoir quoi lui dire. Je la quitte, je mange un peu, j'écris mes lettres et je joue aux dominos chez les Gérassi.

MARDI 10 OCTOBRE.

Pardo est rentré, ç'a a été ma dernière nuit dans l'appartement de Gégé. On cause un peu. J'ai deux lettres de Sartre, une qui me parle de notre anniversaire, notre 10e anniversaire[2] qu'on devait fêter si pompeusement. Je suis triste comme la mort. Il n'y a quasi plus d'espoir de le joindre, il déménage tout le temps. Je commence mon déménagement, ma chambre me plaît; puis je mange un jambon grillé au « Milk Bar » et je vais voir Sorokine. On passe un moment chez elle, elle me montre des vers qu'elle écrivait en 3ème, il y en a d'assez plaisants; elle se tortille nerveusement, je n'arrive pas à trouver le ton qu'il faut avec elle. On va dans un café où elle pleure un peu sur son triste sort : elle ne peut pas s'inscrire à la Sorbonne si elle n'a pas de carte d'identité, ni avoir de carte si elle n'est pas inscrite, c'est toujours la même chanson. Son père ne touche plus rien et sa mère n'a pas le droit de travailler. Elle me dit en pleurant :

1. La revue.
2. De « mariage ».

82

« Pourquoi est-ce que Norry [1] a tous les droits et moi pas ? », c'est terrible cet avenir barré, cet éternel provisoire. Je retrouve Mme Mancy à la pâtisserie Mangin, rue du Havre; c'est une bien bonne femme. Je repasse chez Gégé : Sartre va être envoyé dans un village évacué, c'est la fin de toutes mes chances. Ça me fait un coup, et puis je me sens presque soulagée, je n'ai plus rien à espérer, il faut m'installer dans ma vie de guerre et c'est tout. Je monte dans ma chambre et je range mes affaires, j'aime beaucoup cette chambre, j'achèterai du bois et elle sera chaude et j'y vivrai avec plaisir; grâce aux épais rideaux rouges, je peux avoir pleine lumière le soir ce qui est bien agréable. Je fais des projets de vêtement, il me faut un manteau; je décide de me remettre à mon roman dès le lendemain. Et dans ces dispositions courageuses je commence à écrire à Sartre. Je suis prise d'affreux sanglots, je réalise que c'est la guerre, pour longtemps, que je ne le reverrai plus avant des temps et des temps – je me sens malheureuse comme la pierre.

J'ai pleuré un grand coup; quand je me suis lavé les yeux et arrangé le visage pour descendre dîner et traîner au « Dôme » j'ai eu une drôle d'impression : j'ai eu une vive représentation de moi comme « entrant dans le " Dôme " avec des yeux encore gros de larmes », ça m'a fait absolument nécessaire, c'était typiquement la femme en temps de guerre. Et c'était moi. Du fond du temps et de l'espace j'ai pensé : « c'est à moi que ça arrive » et quelque chose en moi échappait à l'historicité. C'était existentiel, mais c'était aussi un dédoublement de folle.

Par le fait j'ai été dîner, puis au « Dôme » écrire à Bost. Adamov s'est assis en face de moi avec une tête hagarde; il avait l'air cinglé. Comme le garçon me rapportait de la monnaie de mille francs, il m'a dit « C'est tout à fait contraire aux usages, mais puis-je vous demander 15 f. ? ». Je lui en ai donné 20; il ne gagne plus rien, il a un livret militaire et attend de partir. Le « Dôme » est comme ça, rempli d'épaves.

Poker chez les Gérassi où je regagne mes 20 f. Ils prétendent que 1 000 soldats du front ont pris de force un train et sont venus en permission illégale sans qu'on ose les arrêter.

---

1. Une de ses camarades de classe, quasi demeurée.

Je rentre vers 11 h., j'ai plaisir à me coucher dans cette chambre, à allumer la lampe au-dessus de mon lit et à lire *Vent d'ouest, vent d'est* de Pearl Buck, quoique ce soit si peu intéressant.

MERCREDI 11.

J'ai dormi jusqu'à 9 h. grâce à ces épais rideaux. Ça me fait une nouvelle forme de vie qui commence, la forme définitive ; rester chez moi, travailler, au lieu de me disperser et aller chercher secours au-dehors. A ce point que je n'ai plus du tout envie d'aller à Provins voir les boxeurs qui m'y invitent gentiment ; ni à Crécy voir Toulouse. J'attendrai que ces gens passent à Paris. J'ai hâte de recommencer à faire quelque chose de moi.

Je me suis levée de bonne humeur ; ça m'a charmée de prendre mon petit déjeuner au comptoir du « Dôme ». Passé chez Gégé pour le courrier : une douce petite lettre de Bost. Et puis je suis rentrée, j'ai lu *Le Canard enchaîné*, écrit à Védrine et fait ce journal. Je vais me remettre au travail. Il faut que je relise d'un bout à l'autre mon roman. J'ai déjeuné d'abord. J'avais un peu d'appréhension à l'idée de relire mon roman, je craignais de trouver ça mauvais et aussi d'en être attristée. J'en ai lu 100 pages et avec un vif plaisir, je trouve que dans l'ensemble c'est vif, amusant et intéressant, ça m'encourage. Après ça j'ai écrit à Bost, et puis Sorokine est venue ; elle a fait une drôle de petite comédie parce que je ne voulais pas lui montrer mon journal, je ne sais pas ce qu'elle met là-dedans — et puis elle s'est écroulée dans mes bras comme en juillet et on a échangé des baisers passionnés ; il m'a semblé qu'elle cherchait des caresses précises, je lui en ai fait quelques-unes ; à la fin elle est devenue triste. Elle m'a dit en russe un tas de phrases sûrement passionnées et puis en français « Je vous aime tellement ! je vous aime tant ! ». Elle est charmante, souvent avide et nerveuse, mais si plaisante dans la tendresse. Mais je ne sais que faire et je suis emmerdée.

Je l'ai quittée pour passer rue d'Assas où je n'ai trouvé que des lettres de ma mère et de ma sœur puis à 6 h. 1/2 je suis venue au « Milk Bar » où je mange du jambon en faisant ce journal.

J'ai écrit à Sartre – passé chez les Gérassi – et à 8 h. j'étais dans ma chambre à relire mon roman. Je l'ai terminé de 8 à 10 ; j'en suis assez contente malgré de gros défauts. J'aime bien le ton général, et les dialogues, et les épisodes et les atmosphères pris un à un. Mais le personnage de Pierre n'existe pas, celui de Xavière ne sort pas assez et leurs rapports sont trop vagues, il manque au moins une transition importante entre le ch. 5 et le ch. 8. Le drame de Françoise n'est pas bien mis au centre. Toute la construction d'intrigue est bonne, les gens grouillent assez et leurs histoires se recoupent bien ; mais le sujet essentiel n'est traité encore qu'allusivement.

Une bonne journée ; je suis contente d'avoir retrouvé le travail et le goût de la solitude, et un but de vie, quelque chose qui dépende de moi.

JEUDI 12 OCTOBRE.

Autre bonne journée. Je me suis levée vers 9 h., j'ai pris mon café au comptoir du « Dôme » et acheté la *N.R.F.* où il y a un petit article sur *Le Mur,* ni bon ni mauvais. Le reste n'est guère intéressant. Deux lettres de Sartre qui ne sait toujours pas s'il va rester où il est. Je travaille bien pendant deux heures. Je fais un grand plan de correction des premiers chapitres, et un grand plan de toute la fin. Je dresse des listes de livres à lire, je me sens occupée et pleine de zèle. J'écris à Sartre aussi pour le consulter sur une idée qui m'est venue : si je situais mon roman entre 38-39 si bien que le départ de Bost et Sartre serait un départ pour la guerre, ce qui rendrait tout plus définitif et le crime final plus pur ? Je tiens assez à cette idée. Déjeuner chez « Pagès » puis travail encore, je commence à écrire, je suis vite dans le sujet et reprise par l'histoire. A 2 h. 1/2 Sorokine vient ; elle est ivre de fureur parce que hier, comme après m'avoir chipé ce carnet elle s'était dégonflée et me l'avait rendu, je lui ai dit « Si vous l'aviez emporté, je ne vous aurais pas revue de ma vie ». Alors elle me reproche « Ça ne tient donc pas plus fort que ça, vos sentiments ! ». Je m'assieds à côté d'elle sur le lit, et la console, et tout de suite, étreintes, baisers passionnés ; elle est encore toute cabrée : « J'ai le cinquième rang dans votre vie. » J'essaie de la persuader de ne pas être jalouse de ma vie, je lui dis que je l'aime tendrement. Avec un sûr instinct, c'est « mon amie rousse » qu'elle hait. Je me sens vraiment tendre pour elle et je lui parle avec toute la sincérité et toute la douceur possible. Elle s'est détendue, elle m'a quittée pour la première fois peut-être avec tranquillité, confiance et tendresse – elle a de beaux visages pathétiques et tendres. Mais me voilà engagée, quoique j'en aie. En la quittant je passe chez Gégé ; une longue lettre de Védrine qui est installée à Rennes. Je trouve la femme lunaire qui me cherchait. Nous allons ensemble au « Dôme » ; il y a à côté de nous un drôle de vieillard en combinaison bleue qui lit *Science and Health* dans une espèce de missel noir ; un ivrogne vient lui expliquer une phrase qu'il a dite la veille devant lui, l'autre ne veut pas écouter et ils se bagarrent presque. L'ivrogne se tourne vers nous : « J'ai les épaules étroites » dit-il « mais le front lourd » ; « Je me fous de vos épaules » dit la femme lunaire ; il faut que deux types se ramènent pour arracher l'ivrogne de notre table. La femme lunaire m'amuse et je l'emmène à la crêperie bretonne puis nous allons au sous-sol du « Schubert », Bd Montparnasse, qui est triste et cher ; mais enfin il y a un piano qui joue des airs de jazz et ça change un peu de décor. « Je me demande où sont passés les gens » dit avec éclat la femme lunaire, ce qui arrache un murmure au garçon. Ça me fait soirée de guerre de manière tout à fait romanesque. On nous fout dehors à 11 h. et nous allons bd St Michel, puis jusqu'au Châtelet et sur les bords de la Seine. Des patrouilles de flics dans la nuit, avec leurs vastes pèlerines et leurs casques brillants ; à pied, à bicyclette, ils braquent des lampes électriques sur les passants et arrêtent tous les hommes pour leur demander leurs papiers, ils fouillent même les urinoirs. Je raccompagne enfin la femme lunaire et rentre chez moi dormir vers 1 h. du matin. Il y a longtemps que je ne m'étais couchée si tard et ça me fait plaisant. Elle m'a raconté une foule d'histoires; si on a la patience de laisser passer le fatras dont elle les embobine, elle a souvent des histoires amusantes. D'abord elle est tout occupée de sa passion pour un jeune réfugié espagnol de 21 ans et beau comme un dieu qu'elle allait retrouver en cachette dans les montagnes où il vit demi-nu et traqué; les gens du village haïssent ces réfugiés, elle prétend qu'ils en ont même tué à force de coups parce qu'ils ne voulaient pas s'engager; il fallait donc beaucoup de prudence; une nuit elle s'est perdue et elle a perdu ses souliers et fait 5 km. pieds nus parmi des fourrés, en se foutant dans des ravins; on la surveillait terriblement. Le type ne sait que vingt mots de français, j'imagine bien leurs conversations. Elle ne pense qu'à aller le retrouver. Elle me raconte son séjour à la pointe du Raz avec l'homme lunaire, comme ils essayaient d'informer moralement, historiquement, politiquement un village de pêcheurs; elle me décrit bien la vie de ces gens et les femmes qui disent : « Par gros temps, on se fait du souci pour eux, mais quand ils sont depuis 15 jours à terre, on voudrait bien qu'ils repartent. » Elle raconte mal leur voyage en Corse, qui m'a l'air d'une drôle d'équipée mais qui me reste obscure. Des histoires de cul, naturellement : comment à 20 ans elle se défendit, en pleins champs, contre deux types pendant une heure avec des Notre Père et des signes de croix et des malédictions; à la fin comme elle les maudissait dans leurs filles en disant « Je souhaite que vos filles soient toutes violées », le type spectateur est devenu gentil, a arrêté l'autre et a dit : « Une fille m'est née hier; vous mettrez un cierge pour elle » et on l'a raccompagnée à Paris. Elle me raconte aussi comment Leduc, un petit type de l'Age nouveau, a entendu l'autre nuit des coups à sa porte : Police! et a gueulé « Espèces d'emmerdeurs! » croyant avoir à faire à des camarades, et ça a duré assez longtemps; puis il a ouvert, et cinq agents sont entrés revolver au poing; on le prenait pour un communiste; on a trouvé chez lui un paquet qu'il avait ramassé dans un train, avec des souliers de femme et une carte d'identité, ça a paru louche. Finalement on n'a pu retenir aucune charge contre lui. Alors on l'a mis en prison pour vol, pour 8 jours, à cause du paquet.

Elle s'imagine que Daladier a demandé à Hitler de faire la guerre, afin de pouvoir abattre le Front populaire. Et elle tient des discours défaitistes. Un voyage marrant en wagon où elle s'est fait peloter tant et plus et puis a essayé d'apitoyer les soldats sur le sort de Giono [1]. « Faites pas dire des choses comme ça à de jeunes soldats », lui a dit un soldat d'un ton sévère. Elle veut bien aller en prison parce qu'elle trouvera 40 000 f. de côté en en sortant. Elle m'explique : « Les femmes de notre génération, c'est dur la guerre pour elles ! S'il faut de nouveau faire la grue pour se retrouver une situation, quand on s'est donné déjà tant de mal pour s'assurer son beefsteak ! » Elle prétend qu'on va bientôt vider Giraudoux parce qu'on le trouve trop tiède. Elle a parlé six heures sans arrêt, souvent avec du bonheur d'expression et beaucoup de charme dans les gestes et la physionomie.

MERCREDI 13 OCTOBRE.

Journée un peu bien dispersée, j'aurais pu travailler mieux ; mais je n'ai plus bien l'habitude de rester des heures devant du papier blanc, ça me semble drôle. Je me suis levée à 9 h. 1/2, j'ai passé pour rien rue d'Assas, puis au « Dôme » où j'ai rencontré Stépha. Je me suis assise à côté d'elle et elle m'a interrogée pour savoir si j'étais vraiment piège ; on a lu le journal, regardé *Marie-Claire* qui donne des modèles de lettres aux soldats à se fendre la pipe – on a fait des courses, puis j'ai mangé au « Dôme » une brandade de morue, et écrit à Bost et à Sartre. Le Hongrois s'est ramené, je lui ai serré la main et j'ai filé chercher un bâton de rouge chez Stépha. A 3 h. j'étais au travail, c'était tard et je n'ai pas foutu grand-chose. Commencé à écrire sur la maladie, mais je ne suis pas encore dedans. J'ai fait mon journal, j'ai passé chez Gégé où j'ai trouvé une longue lettre charmante de Bost. Puis je suis venue chez « Capou-

1. Pacifiste.

88

lade »; écrit à Toulouse, à Poupette, au boxeur. La vie s'organise, il faudra seulement travailler plus. Le « Dôme » à midi
avait une physionomie toute normale, avec des visages connus,
des femmes soignées. Et « Capoulade » aussi ce soir. Est-ce cela
la guerre ? Étonnement de ne pas souffrir davantage et surtout
de ne pas être plus désaxée. La souffrance viendra peut-être,
mais pas le bouleversement, je ne crois pas. Maintenant, ce
n'est pas encore vraiment la guerre. Le pire est à venir.

La femme lunaire est arrivée à 7 h. et tout de suite nous
allons au cinéma du Panthéon; nous tombons en plein documentaire sur le pétrole. Mais on nous donne après un charmant dessin animé anglais *La Chasse au renard*; tout autre
style que les Américains, plus de recherche artistique, des
efforts à la Chirico par instants et beaucoup de grâce. *Pilote
d'essai* avec Clark Gable et Myrna Loy nous amuse bien.
Ensuite on va au bar de « Capoulade » manger des steaks aux
pommes en buvant une bouteille de Beaujolais; nous nous ani-
mons et nous commençons à nous faire des déclarations d'amitié. Comme à 11 h. on nous chasse, nous allons acheter des bou-
teilles dans la pâtisserie du Bd St Michel; on en achète deux,
une petite pour nous, et une grosse pour Youki [1] chez qui la
lunaire veut passer un moment. Ça m'amuse. On arrive rue
Mazarine et on monte deux étages dans un noir épais. On
sonne; la salle à manger est pleine de fumée, de gens, de verres
de vin rouge. Aux murs des tableaux de Foujita dont l'un
représente Youki nue avec un lion; ils sont en couleurs, parce
qu'elle lui a demandé de montrer qu'il pouvait peindre autrement qu'en blanc; ce n'est pas très beau d'ailleurs. Youki pré-
side, enveloppée d'un kimono japonais qui dénude de beaux
bras et le haut de la gorge, elle est blonde, assez belle, et tout
entière truquée. Il y a là Claire la monitrice au large front,
ancienne amie de Kiki de Montparnasse, de Pascin [2] et de
Sonia Krog et qui commence à sombrer dans le mysticisme elle
aussi et parle avec des yeux noyés de ce qu'elle a souffert par
les hommes; son mari, Manuel l'exhibitionniste au long visage

1. Ex-femme de Foujita, mariée à Desnos.
2. Le peintre, qui se tua en 1930.

calamiteux, tire les cartes dans la pièce voisine, il les tire à « l'humanité » et ne lui prédit rien de bon. Il y a aussi Blanche Picard, en kimono rouge, un visage d'intellectuelle et de victime qui ne bouge pas d'un pli de toute la soirée ; et une petite piège qui fume la pipe, et une assez belle brune, et une autre femme encore. Il y a Michel, et de petits jeunes gens silencieux, et un assez beau blond en pull-over bleu roulé et un soldat en permission, un type qui ressemble à Buster Keaton et que j'ai vu déjà chez « Flore ». Tout ce monde discute une lettre de Desnos qui raconte paisiblement sa vie au front ; on s'indigne, on le voudrait révolté ; la femme lunaire s'indigne aussi, et réclame des révoltes, ces gens sont ivres et navrants, mais le soldat qui leur saute au visage, avec son pathétique sur les tanks et les barbelés, est aussi écœurant qu'eux. C'est une vraie comédie bien réglée : on joue ici l'arrière surréaliste, cynique et révolté, et lui joue le combattant écœuré par la mentalité civile. Les bras me tombent de voir leur recherche appliquée d'une attitude, leur totale insouciance de la réalité ; il n'existe pour eux que des mots et des consignes devant ces mots, appuyées sur leur passé et quelques autorités reconnues. On est même en deçà de l'apparence. Le soldat abrite sa bite dans ses mains, on rit hystériquement, Youki sourit voluptueusement et cherche le paradoxe crâne. Vocabulaire monotone : « Merde, tu me fais chier », en détachant bien les mots, et avec aussi peu de naturel que possible. Tout ce monde est en chaleur ; la femme lunaire se fait longuement embrasser par le blond ; Youki montre Blanche en disant : « Blanche est hystérique, elle ne baise plus depuis un mois. » Le soldat dit : « On s'en fout des femmes, dites-le bien à vos amies, on ne les attend pas pour se branler. » « Dites à vos copains qu'on ne les attend pas non plus » dit Youki, « mais nous, on ne se branle pas. » L'alcool aidant, j'ai des impressions fortes. Je me sens tellement peu femme, tellement peu sexuée, je ne suis absolument pas dans le coup. Mais j'imagine les Kos. avec cette conscience qu'elles ont de leur corps et de leur féminité, comme elles doivent se sentir « compromises » par toutes ces femmes – ça existe pour elles, et pourtant ça les écœure, d'où le caractère agressif de leur mépris : elles se sentent menacées malgré tout. Ça me donne une grande sympathie pour elles ; elles veulent vivre proprement mais dans un monde plein de choses louches et crasseuses ; ce n'est pas facile. Sartre, Bost, moi-même, la matière de notre univers est toute propre au contraire.

Nous nous faisons de grandes déclarations d'amitié, le lunaire et moi, elle me dit qu'elle a tant d'amitié pour moi depuis Berlin et en un sens « contre quelqu'un » ; contre Sartre. Elle dit qu'elle a été violemment emmerdée à cause de lui, sans vouloir trop préciser ; elle lui garde une grosse rancune.

On chante. Ils chantent une excellente chanson de Prévert, et des chansons patriotiques de la dernière guerre, et quelques belles chansons antimilitaristes ; une m'émeut, l'air en est beau :

« Celui qui me tuera
Sera mon camarade. »

Je ne cesse de voir le visage du petit Bost en surimpression pendant toute la nuit, parmi les discussions et les chansons, et j'ai envie de crier, tout est d'un tragique noir.

On part à 4 h. du matin et je ramène chez moi la lunaire et le type blond. On boit la petite bouteille et la lunaire, étendue sur le lit, parle sans arrêt trois heures durant. Elle raconte longuement sa vie, je connaissais déjà presque tout ; elle parle de son mari qu'elle trouve tout compte fait un peu supérieur à Sartre, de Wanda qui est bien gentille mais qui se surestime ; Sartre surestime Wanda, et la femme lunaire, et lui-même, il n'y a que moi qui soit par-delà même l'estime qu'il me porte et qu'elle trouve trop froide. Ça m'est un peu désagréable, comme toujours, quand je vois une conscience étrangère penser mon histoire avec Sartre. Le type blond a nettement envie d'une histoire avec la lunaire. Ils me quittent à 7 h. du matin. Je trouve assez de charme à cette lunaire et j'ai de la sympathie pour elle, malgré la vulgarité profonde de sa vision du monde et des gens. Je me mets au lit et dors comme une souche.

Triste anniversaire de notre mariage morganatique [1]. Une grande lettre de Sartre qui répond à la question de la pointe du Raz sur l'infinité du monde – il n'a pas de lettre de moi et s'en inquiète et ça m'attriste tant de le sentir coupé de moi, et j'ai tant besoin de lui, je lui écris une longue lettre en sanglotant. Je me suis levée à midi, j'ai vu une heure au « Dôme » le Hongrois qui m'a assommée puis écrit à Sartre. Je suis morne et vidée, avec une très légère gueule de bois. Coiffeur, achat d'étoffe pour turban. Je passe à C. Sée, à Fénelon où je ne vois personne et je mange un peu à « Capoulade » en écrivant à Bost. Puis je vais à 7 h. rejoindre Sorokine chez elle.

Son amie est là. Timide et insignifiante – elle tricote dans le fauteuil; Sorokine a mis un nœud écossais dans ses cheveux, elle est charmante à voir, elle me regarde tout passionnément. On cause; puis on raccompagne l'amie chez elle et nous faisons une petite promenade, sous les voûtes du métro, bd Exelmans et sur les quais de la Seine; c'est très beau ces arbres couverts de feuilles mortes et les grands flambeaux jaunes dans la nuit. Je lui prends le bras, et je lui parle tendrement; elle répond timidement et frotte son front contre le mien; on reparle de l'année scolaire et de ses efforts pour me voir. Nous rentrons; elle se blottit dans le fauteuil, son ours sur les genoux et on cause doucement. Pour la première fois elle accepte une complicité tendre avec moi, elle n'a plus rien d'avide, ni de nerveux, elle est fondante et donnée; on dirait un petit animal apprivoisé; cette fille si gauche a la grâce la plus charmante ce soir, dans ses sourires, ses regards, le petit froncement de son nez. Elle me touche; elle est tout à fait « nymphe au cœur fidèle » comme dirait Sartre.

Je la quitte et rentre en métro; j'écris une longue lettre à Védrine, et je m'endors.

1. Ainsi avaient-ils baptisé leur relation en septembre 1929.

C'est soi-disant l'arrivée de Kos. aujourd'hui. Le matin je fais ma toilette, mes ongles ; toute petite lettre de Sartre, du 10, chez Gégé ; à la poste deux grosses lettres de Bost et un petit mot anonyme qui me dit son adresse. Ça paraît si près, sur une carte ; ça m'énerve de pouvoir le situer, de sentir des chemins de fer entre nous et un nombre de kilomètres précis sans que pourtant je puisse le joindre.

Hitler est fou de rage du « non » franco-anglais ; on dit qu'il veut une guerre rapide. D'autres disent qu'on ne se battra qu'au printemps. Mais on se battra – des morts, des morts – et ça durera longtemps.

Paquet à Sartre – lettre – pas de Kos. à la gare à 1 h. Je mange au « Dôme », je travaille un peu chez moi et retourne à la gare à 5 h. Pas de Kos. Alors je viens à Montmartre pour passer un moment au cinéma. Il fait doux, c'est dimanche, les gens se promènent, le ciel est bleu. J'aimais bien attendre Kos. pour attendre quelque chose, mais je ne l'attends plus ; son absence me refroidit. Je me rappelle la chanson de la femme lunaire, elle me tourne dans la tête « Ah ! que maudite soit la guerre ! ». Mais qui se révolterait, et comment, et contre qui ? Je bois un verre au « Café de la Poste », comme la paix est loin.

Je vois *Pieter Ibbetson* – c'est bien mauvais quoique G. Cooper soit aussi plaisant qu'il peut. Balcon de cinéma sinistre, mon voisin essaie de me faire du pied, je me recule de deux fauteuils en faisant claquer les sièges. Je retourne à Montparnasse. Je lis vaguement dans le métro *Les Illuminés* de G. de Nerval. Arrivées en masse, aux trains. Et dans la foule Kos. avec son manteau bleu et une petite blouse rouge, souriante, ses valises à la main. On va à pied à l'hôtel où on lui donne une chambre provisoire et où nous visitons un tas de chambres. Puis on essaie d'aller au « Dôme » qui est bondé, et on échoue à la « Rotonde ». On cause, je lui raconte un tas d'histoires, en particulier sur la femme lunaire ; on cause encore chez moi, jusqu'à 1 h. du matin. Ça me fait un peu drôle qu'elle me parle de Bost et pas tellement plaisant, mais c'est endormi la jalousie, comme le désir. Je fais seulement un rêve pénible où elle me demande de lui montrer une lettre que j'écrivais à Bost ce qui me donne des sueurs d'angoisse.

LUNDI 16 OCTOBRE.

Reprise des cours. Ce n'est pas plaisant; à présent les journées n'auront plus rien d'exceptionnel, finie cette poésie de désœuvrement qui les sauvait encore. On est dans le sérieux, et sans recours.

Le réveil me fait brutal quand il sonne à 7 h. 1/2. Je me lève; à 8 h. je suis dehors, il fait beau; je suis le bd Montparnasse et je prends un café au « Dupont »; puis le métro 10 minutes, puis 10 mn. de marche jusqu'au lycée. Comme c'est vide cette grande bâtisse; somptueuse salle des professeurs avec fauteuils club, baies vitrées, etc. Je fais 2 h. de cours devant neuf petites filles très sages, en blouse bleue. Ça ne m'ennuie pas, je fais un bon cours – une légère impression d'irréel et d'absurde. Les gens sont aimables, directrice, surveillantes.

Sorokine m'attend à la porte, mais je ne m'occupe guère d'elle, la pauvre; je vais en taxi à Fénelon où on me donne mon emploi du temps : une philo encore, ça fait 17 h. de travail, c'est beaucoup. Ce lycée-là est sinistre : Fénelon, c'est à Henri IV maintenant, c'est un charmant lycée mais tout en démolition; on a relégué les classes dans une aile moderne et très laide. Des couloirs étroits avec des écriteaux : Abri 1, Abri 5 – et des femmes en noir portant la musette mastic en bandoulière. La directrice est la pire de ces mégères; très rogue, parce que je ne suis pas enthousiaste de travailler chez elle. Je passe à la Sorbonne, voir Mr. Monod [1] parce qu'on me menace un peu de m'envoyer à Bordeaux; rencontré Audry et une bonne femme de Marseille, Mme Chazotte. Rue d'Assas une lettre de Sartre

---

1. Inspecteur général.

94

du 13 ; il semble avoir eu mes lettres la veille, mais je n'ai pas sa lettre du 12, on se parle à tâtons, c'est déplaisant. Déjeuner au « Milk Bar » avec Kos. Deux heures de cours à Fénelon : les élèves sont 24, en costume de ville, soignées, maquillées, très Quartier Latin. Elles apportent leurs masques en classe et les posent à côté d'elles.

A 4 h. je retrouve Kos. chez « Capoulade ». Elle a le visage mauve et nous nous inquiétons. Elle croit s'être teintée avec un mauvais savon et cette fragilité de peau fait mon admiration : mais c'était une houpette de cygne qui a déteint sur sa figure. On rentre, j'écris à Sartre – on mange à la crémerie ; on va au « Dôme » et on rentre à 9 h. 1/2. Lettre de Védrine, toute charmante. J'écris à Bost, puis ce journal et je vais dormir.

Activité allemande sur le front Ouest, et nouvelle offensive de paix d'Hitler.

MARDI 17.

On dirait qu'on commence sérieusement à se battre. Attaque allemande et réaction des troupes françaises. Bombardement des côtes d'Écosse par les Allemands. On attend de savoir ce que décidera Staline, mais ça semble aller assez mal. Je lis tout ça dans le journal, mais sans réaction. Je suis indifférente, inerte. Je ne m'ennuie pas, mais je ne sens rien, ni amour, ni crainte, ni tristesse.

Deuxième journée de classe, fort chargée. Ce matin j'ai été à Henri IV, ce n'est pas du tout déplaisant ; il n'y a que 10 mn. de trajet à pied. Je traverse le Luxembourg doré et brumeux, tout somptueux, puis je prends un café au comptoir de « Capoulade » et j'arrive au lycée. Deux heures et demie de cours, coupées par un exercice d'alerte, la directrice parcourt les couloirs, chapeau en tête et sifflet au bec, et elle émet de grands sifflements ; on descend à la file indienne dans un abri superbement aménagé et on s'assied sur des espèces de chaises de jardin. Exercice avec les masques, du coup elle met chapeau bas ; elle crie sous son masque « Les professeurs aussi ! » mais je n'ai pas le mien. Elle les laisse un instant comme ça, les élèves rient de se voir, et elle grommelle : « Ça n'est pas drôle, allez ! » ; elle est à la fête. Elle explique que dans les abris on ne doit ni parler ni bouger car il faut économiser l'oxygène. On finit le cours. Ça m'amuse assez de me retrouver au Quartier Latin ; il est 11 h., j'achète chez Gibert *Les Deux Dianes* pour Bost, et je mange à la « Source » en écrivant à Védrine. Puis lycée C. Sée ; la directrice est fort affable. Ça me semble assez naturel de faire mes cours et pas plus vain qu'autrefois. En métro gare Montparnasse ; lettre de Bost, je lui envoie le paquet et lui écris du « Versailles [1] » ainsi qu'à Sartre. Puis je viens à pied attendre Kos. aux « Deux Magots ». J'ai fini *Les Illuminés* de Gérard de Nerval. Ma vie sera remplie, je n'ai pas de crainte. Mais qu'elle sera donc austère.

Moment assez morne aux « Deux Magots » ; Kos. est de mauvaise humeur. On va m'acheter un beau turban de mousseline rouge, puis nous allons à pied jusqu'à la crémerie où on dîne. Je passe chez Gégé et je trouve une lettre de Sartre. Puis soirée au « Flore ». Le « Flore » est tout tendu d'épais rideaux bleus, et il a de nouvelles banquettes rouges, ça fait très beau. Les cafés ont changé depuis septembre, maintenant qu'ils savent bien se camoufler ils allument toutes leurs lampes en dedans et on est saisi par cet éclat quand on arrive de dehors. Il y a Sonia, superbe, et quelques visages connus. C'est plein d'hommes, il n'y a même quasi que des hommes vers la fin et ça sent le gros tabac et la conversation politique. On cause, on rentre à pied et on va dormir.

MERCREDI 18 OCTOBRE.

C'est une journée de liberté. J'ai un plaisant moment le matin quand je prends mon café au Dôme et que je rentre lire le journal, *Le Canard enchaîné*. Ensuite je travaille avec plaisir ; je mange chez « Pagès » et à midi 1/2 vient Sorokine. Je

1. Café-restaurant-dancing, 3, place de Rennes.

suis gênée parce que Kos. est dans la chambre à côté. Elle pleure un peu quand je dis que je la verrai seulement deux fois par semaine; elle m'arrache la promesse d'une autre fois encore où on fera de la philosophie. Elle me quitte à 2 h. 1/2. J'écris à Sartre, à Bost, puis je vais au « Dôme » avec Kos. qui est morne comme tout. Puis je vais à Austerlitz chercher ma sœur; la gare est sinistre; beaucoup de soldats, un flic leur barre la route et leur demande leurs permissions. J'emmène Poupette au « Milk Bar », on cause sur St Germain-les-Belles, ce n'est guère amusant; elle me raconte qu'on attend depuis six semaines les réfugiés de Hagueneau et le tambourinaire proclame dans les rues « N'oubliez pas que les Alsaciens, c'est tout de même des Français! ». On va chez les Gérassi où on cause pendant deux heures et je rentre dormir. J'ai eu une petite lettre de Sartre, en langage chiffré, où il me dit qu'il est à Brumath.

JEUDI 19 OCTOBRE.

Je me lève, je vais à la poste de la rue Littré où je trouve une longue, tendre lettre de Bost du dimanche-lundi. J'entre au « Versailles » prendre un petit déjeuner et lui répondre. Le café est tout sombre, il y a encore des garçons qui nettoient les tables, ça me rappelle les cafés de province où on arrive au matin en sortant d'un train – comme à Bordeaux, à Carcassonne – je me rappelle ce matin de Carcassonne [1] et je suis tout émue. Dans l'ensemble pourtant mes souvenirs sont desséchés, je n'arrive même plus à avoir des regrets, il semble que toujours tout ait été morne comme ça. Je vais au lycée, je range une mallette pleine de papiers précieux [2] dans ma belle petite armoire. Puis cours jusqu'à 12 h. 1/2. Je déjeune, très bien, dans un petit restaurant hongrois puis métro, café place Jussieu, lycée Henri-IV où je n'ai plus que six élèves. J'aime bien avoir mon lycée au Quartier Latin. Je retrouve à 4 h. au « Bal-

1. En août 1939, avec Sartre.
2. Surtout sa correspondance avec Sartre et avec Bost.

zar » Lévy et Kanapa [1] qui ne semble plus du tout fou, qui est même sans tic, sans affectation, assez gentil. Puis Kosakievitch chez « Capoulade ». Puis Poupette au « Dôme ». On dîne au « Milk Bar » et je la ramène chez moi ; elle me parle longuement de ses rapports avec Lionel et comme il voudrait faire d'elle une femme esclave et qu'elle ne veut pas.

VENDREDI 20 OCTOBRE.

Matinée libre. Kos. m'offre un bon petit déjeuner avec du lait chaud et un œuf. J'écris à Bost, à Sartre, à Védrine, je fais ce journal et même je travaille un petit peu – ça marcherait si seulement je pouvais m'y remettre. Je déjeune rue Vavin avec Poupette, puis on va à pied chez « Capoulade » et je vais au lycée. Je n'ai plus que 5 élèves à présent. Je passe à la poste envoyer un mandat à Védrine ; une petite jeune fille s'approche de moi ; d'une manière gracieuse et avec un accent étranger elle me dit : « Je vais vous remettre cette lettre puisque je vous rencontre. Vous ne me connaissez pas, mais je vous connais bien. » C'est une des élèves qu'on a enlevées à ma classe ; elle me dit que mes cours la fascinaient ; que la chute est brusque de « la Conscience » à l'histoire de la philosophie – que j'ai su rendre des élèves malheureuses de me quitter. Ça me flatte un peu. Je retrouve Kos. à « Capoulade » et passe deux heures avec elle ; puis au « Mahieu », je vois Poupette, je l'emmène au petit restaurant alsacien et à « Jean de la Lune ». On rentre par un somptueux clair de lune, c'est la première fois que je *vois* le clair de lune sur Paris. Je trouve à l'hôtel *Testament espagnol* de Koestler que sans doute Gérassi a apporté et je le lis un grand moment au lit avec un intérêt passionné.

1. Anciens élèves de Sartre.

98

Deux heures de cours à Camille Sée; puis je retrouve Sorokine; on va à Montparnasse en métro, je prends poste restante
les lettres de Bost et les mets dans mon sac. Ça fait deux jours
et demi que je n'ai rien de Sartre et je suis bien triste; c'est surtout les moments contingents qui sont sinistres, dans le métro,
dans les rues. On va au « Versailles » toujours sombre et vide, et
on cause plaisamment, en se tenant les mains; elle est contente
de moi et semble plutôt heureuse. Je la chasse à midi pour lire
les lettres de Bost, puis je vais voir Kosakievitch. On mange à
la « Coupole » et on rencontre le Bel Eute [1], toute triste; elle dit
que Guille est en Alsace où il joue au bridge et se balade en
auto avec son lieutenant; mais il s'emmerde beaucoup. Elle s'en
va à Monceaux et veut ouvrir une garderie d'enfants, ça lui ressemble bien. Au bout de vingt minutes on n'a plus rien du tout
à se dire et nous partons pour le café de « Flore » avec Kos. Le
Luxembourg manque de jardiniers sans doute car les allées
sont jonchées de feuilles mortes, c'est bien joli. On s'assied au
« Flore », puis j'écris du « Dôme »; Poupette est là avec Gégé
qui me donne une lettre de Sartre, du 17; celle du 16 manque,
ça m'agace. J'écris à S. du fond du « Dôme »; il me semble si
loin, je suis si seule... Avec Poupette je vais faire des démarches, ⊛
bd de Tourville, bd Exelmans, elle parle, parle sans arrêt, elle
m'exaspère, je voudrais être seule, je suis si énervée par ce nou-
vel espoir qui renaît de voir Sartre. On va acheter des étoffes :
du bleu, du jaune pour turbans, et on regarde des étoffes pour
manteau. On rentre, et on passe une heure à essayer ces turbans; je m'habille, ça m'amuse de me donner une impression de
sortie; je mets une jupe plissée noire, la jaquette de tailleur
jaune, le chemisier jaune et le turban assorti, puis on part,
Kos., Poupette et moi pour le « Jockey ». A 8 h. 1/2 c'est vide;
la salle est très jolie, plus grande qu'avant, avec le bar à droite
dans une sorte de tribune; les mêmes affiches de cinéma

---

1. Surnom de la femme de Guille.

décorent les murs mais elles sont propres et au milieu il y a une belle piste de danse, c'est plaisant comme tout – mais c'est vide. Une chanteuse rousse et boulotte répète ses chansons à côté du piano ; un jazz très pauvre. Le patron s'approche gentiment de nous et nous annonce une bonne nouvelle : il y aura à partir de lundi des dîners chantants à 25 f. ; on dîne dans toutes les boîtes, c'est la nouvelle formule ; il nous explique qu'il a arrangé la salle d'après les maisons de danse de Séville : je me rappelle celle de l'Alameda, quel changement, pour nous, pour l'Espagne ; un tel dépaysement dans le temps, irrémédiable et historique. C'est la première fois que le déroulement du temps me fait historique. Ça se remplit peu à peu : des Annamites, des couples entre deux âges, des militaires en bleu marine et sans numéro matricule, deux putains bien tristes. La rousse boulotte est marrante et chante des chansons tristes, une autre chanteuse, rousse aussi, chante mal de mauvaises chansons. J'ai peur de me rappeler trop douloureusement Bost, mais non, cette soirée sent la guerre, surtout par l'absence de danse, et n'évoque guère la paix – sauf la bouteille de Vat 69. Je suis morne, paralysée. Poupette est terrible avec son éternel sens du comique : elle prétend rire toute seule devant l'obélisque et la statue du maréchal Ney ; mais Kos. assume le poids de la soirée, ça l'amuse de jouer ce rôle. A 11 h. un réveil sonne, l'orchestre joue l'extinction des feux. Sur le trottoir un tas de groupes hésitants ; c'est la fin de la nuit, une fin qui a la netteté décisive des choses artificielles ; et pourtant on sait bien qu'il n'est que 11 h., c'est un drôle de moment. On rentre ; je suis fatiguée comme chaque soir et pourtant jusqu'à 1 h. 1/2 je lis *Le Testament espagnol* ; j'aime qu'il dise que les types ont peur de mourir, non de la mort, parce qu'ils sont soldats de la vie, non de la mort ; et toujours cette idée du contingent, du quotidien des situations les plus extrêmes : l'horreur est toujours par-delà. Vers 1 h. 1/2 de grands cris ; on se poursuit dans l'escalier, une femme hurle ; nous sortons sur le palier comme deux commères Kos. et moi mais la femme – ça doit être la belle Norvégienne blonde – a tant d'accent qu'on ne comprend pas grand-chose ; elle veut faire ses valises et le type veut peut-être

100

la retenir de force car on sent qu'il y a lutte et elle crie : Lâche!
Lâche!; ça a l'air d'une gaillarde. La patronne est montée et la
morigène à mi-voix. On ne saura jamais le fin mot de cette histoire.

DIMANCHE 22.

Longue lettre à Bost le matin au lit; petit déjeuner avec
Kos.; je me fais les ongles, on cause un peu, puis ce journal.
Chez Gégé une lettre de Sartre du 19, celle du 18 manque, je
ne me sens plus en contact. Je vais lui écrire à la « Closerie des
Lilas », puis déjeuner à la « Coupole » avec Poupette. On va au
cinéma, je vois *Les Trois Lanciers du Bengale* pendant qu'elle
va voir *Gunga Din*; je l'attends dans un petit tabac d'où
j'achève ma lettre à Sartre. A pied chez Gégé; il y a un somptueux coucher de soleil sur le Carrousel; la veille aussi que les
Tuileries étaient belles avec leurs couleurs d'automne et leur
ciel léger. Je salue Kos. et je vais au « Dôme » retrouver Poupette et la lunaire. Il y a Wanda, couperosée et grasse, bien
moche. Avec la lunaire et Poupette on va manger des crêpes et
boire du cidre bouché. Puis au « O.K. [1] » qui est chaud, plein de
monde et pas déplaisant; encore un tas d'Annamites. La
lunaire parle sans arrêt, ses histoires ne m'amusent plus, ni ses
considérations sur les gens mariés; elle s'est fait voler 300 f. par
un garde mobile. J'écoute, je me demande : « Qu'est-ce que je
fais ici, avec ces femmes ? » et je me sens minable. J'ai mal à la
tête. Je rentre, je dors comme une brute.

LUNDI 23 OCTOBRE.

C'est presque pathologique l'angoisse du réveil, le matin;
c'est que d'un coup il faut tout retrouver : la guerre, la séparation, l'ennui. Je vais à C. Sée – puis démarches pour un sauf-
conduit : je me fais photographier à Uniprix, on établit la

1. Carrefour Vavin.

101

feuille au commissariat du XVe, ce qui fait qu'on ne retrouvera pas ma piste. Il fait beau et doux, un peu d'espoir me revient. Je rentre à Montparnasse en métro : lettre de Bost à qui je réponds du « Versailles ». Puis je vais chercher Kos. et on déjeune au « Milk Bar »; elle a une lettre de Bost aussi, plus longue que la mienne; il l'appelle « mon cher amour » et ça me fait un petit choc; ce n'est pas raisonnable, il m'aime aussi et je devrais m'en satisfaire, je ne lui donne pas non plus tout; mais ça ne fait rien, ça sera toujours une petite plaie vive en moi. Ça me rappelle, mais pâlement, le temps de l'an dernier où j'étais sans cesse en danger, où un mot de Kos. creusait si facilement en moi une souffrance vive, injuste parfois, qu'il fallait soigneusement garder jusqu'au moment de solitude. Comme lorsqu'elle m'a dit l'autre jour : il aura peut-être une permission, et que j'ai senti le passionnel refluer en moi. L'horreur, c'est pire que le passionnel, mais la tristesse, la morosité, c'est clément à côté de cette tension, de ces refus, ces obstinations de la passion. J'ai peur de la première permission de Bost, presque plus que je ne la désire; ça serait pareil pour Sartre s'il ne me l'avait promise entière ou presque – c'est cette espèce de révolte subie qui est si pénible à supporter, et toute cette lutte et ces ruses pour nier les défaites, pour se dominer, pour ne plus vouloir.

Enfin tout cela est pâle à présent; ça ne devient aigu que dans l'irréel, au moment de s'endormir par exemple, et alors c'est bien différent.

On a fait des courses avec Kos. – commandé un patron de manteau, acheté ma jolie étoffe; les magasins sont encore assez somptueux dans les beaux quartiers. On va au « Marignan »; elle me quitte et j'écris à Sartre. Puis Poupette arrive, on va au « Flore » où on retrouve Gégé bien affalée; de jolies femmes : Jacqueline Laurent, ravissante, une tête de poupée, d'admirables vêtements. Gégé hait ces femmes et souffre. On passe une heure dans une espèce de « Cintra » qui ressemble à une boîte de sports d'hiver, près du Palais Royal. Fauteuils profonds, tonnelets, têtes de cerfs au mur, recoins, cheminée; il y a une bande de très petits jeunes gens jeunes filles en costumes sport, qui flirtent et voudraient bien danser; ils ont apporté le phono, ils se font cuire des haricots et les mangent dans un coin. Une curieuse petite scène de maquerellage, on appelle une petite jeune fille pour la présenter à un monsieur avec qui elle se met à boire. Gégé et Poupette causent; je me sens contractée, farouche.

A 9 h. on va chez Capri [1]. Les endroits se débraillent tous un peu, ils ne cherchent plus l'effet, c'est comme un théâtre sans lumières, un soir de répétition – ou une galerie de tableaux vue par la sœur de la secrétaire. On ne vise plus le public anonyme, mais on cherche à garder quelques intimes, l'individualité s'efface – c'est plaisant cette transformation. A une table du milieu il y a Capri en cape de fourrure blanche, Sonia en fourrure noire, Marie-Hélène, Montero avec un drôle de petit chapeau à voilette rouge. Deniaud, un des ex-barbus, en smoking, dîne. Leduc, en smoking, sert, c'est le maître d'hôtel; à une table le peintre hollandais Tony avec une ravissante Viennoise, à une autre table, deux couples, deux très jolies femmes bien avec leurs maris. On regarde le monde; Deniaud chante « La marchande de violettes », c'est trop facile et ça m'agace. Un monologue amusant sur un camelot marchand d'appareil à cravates. Puis Capri charmante : robe noire et or, souliers noir et or, à semelle dorée haute comme trois mains. Beaucoup de ses chansons sont censurées, mais il lui en reste de belles et j'ai plaisir à l'entendre.

On rentre en taxi. J'ai eu les lettres de Sartre du 16 et 18, pour finir seule celle du 12 est perdue. Je sens le contact repris avec lui, de nouveau il m'est tout présent, et nous causons comme jadis.

Hitler ne veut toujours pas de la guerre avec la France. Il veut se battre seulement par mer et air contre l'Angleterre. Rien sur le front Ouest avant le printemps.

1. Rue Sainte-Anne.

MARDI 24 OCTOBRE.

Je me lève à 9 h. Toilette, petit déjeuner avec Kos. Elle a son beau peignoir bleu bordé d'orange, avec un gros K sur une poche. Moi je porte le manteau noir et jaune de la foire aux puces. Elle me fait manger deux œufs et boire du thé. Wanda vient, dans un beau peignoir bleu elle aussi, avec ses initiales en jaune et vert sur une poche, elle est laide mais assez plaisante. On cause et je fais des frais, je veux faire amitié avec Wanda, ça m'amuse; d'ailleurs elle m'est sympathique et je passe une heure amusante avec elles deux. Je m'en vais à 11 h. 1/2 chercher la lettre quotidienne de Bost; je déjeune au « Dupont » d'un gros ris de veau en écrivant à Sartre. Puis à C. Sée, 3 h. sur la psychanalyse; ça amuse follement les élèves. Sorokine est là, tendre et charmante. Je l'emmène au « Sélect », on cause un peu; puis on va au « Dôme » retrouver Poupette. Il y a là Aliza qui avait rendez-vous avec Sorokine, ces Russes ont un mal fou à vivre, Ilrine [1] lave les planchers dans un hôpital américain.

Poupette m'annonce qu'elle reste jusqu'à dimanche, ça m'agace, ça me contriste tellement que je ne peux plus parler. Je l'emmène sur les Champs-Élysées voir *Comme tu me veux* et on revient au « Sélect » où j'écris à Bost et Sartre. Je suis sèche avec elle; elle fait de discrètes tentatives de tendresse mais je ne peux prendre sur moi d'y répondre. Elle me coûte chaud. Je ne mets rien de côté pour M. Védrine ce mois-ci. Il faut compter : 1 000 f. ... cette dame

1 000 f.	... Poupette
1 500 f.	... Kos.
500 f.	... vêtements
500 f.	... Sartre.
4 500 f.	

J'aurai dépensé 2 500 f. du 1er octobre au 30 compris, soit 300 f. (loyer), 1 500 f. (50 f. par jour) de vie courante, et 700 f.

1. Une bonne élève de l'année précédente.

d'envois de livres, d'argent, de sorties, invitations, et achats personnels, c'est correct.

MERCREDI 25 OCTOBRE.

Bonne journée – comme ça me change la vie dès que je travaille. Je me lève à 8 h. 1/2; à 9 h. je suis en bas et je vais au fond du « Dôme » prendre un café en lisant les journaux, *Le Canard, Marie-Claire.* Puis 3 h. de travail. J'écris d'une traite un grand morceau du ch. 9, sur la maladie – tout est si présent dans ma tête, je voudrais tout faire à la fois. Il fait sombre dans mon coin mais j'aperçois dehors une belle matinée d'automne. Je suis calme.

Je remonte saluer Kos. et pendant qu'elle s'habille j'écris à ma mère, à Sartre et à Bost. On parle de permissions de 10 jours tous les quatre mois et je m'agace en pensant que j'aurai tant de mal à voir un peu Bost, tant de mal à voir Sartre tout le temps ou presque, et je sais que je vais tant m'inquiéter et tant souffrir s'il revient du passionnel sur ce fond de sinistre noir. J'ai ce trait commun avec Védrine, cette âpreté affolée sur l'avenir, c'est sans doute pourquoi ça m'agace tant chez elle. On mange au « Milk Bar » avec Kos. – puis courses; elle veut s'acheter un manteau bd St. Germain mais il se trouve que le manteau choisi est une capote de soldat et la vendeuse rit de nous. On rentre et je la renvoie pour travailler; ou plutôt elle part d'elle-même, mais avec un rien de mécontentement. Wanda apporte ses affaires chez moi et je change de chambre [1], le déménagement est vite fait. C'est moins plaisant mais ce n'est pas désagréable et je suis moins collée à Kos. Travail. Puis Poupette, et [elle] m'apporte une lettre de Sartre; ces lettres sont si tendres et proches, elles me rendent la vie.

On descend au « Milk Bar » où je traite les Gérassi; c'est assez gai, je me mets en frais. Puis en taxi au cinéma du Panthéon où on voit *Knock* qui nous fait bien rire et un documentaire pas mauvais sur la vie des Esquimaux, *Nanouk.* On

1. Wanda préférait la chambre du Castor.

105

boit chez « Capoulade » et je rentre. Salué Kos. qui me reçoit mal. Kos. est contente parce que les cours de l'Atelier vont peut-être reprendre ; elle m'a montré une lettre assez plaisante de Delarue et Lexia [1].

Assez contente de ma journée. Beaucoup de travail et une sortie le soir, ça ferait une existence possible. Le cinéma m'est quasi nécessaire en ce moment et je suis d'humeur à voir presque n'importe quoi. D'ailleurs on repasse un tas de vieux films assez bons. Gérassi dit que les journaux sont pleins de bobards et que la guerre sera longue. Je n'ai plus aucune réaction devant toutes ces prédictions. Je vis dans une sorte d'abêtissement, avec un drôle de plan de croyance où mon avenir n'est plus du réel. Et quel fossé entre mon passé et moi.

JEUDI 26 OCTOBRE.

Kos. m'accueille le matin avec un visage de bois ; je m'en explique avec elle, on s'engueule un peu. Elle râle de ne pas me voir, et spécialement de ce que j'ai travaillé la veille au lieu de la voir tout le temps. Je pars fâchée, et sèchement. Je passe à la porte et réponds du « Versailles » à Bost. C. Sée. A midi 1/2 Poupette me prend à la sortie et nous allons en métro à Jussieu ; on déjeune dans un assez bon petit restaurant rue Monge « A l'Escalope ». Puis Henri-IV. Je sors à 4 h. et passe chez Gégé où j'ai une lettre de Sartre. J'écris et travaille à la « Closerie des Lilas ». Puis on va chercher les Kos. Kos. la vraie est sombre et fatiguée, elle est blottie dans son peignoir et dit qu'elle ne veut pas sortir ; je lui parle bien cordialement, elle me fait une forte impression où se mêlent le dégoût et la tendresse ; elle m'est si quotidienne, et pourtant souvent transfigurée par l'ancien amour de Sartre, par l'amour de Bost – ça me fait drôle de la laisser dans sa chambre, seule, alourdie de tristesse, et cette solitude retrouve un peu le caractère magique qu'elle avait à Rouen. On emmène Wanda, toute plaisante avec son petit pull-over noir qui dégage un cou charmant, ses

1. Camarades au cours de Dullin.

106

cheveux sont tout plats et pâles, très courts et coiffés à l'ange ; elle a un teint frais, un air jeune et lourd ; je suis fascinée toute la soirée par ce visage pathétique et souvent puéril, je sens bien ce que Sartre peut aimer en elle avec tendresse, elle me semble émouvante. Le « Jockey » est plein de monde, c'est cette nouvelle formule des dîners chantants qui rend bien ; des couples jeunes : la belle Mauritanienne du « Dôme » avec un type, une des négresses. On nous met à la tribune, près du bar, à une table d'où on domine bien toute la salle. Il y a les deux chanteuses de l'autre jour, la petite plaisante a une longue robe noire qui lui va bien, avec un corsage comme un sac de bonbons ; la rousse a une robe imprimée, elle boit du champagne et s'amuse beaucoup ; il y a aussi une brune à la belle voix et aux grosses jambes, en robe violine triste et qui ressemble à une petite bonne. Drôle de soirée. J'ai une lettre de Védrine qui me dit qu'elle veut aller voir Sartre et ça soulève en moi une jalousie passionnelle, ça m'agace qu'elle se l'approprie comme ça, qu'elle le croie à elle dans son cœur. Wanda ne me gêne pas, au contraire j'ai de la tendresse, presque, pour elle, mais ça me fait triste aussi qu'elle pense d'une certaine façon Sartre comme à elle. Je bois un grand verre de calvados pendant que les autres boivent des whiskies et il me vient un grand désir d'être seule au monde avec Sartre, sans personne, personne autour de nous. On cause ; je voudrais causer avec Wanda, mais dès que je parle Poupette m'interrompt pour renchérir, c'est agaçant ; Wanda est si ivre d'amabilité qu'elle ne sait dire que « c'est marrant » d'un air allant et faux à chacune de nos paroles. A 11 h. le patron nous fout gracieusement à la porte ; on rentre ; je monte chez Kos. qui est au lit, tout endormie déjà. Je lui dis bonsoir avec tendresse, je l'embrasse même et elle semble bien tendre aussi. J'écris à Sartre longuement, une lettre un peu agitée.

VENDREDI 27.

Petit déjeuner très cordial avec Kos. et Wanda. Ça rame un peu mais à peine. J'ai le beau vêtement blanc de Sartre avec une écharpe violacée et le turban violacé, c'est très beau. Chez « Capoulade », je mange et travaille un peu ; puis 3 h. de lycée. La directrice fait circuler des paperasses chaque jour et deux fois par jour pour désigner des volontaires, des monitrices qui fermeront les fenêtres en cas d'alerte, etc. – c'est une maniaque. Sorokine qui devait venir me chercher n'est pas là ; j'attends dix minutes, il fait froid, je voudrais travailler et je file lâchement au « Mahieu » où je travaille. Puis je vais chercher les lettres de Bost et je lui écris au « Versailles » – puis au « Dôme » je retrouve Poupette.

Stépha est là aussi, elle a fui son appartement parce qu'elle y avait trop froid. Mais quand on y monte à 8 h. on trouve la petite pièce du haut bien chauffée par deux radiateurs électriques – on dîne avec des tartines de pain noir couvertes de purée de tomate, de hareng, de caviar rouge et arrosées de vodka, puis on fait une partie de dominos. Là-dessus les Pardo arrivent, traînant après eux Jean Ossola [1] ; on met Gégé à jouer avec nous, elle est mignonne dans une robe vert-de-gris avec un foulard mauve – et Pardo et Ossola s'emmerdent, assis sur le divan. « Je n'aime pas les jeux de société », dit Pardo avec hauteur. Il profite d'une pause pour interroger Gérassi et [moi] sur la fin de la guerre mais on l'envoie bouler ; son avis à lui, c'est que la guerre ne finira jamais, c'est plus simple. Ils parlent tous d'aller à St-Domingue ; il paraît que le dictateur là-bas ouvre les portes à 100 000 réfugiés et réclame des intellectuels.

Pardo emmène son soldat, assez pincé, et nous faisons un pocker jusqu'à 11 h. 1/2.

SAMEDI 28 OCTOBRE.

Très mal dormi. Je me réveille avec mal à la tête. Deux heures de lycée ; à la sortie je trouve Sorokine qui est toute boudeuse à cause de la veille, mais vite réconciliée ; je suis bien gentille, mais dans l'ensemble, la pauvre chienne, je ne la traite pas trop bien. Ce matin je l'emmène faire des courses : passer au

---

1. Neveu de Guy de Maupassant.

108

commissariat où il n'y a encore rien – acheter pellicule, pommade, piles, pour le petit Bost. A la poste il y a une longue lettre de lui du mardi soir – ça me remplit de tendresse pour lui. Très longues lettres de Sartre, si proches, si tendres. Mais je suis nerveuse pour ces histoires de permission ; je commence à me faire à l'idée que je ne verrai quasi pas Bost, mais je suis comme est souvent Sorokine, j'ai peur de souffrir, je pense à l'avance que je souffrirai et je serai sans recours, Sartre loin, ça sera pénible comme tout. Sartre, je sais que je le verrai, beaucoup, mais je m'agace à cause de ses parents, de Wanda. Seulement si j'arrive à croire : je le verrai, tout s'efface, il ne reste qu'une joie passionnée.

Je vois Kos., on déjeune ensemble chez « Pagès » puis on cause jusque vers 3 h. Lettres, travail – une dépêche de Védrine me proposant de venir aujourd'hui, mais je ne réponds pas : je ne veux pas qu'elle vienne. A 6 h. 1/2 vient Poupette. On dîne à la crêperie rue Pauline puis on s'installe au « Dôme » et je finis les lettres de Sartre. Je retrouve un tas d'incidents oubliés, et j'ai toute une vue d'ensemble de son existence – et je suis pleine d'amour pour lui et de bonheur. On rentre – lavage, soins de beauté. Je m'endors vers minuit après avoir un peu mis ce carnet à jour.

DIMANCHE 29 OCTOBRE.

J'ai très mal dormi. Je me lève à bout de fatigue, avec le crâne douloureux. Il pleut. Je mets ma vieille [veste] rouge avec un foulard jaune et un turban jaune, c'est très beau. Je vais en taxi prendre Poupette chez Bonne Maman et la conduire à la gare ; elle est chargée de toiles, de châssis. Je la quitte avec un soulagement intense ; le « 11 » me conduit à Montparnasse où j'envoie un paquet à Bost et trouve une lettre de lui toute gentille. Je revais travailler une heure ; lettre de Toulouse, aimable ; lettre de Védrine qui m'agace : « Envoie promener tous ces gens », elle a de l'importance vide dans la tête quand elle écrit ça. Cependant j'ai une heure de bonheur

109

profond en écrivant mon roman, en me sentant libérée de Poupette et devant une vie où je vais pouvoir travailler.

Je frappe chez Kos. ; elle a un mal de dents terrible, elle est toute dolente et touchante (J'ai rapporté à Wanda un porte-monnaie bourré d'argent qu'elle avait perdu aux cabinets). Wanda est dans ma chambre, bien plaisante avec le chevalet et la table chargée de choses à elle, avec Arlette Ménard, l'amie qu'elle a retrouvée à l'hôtel, et qui est une belle garce. Kos. me raconte comment elle a gagné 300 f. par soir comme chanteuse un temps, et fait du cinéma ; elle me raconte aussi des ragots d'hôtel amusants. La Suédoise de l'autre jour est une hystérique qui se saoule tout le temps et son type la rosse quand elle est saoule pour la faire tenir tranquille. Il y a au n° 7 une hermaphrodite, une Viennoise à l'état civil masculin, avec une constitution féminine, mais un sexe d'homme, de la barbe et du poil à la poitrine ; elle a un tas d'ennuis sentimentaux car elle ne plaît qu'aux pédérastes – et des ennuis civils plus graves : l'Allemagne la réclame comme soldat, et en France on l'a mise dans un camp de concentration : quand elle s'est déshabillée, on a vu avec horreur que c'était une femme. Elle pleure tout le temps. Kos. me laisse seule 5 mn. et j'ai la mauvaise idée de regarder une lettre de Bost : « Je me rappelle très bien quand je vous ai dit : je suis votre amant ; c'était à Arles, non à Avignon... » – souffrance. Je reconnais en pâle, affaibli, ce déplaisir auquel on ne peut pas s'abandonner car il faut sourire à Kos. qui revient, qu'on ne peut même pas mesurer tout de suite ; on le garde, on verra après, mais déjà dans de grands trous de silence, on essaie de se défendre : c'était avant cette année, il ne l'aimait même pas tellement, etc. – faibles défenses. Il l'aime et je le sais bien, j'en accepte l'idée abstraite mais je ne cesserai d'être jalouse qu'en cessant de l'aimer. J'essaie de prendre un point de vue d'ensemble sur nos rapports, pour que ça redevienne possible qu'il l'aime et que je l'aime, mais je suis trop bas pour cet effort. Je m'en vais à la « Coupole », épuiser ce déplaisir en le remâchant jusqu'à ce que ça ait perdu toute saveur ; c'est si peu neuf cette mécanique – l'essentiel c'est que lorsque je le vois je suis heureuse avec lui, pourquoi en vouloir plus ? mais je suis poisseuse. J'ai rarement été si bas que pendant cette heure. Drôle de situation aussi que cette jalousie avec proximité, trop d'aliments. Aucune fièvre de passionnel mais un abattement total. Si Sartre était là à me raisonner comme à Juan-les-Pins. Rien que l'idée me fait monter les larmes aux yeux. (C'est un transfert habile, voilà une tristesse claire à laquelle on peut se laisser aller avec consentement – l'autre était si louche, si indésirable) – Voilà. J'ai écrit tout ça et je me calme un peu. Tout est devenu terne – l'amour de Bost pour Kos. – pour moi – Kos. et Bost et moi-même aussi, il n'y a plus de quoi souffrir nulle part. Et la connaissance que Sartre existe m'est soudain pleinement rendue.

Je retrouve Kos. – nous allons à la « Rotonde » qui est peu à peu envahie par les gens. On reste à causer jusqu'à 4 h. 1/2 puis nous prenons un taxi pour aller au concert. Salle du Conservatoire : cour triste, hall triste ; la salle n'est pas trop déplaisante avec sa décoration empire. On entend *Les Indes galantes* de Rameau – un Concerto en ré de Haydn – la *1re symphonie* de Beethoven – et le *Tombeau de Couperin* de Ravel qui nous charme. Puis dîner au « Milk Bar », on cause un peu dans ma chambre et j'écris à Védrine, à Bost, et une grande lettre à Sartre. J'écris dans les larmes car j'étouffe de désir de le voir.

LUNDI 30 OCTOBRE.

2 h. à C. Sée après une nuit courte mais bonne. Sorokine m'attend dans le hall, nous passons au commissariat : on attend un peu et quand je dis mon nom, le bonhomme a un air connaisseur et prometteur. J'ai mon permis ! ça me donne un grand coup de joie ; il est valable jusqu'à lundi ; il faut que je m'arrête à Nancy mais ça me fera bien cinq jours pleins si le médecin me donne mon certificat à temps.

Sorokine est tout heureuse de me voir heureuse et toute charmante et je suis gentille avec elle autant que je peux. Je l'emmène en corvée la pauvre : toucher l'argent de Sartre, au

111

« Jardin des Mots », acheter des livres pour Sartre et Bost, les envoyer, etc. On déjeune au petit restaurant alsacien ; je lui donne 100 f. et des cadeaux dont des photos de moi. Je prends un café dans un plaisant bistro au coin de la rue de la Montagne Ste Geneviève. Puis 2 h. à H. IV, puis à la poste, longues lettres de Bost et de Sartre. Je rentre me mettre au lit et réclamer un médecin. Kos. m'a prêté un beau pyjama bleu, et je passe un moment voluptueux à écrire des lettres et ce carnet, couchée, dispose, heureuse et bien au chaud. Je suis énervée d'attendre le médecin, je n'ai pas encore bien réalisé : je vais voir Sartre – mais quand j'aurai mon certificat, je ne me connaîtrai plus de joie.

J'attends jusqu'à 8 h. 1/2 en lisant *Les Mutinés de l'Elseneur* [1] et en causant de temps en temps avec Kos. qui vient me faire de petites visites. Je me repose bien, j'ai presque l'impression d'être vraiment malade, d'une maladie clémente. A 8 h. 1/2 Kos. va voir en bas de quoi il retourne et elle remonte : « Voilà le médecin » ; je m'enfonce un peu sous les couvertures et me prépare à me plaindre ; Kos. s'exile à l'étage au-dessus et le médecin entre : cheveux grisonnants rejetés en arrière, lunettes d'écaille, air pertinent, allant, jeune et con. Il me palpe et tout de suite il se fait une idée que je suis docilement : hélas ! il croit à une simple courbature du muscle et me demande tout à fait comme Knock : « Vous n'avez pas grimpé à la corde lisse ? Vous n'avez pas soulevé de grosses malles ? Très curieux. » Il me demande aussi d'un air aigu : « Vous n'avez pas parfois l'impression de vous asseoir sur un caillou ? » Il croit à une indigestion due au froid aux pieds mais va quand même chercher de petits instruments pour s'assurer que je n'ai pas l'appendicite. Kos. redescend ; je lui raconte ; quand le médecin revient, elle fuit de nouveau. « Mon amie ne peut supporter l'idée d'une piqûre » dis-je, car il est un peu déçu, ça lui fait fête de s'encanailler dans ce petit hôtel parmi de drôles de femmes. Il pique mon doigt et aspire mon sang avec une petite pipette puis le dilue dans un liquide vert ; je badine, oubliant que je souffre de violentes douleurs – il emporte sa proie, Kos.

1. De Jack London.

112

revient, le médecin revient, Kos. refuit. Il m'a trouvé 17 000 globules blancs, c'est trop mais pas assez pour une appendicite aiguë; il m'ausculte et commence à me parler doctement du froid au pied, en relevant son pantalon pour me montrer ses caleçons longs; il me parle aussi de l'anse circulatoire des nègres et des Esquimaux. « Le nègre, quand il sort de sa hutte et pose son pied nu sur l'herbe humide, éprouve aussitôt un réflexe intestinal », me dit-il. Il finit sur des considérations générales et me donne enfin un certificat qui m'octroie un congé jusqu'au lundi suivant. Quand il est parti je crie « Houhou! » et Kos. bondit de sa chambre, croyant qu'on me torture. Elle descend et nous causons jusque vers minuit 1/2. Entre deux visites du médecin elle m'avait fait manger en cachette trois œufs et deux gros morceaux de gâteau; mais je suis encore un peu affamée. Je fais ma valise, ma toilette, je suis heureuse au possible et je dors très mal.

MARDI 31 OCTOBRE.

Je me lève à 6 h. 1/2, je m'habille, je descends sur le bd Montparnasse qui est encore plongé dans la nuit; le « Dôme », la « Rotonde » s'éveillent à peine. En taxi jusqu'à la gare de l'Est, je vais prendre exactement le train par lequel Sartre est parti voici deux mois, sur le même quai. Mon billet en poche je vais dans un bistro prendre café et croissant en écrivant des mots et des enveloppes, une pile d'enveloppes où j'entasse des lettres déjà faites; voilà ma vie de Paris bien réglée derrière moi, je glisse le paquet dans la boîte et je monte dans mon train.

C'est plein de soldats; j'ai une place quand même; mon voisin a les doigts d'une main comme un sabot de cheval, un visage rouge et idiot; les autres sont des paysans assez vifs qui rentrent de permission agricole; ils jouent à la belote, ils parlent peu, ils ne sont pas antipathiques. Je me pénètre de leur manière de parler, leur odeur, leur habillement, je commence à plonger dans ce monde de Sartre et Bost – impression ambiguë : un peu d'horreur en pensant que ces types se feront casser la figure et en même temps je n'arrive pas à y croire, ça garde un air de manœuvres, de guerre-attrape. Je vais au wagon-restaurant prendre un thé, je lis *Barnaby Rudge* de Dickens qui est bon, et je regarde de somptueux paysages d'automne : un instant je réalise que je vais voir S. et j'ai un moment de plein bonheur. La campagne est inondée; ça fait poétique et cataclysmique, ces arbres, ces haies émergeant d'immenses étangs. On passe Bar-le-Duc : de petites collines rousses tout autour. Je pense que ce sera facile d'aller voir B. Je retourne dans mon wagon et le voyage s'achève tranquillement à lire *Barnaby Rudge*.

Nancy; une heure de l'après-midi. On ne me demande même pas mon permis et je descends une grande rue ma petite valise à la main. Silence de mort; les boutiques sont vivantes, les confiseries regorgent de bonbons, de gros caramels qui ont l'air tout frais, mais on ne voit personne dans les rues, on dirait une ville évacuée, ça me fait une forte impression. J'arrive à la place Stanislas qui m'a toujours fait si poétique à travers *Les Déracinés* de Barrès à cause de ses mystérieuses grilles dorées; elle est très belle, dans ce grand calme, sous le ciel bleu, avec derrière elle les feuillages roux du parc. Je vais place de la Carrière au Q.G. d'où on m'envoie à la gendarmerie qui est encore fermée. Je décide d'aller d'abord manger et je traverse le parc : un parc somptueux, immense et tout roux lui aussi. Soudain voix stridente des sirènes; les gens ne s'affolent pas au contraire, ils sont beaucoup plus nombreux que tout à l'heure; je crois à une manœuvre à laquelle les Nancéens sont habitués, mais ça m'étonne tout de même un peu; et enfin je comprends : je suis arrivée en pleine alerte et ceci est la fin de l'alerte. Voilà pourquoi la ville semblait si écrasée; maintenant elle grouille, je découvre la rue principale pleine d'Uniprix, de cinémas, de brasseries; ça rappelle Strasbourg, moins la beauté et le pittoresque; presque toutes les maisons sont barricadées avec des palissades de bois, ça donne à tout un aspect de campement. Un type me crie : « Quand je vous vois, je me crois encore sur les boulevards »; c'est à cause du turban jaune. J'entre dans une brasserie toute pleine d'une foule locale; je suis béate. Je mange du pâté à discrétion et un énorme morceau de boudin aux pommes en buvant du vin blanc – mais je ne m'attarde pas, je retourne à la gendarmerie. Il y a une cohue épaisse, les gens se marchent sur les pieds, une bonne femme gémit sur sa phlébite; une femme en larmes vient d'apprendre la mort de son gosse; on refuse tout laissez-passer pour Mulhouse, ordre du général; tout le monde parle allemand, même les soldats. Au bout d'une demi-heure environ j'arrive au premier rang, on me prend mon papier; le type hoche la tête en lisant « Brumath » et s'en va chez le lieutenant; je me précipite à sa suite. Le lieutenant me regarde à travers ses lunettes : « Ça n'est pas pour aller voir un copain? » Je proteste et il m'accorde 24 h. Je m'en vais décontenancée et déçue; seulement 24 h., est-ce qu'on pourra me le prolonger? Alors je ne pourrai pas venir passer les vacances de Noël, c'est plus compliqué qu'on ne pense. Il fait toujours un temps somptueux, je traverse le parc, je vais me balader au bord des canaux que je suis mélancoliquement; je me rappelle des vacances à Bruges, les canaux d'Amiens, j'ai l'âme un peu glacée et tout me semble irréel. Je remonte vers la gare et dans une immense brasserie triste, décorée d'immenses tableaux tristes, j'écris à Bost. Je ne sais trop pourquoi ça me rappelle Cologne, la place de la gare et une brasserie où j'ai écrit à Guille : j'allais voir Sartre et j'étais désemparée, c'est ça le point commun je pense, et une certaine analogie dans les environs de la gare.

A 6 h. je suis sur le quai de la gare; il fait froid, mes pieds me font mal d'avoir tant marché avec des talons hauts. On attend le train : on est toute une foule de civils et de militaires. Il fait nuit noire. On voit danser sur les rails des lumières bleues, rouges, blanches, mais ce n'est jamais le train, ce ne sont que des lanternes; parfois un train arrive mais ce n'est jamais le nôtre; 7 h.-7 h. 1/2 . Fatigue, froid, irréalité. Enfin le train; on se rue; c'est bondé et pourtant je trouve un coin dans le premier compartiment. C'est plein d'Alsaciens; une grosse mère ronfle si fort que tout le monde rit autour d'elle; personne ne parle français. Les gens sont calmes, on ne croirait pas que le train va vers le front; je me rappelle cette déroute des Parisiens vers Quimper, comme c'est différent. On a l'impression ici d'être dans un monde plein. Je somnole un peu, dehors il y a un grand clair de lune, la campagne est toute plate et glacée. Le train s'arrête à toutes les stations et je guette car je ne sais où est Brumath. On passe Sarrebourg, Saverne, le train se vide tout à fait, je reste seule avec un soldat. Je commence à avoir une vraie impression d'aventure. Plus que cinq stations, cette histoire devient vraie. Deux stations, une encore, c'est Brumath.

Je descends sur le quai noir, je suis les gens, on ne me demande rien à la sortie; des soldats, mais qui ne m'arrêtent pas; une auberge brille près de la gare puis c'est au clair de lune une longue rue désertique. Je pense : « Sartre est là quelque part » avec un étonnement un peu incrédule; et pourtant je crois dans toute ma conduite. Je déchiffre « Taverne de la Rose » et ça m'émeut, là il va prendre son petit déjeuner. Je cherche un hôtel et tape à l'hôtel du « Lion d'Or »; rien ne répond mais une lampe se braque sur moi : une patrouille; on n'a pas le droit d'être dans les rues après minuit; je montre mes papiers et deux aimables soldats se proposent à m'escorter; ils sont de Paris, on cause mondainement. On ébranle à coups de crosse les volets de l' « Écrevisse » mais personne ne répond. On erre une demi-heure. Enfin à la « Ville de Paris » je pénètre dans un hangar, puis dans une arrière-cour, puis par une porte dans la maison. Sur une porte il y a écrit « Patron »; je frappe et un gros Alsacien blond vient m'ouvrir; il me donne une chambre à deux lits, glaciale. Je fais ma toilette en grelottant et me glisse dans les draps froids. Je suis nerveuse et agitée – mais quand même je m'endors après avoir mis mon réveil à 7 h.

MERCREDI 1er NOVEMBRE.

Le réveil sonne d'une voix stridente; je saute de mon lit dans le froid, j'enfile mon manteau et vais à la fenêtre. Un petit jour gris; toutes les maisons sont fermées; il n'y a personne dans les rues sauf quelques soldats. Sonnerie de clairon. Je ne suis pas heureuse mais inquiète; je me demande comment prévenir Sartre, si on va me refouler, comment obtenir une prolongation, je me sens entourée de vagues menaces, dépendante d'un caprice des types, de la contingence d'une rencontre, d'une humeur. L'impression d'aventure demeure, et malgré l'inquiétude c'est profondément romanesque l'éveil de ce petit village. Des camions s'arrêtent près de mes fenêtres : bruits de pas, bruits de voix, on embarque des gens. J'ai une peur folle que juste aujourd'hui on n'embarque Sartre; peur de l'énervement, de l'effondrement qui en résulteraient pour moi. Je m'habille vite et descends à la « Taverne du Cerf »; c'est drôle de confronter ces endroits vrais avec la façon dont je me les représentais quand je faisais des plans de conspirations : longues tables de bois, chaises de paille, grand poêle de faïence; c'est encore demi-endormi et fenêtres ouvertes, il y fait froid, je ne me sens pas en sûreté; les deux femmes ont l'air assez bonasses mais quand je leur demande l'adresse de l'école et qu'elles me disent « l'État-Major » je balbutie que je veux voir quelqu'un par là. J'écris un petit mot à Sartre « Vous avez oublié votre pipe à la terrasse du " Cerf ", elle vous y attend » et je m'en vais dans la rue boueuse; je passe un porche, traverse une espèce de terrain vague et je vois une grande bâtisse moderne, en brique rouge, avec toutes ses fenêtres peintes en bleu comme des vitraux. Il y a un tas de soldats devant, ça m'intimide mais j'approche quand même et demande si on peut remettre mon mot. « Ça doit être un des types du bureau » dit le soldat avec perplexité et il me promet de remettre le mot dans quelques instants; je repasse à l'hôtel et comme de là je regagne le « Cerf », j'aperçois au fond de la rue la silhouette de Sartre; je reconnais tout de suite son pas, sa taille, sa pipe; mais il a une horrible barbe moussue qui le défigure, il n'avait pas reçu mon télégramme et ne m'attendait pas. Je l'emmène dans ma chambre car les cafés nous sont interdits; on s'assied au bord du lit et on cause pendant une heure, je n'ai pas eu d'émotion si violente à le voir, ça me fait naturel comme si je ne l'avais quitté que depuis quelques jours; moins émue qu'à Marseille [1] après deux semaines

1. Son premier poste en 1932.

et beaucoup moins désorientée qu'au temps de l'Allemagne [1] ; à cause des lettres sans doute. On ne se voit qu'une heure et je regagne la « Taverne du Cerf » où je lis Dickens ; je suis heureuse, mais pas encore à plein, tourmentée par l'histoire de gendarmerie ; on a combiné des choses avec Sartre mais il a l'air de dire que les gendarmes sont sévères ; je suis décidée farouchement à risquer même la prison pour rester mais l'incertitude m'énerve.

A 11 h. Sartre revient, rasé, tout frais, tout conforme à lui-même. Lui et ses acolytes, ils sont seuls à porter les vêtements bleus de l'aviation, ce n'est pas si laid ; aucun matricule, comme tous les types du front. Il y a énormément de monde dans la taverne, sans doute à cause du premier novembre – des soldats en kaki avec le béret ou un bonnet de police à pompons : ce sont les chasseurs – quelques civils mais fort peu. Nous mangeons à la table du fond une délicieuse côte de porc arrosée de vin blanc et on boit des quetsches (qui sont d'ailleurs du mauvais Cusenier). On décide de remplacer ma sœur malade par une cousine que Sartre se charge de me trouver. Les patronnes nous regardent d'un œil amical, je commence à me sentir moins traquée.

Sartre est chassé du « Cerf » à 1 h. et nous montons dans ma chambre glacée ; il va à l'appel et je me mets au lit, je suis à bout de fatigue. Je dors pendant 3 h. comme une brute ; mon réveil me sort du lit et pendant que je fais ma toilette la patronne vient me dire en alsacien qu'elle a promis ma chambre pour le soir à une dame qui venait de l'intérieur voir son mari ; les habitants trouvent ça tout naturel et se font complices, il n'y a que les gendarmes à redouter. Je ne proteste même pas mais elle m'engueule par précaution, en alsacien ; je plie bagage, je passe chercher une chambre au « Lion d'Or », à l'« Écrevisse », mais en vain. Je rencontre Sartre, il a une adresse de blanchisseuse complaisante et pendant qu'il se charge de me trouver une chambre, je vais à la gendarmerie. Je suis émue ; d'abord, mal renseignée, je la cherche sur la grande rue ; puis je monte au premier étage de la mairie d'où les gen-

1. Quand Sartre était à Berlin, en 1933-1934.

118

darmes me renvoient à la mairie même, au rez-de-chaussée; le maire discute en alsacien avec un sergent et deux gros civils; il discute indéfiniment, enfin il regarde mon papier, ne comprend rien à ma demande de prolongation et tamponne sans rien comprendre : un gendarme appelé à la rescousse, impressionné par les cachets de Paris, déclare aussi que c'est valable jusqu'à dimanche soir. Je suis profondément soulagée; j'accours au « Cerf » : c'est plein de militaires à craquer; la femme me dit : « Monsieur vient justement de sortir »; je sors, j'erre dans le noir mais on ne peut reconnaître les silhouettes de loin; je me sens perdue; je rentre et m'accoude au comptoir; un chasseur s'approche, un grand, assez beau avec petite moustache, il sent l'alcool, il me dit : « Comment? vous êtes encore là? On vous a attendue à l'"Écrevisse" tout à l'heure. » Je me rappelle alors que comme j'entrais à la gendarmerie deux types m'ont crié « A tout à l'heure, à l'"Écrevisse!" », j'ai cru que c'était les aimables soldats de la nuit et qu'ils plaisantaient sur nos efforts pour faire ouvrir l'"Écrevisse" et j'ai souri poliment; mais c'était un rendez-vous cavalier. Je dis : « J'attends quelqu'un » mais gênée parce que je ne veux pas clamer au monde que je suis ici pour voir un soldat; « pourquoi ça ne serait pas moi? », il me serre de près, s'irrite, me prend pour une putain professionnelle. « Je sais bien que vous n'êtes pas venue ici avec des intentions belliqueuses »; s'il y avait la moindre bagarre, ça serait emmerdant comme tout, je ne me sens pas en règle; un gros copain vient à la rescousse, impatienté : « Alors, tu viens avec ou tu ne viens pas? », un troisième me glisse : « Laissez-les tomber. – Je voudrais bien qu'ils me laissent tomber » lui dis-je avec désespoir. Le chasseur saoul mêle les menaces aux promesses de protection; il me demande en me regardant dans les yeux : « Enfin, es-tu avec nous ou contre nous? » et, comme je dis « Ni l'un ni l'autre. – Es-tu alsacienne ou française? – Je suis française. – C'est tout ce que je voulais savoir » dit-il content et mystérieux; il m'offre sa canne, un drôle de gros gourdin que je refuse.

Enfin Sartre arrive et me cherche du regard; je fais un signe. « On t'attend là-bas avec impatience » dit un soldat. Nous sortons, nous allons au « Lion d'Or »; je logerai chez la logeuse de Sartre, mais sans lui car quand il a dit « Ma femme vient », elle a dit d'un air choqué : « Mais vous n'avez pas de femme » et il a dû corriger par « Ma fiancée ». Ça m'attriste, mais enfin nous sommes sûrs maintenant que je resterai quelques jours. Le « Lion d'Or » est bondé; quelques civils, même une femme qui est venue visiblement rendre visite à son mari, mais dans l'ensemble c'est du militaire qui mange et boit. Nous mangeons aussi : choucroute et vin blanc. C'est étonnant ce mélange d'aventure inquiète dans le froid et le noir et de gros confort alsacien; épaisseur des voix, des fumées, des odeurs de choucroute, chaleur; ça rappelle Munich et Strasbourg. Sartre me fait remarquer qu'on lui dit vous, qu'on lui parle comme à un civil parce qu'il est avec une femme, ce qui lui rend une individualité civile et lui confère un privilège. On mange et cause et je vais chercher ma valise et m'installer chez Mme Vogel; on passe devant l'école où les vitres bleues éclairées ressemblent tout à fait à des vitraux. Mme Vogel m'accueille aimablement, c'est une Alsacienne brune, assez jeune, pas laide, qui ne parle qu'allemand. Sartre et elle parlent un moment; on a vaguement chauffé la chambre : grand lit dodu, poêle de faïence qui ne chauffe pas, aux murs des linges brodés d'inscriptions en allemand : « Dormez sans souci! » Sartre ne reste qu'un tout petit moment, les soldats ne doivent plus être dans les rues après 9 heures, et je me glisse de nouveau dans des draps glacés. Mais je me réchauffe vite et je m'endors profondément.

JEUDI 2 NOVEMBRE.

Je me lève à 6 h. pour aller prendre le petit déjeuner avec Sartre. Toilette rapide dans le froid. Ça me fait une impression connue mais que je n'arrive pas à définir ce départ dans le petit matin glacé et noir : une lumière brille de loin en loin. Je voudrais encore être au lit et pourtant ce noir, ce froid, ce réveil sont acceptés, voulus comme des conditions de bonheur. Ça n'est pas une réminiscence de voyage, et pourtant c'est la réminiscence de quelques chose d'heureux qui ne se précise pas. J'arrive avec cette vague poésie au cœur jusqu'à la « Taverne de la Rose. » L'impression se renforce tout en gardant son vague. La taverne est toute sombre, les lampes sont emmaillotées de papier bleu et il n'y en a qu'une d'allumée; on allume le poêle, la pièce est presque vide, les femmes s'éveillent à peine; aube pleine de promesses, inconfortable et sombre encore mais qui s'oriente vers la joie. Sartre arrive presque aussitôt. « Il rit, il parle aujourd'hui » dit la femme avec bonhomie et comme si elle parlait d'une espèce de mécanique. « D'ordinaire il est là, à lire. » Elle repousse mes livres et, complice : « On ne lit pas aujourd'hui. » On nous sert d'atroces cafés alsaciens, plus mauvais que les ordinaires cafés d'auberge, poétiques eux aussi comme des cafés de gare ou de voyage à pied. Nous causons une heure dans cette demi-nuit, Sartre part pour faire quelques vagues sondages et je reste dans cette grande pièce vide qui s'éclaire peu à peu. Dehors, des soldats défilent, la pelle sur l'épaule; une des filles de la maison, une rousse, pose sur le rebord de la fenêtre un café et un verre de rhum que le soldat-sergent de ville du carrefour vient boire tout en surveillant la circulation : il a de gros gants de laine, son haleine fait une fumée dans l'air. Je reste là, je me sens plongée dans le monde de guerre, ça me remplit – je suis poétique et heureuse. Je lis le roman de Sartre [1] : 100 pages, c'est la première fois que je lis d'un coup un si gros morceau et je trouve ça excellent. Je note quelques critiques (en particulier que le caractère de Marcelle est à refaire); puis je vais au « Cerf » où je bois un [café] en continuant un peu Dickens. Sartre arrive : choucroute encore et vin blanc et quetsche; si bien que lorsqu'il me quitte j'ai la tête un peu brouillée d'alcool. A midi 1/2 sont venus deux acolytes : le caporal Pierre, intellectuel et timide, et le gros juif Pieter, le débrouillard; Muller n'est pas là car ils sont brouillés avec; ça m'amuse de les voir, ils sont tels que Sartre me les avait décrits et pleins avec moi d'empressement inutile. Ils partent avec Sartre nous chercher une chambre. Moi je retourne à la « Taverne de la Rose » où je choisis une place près de la fenêtre.

1. L'Age de raison.

Des soldats entrent et sortent ; le matin il y en avait un qui serrait la fille brune de tout près. J'écris une longue lettre à Bost, une petite à Kos. et à Sorokine ; je les mets à la poste et je rencontre les acolytes qui veulent absolument m'envoyer Sartre tout de suite. Je vais chez Mme Vogel mais c'est fermé et j'attends un long moment sous la pluie ; Sartre vient enfin, il nous a trouvé une chambre au « Bœuf Noir », en disant que c'était pour lui et sa femme : les gens d'ici ménagent les militaires qui les font vivre, ils sont bien plus aimables quand il s'agit d'un soldat qu'autrement. Nous allons au « Bœuf Noir », moi suivant Sartre à dix pas, pour dépister les gendarmes ; on reste une heure dans la chambre glaciale et on descend ici. Tout est réglé ; je suis définitivement tranquillisée et pleinement heureuse. On parle longuement du roman de Sartre ; et on parle de la guerre. Il est persuadé qu'on ne se battra pas, que ce sera une guerre moderne et critique, sans massacre, comme la peinture moderne est sans sujet, la musique sans mélodie et la physique sans matière ; ça me rend la sérénité du cœur. On parle aussi de notre historicité ; ça me fait formidable de parler avec quelqu'un, de me retrouver une vie intellectuelle.

On dîne, médiocrement ; moins de soldats qu'hier soir. Vers 8 h. je vais chercher ma valise chez Mme Vogel et Sartre une lampe électrique à l'école ; attente dans le noir humide ; des soldats rentrent à l'école, leurs lampes électriques braquées sur le chemin. Nous rentrons aussi. Je pensais qu'on passerait la nuit à causer, mais il faut se coucher à cause du froid, et une fois couchés le sommeil vient vite. On grelotte dans le lit et il faut des prodiges pour bien assujettir les édredons et se réchauffer.

Jour de profond bonheur.

VENDREDI 3 NOVEMBRE.

Ce matin en poussant à 6h.1/2 la porte des cabinets, je comprends le sens de cette impression poétique que je n'avais pu préciser hier matin : souvenir affectif des sports d'hiver. Même nuit, même froid, même effort consenti pour un plaisir à venir quand il faut se plonger au matin dans cette nuit et ce froid; même odeur de bois mouillé dans les couloirs. Et le matin dans la grande salle, l'analogie persiste : comme les guides buvant un verre avant le premier cours du matin, les soldats en uniforme s'accoudent au comptoir; le froid, le travail professionnel les attendent dehors, c'est un instant de confort provisoire dans une aube très hivernale. L'impression cesse dès le milieu de la matinée, mais elle est très forte au petit matin. Je suis dans une situation de vacances aussi, comme aux sports d'hiver; plus de lycée, plus de compagnies pesantes, solitude avec Sartre au fond d'un village. Ce séjour est un temps de confort et de loisir. Nous descendons dans la salle du « Bœuf Noir » prendre le petit déjeuner; c'est vide, mais déjà chaud. La salle est assez plaisante, décorée de papillons épinglés, de têtes de cerfs, d'oiseaux empaillés; pourtant je vais au « Cerf » quand Sartre me quitte, j'y rédige ce carnet et je lis le carnet [1] de Sartre – ça me plonge dans sa vie, dans la guerre, ça me fait profondément intéressant et saisissant; je me demande quelle impression ça ferait si on ne le connaissait pas, et si on arriverait à le voir. Grande émulation intellectuelle; je voudrais avoir du temps moi aussi pour penser davantage sur moi-même. Sartre vient et nous parlons de son carnet. On parle aussi de Védrine, de Wanda – nous nous étonnons un peu comme Védrine a perdu dans notre estime et affection; je lui dis que je vois souvent en elle une caricature de moi et il m'affirme qu'il n'en est rien.

L'après-midi je viens ici, j'écris à Védrine, à Bost. Ce séjour ici, l'assèchement, la sérénité que me donne Sartre n'ont fait que renforcer mon désir de voir Bost, mais en le nettoyant de tout passionnel, en le situant bien plus sur le plan de l'amitié que de l'amour, je pense à des conversations ne comportant aucune déception possible, plutôt qu'à un désir de possession, de passion qui est condamné d'avance. Il me semble qu'à lire les carnets de Sartre, et rien qu'à voir les soldats défilant dans les rues, se tassant dans les tavernes, s'en allant à 1h. précise,

1. Il notait sur ce carnet sa vie au jour le jour et il faisait une sorte de bilan de son passé.

essayant de frauder pour y [passer] dans la journée, je comprends infiniment mieux qu'avant la vie de soldat – ça fait vraiment un profond hiatus avec la vie civile. Avec Sartre cependant il n'y a eu aucune difficulté ; on ne s'était absolument pas perdus, à cause de la communauté du monde où nous vivons, de loin comme de près. Il a suffi de ces quelques jours pour que j'aie l'impression d'avoir totalement vécu avec lui ces deux mois, pour effacer le caractère de séparation qu'ils avaient avant.

Je mets mes lettres à la poste et fais un tour dans les rues, mais avec prudence ; dans une épicerie je vois deux soldats en face d'une immense marmite pleine de moutarde. Jamais je n'avais vu si grande quantité de moutarde ; ils veulent l'emporter mais la bonne femme ne veut pas leur donner la marmite : « Je ne peux pourtant pas l'emporter dans mes mains ! » grommelle le soldat et il ajoute avec rancune « Les Alsaciens ne sont pas commerçants ». Ici encore, forte hostilité entre Français comme ils disent et Alsaciens ; les gens d'ici ne veulent pas se faire évacuer parce que là-bas on les prend pour des Boches. Ils sont calmes et tranquilles d'ailleurs, quoiqu'à 10 km. du front. Quelle différence avec les Parisiens éperdus qui fuyaient vers Quimper et avec tous ces gens de Bretagne. Je rentre ici : je lis des lettres de Védrine et de Wanda à Sartre, celles de Wanda ont bien du charme. Un gendarme m'observe et je me sens gênée et louche. Je monte dans ma chambre froide où Sartre me revient, puis nous descendons boire et manger ici. Longue conversation heureuse. Sartre a lu ce carnet et me dit qu'il faudrait développer davantage – j'aimerais si j'en avais le temps. On parle de Bost. Sartre me réexplique comment en quelque sorte je veux mes rapports avec lui comme ils sont, comment Kos. est nécessaire à leur équilibre ; que Bost n'est pas *à* moi parce que je ne suis pas *à* lui – je reprends de la situation une vue d'ensemble qui me satisfait. A ce propos je note que je n'ai pas écrit sur le carnet, que je ne dis pas à Sartre, un des trucs qui me sont les plus désagréables : qu'il écrive à Kos. des lettres plus longues qu'à moi – je ne le dis pas, sans que je puisse anéantir la conscience que j'en ai, et pourtant parce que magi-

124

quement je pense que S. ne saura rien répondre à ça et qu'alors ça existera de façon définitive et écrasante. Je lui dis d'ailleurs ensuite, et tout ce raisonnement. Je lui dis aussi comme c'est agaçant de savoir d'avance que je souffrirai pendant la permission de Bost : il doit la passer avec Kos. ; dans l'abstrait cette consigne me dispense même de craindre un choix – je ne souffre pas que ce doive être ainsi – mais je sais que, heure par heure, je le saurai libre et librement amoureux d'elle à l'intérieur de cette contrainte, et que ça me sera infernal. Et ce savoir ne peut rien changer à la chose, c'est agaçant.

Sartre me dit que toutes mes jalousies et conduites et petites souffrances à l'égard de Bost ne lui font pas crasseux. Moi j'en suis gênée et jamais tout à fait sincère à leur égard. En un sens je tire dessus parce que j'aime pousser à fond, en moi-même, cette histoire, vivre au plus plein la situation, forcer dessus même – et puis quand même, je prends des points de vue, je sors de l'histoire pour m'en délivrer quand elle poisse trop. Et ça me déplaît. Je suis un peu hantée par l'image de Jahan, Lumière [1], l'héroïne d'*Intempéries* [2] et mille autres, ces femmes passionnées et intellectuelles qui font mine de choisir ce qu'elles subissent, qui se pensent supérieures seulement quand elles sont à bout de ressources. Je ne peux pas avoir ces mouvements d'orgueil salutaire « Après tout c'est à moi que ça arrive, c'est dans ma vie » etc. ; je préfère me dire avec une espèce d'humilité : « c'est du nauséeux » pour ne pas ressembler à ces bonnes femmes ; et je tire une supériorité de cette humilité volontaire qui n'est pas bien sincère non plus. J'explique ça à Sartre qui trouve que je découvre l'Amérique avec sincérité. Mais le fait est que c'est nouveau pour moi, cette vie intérieure psychologique ; avant j'avais surtout une attitude morale, j'essayais de me croire être ce que je voulais être. Depuis cette année, c'était aveuglant qu'il y avait du contingent, du passionnel à cause de Bost et j'y ai attaché du prix parce que j'en attachais à cette histoire. Maintenant ça m'amuse comme un domaine neuf ; ça ne m'amuserait pas d'en écrire car c'est trop

1. Collègues de Rouen.
2. De Rosamond Lehman.

facile et d'intérêt mondain, mais en moi ça me divertit toujours à découvrir et dépister. C'est un pas vers une connaissance de moi-même qui commence à m'intéresser. Je sens que je deviens quelque chose de bien défini : en ceci je sens mon âge, je vais avoir 32 ans, je me sens une femme faite, j'aimerais savoir laquelle. Hier soir je parle longtemps avec Sartre d'un point qui m'intéresse en moi justement, c'est ma « féminité », la manière dont je suis de mon sexe et n'en suis pas. Ça serait à définir et aussi en général ce que je demande à ma vie, à ma pensée, et comment je me situe dans le monde. Si j'ai le temps je m'en occuperai sur ce carnet.

On va se coucher et on s'endort vers 10 h. 1/2. Il fait moins froid.

Autre journée profondément heureuse.

SAMEDI 4 NOVEMBRE.

Encore lever à 6 h. 1/2 – petit déjeuner. A 7 h. 1/2 je remonte dans ma chambre et je redors honteusement jusqu'à 10 h. Ce séjour est sur fond d'engourdissement béat, de nourriture et de sommeil. Je ne me sens plus ou presque dans une ville en guerre. Dehors on ne voit que des uniformes, toutes les autos sont camouflées ; défilés de chevaux, de camions, tout ça m'apparaît naturel. Je vais au « Cerf », je commence à rédiger l'histoire de ces jours. Il faudrait tenir ce journal au jour le jour, exactement, et dans les moments de loisir intellectuel, non de fatigue, ça serait bien plus profitable. Déjeuner avec Sartre ; encore un succulent beefsteak comme hier. J'écris à Bost ; puis vais à la gare : je ne pars que demain à 8 h. du soir. Puis je fais un tour dans le village. Il fait doux ; maisons alsaciennes, sans pittoresque éclatant, mais plaisantes ; des soldats jouent au ballon à un carrefour ; d'autres prennent le frais sur le banc d'un jardin. Vie militaire détendue et toute mêlée à la vie du village. D'ailleurs c'est cette liaison qui donne une nature si forte partout ici : les tavernes pour soldats, le gosse d'ici avec son casque, les commerçants qui ne vendent plus qu'aux soldats, les rues où ils défilent, les maisons, les cours où ils bivouaquent ; ils sont la vie et la mort de cet endroit. Je lis *L'Idiot* au « Bœuf Noir » où Sartre me retrouve à 5 h. – on y reste un moment puis nous allons dîner au « Cerf ». Bondé de militaires comme toujours. On va chercher des livres à l'école et il y a une longue station dans la nuit à attendre Sartre. Vieilles impressions de Tours, de St Cyr [1], mais c'est plus simple et plein. Je pense qu'on peut mal se défendre quand on est jeune de l'impression de merveilleux ; comme un peu Védrine, ça va avec l'importance : « c'est à moi que ça arrive, etc. ». Il faudrait penser en quoi consiste le fait de vieillir que je sens bien fort en moi ces années-ci – car j'ai eu une jeunessse bien définie, avec un tas de défauts de jeunesse – et ça m'est présent et je vois bien la différence. Quelque chose d'inauthentique dans la jeunesse comme dit bien Nizan, et c'est ce que Védrine illustre très fort. Mais mes sentiments n'ont rien de ranci.

DIMANCHE 5 NOVEMBRE.

Il fait doux aujourd'hui ; quand on est descendus à 6 h. 1/2, je dis à Sartre : « C'est le dégel. De Roulet dirait que c'est le foehn. » Nous allons à la « Taverne de la Rose » où je lis *L'Idiot* un grand morceau de la matinée en m'arrachant les yeux. J'envoie des livres à Bost, puis je reviens au « Cerf », lui écrire ainsi qu'à Poupette et à Védrine et je continue *L'Idiot*. Un type m'adresse la parole, un qui est dans un bureau. Il me parle de Strasbourg tout vide où il reste seulement quelques administrations, quelques civils qui viennent chercher leurs affaires, mais sans avoir le droit de coucher là – et des débits de tabac qui se liquident – mais c'est profondément mort. Il dit que les gens de là-bas attendent la paix pour Noël ; il dit aussi que c'est une guerre diplomatique, où l'on ne se battra pas. Plus on approche du front, dans cette guerre-ci, plus la guerre dépouille son horreur en dépouillant sa poésie, comme dans la jalousie pas-

1. Où Sartre avait accompli son service militaire.

sionnelle; si c'était du plein ça deviendrait de plus en plus terrible, mais dans l'apparence c'est le contraire. Paris rassure les arrivants de Laigle et de Quimper, et Brumath rassure celui qui vient de Paris.

On déjeune et comme c'est dimanche Sartre reste jusqu'à 2 h. 1/2. Alors je pars me promener. Douceur de ce dimanche. Parce qu'il fait doux et que le ciel est bleu, parce que je vais partir, que je ne me sens plus traquée et que je commence à prendre du recul, le village m'apparaît sous un aspect tout neuf. Jusque-là c'était seulement un village de France, un « quelque part en France » où j'étais venue en fraude voir un soldat; j'allais avec défiance du « Cerf » au « Bœuf Noir », rien n'avait de prolongement : à 1 km. en avant, en arrière, il y avait des barrages de soldats; c'était une drôle d'impression d'individualité close : mais close à l'inverse de l'isolement que j'aime dans les voyages à pied. J'aime cet isolement naturel dû aux montagnes, aux lacs, aux distances et qui se propose à l'effort humain comme pouvant être vaincu – et qui tire sa poésie de cet effort possible, et donne sa poésie à cet effort. Ici c'est la plaine, les kilomètres sont faciles; mais il y a un barrage artificiel qui nie la valeur de toute tentative à mesure d'homme. La nature s'engloutit dans le social, et nulle part le corps, les muscles, et en corrélation, le ciel, l'air, l'eau, le relief, ne paraissent si inutiles.

Aujourd'hui pourtant dans ces rues qui s'éloignent de la grand-rue, près du canal tranquille, la paix perce sous la guerre; il y a encore des plaques indicatrices bleues qui disent que les routes vont quelque part, et ne disent pas que la route est barrée. Les tuiles des maisons portent une mousse inutile, les arbres se détachent sur le ciel, et les nuages semblent exister avec indolence pour eux-mêmes. A chaque pas l'impression est arrêtée; voici un vieil autobus de campagne, mais c'est une auto camouflée, au chauffeur militaire et sur la vitre, au lieu d'un nom mystérieux et individuel de village et de propriétaire, on lit le mot « vaguemestre »; les chemins de boue se heurtent à des cantonnements interdits; malgré tout le village est digéré par ces uniformes kaki, ces divisions impersonnelles, ce socialisme

128

de guerre. Mais une personnalité timide se devine dans ce magma. Le village, fermé sur soi, avec ses moyens de communication à lui, ses ressources à lui et pour lui, au lieu de cette réalité administrative et nationalisée.

Forte impression de joie en parcourant ces rues. Pour la première fois je ne me sens pas perdue dans la guerre avec l'idée que plus je suis perdue, plus je réalise la guerre en moi. La guerre est un événement du monde et que je saisis à travers ma vie – et j'ai comme une fois à Megève une joie devant la richesse du monde et de ma vie. Je me sens témoin aussi, témoin de ce village en guerre comme si j'étais par-delà temps et espace.

Pour la première fois aussi, après avoir ainsi causé avec Sartre, j'envisage en face ma vie pendant la guerre. J'ai vécu ces deux mois dans l'infini et l'instantané à la fois; il fallait remplir le temps par minutes ou par grandes heures, mais absolument sans avenir. A ce point que l'annonce de permissions qui tout en donnant un espoir définissaient un avenir-avec-espoir ne m'a fait aucun effet, ou même m'a presque été pénible : pour s'en réjouir, il fallait se mettre au sein d'un avenir limité et puis où l'absence, la guerre, devenaient des réalités acceptées. Maintenant j'envisage un an, dix-huit mois d'existence de guerre, remplie de travail, coupée de permissions et ça m'apparaît non comme un moment hors de la vie à traverser n'importe comment, mais comme un morceau de vie à employer et à bien vivre. Je suis curieuse de voir comment ça tournera une fois rentrée à Paris. Mais c'est si fort qu'en regardant en arrière je trouve presque ces deux mois du temps perdu par rapport à une totalité de travail et de pensée.

Je ne crois pas que je ferai ce travail d'étude et de définition de moi-même. Il faudrait se sentir plus « en retraite ». Pendant les vacances peut-être – à présent désir de travailler mon roman plutôt, de continuer à vivre activement et non de recenser. Grande curiosité devant l'année qui s'ouvre – qui s'ouvre seulement aujourd'hui. Et presque un désir de la vivre telle qu'elle se présente, sans miracle du dehors.

Sartre me retrouve au « Bœuf Noir » à 4 h.; on nous met

dans une salle de derrière parce que ce n'est pas encore l'heure où le café ouvre aux militaires ; on est bien pour causer, au coin de cette longue table couverte d'une toile cirée bleu et blanc – de temps en temps un type ouvre la porte et se retire vite d'un air d'excuse. Sartre est un peu agacé par une lettre de Wanda qui se pique au jeu et veut venir le voir ; elle dit qu'elle en a assez d'être une lumière et un parfum ; il semble qu'elle veuille devenir une compagne. Védrine se vante dans une lettre de ce qu'elle ne nous hait pas, « si j'étais salope » dit-elle « je vous haïrais ». Nous causons là-dessus. Védrine nous semble superficielle dans ses débordements de passion et d'activité ; dans sa manière de sentir ; son monde n'est pas changé ; seulement de temps en temps, sur ce fond intact, il y a de gros bouillonnements de désespoir. Le sinistre de Kos. et le mien quand j'en ai, c'est au contraire une calme mais définitive altération du monde et c'est bien plus profond. Sartre me dit qu'il comprend fort bien qu'en temps de guerre et dans l'absence j'aie un désir de hiérarchie, qu'il l'a aussi pour moi. En fait quand je suis comme ça avec lui, il n'y a pas de question.

Vers 5 h. nous passons dans l'autre salle et nous mangeons, dans la foule, le bruit, la fumée, du boudin aux pommes. Je ne suis pas triste. Nous partons dans la nuit ; il fait doux, avec un immense ciel étoilé. On passe chercher des livres à l'école et Sartre m'accompagne jusqu'à la place de la gare. Dans une petite rue noire je l'embrasse pour la dernière fois ; il disparaît dans la nuit, très vite. Et je vais vers la gare. Je ne pense qu'au voyage imminent, et à dormir, et j'ai du vague tendre dans la tête et le cœur. Salle d'attente sombre, beaucoup de soldats ; je lis un peu L'Idiot ; puis on attend sur le quai où il fait doux, on ne m'a demandé aucun papier ; des civils chargés de colis, beaucoup sont sac au dos ; une forte odeur de kirsch sur le quai. Un peu en retard le train arrive, si bondé qu'on ne peut ouvrir les portières. Je cours jusqu'en tête et monte derrière une grappe de soldats ; et cependant dès le premier compartiment je trouve un coin où je m'assieds. On va doucement en omnibus jusqu'à Saverne.

Saverne. 9 h. du soir. Immense gare noire et grouillante.

130

Comme je demande la sortie et le buffet à un employé, un aviateur s'attache à mes pas. On sort, sur une place absolument noire; l'aviateur me conduit à un hôtel et à travers la porte vitrée parlemente avec la bonne qu'il semble bien connaître. On nous laisse entrer; dans une triste salle à manger avec nappes je bois une limonade en face de l'aviateur qui lutine la bonne. On nous chasse presque aussitôt et il faut rentrer dans la gare; l'express ne part qu'à minuit, je me sens un peu traquée. Il n'y a qu'un buffet-salle d'attente où l'on ne boit pas et qui pue la guerre; des tables serrées côte à côte et couvertes de colis tristes : matelas, couvertures, bagages d'évacués; les évacués sont entassés sur des chaises, au milieu d'une épaisse fumée : odeur de mauvais cigare, et dans une chaleur malsaine de radiateur à oxyde de carbone. Je reste debout dans un coin, à lire *Les Mutinés de l'Elseneur*, puis je continue ma lecture assise et enfin je sors; dans le passage souterrain, des sacs sont empilés et assis sur des sacs, des soldats mangent, d'autres se reposent sur les marches de l'escalier. Le quai est tellement couvert de soldats qu'on ne peut faire un pas. Je reste debout, indifférente, et comme un stylite si occupée de mes pensées que je ne sens pas passer l'heure d'attente : je suis pleine de désir de travail, de pensée – je vois mes rapports avec Sartre, avec Bost, l'existence de Wanda, de Védrine, de Kos., bien en place et je suis profondément satisfaite. En même temps puissante impression de guerre. Comme S. m'a bien expliqué que cette guerre était « introuvable », j'ai compris que comme le Dieu des *Nourritures terrestres,* on ne pouvait la trouver ailleurs que partout; et ce quai bondé, *c'est* la guerre, juste autant que Brumath et que Forbach même.

Un premier train absorbe tous les soldats, en trois minutes. On reste peu nombreux à attendre l'express qui vient un peu plus tard. Je monte, j'entre dans un compartiment confortable, aux banquettes de cuir vert. « Vous êtes seule ? » me dit un gros militaire alsacien, « alors, on vous accepte » et je m'assieds dans le coin. Il y a un gros civil, qui a changé déjà son melon contre une casquette et deux soldats-paysans, des Deux-Sèvres; ils vont là-bas pour trois jours en mission exceptionnelle, l'Alsacien est de la classe 10 et rentre chez sa femme, laissant un fils sur le Rhin. Il commande à un soldat de bloquer la porte et l'autre la tient fermée solidement quoique au-dehors les gens gueulent qu'il faut ouvrir. L'Alsacien plaisante lourdement sur le plaisir de voyager avec une dame et il grimpe sur la banquette pour écailler avec un canif le bleu peint sur la lampe; il éclaire mon nez, mes yeux, mon menton et ainsi je peux lire *Les Mutinés de l'Elseneur* qui ne m'amusent pas du tout. On me propose de me coucher pour dormir; l'Alsacien m'enveloppe de sa capote, le civil pris d'émulation me donne un bel oreiller dodu; je m'étends de tout mon long, je suis béate; mes pieds heurtent l'Alsacien, je les retire et il me dit : « Mais je vous en prie, c'est le premier contact que j'ai avec une femme depuis douze semaines. » On fait passer du marc d'Alsace et j'en bois une moitié de quart, il est excellent. Ça achève de m'engourdir voluptueusement et dans le demi-sommeil j'écoute leurs histoires. Ce sont encore des histoires sur l'offensive de paix : comment Allemands et Français pêchent à la ligne de chaque côté du Rhin, comment une fois, une mitrailleuse allemande étant partie inopinément on vit aussitôt apparaître une pancarte avec ces mots : « Soldats français, excusez-nous, c'est un maladroit qui a fait partir les coups, on ne voulait pas tirer sur vous. » Ils parlent de Strasbourg et des tristesses de l'évacuation : un type pleurait en revenant de chez lui où il avait trouvé tout saccagé. Les soldats s'indignent et racontent comment dans une maison occupée par la troupe, on avait écorché un lapin en le clouant à l'armoire à glace, et ça les bouleversait qu'on eût sacrifié ce beau meuble, avec ses deux glaces. Ils parlent avec sympathie des officiers : un capitaine qui lui-même, la nuit, a acheté dans un bistro de l'alcool pour ses hommes. Quand même les paysans des Deux-Sèvres ne comprennent pas grand-chose à cette guerre; l'Alsacien pérore un peu. Il plaisante : « Les deux Chèvres, et les deux boucs; c'est vous les deux boucs. » Et de rire. Il saisit mes pieds et ôte mes souliers et prend mes pieds sur ses genoux en me demandant si ça va comme ça; je réponds étourdiment : « Faites ce que vous voulez de mes pieds » et dans la nuit, je suis réveillée par de tendres pressions sur mes chevilles. Mais je retire mes pieds et il n'insiste pas. Je dors fort bien [1].

LUNDI 6 NOVEMBRE.

On arrive en retard, 8 h. 1/4 ; c'est un beau jour doré et doux, c'est l'été de la St Martin. Tant bien que mal je me rapproprie dans les lavabos du train et je saute à l'arrivée dans un taxi. Je suis au lycée juste à 8 h. 1/2. Deux heures de classe. Puis la directrice nous réunit pour une histoire d'aide aux évacués : on discute sur des tricots, des tissus et la manière de sortir de l'argent des élèves. Je dors. De nouveau un taxi et je vais à la poste rue Littré : l'employée rit de sympathie en me donnant mes lettres : 6 de Bost et 5 vieilles de Sartre. Je vais au « Versailles » avec mon énorme paquet. Je lis à la suite les lettres de Bost. Je suis prise d'un grand amour pour lui ; il n'y a plus de passionnel mais du sentiment tout plein, tout rempli par l'objet que sont ces lettres charmantes – c'est plein de petites allusions tendres et je sens qu'il m'aime et je le trouve sympathique comme le tonnerre. Je pense avec un élan de joie au moment où je le verrai apparaître sur le quai de la gare. Je lis les lettres de Sartre. Je n'en attendais pas grand-chose mais si, ça me fait tout vivant et fort ; il me répète en écho tout ce qu'il m'a dit avec sa bouche et quand il m'écrit qu'il sera si content de me voir, ça double mon bonheur, ma paix. Je sors du café heureuse, heureuse comme je n'ai pas été depuis longtemps ; voilà comme c'était, les bonheurs du temps de paix. Toute ma vie, mes sentiments sont là autour de moi, tout forts et éclatants. Je suis contente d'aller retrouver Kos., ça m'amuse de penser que les deux Kos. sont là, à l'hôtel, ça me fait comme un petit foyer.

Je passe me faire laver les cheveux avant de retrouver Kos. puis je monte. Elle m'ouvre, toute charmante, charmante avec moi, et charmante en soi, j'ai un grand mouvement de tendresse pour elle ; elle me raconte un peu sa vie de ces huit jours. Puis

1. Ici s'interrompt temporairement l'utilisation du *Journal* dans *La Force de l'âge*.

je vais me laver, m'habiller et prendre mon courrier en bas. Un tas de lettres : de Sorokine qui semble très bien avec moi, un petit mot tout plaisant ; de ma sœur, de Védrine, du Hongrois – sans intérêt. On va manger au bar de « Capoulade » avec Kos. : ça m'a fait émouvant de traverser le Luxembourg, je retrouve Paris avec délice. Puis 2 h. de lycée – puis chez « Mangin » rue du Havre je raconte mon voyage à Mme Mancy. J'achète à Kos. dont c'est l'anniversaire une belle serviette en bouc. Le Boubou me retient 5 mn. dans ma chambre, puis je vais rejoindre les Kos. aux « Vikings ». Wanda est là la première, fraîche et plaisante dans son pull-over noir. Puis Kos. arrive, l'air ravie du cadeau que j'ai posé à sa porte. Je raconte mon voyage, puis Wanda va rejoindre la femme lunaire que nous apercevons au « Milk Bar » où je vais avec Kos. ; un peu froide avec moi, vu que je la laisse tomber. Kos. est angélique, on passe une très bonne soirée qui s'achève tôt car ensemble nous tombons de sommeil. J'ai juste encore la force d'écrire à Sartre.

MARDI 7 NOVEMBRE.

Journée fatigante et sans profit. J'écris à Bost du « Mahieu » entre 8 h. et 8 h. 1/2, c'est un moment assez plaisant. Puis lycée. A la sortie j'aperçois Sorokine avec qui j'avais rendez-vous ; elle est assise sur les marches d'un escalier, jambes nues, dans de gros souliers, avec un nœud rouge dans ses beaux cheveux blonds. Elle a l'air d'une petite fille trop vite poussée, elle est plaisante au possible. Mais il y a du drame dans sa vie et ses pauvres yeux sont rouges de larmes ; je l'emmène dans un petit café et elle finit par me dire que ses parents lui font la vie impossible ; comme elle avait cassé deux dents d'un peigne son père s'est jeté sur elle en hurlant, les poings en avant ; et sa mère gueule aussi, ils la traitent de parasite et lui ont pris deux pauvres francs qu'elle avait mis de côté, en la traitant de vieille avare. Je l'emmène envoyer des livres à Sartre ; je rencontre Jolibois [1] qui me dit que M. Ponty est aux environs de Longwy et qu'il

1. Future femme de Merleau-Ponty.

134

s'emmerde; après hésitation nous nous avouons que nous revenons toutes deux du front; elle n'avait de laissez-passer que jusqu'à Longwy, mais on ne lui a rien demandé d'autre. On va manger à la « Source » avec Sorokine qui m'accompagne au lycée. 3 h. de cours. Chez l'économe il y a un tronc pour les soldats qu'on pose directement près de vous en vous donnant votre traitement, mais je feins de ne pas le voir. Il y a Goetschel et Liamley [1] qui m'attendent à la sortie; je les emmène aux « Vikings » mais elles ne m'amusent pas du tout. Leurs parents ont cédé à l'affolement bourgeois pendant le mois de septembre, les promenant par toute la France. Elles disent qu'il y a foule d'étudiants à la Sorbonne et même très bien des étrangers. Je remonte chez moi travailler, mais je suis troublée par des sanglots hystériques; une femme se tord les mains en gémissant : « Ça n'est pas vrai, ça n'est pas vrai. » J'ai l'impression que ça vient d'au-dessus, que Kos. a tout découvert, et je suis bouleversée. Je comprends les angoisses de Bost, tout vaudrait mieux que ça, ça serait affreux. Là-dessus arrive Jolibois la bouche en cœur; elle vient me demander l'adresse de Sartre mais je la mets presque à la porte. En fait, les cris viennent d'en dessous. C'est sans doute une des étrangères qu'on expulse. Ou l'hermaphrodite. Trop fatiguée pour travailler vraiment; je fais un brin de roman puis j'écris à Sartre. A 8 h. Kos. vient me chercher. On dîne à la crêperie puis par une belle nuit on va au « Hoggar » en longeant le Luxembourg : des hiboux hululent dans le jardin, on entend la voix des soldats derrière les grilles et il y a au loin un bruit de canonnade – moment poétique et fort, avec ce ciel où brille la Voie Lactée. Le « Hoggar » s'est embelli. Une grande bouffée de paix qui m'envahit – comme c'est loin. Le patron nous salue; il y a beaucoup de monde, et un peu louche. On cause plaisamment et on rentre sur les 11 h. du soir.

1. Deux anciennes élèves de Molière.

Journée de travail. Levée dès 8 h. du matin – à 8 h. 1/2 au fond du « Dôme », dans la pénombre avec un café et des journaux. Je lis jusqu'à 9 h. et je travaille jusqu'à midi 1/2. Wanda arrive comme je m'en vais et je lui fais un quart d'heure de conversation aimable. Puis courses; du « Versailles » je relis toutes les lettres de Bost et je lui écris une grande lettre. Chez moi de 2 h. 1/2 à 5 h. je travaille. Lettre à Sartre. Je vois les Gérassi qui logent chez des Allemands à la porte d'Orléans dans un superbe appartement : du balcon on voit les hangars bleus où se rangent les outils et la zone, le Mt Valérien et tout Paris, c'est très beau. Je raconte mon voyage et je donne à Fanny [1] une espèce de certificat comme quoi elle aime bien la France. Je retrouve Kos. à 7 h. 1/2 et nous allons au « Hoggar ». Nous sommes en idylle. On mange tout un dîner : salade orientale et couscous pour moi, et elle prend un drôle de plat avec des œufs et de petites saucisses qui sentent l'anis, la menthe et le sucre.

Toujours du monde louche, comme la veille; une grosse petite brune danse la danse du ventre en face d'un grand Tunisien : à un moment, elle dit au patron en lui parlant d'un type : si jamais il remet les pieds ici, je n'y fous plus les pieds. Là-dessus on voit arriver une espèce d'Arabe jaune et malsain à qui le patron barre la porte; ils s'engueulent : « c'est pas toi qui me mettras les points sur les i ! » dit le patron et l'autre : « mais je ne me laisserai pas non plus mettre les points sur les i ! ». Le type entre quand même et on entend la phrase suivante : « Maintenant la boîte est séparée du bordel. » Il y a dû avoir un redressement moral au « Hoggar » et le type est sans doute un non-redressé dont on ne veut plus. Nous rentrons par un beau soir sec. Je me couche satisfaite comme tout. 5 h. de travail (ch. 9) – une heure de carnet. Et de longues lettres. Ça devrait être tous les jours comme ça.

1. Amie allemande, liée à Alfred Gérassi.

Séjour de Védrine à Paris.

Le *jeudi* matin je me suis levée tôt, toute remplie de zèle par le souvenir de la veille. A 8 h. 1/2 je suis au fond du « Dôme » et je travaille jusqu'à 10 h. Puis lycée. Quand je sors à midi 1/2 je vois dans un coin Sorokine, avec son manteau bleu neuf, le nez tourné vers un pilier, et dans un autre coin Védrine avec son grand manteau beige qui se jette tendrement sur moi. J'hésite, lui disant que j'ai rendez-vous, et elle dit que j'y aille, qu'on se retrouvera à 4 h. Je ne suis pas très contente de la voir, à cause de toute la frénésie de ses dernières lettres, et de ce que nous avons dit d'elle avec Sartre.

J'emmène Sorokine en métro au Quartier Latin et comme je lui parle du « Hoggar », elle veut y aller. Je mange des œufs-plat aux piments et elle un couscous qu'elle trouve mauvais et n'achève pas. Elle sort un petit carnet où elle note tout ce qu'elle a à me raconter et à me dire et elle me raconte sa vie. Mais à la fin on se dispute un peu, toujours parce qu'elle me réclame plus de temps que je ne peux lui en donner. Elle hait mon amie rousse et voudrait l'étrangler. A la sortie du lycée à 4 h., elle est là encore : elle est venue se réconcilier avec moi, elle est toute touchante, on descend ensemble la rue Soufflot et j'entre au « Mahieu » : je salue Lévy, Kanapa, Ramblin [1] et un inconnu à grosses lunettes ; ça m'amuserait de rester avec eux, j'aime bien de temps en temps les rapports gratuits, superficiels et légers et à l'avance je me contracte en pensant qu'au contraire il faut m'abandonner aux mains frénétiques de Védrine. Ses joues tremblent d'émotion, ses mains sont fiévreuses. On traverse le Luxembourg et elle met, je ne sais comment, la conversation sur l'argent que je dois à son père, et sur mon budget, et elle fait des comptes et entreprend de régler mes dépenses. C'est absurde, je sais bien que ça vient de son désarroi même, mais ça m'agace, ce mélange de passionné et de considé-

---

1. Camarades de Védrine, tous étudiants en philosophie.

137

rants pratiques. Je lui dis que je dois aller prévenir Kos. que je ne sors pas le soir avec elle, et elle se fâche : et quand je laisse entendre que je pourrais peut-être voir Kos. une heure chaque jour, elle a presque une crise de nerfs en pleine rue d'Assas. Elle est toute tendue de revendications vides – je vais prévenir Kos. qui accueille ça aussi gentiment que possible et je lui donne rendez-vous pour le lendemain, ce que Védrine me reproche. On reste un peu dans ma chambre où elle se calme. Elle me raconte que sa vie à Rennes, ça consiste à rester des heures assise dans un fauteuil à éplucher ses ongles en évoquant des images, et que cette inaction indéfinie est épuisante, je lui dis que c'est de la masturbation mentale et elle dit : « mais je fais l'autre aussi ». Je lui explique qu'elle doit vivre notre absence dans son authenticité, c'est-à-dire vivre dans un monde orienté vers nous, à l'endroit où nous sommes, et non réaliser de fausses présences; c'est un effort qui se détruit lui-même, qui la laisse seule avec sa propre substance qui alimente tous ces rêves, et qui la coupe de nous en réalité; c'est pour ça même qu'elle est tellement inquiète, revendicante, c'est qu'elle n'a plus du tout contact avec notre réalité. Elle n'écrit que des lettres courtes; au lieu de passer plus de temps à créer par lettres un contact vrai, elle préfère méditer à vide et trembler et pleurer. Nous allons au « Dôme » écrire à Sartre un tout petit mot, mais c'est déplaisant d'écrire comme ça. Et puis nous prenons un autobus pour aller chez Agnès Capri.

On s'est habillées avec soin. Védrine a sa belle robe rouge et j'ai mis une blouse mauve et un turban mauve. On nous donne une petite table près de la scène; nous commandons une salade provençale, un gâteau, c'est assez cher. La boîte se remplit peu à peu : ça reprend l'air de parade qui avait disparu la dernière fois; public chic qui paie gros – il y a toujours la bande de Sonia, bien entendu, et aussi la belle Mayarakis et des femmes avec des perles. On cause plaisamment, Védrine est détendue et je me sens bien avec elle. Yves Deniaud chante comme d'habitude : il chante en smoking, mais quand il a fini il reparaît en vêtement militaire kaki, sac à masque en bandoulière, ça fait un drôle d'effet. Agnès Capri chante des chansons nouvelles et surtout dit de charmantes histoires; mais au milieu d'une histoire de lièvres qu'on avait mis dans une armoire à glace pour rafraîchir leur mémoire de lièvre, elle s'arrête avec un sourire confus. « Je ne peux pas raconter quand on parle » dit-elle. Les clients bavards ne s'émeuvent pas et parlent encore pendant qu'elle chante; on les montre du doigt et ils sortent dignement, on applaudit leur sortie. « Mais c'était des amis à moi » dit Capri d'un faux air confus en revenant dans la salle. A 11 h. on nous met dehors et nous rentrons à pied. Je suis sèche. Védrine me parle de Sartre. Je sens tout le temps le mensonge de ces rapports, et la menace que le mensonge contient, car il faudra quand même toujours le faire ressembler à la vérité. On rentre. Au lit Védrine se jette passionnément dans mes bras, ça me fait terriblement organique, ses pâmoisons sensuelles. Je prends plaisir à ces rapports plus que d'habitude mais par une sorte de perversité; j'ai une impression mufle : profiter au moins de son corps, et une espèce d'amusement à sentir ma sensualité vide de toute tendresse, ça ne m'est jamais arrivé ou quasi (avec Gérassi j'avais une vague tendresse d'ivrogne et puis c'était du vrai trouble physique et non comme là un trouble consenti avec perversité).

Vendredi 10 – On reste tard au lit. Vers 10 h. nous allons chercher mon courrier et boire un café au « Versailles ». De tendres lettres de Sartre, les premières depuis mon retour. Je n'ai pas l'impression de l'avoir quitté, maintenant je suis « avec lui dans le monde » pour longtemps je crois. Je vais retrouver Kos. à 11 h. 1/2 chez « Capoulade ». Elle m'accueille dans une confusion jouée, elle devait aller à ses cours et n'y a pas été. On déjeune au bar, je lui raconte un peu ma soirée : elle est réservée quand je parle de Védrine, mais extrêmement gentille et me raconte un tas d'histoires drôles, qu'elle tient de Lexia [1], à propos de Tyssen [2]. Et aussi des histoires sur Arlette Ménard et son type, et sur l'hôtel où nous habitons qui est grandement surveillé par la police paraît-il. Elle m'accompagne au lycée et on aperçoit Sorokine qui m'attendait et qui s'écarte avec un

---

1. Amie d'Olga et de Wanda.
2. Berthe Tyssen, actrice, élève de Dullin à l'Atelier comme Olga.

sourire gauche et contrit; ça fait rire Kos. qui affecte de trouver Sorokine fort plaisante, en partie par contraste avec Védrine je crois. Trois heures de cours, ce qui est trop long. Je me réfugie dans le petit café place du Panthéon, « Au Vieux Paris », qui est poétique comme tout et j'écris une petite lettre à Bost, ça me dégoûte de lui écrire de cette façon tronquée. Puis je retrouve Védrine au « Mahieu ». On passe rue Vauquelin chercher le dossier de Guastalla, puis rue d'Assas chercher des lettres, puis on rentre à l'hôtel où on cause longtemps. Védrine est encore revendicante : me dit qu'elle m'a reproché mes dépenses pour Poupette etc. en pensant que je pourrais la faire venir davantage – qu'elle aurait voulu que je plaque le lycée, etc. Je lui dis qu'elle est un peu étouffante et je lui fais un exposé objectif de son caractère : Pathétique – Sérieux – Importance – et en même temps croyance en une espèce de paradis platonicien sur lequel elle se croit des droits, ce qui la conduit à se sentir sans cesse lésée. Ce que je ne lui dis pas c'est combien cette notion de droit est profonde chez elle – elle écoute avec sérieux, et elle est de nouveau intéressante et sympathique quand elle réfléchit ainsi et qu'elle raconte ses petits rêves : comme de s'offrir à ses trois petits camarades pour les dévirginiser avant leur départ en guerre. Encore que ces rêves soient en eux-mêmes bien grossiers; cette sensualité rationnelle et organique me choque. Elle est drôlement abstraite vraiment et elle ne sent pas beaucoup de choses. Elle ne m'a rien, absolument rien dit d'intéressant sur sa vie à Rennes, les gens qu'elle fréquente, etc. Elle lit du Spinoza et y consomme son intelligence et d'autre part elle vit cahin-caha, avec des conduites incohérentes et des pensées infantiles.

On va aux « Vikings » écrire à Sartre – puis on rentre se coucher. Étreintes. Un nègre couche avec la grosse blonde à côté de chez nous. Il y a une alerte la nuit, ça nous emmerde car je ne voudrais pas qu'on sache que Védrine est là. On hésite un peu, et on reste couchées : personne ne vient frapper. On entend des rires au-dessus de nos têtes : c'est Wanda, Kos. et Arlette Ménard – ça me fait poétique et plaisant d'imaginer leur nuit d'alerte. J'ai aperçu Kos. dans la soirée, toute fraîche et belle.

Elle prend l'attrait du fruit défendu et c'est Védrine qui me fait vieille maîtresse, avec ses exigences, ses droits et sa présence implacable.

Samedi 11 Novembre – Je me réveille à 7 h. 1/2, fatiguée après cette nuit de passion et d'alerte. Encore deux jours de Védrine, ça me fait lourd. Elle m'accompagne au « Dupont » prendre le petit déjeuner, puis au lycée sous une pluie battante. A la sortie du lycée il y a Sorokine qui m'attend – et Védrine m'attend dans un café pour me conduire à Kos. qui m'attend au « Dupont ». Je me sens complètement envahie. Sorokine est d'ailleurs bien gentille, elle voulait me dire qu'elle avait fui la maison paternelle après avoir appelé son père « sale merde » vu que celui-ci l'avait traitée d'horrible vermine ; elle s'est réfugiée chez son amie mais ne savait plus trop que faire. Je ne peux lui donner de conseil, je rejoins Védrine qui a lu le roman de Sartre et m'en parle un peu. Elle m'accompagne au « Dupont » où Kos. n'est pas – pendant une demi-heure je reste là seule à lire le roman d'Ellery Queen, ça me semble trop beau pour être vrai, ce lambeau de liberté et de loisir. Kos. n'arrive qu'à 11 h. 1/2, elle n'a pas été à ses cours vu qu'elle ne s'est pas réveillée – elle me raconte leur nuit, et un tas de petites histoires, et on parle des cours où elle a été la veille – ça l'a attristée profondément, la Sorbonne. Heureusement pour elle, les cours de Dullin reprennent lundi. Elle m'amuse et je resterais volontiers plus longtemps avec elle mais il faut rejoindre Védrine. Je salue Kanapa, Lévy, et avec Védrine on va déjeuner chez « Mirov » ; ce n'est pas déplaisant, on a au fond une table paisible avec une petite lampe et on mange des plats russes assez bons. Mais que l'après-midi est longue devant nous ! il pleut un peu, on est fatiguées de la nuit et nerveuses. On passe à la poste : une lettre de Sartre, deux de Bost, je ne peux pas les lire de loisir, je les emporte chez moi et les lis assez hâtivement pendant que Védrine achève le roman de Sartre. Comme les lettres de Sartre sont amusantes et tendres – celles de Bost sont toutes fougueuses de sympathie : mais il me dit qu'il a été triste et nerveux du samedi au mardi, qu'il lui semble qu'il vient de se réconcilier avec moi, et ça m'est pénible de penser qu'il m'a boudée. C'est sans doute parce que j'ai dit que je viendrais ce dimanche ; et aussi parce que je ne suis pas venue – ça a dû lui faire très déplaisant, je comprends bien mais ça me chavire un peu : physiquement ; quand j'ai une contrariété à propos de Sartre, c'est tout en tension et prêt à passer à la colère (comme en juillet quand il m'a grondée sur Védrine) – avec Bost, ça tourne au mal de cœur. Je sais à peu près pourquoi mais il faudra examiner ça une fois. Nous descendons au « Dôme » faire du Spinoza. Nous sommes nerveuses aussi parce qu'il y a eu une discussion touchant la permission de Sartre. Védrine a dit qu'elle voulait le voir 6 jours et encore en trio et pendant mes heures de lycée les quatre autres jours. J'en ai été soufflée, et je lui ai dit : « 5 jours soit » et j'ai dit aussi qu'il faudrait le laisser souffler un peu et ne pas se jeter sur lui dès que je le lâcherai deux heures, qu'il aimerait peut-être quelques instants à lui. « Pour quoi faire ? » a-t-elle dit naïvement. Elle fait vraiment lichen, d'ailleurs elle dit elle-même qu'elle voit l'amour comme une symbiose ; qu'on puisse avoir plaisir à respirer seul librement pendant un moment, ça la dépasse. Elle semble étonnée quand je dis gentiment que c'est quand même un sacrifice de lui laisser Sartre 5 jours : « Tu n'as plus le sens du trio » me dit-elle avec autorité. Je suis extrêmement agacée (quoique sachant qu'en fait on lui cachera cette permission) et elle est très morose aussi. On explique difficilement Spinoza, j'ai la tête lourde. Les Allemands menacent d'envahir la Hollande. On vend de petites fleurs artificielles pour les pauvres soldats. Pardo passe, gras et lisse, avec un coquelicot à sa boutonnière. Nous écrivons à Sartre. Védrine veut qu'on fasse des lettres courtes : la veille aussi – elle n'est pas en relation avec les gens qu'elle aime. On écrit pourtant assez longuement ; j'écris à Bost aussi. A la sortie on se promène un peu dans les rues noires, nous nous sentons toutes deux poisseuses et énervées ; et elle commence à me dire qu'elle est fâchée que je ne lui laisse pas 6 jours, vu que j'ai un tel arriéré. Je me sens grinçante, je lui demande sans aménité si elle envisage vraiment que nous ferons dans nos vies une division bipartite de Sartre, elle dit que oui et je dis que je n'ai jamais pensé ça – que ça me

142

semble injuste alors que j'avais une vie totale avec lui qu'elle prétende ne m'en laisser qu'un tiers et compenser par un tiers de vie avec elle. Elle se défend âprement, nous remontons dans ma chambre et elle sanglote en disant que j'aime mieux Sartre qu'elle. Je ne lui ai jamais dit le contraire, je hais cette aisance à se forger des illusions, qu'elle a depuis le début de nos rapports, et non à cause de moi mais vraiment malgré moi. Je lui dis franchement que j'ai plus besoin de Sartre que d'elle ; il y a un moment où nous sommes dressées comme deux ennemies. Puis elle se calme, et je lui explique que sa justice n'est pas juste, que je ne suis pas en situation par rapport à Sartre de la même manière qu'elle, etc. Je la convaincs un peu ; ce qui la convainc surtout c'est un appel à elle-même, elle se rappelle que jadis elle envisageait tout autrement le trio. Mais je trouve vraiment déplaisant cette manière qu'elle a de croire que l'amour qu'elle donne a un prix si exorbitant et peut tout compenser ; présomption enfantine, jointe à une humilité gênante dès le moindre estoc : un peu comme le fou qui se croit Napoléon et dit soudain modestement : « Oui, je suis coiffeur » si on le lui affirme. On dîne au « Sélect » où je lui fais un tableau enjoué des difficultés que j'ai eues avec Sartre pendant nos dix années de vie – insistant sur ce que ça ne constitue pas un arriéré de bonheur paradisiaque mais une situation au présent par rapport à lui – elle semble assez convaincue. On rentre. Nuit pathétique – passionnée, écœurante comme du foie gras, et pas de la meilleure qualité.

Dimanche 12 Novembre – On se lève tard, on va déjeuner au « Milk Bar », puis chercher des livres hôtel « Mistral ». Autobus pour Montmartre et promenade sur les boulevards, sur la Butte. On boit un verre au petit café rouge de Montmartre, accueillant et chaud comme toujours et on descend par la rue Pigalle jusqu'à St Lazare : presque toutes les boîtes sont fermées, il y en a pourtant qui ouvrent timidement de 7 h. du soir à 11 h. Védrine a son tailleur bleu, son bonnet de fourrure, son manchon, elle est très jolie à voir – elle est recueillie et sage : parce qu'elle va partir, parce que la conversation de la veille m'a délivrée d'elle, et parce qu'elle est toute réfléchie, je me

143

sens de la tendresse pour elle; je lui explique qu'elle doit se penser au centre de sa vie, et non pas nous, faire d'elle une personne avec rapports à soi; elle dit oui, mais ça lui semble dur; comme elle dit, elle est terriblement publique et pas comme Sartre dont la publicité est consentie à tout coup, mais irrésistiblement, organiquement. C'est assez écœurant – il faut un minimum de recul et de détachement dans les rapports avec les gens : quand on l'oblige à la réflexion, quand son emmerdement l'y oblige, elle fait cette reprise et alors il est possible de prendre conscience d'elle et de l'aimer bien. Et tout le jour elle est charmante, pleine de résolutions sages et de morale; et je me sens doucement ignoble parce que je lui ai parlé par mauvaiseté, irritation et âpreté, et qu'elle ne m'en veut pas et au contraire prend mes paroles comme le point de départ d'une réforme morale; j'essaie de lui dire comme c'est, mais ça m'enfonce dans l'ignominie parce qu'elle proteste passionnément et que ça lui semble généreux que je m'accuse. Il n'y a rien à faire et je me tais – mais ce qui est gênant avec elle c'est que parfois on peut être sur un plan objectif et sec et impersonnel; et tout aussitôt on est renvoyé à un plan de passion subjective – si on veut en sortir ça fait des remous de réflexion à n'en plus finir, on s'embourbe de plus en plus. Alors il ne faut pas se laisser emporter par l'estime mais la traiter en petite fille. Je l'accompagne à la gare Montparnasse; elle est touchante dans son refus du pathétique et on a sur le quai un fort moment de vraie tendresse et confiance. Elle reste longtemps dans l'embrasure de la porte à tenir ma main, puis à me faire signe quand le train s'ébranle. Je la quitte mal à l'aise, de remords, de tendresse, et délivrée quand même et heureuse de l'être.

Au « Sélect » j'écris à Sartre et Bost puis je retrouve Kos. à l'hôtel. Elle a mauvaise figure, elle est vaguement hostile sans vouloir l'être, et elle est sinistre. On dîne au « Sélect »; elle me raconte des histoires : comment Wanda, la lunaire et A. Ménard ont passé la nuit avec trois types du « Hoggar »; la lunaire a proposé à W. de rester avec elle et en la quittant a dit sévèrement au prétendant de W. : « celle-là, il ne faut pas la toucher, c'est un cas » – elle me raconte aussi un film de Mae West et s'arrête un peu grinçante : je ne vais pas vous raconter tout ce film. Elle sait par la propriétaire que Védrine a couché chez moi et en parle sans aménité. Je lui parle de Védrine mais je suis gênée, et elle est assez grinçante. On sort, on va aux « Vikings » ; elle me dit qu'elle est emmerdée parce qu'elle a de nouveau cessé d'écrire à Bost et craint de ne pouvoir s'y remettre ; il se plaint que ses lettres soient sèches (ça m'amuse, car je pense qu'il s'en plaint un peu par comparaison avec mes lettres) et elle me dit : « Mais je ne pense pas tout le temps des choses sur Bost » et aussi elle me demande ce que ça signifie des rapports avec quelqu'un qu'on voit 10 jours tous les quatre mois, que ça n'est plus rien ; et elle a un ton de rancune à l'égard de Bost – je sais que c'est parce qu'elle est fâchée de ses reproches, mais ça me fait plaisir. Je pense qu'il est plus en sûreté avec moi qu'avec elle, que je sais mieux l'aimer qu'elle et c'est un des trucs auxquels je tiens le plus. On cause de plus en plus aimablement ; Kos. est harassée et sinistre et je lui parle d'elle avec chaleur. Elle redevient tout à fait bien avec moi et dans ma chambre nous continuons à parler. Je ne me couche qu'à minuit et encore j'achève au lit Ellery Queen.

Alerte. On s'habitue bien, ça me réveille à peine ; mais il y a les haut-parleurs et les coups de sifflet qui gênent pour dormir.

LUNDI 13 NOVEMBRE.

Je me réveille fatiguée mais heureuse. D'abord, divinement heureuse de ma liberté ; je n'ai même pas tellement envie de travailler, quand je pense que je pourrai écrire mon carnet, mes lettres et respirer librement ça suffit à me charmer. Je suis contente sottement à propos de Bost-Kos. et ça m'amuse parce que c'est un reflet du temps de paix, ces soucis-là. Je suis surtout fortement heureuse parce que vraiment je me sens dans une même vie, un même monde avec Sartre ; il ne s'agit ni de souvenir, ni d'attente, je suis dans un même monde au présent et la distance n'est pas une séparation. Ça me fait un plaisir énorme de me sentir heureuse dans le quotidien et le contingent. Ça ne m'était pas arrivé depuis la guerre. Un peu de remords quand même quand je pense à Védrine seule dans Rennes avec tous ces trucs durs sur le cœur.

Petit déjeuner au « Dôme » en corrigeant des copies ; de 8 h. 1/2 à 10 h. 1/2 lycée. Poste où je trouve deux lettres de Sartre si tendres que je suis saisie d'un bonheur poignant, un de ces rares bonheurs exaltants et pleins où on croit avoir une intuition de toute sa vie heureuse. Il y a de charmantes photos de lui avec anémomètre et théodolite, il a l'air comme il dit d'un gnome de Vélasquez. J'en ai les larmes aux yeux de joie. Charmante lettre de Bost : je crois que ça l'a rapproché de moi, de penser que je m'étais rapprochée de sa vie, je comprends bien ça. Je comprends aussi l'appréhension qu'il a de me voir et pourtant je voudrais y aller. Je mange une côte de porc, je fais une grande lettre à Sartre et mon carnet ; je suis contente comme tout. Vers 1 h. 1/2 je sors ; rue Vavin, devant le magasin de maroquinerie, un type en haillons, barbu, hâve, un peu dérangé ; il regarde ; il n'est ni admiratif, ni révolté, mais étonné, d'un étonnement pur, dans lequel ce couple homme-boutique se découvre à moi comme un scandale métaphysique plus que social ; il se parle, colle le nez aux vitres, parle aux objets, se recule, part et revient fasciné ; je suis fascinée aussi ; je sens le monde de cet homme comme un absolu, et la boutique s'adresse à d'autres consciences absolues, et ces absolus sont exclusifs les uns des autres ; je m'en vais, pénétrée de cet incident [1].

Je traverse le Luxembourg ; plus de feuilles aux arbres, mais un beau tapis roux par terre. Une brume grise enveloppe Paris ; forte impression place du Panthéon, de Paris en guerre ; la rue St Jacques presque vide qui file vers le cœur de Paris, les gens qui ne flânent pas, exacts et sévères – le monde semble appauvri et resserré, il n'y a plus qu'une place pour chaque chose, une chose pour chaque place, comme dans certaines rues de Berlin ; pourtant une poésie grise, poésie de Paris, et

1. L'absolu qu'est toute conscience individuelle constitue le thème directeur de *L'Invitée*.

146

d'automne, mais c'est comme un abstrait poétique; on pense à Rilke, c'est le Paris de Rilke, mais c'est aussi la guerre; atmosphère de brume mystérieuse, mais sur un glacis de sérieux. Épaisseur, mais creusée, vidée. « Une après-midi de guerre à Paris en automne » – comme dit Sartre dans *La Nausée*, c'est en disant ces mots très vite qu'on résumerait le mieux cette nature. C'est pareil encore à 4 h. quand je sors du lycée; et le canon tonne; dans la boulangerie on parle de la nuit d'alerte, les gens sont descendus s'asseoir dans le fournil, mais le patron qui cuisait son pain les a chassés. Ces alertes n'émeuvent d'ailleurs plus personne.

Je m'assieds au « Mahieu », près de la vitre; je vois le « Capoulade », la rue Soufflot; Sorokine passe, l'air d'un chien errant. J'écris à Bost, longuement, et pendant que j'écris, je vois Gibert [1] qui descend aux lavabos; je lui cours après, je lui offre un verre. Elle a le teint cireux, des taches roses aux pommettes et les yeux tirés; elle a enlaidi, mais son visage reste plaisant. Elle me dit que Wagner [2] se meurt de peur, il lui a envoyé une sorte de testament littéraire et sentimental. Puis elle parle d'elle, pendant plus d'une heure, et c'est ennuyeux parce que uniquement de la représentation de soi et apparence; les gestes et la voix sont sobres, sobriété presque voulue pour souligner le pathétique de ce qui est dit. Elle est professeur de lettres au collège de garçons d'Argentan; elle explique *Horace* à des garçons de troisième : « Quand je rentre chez moi, je sanglote » me dit-elle « et je demande pardon à Corneille! » Elle a une classe de bac, des types de 19 ans; le fils Coty est amoureux d'elle et l'emmène souvent en auto. « Les quatre premiers cours, je leur ai lu des symbolistes, Verlaine, Baudelaire; ils n'ont rien compris, mais ils ont senti que je lisais avec ma douleur, et la vérité de ma douleur les a saisis. » Maintenant elle a obtenu un congé pour se présenter au Conservatoire; Jouvet a écrit qu'elle vienne, qu'il s'occupe de tout pour elle, et il ne fait

1. Ancienne élève de Dullin, également étudiante en philosophie, rencontrée à Montparnasse en 1938. Appelée Cécilia Bertin dans *La Force de l'âge*.
2. Professeur de lettres, ancien camarade de Sartre et beau-frère de Merleau-Ponty.

absolument rien. Sur cette histoire Jouvet elle a construit un délire presque aussi pathologique que celui de R. Ballon[1] et du même type. Elle m'explique que Jouvet est un type qui a peur de l'amour parce que quand il aime il est pieds et poings liés à la femme aimée. « Alors, il en vient à ne plus me recevoir que dans des corridors et sur des paliers. Ah! comme nous nous faisons souffrir. » Chaque signe d'indifférence est ainsi un signe de passion d'autant plus violente qu'elle est plus refusée; comme R.B. pour Malraux, elle le croit jaloux : quand il relève le col de son manteau pour qu'elle n'ait pas froid, elle pense : « il voudrait que je porte un masque pour que les hommes ne me voient pas »; elle imagine même qu'il la suit, par jalousie, et croit l'avoir aperçu au « Mahieu » – elle a manqué des cours samedi, et l'après-midi il lui a dit rudement : « Pourquoi n'es-tu pas venue ce matin ? Allons, file » et il a enlacé une jolie femme; et de l'imaginer ivre de jalousie, supposant qu'elle est sortie la nuit avec des garçons; or à travers ses écrits, comme pour Ballon, on sent si bien l'homme indifférent, à peine coquet, qui feint la jalousie grondeuse, sans même vouloir être pris au sérieux, pour flatter la femme en supposant de petits droits sur elle. Elle me dit que quand elle joue Hermione devant Jouvet : « Ah! Je ne t'aimais pas, cruel! Qu'ai-je donc fait ? » il cache son visage pour cacher son émotion. Il ne lui a jamais fait un compliment sur son jeu, et elle croit qu'il veut l'appeler à poursuivre son œuvre. Elle parle de sa solitude et de sa douleur, c'est ça qui alimente son génie; quand elle joue, tout son corps n'est que vibration, et c'est cette vibration même le sens du texte : difficile de croire que cette fille ait la moindre culture, et philosophique encore. Elle a passé ses vacances au bord de la mer parce que Jouvet lui avait défendu (?) d'aller en tournée avec des camarades, et là, dans un « éclatement de solitude » elle a trouvé dans *Phèdre* d'extraordinaires effets : des effets « intérieurs » précise-t-elle; d'ailleurs elle s'évanouit en jouant *Phèdre*. Elle a rencontré Géraldy : « C'était tout à fait

1. Collègue du Castor à Rouen en 1933, qui conçut une passion délirante pour Malraux jusqu'à sombrer dans la folie. Cette tragédie est racontée dans *La Force de l'âge* (où Renée Ballon est appelée Louise Perron).

Toi et Moi » dit-elle; il a été sonné par son génie, mais il l'a quand même laissé tomber. Elle me parle de son grand amour avec Sartre, et dit que ça lui a été utile car jeune fille elle n'aurait pas su avoir cette histoire avec Jouvet. Se fait gloire de ne pas s'être offerte à Jouvet qui ne lui a d'ailleurs rien demandé. Comédie figée; ça ne doit pas être d'un grand secours, au cours des jours; j'imagine qu'elle a des moments d'illumination pathétique où elle jouit de ses constructions, et elle doit se dire que de tels instants valent une vie de souffrance. Mais c'est trop en apparence pour être vraiment intéressant.

Je rentre, je finis ma lettre et corrige des copies jusqu'à 8 h. 1/2; Kos. ne vient qu'à cette heure-là car elle a peiné sur une lettre à Bost qu'elle a achevée. Nous dînons au « Milk Bar »; je lui lis une lettre de Sartre qu'elle écoute avec sympathie, elle semble pleine de sympathie pour lui. On rentre et on parle sur « la rancune », c'est un sujet de devoir donné par Meyerson [1]. On trouve des idées amusantes.

MARDI 14 NOVEMBRE.

Je me réveille encore de bonne humeur. Je traverse le Luxembourg, prends mon café chez « Capoulade »; 1 h. 1/2 de cours, puis je vais au « Mahieu » écrire à Sartre et faire mon carnet. Encore aperçu Gibert. A midi s'amène Sorokine, l'air boudeur. Je l'emmène déjeuner chez « Mirov », elle desserre à peine les dents; elle me dit pourtant qu'elle est rentrée dans sa famille mais n'adresse plus la parole à son père. Elle est ivre de jalousie je pense à cause de « mon amie rousse ». Elle m'accompagne gare Montparnasse et me quitte au métro; puis comme je m'engage dans le couloir, j'entends une galopade : elle se plante devant moi, avec l'air de vouloir dire quelque chose; je suis en retard et je dis agacée : « Qu'y a-t-il ? je suis pressée » et sans rien dire elle galope dans l'autre sens. Elle m'amuse avec ses luttes contre elle-même, luttes d'orgueil et de

---

1. Professeur à la Sorbonne.

149

tendresse, tout enfantines et plaisantes. Elle a la tristesse crue et sans pathétique celle-là.

Lycée. Poste – une lettre de S. qui s'ennuie, ça m'attriste tout. Immense lettre-fleuve de Bost, je le retrouve tout bien à travers ses écrits ; mes lettres de Brumath m'ont rapprochée de lui. Je pense qu'il écrit si long parce qu'il est en froid avec Kos. et ça me fait un peu déchanter quoique je sois contente qu'il soit en froid. Mais à l'hôtel, il y a une lettre de lui pour Kos. avec un petit dessin dessus : alors je pense qu'il m'a bien écrit par plaisir, mais ça m'assombrit (à peine) qu'il soit bien avec Kos. – c'est le plaisir qui l'emporte de loin, pourtant. Je lis sa lettre au « Versailles », puis de 4 h. à 7 h. chez moi je travaille et lui écris un peu, tout en faisant de menus travaux ménagers.

[Livres et divers à rechercher pour Sartre]

Bidou : *Hte de la grande guerre.*
Gordon Cast : *Géographie historique de l'Europe.*
Jean Français : *L'Affaire Röhm-Hitler.*
Rougement : *Journal d'Allemagne.*
Aldrovandi Marescotti : *Guerre diplomatique.*
Sforza : *Bâtisseurs de l'Europe moderne.*
        Dictateurs et dictatures.
Les frères ennemis.
Synthèse de l'Europe.
Pachitch et l'union des Yougoslaves.
Austen Chamberlain : *Au fil des années.*
Churchill : *Les Grands Contemporains.*
Paul Guérin : *Le Problème français.*
Ancel : *Géographie des frontières.*

Carnets de moleskine
Verdun   } Romains
Prélude à Verdun }
La Séduction du nihilisme, Rauschning
(à côté de chez Hermann)
Le Testament espagnol
Le Bœuf clandestin
Heidegger
Dostoïevsky – Troyat
Le marquis de Sade – Desborde – Heine

Halva, un gros morceau –
3 boîtes de capsules
1 paquet tabac St Claude

Quarante-huit, Cassou
Cervantes (éd. Pléiade)
Shakespeare (éd. Pléiade)
Retz
Verlaine
Edgard Poe

151

CARNET III

15 NOVEMBRE-25 DÉCEMBRE 1939

MARDI 14 NOVEMBRE *(suite).*

A 7 h. passées je pars de chez moi pour aller retrouver Kos. à Montmartre. Nuit sur la place Pigalle et les boulevards. Le haut de « Dupont » est fermé et Kos. m'attend en bas. Elle est tout aise parce qu'elle revient du cours de Dullin et qu'elle a un peu retrouvé sa vie de l'an dernier, ses camarades – elle me parle de Vallon dont l' « ami » est parti en guerre et qui se lamente comme une femme sur l'absence de son amant en tricotant des pull-overs. Nous dînons rue Fontaine dans un petit restaurant italien où il y a des nègres, des putains pauvres, et un petit type minable, en smoking avec fleur rouge, qui va aller chanter quelque part. Beaucoup de boîtes ouvertes, Paris renaît doucement. Nous descendons à pied jusqu'à Montparnasse ; place de l'Opéra, rue de la Paix, on se croirait dans un film fantastique allemand ; d'immenses lampadaires noirs donnent juste une toute petite flamme jaune comme une bougie. On rentre ; Kos. monte dans sa chambre et descend agacée avec une enveloppe de Bost à la main ; elle est ivre de colère parce qu'on a enlevé le tapis de sa chambre, elle parle de quitter l'hôtel. Ça m'étonne ces colères pour de tout petits trucs, j'en suis incapable. Les hôteliers, les garçons de café, les commerçants et plus encore ça me fait un ensemble de forces comme la pluie et le beau temps ; on subit sans colère ; et aussi je ne suis pas engagée dans le monde de la même manière que Kos., j'ai pour presque toutes les situations du recul. Elle me quitte et je m'endors lourdement.

Journée de travail. Levée à 8 h., à 8 h. 1/2 je lis au « Dôme » *Le Canard enchaîné* puis *L'Œuvre* : entraînée par *Le Canard*, je lis pendant cinq minutes *L'Œuvre* avec la même optique, j'ai l'impression que c'est vraiment bien imité et vraiment drôle; il faut dire que ça collait tout à fait. Je travaille; je vais de l'avant sans trop mettre au point, j'ai hâte que ce soit fini, du moins en gros : ça pourrait l'être à Pâques. Kos. vient déjeuner avec moi; petites histoires sur Vallon, Clarisse; elle me dit qu'elle fait une psychasthénie à propos des lettres à Bost; il l'agace depuis longtemps dans ses lettres, ce ne sont que des monologues, il ne pense pas assez selon elle je crois; il l'a agacée jeudi et elle a répondu sèchement et depuis elle n'a plus écrit, elle attend une lettre de reproche pour recommencer; mais ça la dégoûte la correspondance, elle répète qu'ils sont dans deux mondes et qu'il vaudrait mieux suspendre tout, que déjà l'an dernier ça faisait deux mondes. Je défends honnêtement les intérêts de Bost, pas par scrupule moral d'ailleurs, avec sincérité totale : je ne voudrais pas qu'il soit emmerdé. Et puis du moment où cette correspondance, ces rapports sont dépoétisés par le dégoût de Kos., plus rien ne se révolte en moi à l'idée qu'ils existent. D'ailleurs je sympathise un peu avec Kos. – c'est si difficile de se conduire dans l'absence – c'est par une espèce de sincérité envers elle-même qu'elle aime mieux tout lâcher que de s'accrocher à un abstrait. Pourtant moi ça me fait vivant et présent les lettres de Bost et mes rapports avec lui; naturellement ça fait en suspens, mais il reste beaucoup plus que des souvenirs et des promesses, il reste vraiment *lui*; lui à distance, lui coupé de ma vie, mais bien réel; j'ai envie de partager avec lui mes pensées, tout ce qui m'arrive, il est mon monde comme avant. Je rentre et travaille deux heures – je vais chercher mes lettres, une de Sartre tellement tendre que ça me tire des larmes sur le Bd Montparnasse – ici l'absence m'a au contraire fait prendre juste assez de recul pour que mon amour et le sien deviennent plus saisissables – jamais je ne l'ai senti si fort. Je rentre et bientôt vient Sorokine, avec un joli petit pull-over neuf, l'air aimable et gaie. « Cachez-vous » me dit-elle et je tourne le dos pendant qu'elle accroche au mur de drôles de petits dessins qu'elle a faits. On parle, on s'embrasse ; je m'y attache de plus en plus, elle a une façon de se donner entièrement, mais avec un contrôle de soi, qui me charme ; d'ailleurs ces moments de don sont rares, le visage reprend vite un petit pli ironique. Je trouve que dans le déchaînement le plus passionné il faut garder quelque souci de l'*autre* à qui cette passion est jetée en pleine figure ; ça donne tout de suite un peu de recul et de décence ; Védrine n'a souci que de *s*'exprimer et ne s'inquiète pas d'autrui ; c'est une grosse indiscrétion – Kos., c'est l'inverse, il s'agissait de ne pas s'exprimer et elle n'avait d'autrui qu'un souci de défiance. Poupette voudrait *s*'exprimer, comme Védrine, mais elle sait théoriquement que c'est un (acte) indiscret alors elle se raidit, ou elle cherche des biais pour échapper à la vision d'autrui. A mon gré Sorokine est parfaite là-dessus. Pour ceux qui ne sont pas passionnés : Sartre et Bost, à travers bien des différences, l'expression est autre chose encore, c'est en soi-même un *don* consenti. Difficile de savoir pour moi-même ; je crois que je contrôle le plus souvent, mais souvent aussi, avec Bost en particulier, j'exprime un peu plus qu'il ne serait nécessaire ; c'est un peu exprès d'ailleurs.

J'écris des lettres pendant que Sorokine lit. Ensemble au métro Montparnasse puis je vais chez les Gérassi, ils ont un superbe caniche, ils m'avaient annoncé d'un air alléchant une surprise au téléphone ; je pense au grand-père de Sartre : « Tu sais petit, je vais te faire une bonne surprise, je me porte mieux. » On cause – ce n'est pas ennuyeux – je négocie un chèque de 5 000 f. reçu le matin, ce qui a réjoui ma journée car à présent je vois les plus grandes facilités financières devant moi. Achats de livres, sorties, tout devient possible et les dettes réglées.

Réveillée à 7 h. 1/2 mais le courage a manqué et je suis restée au lit jusqu'à 8 h. passées ; puis je suis venue au « Dôme » et j'ai fait ce carnet avec loisir et plaisir : ce sera toujours ainsi maintenant qu'il est au point. Je continue à être heureuse, profondément ; j'aurai le temps pour travailler en somme, des distractions suffisantes, une compagnie suffisante (Kos.) et le soutien des lettres, c'est formidable ce que c'est des lettres quotidiennes parce que ça fait le fond de la vie et non seulement un petit bonheur trois fois par semaine. Je ne pense pas à S. comme à un absent ; en m'habillant j'ai revu un bout de conversation entre nous, sur Bost, et ça m'a bouleversée d'amour pour lui, mais comme si j'allais le revoir dans quelques heures. Quand je vois ce qu'est l'absence pour les autres gens, je trouve que là encore nos rapports sont formidables, que ça reste une vie ensemble, dans un monde commun, malgré tout – il est vrai que le fait même qu'il y a une vie intellectuelle essentielle pour nous deux, ça facilite drôlement les choses.

A 10 h. je passe à la poste ; lettre de Sartre, il semble moins gai qu'avant, ses yeux se fatiguent – lettres de Bost : une photo s'en échappe que je n'attendais pas et ça me fait un drôle de coup de le voir soudain souriant et vivant ; impression de mal de cœur. Je pense qu'avec Sartre je réagis en tension parce qu'il est à moi et je sais qu'il suffit d'une lettre pour rétablir les choses comme je veux – ou alors je souffre avec lui si c'est un mal commun – mes émotions avec Bost sont des émotions d'impuissance, c'est la prise de conscience de son caractère d'altérité, d'indépendance par rapport à moi.

Lycée : Sorokine arrive à midi 1/2 survoltée et échevelée ; nous allons manger dans une petite brasserie bleue de la rue Lecourbe, puis sous la pluie on gagne le métro ; bd St Michel je m'achète un beau parapluie en soie cassis, avec un petit manche de bois recourbé ; je l'aime déjà tendrement et je me désole à l'idée de le perdre bientôt – envoyé à Bost un paquet de

158

Tchekhov. Lycée. « Mahieu ». Il y a des vieillards très Quartier Latin, cheveux blancs, joues fardées qui discutent Massenet en fredonnant des airs à l'appui. Je travaille. Je continue le ch. 9, ça avance. Puis lettres à Bost et Sartre. Je voudrais aller au cinéma mais quand je retrouve Kos. elle est toute fatiguée ; j'achète des nourritures chez « Dominique » et on passe la soirée dans la chambre. Elle me quitte à 10 h. 1/2 j'ai le temps de finir longuement ma lettre à Sartre, d'écrire à cette dame, et de lire un peu de Conan Doyle qui me divertit. On parle odieusement à côté de moi et je m'endors mal.

VENDREDI 17.

Je devais accompagner Kos. à la Sorbonne et je me suis levée tôt ; mais elle n'était pas prête, nécessairement, et je suis venue au « Dôme » passer la matinée à travailler. Toujours dans la satisfaction profonde de cette vie bien réglée. Bon travail – fini le ch. 9. A 11 h. 1/2 lettres, puis je retrouve à midi au « Biarritz » Lévy et Kanapa et je mange une omelette en leur faisant la conversation ; c'est-à-dire que je parle tout le temps. J'aimerais causer avec Kanapa mais Lévy est toujours là. 3 heures de lycée. Je sors de là à bout de fatigue – un peu de travail au « Mahieu » où Kos. me rejoint – j'essaie d'écrire mes lettres mais même ça me fatigue trop et dès 6 h. 1/2 nous descendons le Bd St Michel et nous allons en métro à Barbès. Dîner au sous-sol de « Dupont » Barbès, qui est confortable, clair et presque vide. Près de nous une superbe femme qui ressemble à Merle Obéron. Je finis mes lettres et on va au cinéma. On voit le film de Shirley Temple qui est une authentique petite ordure, et des actualités à fendre l'âme avec Maurice Chevalier vieilli et trépidant qui chante devant un parterre de soldats ; c'est proprement dégueulasse. Un bon film de cow-boys *Le Retour de Cisco Kid* avec Warner Baxter. Je rentre et me couche complètement crevée : les gens d'à côté causent, comme la veille et je les engueule durement. Ils se taisent, apeurés.

Deux heures à C. Sée, puis poste, lettres de Sartre et Bost qui semble morose ces temps-ci. Travail au « Versailles », une heure et demie, j'ai enfin décollé du ch. 9 et commencé le 10 sur Elizabeth qui m'amuse. Puis « Dôme » où je mange un succulent pot-au-feu à côté de Kos. On va chercher nos boucles d'oreilles qui sont superbes et à 2 h. je suis de nouveau chez moi au travail. Lettre de Védrine ; elle est touchante dans son effort pour accepter tout ce que je lui ai dit, et j'ai un regain de tendresse pour elle parce que en ce moment ça me fait vrai, ses rapports avec moi – elle n'est pas malheureuse, j'en suis bien contente. Gégé me parle une demi-heure. A 5 h. vient Sorokine qui me raconte sa petite vie où la chimie tient trop de place à son gré ; Gérassi passe me saluer, et admire le turban et les boucles d'oreilles ; je me trouve aussi fort belle. Je vais chez Sorokine et je lui explique une heure du Descartes ; elle comprend bien et elle est ravie ; elle m'a apporté des bouchées au chocolat tant elle est contente de moi, et elle va jusqu'à me dire expressément que je suis tout dans sa vie. Elle m'accompagne à 7 h. 1/2 jusqu'au bd Exelmans où je vais dîner chez C. Audry.

J'avais un petit amusement à l'idée de voir « du monde » mais ça m'a vite passé. Elle habite dans un immeuble fort bourgeois une grande pièce qui sert en même temps de garde-meuble, douze fauteuils rangés en rond, on dirait qu'ils attendent un conseil d'administration ; l'autre partie de la pièce où la table était dressée faisait studio d'une manière pas déplaisante. C. Audry est en tailleur marron et lainage bleu turquoise. Le mari arrive, glaçant ; moitié chauve, un peu bossu, et tout grêle ; des lèvres minces qui ne rient jamais. On mange un dîner soigné qu'Audry a fabriqué de ses mains, et je raconte des histoires, mais j'ai l'impression que le type me juge sans sympathie et je suis un peu gênée. C. Audry me raconte qu'Alain a été mis sous mandat d'arrêt pour avoir signé un tract [1], ainsi que Giono et les Almendo qu'on a cuisinés pendant 48 h. – raconte aussi que la D.C.A. lundi dernier a tiré sur un aviateur français : en vain faisait-il des acrobaties pour montrer sa cocarde, on tirait toujours ; il était fou de fureur quand il a descendu à terre. Vers la fin du repas, on dit quelques mots sur la philosophie ; Minder raconte une anecdote sur Husserl, un souvenir d'enfance qu'il tient de Husserl même : un jour, voulant aiguiser un couteau, il a aiguisé si bien qu'enfin il n'est plus rien resté du tout : « je me demande si ma philosophie ne ressemble pas à ce couteau », s'est-il dit. Mais par timidité ou mépris, Minder ne pousse pas les conversations ; à une ou deux reprises, il regarde C. Audry avec tendresse, mais ils sont tellement désassortis, ça n'a pas du tout l'air d'un couple. La soirée a tenu jusqu'à 10 h. tant bien que mal. Il parle de Pascal Copeau qu'il hait et qui dirige si mal la propagande par radio. Parle aussi de la propagande anglaise et des tracts : ils font des tracts fort lestes, pour intéresser le soldat ; des dessins grivois à propos des légendes les plus graves ; les Français en sont un peu scandalisés et n'osent pas aller si loin. Je prends une brassée de romans policiers et je rentre en lisant du St Exupéry ; un truc assez saisissant : l'odyssée de Guillaumet marchant 5 jours et 5 nuits dans la neige [2]. Je retrouve Kos. qui a l'air un peu nerveuse et qui s'invite une demi-heure chez moi. Elle a vu Delarue qui était si affolé par la guerre qu'il voulait passer en Espagne ; l'an dernier, c'est pour ça qu'il avait été en Hollande, on l'avait d'ailleurs refoulé à la frontière. On l'a mis d'office à St Maixent [3]. Elle part et j'écris à Sartre et Bost quoique croulante de sommeil. Une heure de plus à dormir cette nuit, c'est le changement d'heure.

1. Pacifiste.
2. Dans *Terre des hommes*.
3. École d'officiers.

DIMANCHE 19 NOVEMBRE.

Levée à 8 h. – un beau ciel bleu ce matin, mais un temps humide et froid. Je vais au « Versailles », j'écris à Védrine et je travaille près de 2 h. mon roman. Puis poste où j'ai mes deux lettres. Puis je viens déjeuner à la « Coupole »; j'ai écrit à Toulouse aussi et fait ce carnet. Je vais travailler tout le jour. Ça fait une semaine de travail sans répit; peu de sommeil, peu de lecture, sans cesse travail ou lettres, je me mène dur comme dirait Sorokine; je ne sais si je continuerai à ce rythme très longtemps mais pour l'instant ça me plaît et je suis contente; à peine envie d'aller un peu au spectacle et de lire un peu.

Travail au « Dôme » après déjeuner, puis chez moi. Kos. vient m'annoncer que Delarue veut aller au concert avec nous : on le trouve, au comptoir du « Dôme », en militaire, ça va bien à son visage et à son accent paysan. Au concert, plus de place; déception; on va au « Cintra » : discussion sur le pacifisme, insane car Delarue a de la confusion d'esprit. Puis à la « Rotonde » : c'est marrant un militaire, comme dit Kos. ça appartient à tout le monde, le voisin d'à côté l'interpelle sur la fabrication des cigarettes et s'interpose un grand moment. Il se plaît avec nous ce Delarue et reste presque jusqu'à la dernière minute. Ensuite au « Milk Bar » avec Kos. et dans sa chambre où nous lisons dans une *Europe* 1933 d'anciennes « Lettres à des morts » pleines d'histoires obscènes et horribles.

LUNDI 20 NOVEMBRE.

Lycée à C. Sée. Lettre de Sartre. Une heure de travail à la « Coupole », puis je lis St Exupéry en déjeunant et ça me secoue; je suis facilement secouée par une intervention étrangère parce que je vis tellement sur mon propre fond, toute rencontre me devient si précieuse; j'aime beaucoup le récit « Au centre du désert »; il y a une description de la soif, et de

162

l'absence de souffrance concrète au sein de l'atroce qui me touche : « Je ne forme plus de salive, mais je ne forme plus non plus les images douces sur lesquelles j'aurais pu gémir ; le soleil a séché la source des larmes », écrit-il. Du coup, au lieu d'être au sein de ce dur monde sans regret, je le regarde ; quelque chose a craqué, la croûte sèche s'est fendue et timides les douces images percent ; peut-être un verre de vin rouge n'est-il pas étranger à ça ; ça me fait un moment très fort où je suis un peu hors de moi-même et contemple ma condition. Image d'une nuit avec Bost, une chambre avec lumière jaune, un tapis rouge, un paravent ; je ferme la fenêtre, il me sourit et il m'embrasse. Je me rappelle bien le bouleversement violent de ces premiers baisers. Ça se propose timidement, et ça reste mort, c'est tout juste assez pour qu'on sente la différence et l'absence, pas assez pour gonfler le cœur de larmes. Paix troublée, sans la plénitude du déchirement. Je ne regrette pas que la paix soit troublée, mais que le plein déchirement me soit devenu à ce point impossible.

A côté de moi, des types mangent des parfaits au café, après un bon repas au vin rouge ; le gérant de la « Coupole » leur dit que les dancings vont rouvrir le dimanche et ils s'indignent : « Je ne trouve pas moral de danser ; les soldats eux là-bas ne dansent pas ! »

A pied à H. IV. J'aime cette traversée du Luxembourg ; ciel gris qui réfracte une lumière blanche, nudité du sol et des arbres – forte impression de solitude, de nouveauté de vie au milieu d'un monde incertain. Je suis sensible aujourd'hui.

Deux heures de lycée ; puis au « Mahieu » deux heures de travail, une heure de correction de copies. J'avais bien envie d'aller au cinéma, mais Kos. est crevée. On va manger à « Capoulade » et en taxi on rentre chez nous. Je fais ma lettre à Bost. En écrivant, les larmes viennent ; quelle dure absence, absence qui menace l'avenir, j'ai parfois l'impression que je ne [le] retrouverai jamais, qu'il sera changé, que tout sera changé. Bonheur proche ; et même ces images déjà desséchées s'efface-ront tout à fait. Ça me fait vraiment merveilleux et un peu incroyable déjà les jours que j'ai vécus avec lui, et si je les perds, je ne saurai même plus les désirer tant ils me seront devenus inimaginables. « Douces souffrances » – pas si douces...

Lycée à H. IV de 8 h. 1/2 à 10 h. Deux heures de travail au « Mahieu ». Déjeuner chez « Mirov » avec Sorokine. 3 heures à C. Sée coupées par un exercice d'alerte. Austère mais sans ennui ni tristesse. A 4 h. 1/2 je suis à la poste. « Il y a quelque chose ? – Je comprends qu'il y a quelque chose ! » me dit la postière en me tendant une lettre de Sartre et *3* de Bost. Je vais les lire au « Versailles » et elles me comblent de joie. Ça me fait plein comme des présences. Les lettres de B. sont plus tendres qu'elles ne l'ont jamais été, il me parle avec quelque indignation de Kos. J'ai pensé hier soir chez « Capoulade » que ça faisait une sécurité de ne jamais se salir les mains à de petites manœuvres ; on peut toujours se dire : « je ne l'ai pas voulu », ce que ça doit faire sinistre d'avoir fait des trucs politiques, et de les voir inutiles ; alors ça fait vraiment défaite. D'ailleurs en fait je n'y mets pas tant de calcul. Je réponds tout de suite à Bost, je suis contente. Et puis je travaille, je rentre chez moi et travaille encore un peu. 3 h. 1/2 de travail, c'est bien avec 4 h. 1/2 de lycée ; et je ne me sens pas fatiguée.

Kos. vient me chercher à 7 h. 1/2 et nous allons au « Dôme » – je mange une choucroute sans me rappeler que j'en avais déjà mangé une le matin : polonaise il est vrai. On cause ; elle m'explique que cet incident avec Bost a tiré leurs rapports du quotidien et que maintenant ça va aller très bien, que ce qu'elle hait, c'est le quotidien – ça m'est imperceptiblement désagréable que ça reprenne bien, je reconnais cet éternel balancement et j'en ris moi-même. Quant à cette notion de quotidien, je trouve ça inepte. Ça vient toujours du même idéalisme sentimental à la Proust : si on est seul avec ses émotions, elles deviennent vite d'une fadeur insupportable, il faut les renouveler fût-ce à coups de cataclysmes, comme Toulouse et Kos. Mais si on a un rapport *réel* avec quelqu'un, les rapports ont la richesse inépuisable de cette réalité qui ne se donne précisément qu'à travers le quotidien. Elle dit d'un air un peu sombre que depuis sa jeunesse elle a été de « concession en concession » mais elle ajoute elle-même qu'il y a un peu de comédie quand elle dit ça. On rentre et je continue à lire *L'Idiot*.

MERCREDI 22 NOVEMBRE.

A 8 h. 1/2 je suis au « Dôme » avec *Le Canard enchaîné*. Je travaille de 9 h. à midi. Je n'ai plus un sou et je dois aller frapper chez Wanda : c'est A. Ménard qui m'ouvre, en chemise nécessairement. « Toujours cette chemise » dit-elle avec pudeur. Une planche flambe dans la cheminée ; ça sent terriblement la femme, ce lit défait, ces flacons, ce désordre. Conversation peu animée. Wanda a été chercher des brioches ; elle remonte les bras chargés et pas trop contente ; elle est moitié nue sous son manteau, et fraîche et plaisante ; je lui emprunte 10 f. et la complimente sur le portrait de Lexia qui est joli. Puis je file chez les Gérassi où le caniche mord âprement mon manteau, ce dont on me félicite avec émotion ; on admire mes boucles d'oreilles et on me prête 200 f. En taxi à l'Opéra [1]. Il n'est plus ouvert qu'à moitié et les places ont subi un décalage de prix : les 2e loges paient le prix des ex-quatrièmes etc. c'est comme tous les divertissements de Paris, ça a diminué d'éclat et d'argent. J'ai pour 12 f. chacune deux excellentes places de baignoire. Je reviens avec l'A.F. [2]. Beau froid sec dans Paris. A la poste je trouve une longue lettre de Sartre, c'est un immense résumé de l'année 38-39, pour mon roman ; ça m'intéresse bien. J'aimerais étudier ça de plus près, mais d'abord je veux aller de l'avant, d'une haleine et quand j'en aurai perdu la respiration, je passerai quelques jours à lire.

Je lis ça au « Milk Bar » en mangeant hâtivement. De 2 h. 1/4 à 4 h. 3/4 je suis au « Dôme » ; Adamov passe et me tend une main glacée, au sens propre et figuré ; un peu plus

---

1. Faire des réservations pour *Alceste*, de Gluck.
2. Il s'agit d'un bus.

tard il s'installe en face de moi avec une horrible rousse, par une espèce de bravade dirait-on. Je travaille et écris mes lettres et retravaille. Il est un peu plus de 4 h. 3/4, quand je sors du « Dôme » et je vois venir au-devant de moi une petite furie, c'est Sorokine : « Vous avez oublié le rendez-vous, vous êtes une dégoûtante » ; elle arrive de l'hôtel où elle ne m'a pas trouvée. Ça m'agace, cette colère ; on monte chez moi où je dis sèchement : « Si c'est pour geindre comme ça, vous feriez aussi bien de partir », alors d'un air de dignité offensée elle passe derrière la porte, sans fermer la porte. Je la laisse mijoter, il y a une idiote colère qui se noue en moi, et je comprends ces colères dont me parlait Sartre jadis : on est agacé de soi-même, de ne pas pouvoir ni vouloir se dominer davantage et ça tourne à l'irritation la plus injuste, la plus honteuse. Au bout d'un moment je pense comme elle sera triste si elle part vraiment, et j'ai honte, j'ouvre la porte et lui dis d'un ton bourru de remonter ; car elle descendait lentement, lentement, la pauvre chienne. Elle remonte lentement aussi, et je la fais asseoir en face de moi et je lui parle une heure sur la substance ; elle commence à s'agiter et regarde le réveil : « Après ça, on n'aura plus de temps » dit-elle mystérieusement ; on s'arrête et je ne sais plus quelle habile manœuvre (ah oui ! j'ai été rendre les 10 f. à Wanda) nous amène tout naturellement sur le lit. Là je parle un peu cependant qu'elle s'amuse à faire trembler ses jambes et ses pieds, elle est nerveuse comme tout ; je suis si agacée et fatiguée de la tête que je lâche une énorme grossièreté sans m'en apercevoir : « Attendez un peu » lui dis-je ; j'en rougis moi-même, mais elle n'a pas sourcillé, elle s'est calmée au contraire et au bout de 5 minutes la séance de baisers commençait. Évidemment ça fait sauvage et odieux pour cette fille quand elle [est] tout passionnément donnée et qu'elle m'entend lui dire : « Il est 7 heures », du coup elle s'est roulé en boule sur le lit, pleurant à demi, j'ai essayé de la consoler, mais mollement, je voulais m'habiller et ne pas être en retard et je me disais « c'est emmerdant ces scènes » avec toujours la même irritation injuste et moche qui vient de la situation. Je l'ai emmenée en taxi jusqu'à l'Opéra et je me suis faite la plus douce possible puis je l'ai laissée place de l'Opéra, le cœur bien noir la pauvre.

J'ai attendu 10 minutes Kos. et je commençais à gronder contre elle aussi dans mon cœur quand elle s'est amenée, tout aimable, elle m'a dit que j'étais très belle à voir, ce qui m'a flattée, j'ai du goût pour mon physique en ce moment, c'est à cause de mes boucles d'oreilles et du turban, ça me fait aussi beau que si c'était sur une autre ; j'avais mis la blouse bleu turquoise, en chantoung, c'était très joli. On a été dans notre baignoire, juste à côté du balcon, on était seules et royalement bien. Kos. s'est enchantée de la glace, du divan, de la petite table. Très peu de gens dans la salle, mais pour *Aïda*, dans quelques jours, tout était loué. Belle musique [1] – belle voix de Lubin – le ténor est correct mais Singher est infect avec sa voix chevrotante. Kos. est furieuse des décors, des mouvements de foule, c'est moche au possible en vérité, mais c'est effacé et ça me gêne peu ; et même à la fin, dans la scène entre Admète et Alceste, on est vraiment pris. Je suis aux anges d'être là. La musique me fait grand plaisir, et aussi le fait d'être à l'Opéra. Ça m'amuse de penser à Gluck avec son habit noir, sa petite houppelande et de penser qu'il a aligné sagement des notes, assis à une table, et que ça a donné les gestes pompeux de Lubin et cette mise en scène grandiloquente ; quel rapport y a-t-il ? quel rapport voyait-il, lui, entre des notes et une scène ? je me demande. A l'entracte nous allons chercher au « Pam Pam » des sandwiches et des gâteaux que nous mangeons dans notre loge ; avant le dernier tableau Kos. se décompose et veut partir, je me rappelle autrefois... comme on aurait fui aussitôt – mais je fais énergiquement la sourde oreille – heureusement le dernier tableau est le plus beau, avec la scène au seuil des Enfers, et il y a un assez plaisant ballet avec une charmante petite danseuse de 14 ans environ qui danse comme une déesse. On rentre en taxi. Kos. me quitte tout de suite, elle est vraiment en morceaux. Je finis *L'Idiot* au lit, la fin est aussi belle que je me rappelais. J'enfonce mes boules Quiès, mais au bout d'une demi-heure environ, j'entends quand même des hululements ; et au-dessus

1. *Alceste* (1767).

167

de ma tête des rires et des piétinements, ça leur fait fête à ces bonnes femmes quand il y a une alerte et qu'elles se trouvent justifiées de se réunir en chemise de nuit, et boire du tilleul et deviser haut dans la nuit – mais grâce au ciel, en enfonçant un peu plus avant les petites boules, je n'entends plus rien. Il paraît pourtant que ça a fait grand bruit, qu'on a entendu le canon au point que des gens en sont descendus dans les caves.

JEUDI 23 NOVEMBRE.

Lever à 8 h. Petit déjeuner au « Dôme » – une heure de travail ; j'aime bien ces matins, ça me fait un bénéfice gratuit, du loisir en marge de ma vie parce que je passe quand même la matinée comme une matinée de lycée et que je suis libre jusqu'à 10 h. passées. J'envoie des romans policiers à Bost et je prends mes lettres poste restante : une petite de Sartre, une longue de Bost qui ne m'a jamais écrit si aimablement que ces temps-ci. Lycée – la station Vaugirard est rouverte, ça fait moins long pour aller du métro au lycée. Sorokine m'attend à la poste, elle est tout amicale, elle m'apporte des caramels et des problèmes philosophiques ; elle est tout en confiance et pas du tout nerveuse. On va à la petite brasserie bleue de la rue Lecourbe où on déjeune bien, et ensuite au métro Sèvres d'où on remonte à pied à H. IV en passant chez ma teinturière et traversant le Luxembourg ; on a même 10 mn. pour s'arrêter au « Mahieu ». Sorokine me parle de ses malheurs : la chimie, la philo, ses parents, moi-même qu'elle compte un peu pour un malheur quoique ce soit mieux que rien – et je commence à lui raconter l'histoire de ma vie qu'elle me réclame à grands cris. 2 h. de lycée. Je redescends au « Mahieu » ; je travaille 2 h. 1/2 environ, j'ai commencé le chapitre 11 et il m'amuse bien. J'écris une longue, longue lettre à Sartre. 7 h. 1/2, Kos. n'est pas là ; je ne m'en soucie pas d'abord, et je fais une lettre à Poupette puis longuement ce carnet qui était en retard ; je finis par en avoir des douleurs aiguës dans le coude de tant avoir écrit. Un bonhomme passe, il vend des images à combinaisons multiples : la tête d'Hitler avec corps de gorille, de pou, d'éléphant, etc. et insiste pour que j'en achète; mais il me semble que ce genre de trafic et d'engin bête n'est pas très répandu. Dans les lavabos du « Mahieu » une espèce de vieille sorcière s'exclame longuement et admirativement sur mon turban : « mais il faut être jeune pour porter ça » dit-elle avec componction. Je commence à m'inquiéter du retard de Kos.; dans ces cas-là je m'imagine qu'elle a découvert quelque chose et une espèce d'angoisse me prend. Mais non, elle arrive à 9 h., nerveuse au possible parce qu'elle n'arrive pas à dire bien la poésie, et parce qu'elle a été retardée par une affaire de déménagement. Je l'emmène dîner chez « Mirov », elle est décomposée de nervosité, presque les larmes aux yeux – elle est pourtant charmante avec moi et m'explique comme elle s'amuse à l'Atelier à faire de la « représentation » auprès des gens – ça me rappelle la Kos. de l'an dernier et ne m'est pas sympathique. D'ailleurs, depuis cette histoire de lettre avec Bost, quelque chose a claqué qui ne reviendra plus de longtemps : une manière d'être dans le coup avec elle, comme avec Sartre et Bost et même souvent Védrine en prenant ce qu'elle dit pour une réalité, authentique et importante comme toute réalité; maintenant c'est de nouveau « mis entre parenthèses »; c'est « elle dit que... » etc. et je suis comme devant un spectacle, je ne suis plus donnée. C'est ça le passage de l'estime à la mésestime chez moi. Une chose reste acquise, c'est que les vieilles rancunes sont totalement effacées – si de nouveau j'ai de l'inimitié contre elle, ça sera pour des raisons neuves. Ceci aussi : un rapport fort et confiant, la confiance réside en ce qu'à chaque instant il s'indique dans l'avenir, selon le vocabulaire de Heidegger – mais avec Kos. il n'y a jamais cette indication qui est si totale avec Sartre, et si solide aussi avec Bost; on pense « en ce moment je suis bien avec Kos. » et on sait qu'elle n'en pense pas plus long non plus – et ça pourrait durer des années que ça ferait un vieillissement, avec les liens du souvenir et du vieillissement, mais jamais cette force de l'avenir qui précisément empêche des rapports de vieillir et leur garde une nouveauté indéfinie comme celle de l'avenir même. Ceci retrouve les histoires sur le quotidien et va avec l'idéalisme passif à la Proust. Sentimentalement, la liaison : avenir, transcendance, objectivité est aussi essentielle et justifiée que pour le monde de la perception.

On rentre tôt et Kos. me quitte presque aussitôt. Ça me fait toujours une aubaine quand Kos. ou Sor. me voient *moins* que je ne comptais – les heures de solitude me sont précieuses, il y a toujours mille choses qui me sollicitent. Ce soir j'en profite pour faire à Bost une immense lettre entre 11 h. et minuit. Puis je dors comme un ange.

VENDREDI 24 NOVEMBRE.

Je me lève à 8 h., bien reposée. Je mets la robe rouge qui au retour de la teinturerie est fringante comme une robe neuve. Et je vais chercher à la poste mon courrier : lettre de Sartre – je reviens travailler au « Dôme » –, je retiens deux places, par téléphone, pour le concert de Bach dimanche ; l'autre dimanche, on ira chez Toulouse ; j'aime bien avoir des projets de divertissement devant moi. Je m'amuse aussi à l'avance à des organisations de budget, des projets d'achat et de toilette.

Froid vif ; – 4° dehors – et dedans on n'a chaud nulle part. Hier soir il y avait encore sur Paris un admirable clair de lune de campagne ; et à toutes les grilles le Luxembourg faisait jardin enchanté avec les statues blanches, les arbres dépouillés et noirs sous la lune, c'était très beau.

Les réveils ne sont pas déplaisants le matin ; tout de suite mon esprit s'arrête aux heures de travail ; ça fait un squelette bien solide, et tout le reste s'en trouve organisé et justifié. Travail au « Dôme » de 9 h. 1/2 à midi moins le 1/4 (2 h. 1/2). Kos. ne vient pas et je mange une entrecôte Bercy en lisant un peu *Le Diable boiteux* [1] et en écrivant à Sartre – à pied à H. IV à travers le Luxembourg par un froid sec qui n'est pas déplaisant – 3 h. de lycée. Je descends au « Cujas », un petit café tout paisible au coin de la rue Cujas, c'est vide et je m'y sens bien comme tout, c'est là que je travaillerai désor-

1. De Lesage (1707).

mais. J'écris à Bost, à Védrine et je travaille encore plus d'une heure 1/2 – ça fait 4 h. aujourd'hui, c'est bien. Puis je retrouve Gégé et Gérassi au « Mahieu ». On voit aux Ursulines un excellent film, *A l'angle du monde*, sur une île perdue des Orcades : falaises, tempêtes – et un film très amusant de Mae West : *Fifi peau de pêche*. Retour avec Gérassi par un clair de lune plus beau que celui de la veille encore, on dirait un paysage de neige. Un mot de Kos. chez moi, je monte chez elle et je la trouve sinistre et décatie. Je reste une demi-heure et je vais me coucher, trop tard hélas – mais je dors bien.

SAMEDI 25 NOVEMBRE.

C. Sée de 7 h. 1/2 à 10 h. 1/2. Poste. Lettres de Sartre et de Bost que je lis au « Versailles » – ça me fait un moment de joie profonde – l'histoire des sépulcres blanchis et tout ça, ça a perdu complètement son sens, ça me fait comme une extraordinaire jeunesse de notre amour ; avant je vivais dedans, mais je ne le saisissais pas d'une manière si évidente et si heureuse. La lettre de Bost me fait grand, grand plaisir ; il a de l'invention dans la tendresse à présent, et je sens qu'il y a entre nous quelque chose de tellement plus fort que ce passionnel auquel je m'accroche sottement parfois. Moment de grand, grand bonheur. Je travaille 1 h. 1/2 au « Versailles » – puis je passe un temps immense à composer et envoyer un paquet à Bost : du marc, des cigarettes, une pipe, un peigne... j'aime bien avoir de l'argent dans ma poche et en dépenser. C'est défendu d'envoyer de l'alcool aux soldats et le marchand me fait gentiment un beau paquet camouflé avec de la paille et du coton. Il faut aussi envoyer à ma mère des linges intimes, ça c'est une comédie, on n'arrive pas, et je n'arrive pas à faire un empaquetage correct, et ça me fait râler, je me sens grotesque avec cet énorme ballot. Je finis quand même par m'en débarrasser et je vais manger une entrecôte au « Dôme ». J'écris à Bost, et je travaille encore 2 h. mais je suis fatiguée faute de sommeil. Je rentre chez moi, écris à Sartre, puis vient Sorokine ; elle est tendre, fondante, toute donnée et elle a l'air un peu contente; baisers; elle me demande si j'embrasse aussi comme ça mon amie rousse – elle dit que jamais personne ne l'a embrassée comme ça – elle dit qu'il faut l'aider à discuter de tout avec moi et avoir confiance en moi, elle est toute désarmée et tendre et divertissante. Je lui explique Descartes pendant une heure, puis je retrouve Kos. qui a l'air de bonne humeur et de bonne santé. On mange chez « Dominique », puis on va au sous-sol du « Hoggar »; en passant à côté du Luxembourg, on aperçoit une immense lueur rouge d'incendie qui embrase le ciel – mais ça s'éteint aussitôt. Au « Hoggar » on a une plaisante table dans une niche; la danseuse a l'air d'une possédée, on croirait un diable qui se débat dans une cage de muscles; une autre danse, mais plus mollement et alors ces danses du ventre ont l'air de démonstrations anatomiques. Kos. est animée et charmante à voir avec sa large jupe campagnarde et un petit pull-over bleu; mais je suis terne du dedans. On est envahies par deux couples franco-annamites qui viennent là pour se peloter, et nous fuyons. On rentre, on cause un peu encore, puis je finis ma lettre à Sartre et je me couche.

Il me revient un tas d'images ces temps-ci et des désirs impatients d'un tas de bonheurs particuliers – la montagne avec Bost – le ski – les dîners à Paris avec Sartre – ça, et aussi bien quelques jours – aussi toute ma vie avec lui, quand la retrouverai-je ?

DIMANCHE 26 NOVEMBRE.

Je suis fatiguée, je reste au lit jusqu'à 9 h. Poste – deux lettres, petites toutes deux, et c'est tout étriqué en moi aussi. Temps gris; je travaille deux heures au « Versailles » et ça j'y prends un plaisir énorme, il me semble que ce chapitre sur Gerbert sera excellent. Et tout le roman s'organise dans ma tête de façon bien satisfaisante. Jamais mon travail n'a autant compté que ces temps-ci, et comme un plaisir, au point que le soir j'attends le lendemain avec impatience, pour pouvoir me remettre à écrire. Allée et venue inutile rue Santeuil [1]. Je lis un peu *Le Diable boiteux* qui est médiocrement amusant. Je déjeune au « Dôme »; C. Chonez vient me saluer, j'espérais en tirer des anecdotes, mais elle ne sait rien du tout, c'est moi qui lui parle sur Sartre, Nizan, etc. J'ai l'impression agréable d'avoir vraiment saisi de cette guerre tout ce qu'un civil (à part les spécialistes) peut en saisir. Elle me laisse et je travaille encore deux heures; c'est un « Dôme » tout familier et paisible cette après-midi; Brien est là qui rôde autour de Chonez, et Adamov est là qui me dit avec scandale : « C'est un vrai roman ? avec un sujet ? un commencement ? une fin ? »; comme mon père aurait dit : « Un livre sans sujet ? sans commencement ? sans fin ? ». Près de moi il y a une bonne femme qui tricote, sans doute un passe-montage, en s'efforçant d'identifier le garçon qui la sert – le garçon prend une voix stylée de maître d'hôtel suggérant un menu : « C'était peut-être à la Bastille ? chez le " Dupont " place Pereire ? »; elle secoue toujours la tête, d'un air déçu; il finit par se prendre au jeu, et cherche encore qu'elle s'est déjà désintéressée de la chose. A 4 h. je rentre chez moi, je fais mes ongles, je lis vaguement. Et Kos. vient me prendre pour aller au concert. Taxi. Elle est fringante et aimable au possible. Elle ne fout rien par ailleurs et ne passera pas l'ombre d'un certificat. On retire nos places, ça joue tous les dimanches à bureau fermé ces concerts. On boit le coup dans un petit bistro où deux officiers jouent aux cartes tandis qu'un jeune Anglais qui doit se croire encore dans le cottage paternel commande un thé et un cake qui font peur à voir; des marins boivent au comptoir. La fumée, la chaleur nous fatiguent et nous allons nous installer dans la salle de concert; on est à l'orchestre, tout bien placées – habituel public triste – deux vieillards derrière nous passent en revue toute l'histoire de l'esprit humain, Hugo, E. Gallois, mais ils sont incertains sur le nom d'un musicien, un certain Duparc. On joue *La Marseillaise* : tout le monde debout et un jeune officier se colle au garde à vous, le buste en arrière, les yeux mi-clos; il est gonflant. On nous joue une ouverture en si, le 5ᵉ *Concerto brandebourgeois*,

1. A l'atelier de sa sœur.

173

et tout l'*Art de la fugue*, hélas! c'est beau mais c'est triste. Nous rentrons à Montparnasse, bondé; on mange un peu chez « Pagès », on remonte chez moi causer un peu. A 10 h. je vais écrire mes lettres et dormir. J'ai un vilain bouton à la joue qui me fait mal toute la nuit.

SAMEDI 27 NOVEMBRE.

Journée sans histoire – petit déjeuner au « Dupont » en lisant *Le Diable boiteux* que j'achève enfin. Lycée C. Sée – lettre de Bost – au « Dôme » déjeuner et bon travail sur Gerbert – lettre à Védrine, à Toulouse. A pied à H. IV – deux heures de cours – à pied chez Poupette payer le loyer, puis en 91 à Montparnasse; lettre de Sartre.

Un moment plaisant au « Versailles »; j'ai 4 h. 1/2 à 7 h. 1/2 devant moi et le chapitre est presque fini. Je l'achève sans me bousculer, et entre-temps je fais ce carnet et ma correspondance. J'ai la conscience pure devant mon travail et je me sens assez de loisir.

Soirée avec Kos. – on dîne chez « Pagès » et à la terrasse du « Dôme » nous restons un grand moment – terrasse plaisante, sans brasero cette année, presque vide, avec sur le sol un grand tapis en paillasson couleur crottin de cheval et les vitres toutes tendues de rideaux bleus. Kos. s'exerce à dire du Baudelaire, elle dit bien; ça me charme de lire Baudelaire, et ça prend comme une valeur historique, émouvante; ça me fait du rétrospectif; comme si tout ce qui a existé avant cette guerre se retirait par rapport à elle, se plaçait à un moment défini du temps, le temps étant lui-même fini à la déclaration de guerre. En même temps, impression comme souvent, qu'on ne peut vraiment, comme dit St Exupéry, saisir un objet qu'à travers un métier, une technique; pour celui seul qui dit un texte, le texte a toutes les ressources, et les embûches, et les nuances; et c'est pour chacun une limitation de son monde plus définitive que l'absence d'argent pour aller en Chine.

MARDI 28 NOVEMBRE.

Journée de travail sans histoire. Lycée H. IV – deux heures de travail dans un petit café désert place du Panthéon – chez « Mirov » avec Sorokine. C. Sée où je corrige des copies pendant une interrogation écrite – poste – pas de lettre de Bost – travail au « Versailles », puis chez moi – correspondance. Retrouvé Kos. au sous-sol du « Dupont » Barbès, on regarde Baudelaire encore, puis on va au cinéma voir *Le Gorille* avec les Ritz Brothers qui est très drôle. J'ai un si vilain bouton à la joue que je me suis décidée à y mettre un emplâtre. C'est horrible et ça me donne de mauvaises nuits.

MERCREDI 29 NOVEMBRE.

Deux heures de cours particulier à C. Sée, pour les nouvelles – ça me rapportera du fric. Puis à Neuilly en taxi chercher l'argent de Sartre, et rue La Fayette régler M. Védrine – et au « Dôme » manger et travailler deux heures. Puis je vais à « Lutétia » retrouver Mme Mancy ; elle m'apporte une écharpe et des gants de laine pas trop beaux – conversation où elle me décrit sa triste vie conjugale – me parle de je ne sais quelle cousine obstinée à envoyer des colis aux soldats nécessiteux ; on a supplié Sartre d'en dresser une liste, il a mobilisé sous-officiers et officiers et pour finir, une fois la liste envoyée la cousine n'envoie plus les colis, c'est Mme Mancy qui va les payer – elle part à 4 h. et j'achève ma correspondance – je suis morte de fatigue, mal de tête, sang à la tête, vague à l'âme, c'est pénible comme tout.

Je rentre et sur les marches de l'escalier je trouve Sorokine avec un visage noir parce qu'elle m'a attendue cinq minutes ; elle prend gentiment sur elle et me donne un bout de chocolat. Je m'étends sur le lit, je suis crevée ; et on cause en s'embrassant tendrement ; là-dessus on frappe, c'est C. Audry toute sémillante avec une jupe-culotte, un petit sac au dos, et une horrible cape cycliste en caoutchouc sur le tout ; ça s'enfile du milieu comme une chasuble et c'est hideux ; elle s'installe et commence à parler avec animation cependant que Sorokine rouge de colère frappe le sol d'un pied nerveux et regarde avec affectation le seuil. Audry fait avec moi de vagues projets de sports d'hiver, elle m'invite à dîner samedi avec Wahl [1] ce que j'accepte réflexion faite, histoire de voir des hommes et d'avoir la conversation sérieuse. Je serai déçue. Il paraît que Minder n'a rien dit sur moi, seulement demandé si je n'étais pas alcoolique ; et dit aussi en soupirant à propos de ses deux langues : « c'est triste d'être un hermaphrodite » ; il a demandé qu'on me réinvite. Par ailleurs elle ne lui a posé aucune question car alors « il n'aurait pas répondu » me dit-elle. C'est marrant de se mettre sur un tel plan de modestie qu'on pense ne rien pouvoir sur le caractère d'un type et ses rapports avec soi ; car alors on ne peut rien – c'est un peu comme ce que dit Sartre sur l'ambition qu'on limite soi-même et qui vous limite sûrement à ce qu'on a osé la faire – mais là il faut plus d'audace, dans des rapports humains c'est quand même le comble du piètre que d'accepter passivement comme ça. Elle part, et la conversation reprend ; chaque fois Sorokine donne un peu plus de confiance et de tendresse – mais la pauvre, c'est Wanda qui vient à présent, et elle me dit que la couturière est là ; la femme lunaire me salue et regarde avec sévérité mon emplâtre : « A part [ça] vous seriez très belle » me dit-elle « mais ce n'est pas heureux » et elle répète : « ce n'est pas heureux » comme s'il s'agissait d'une innovation de maquillage hardie et malencontreuse. La couturière, un de ces horribles gnomes pour qui les Kos. ont de l'indulgence si elles les jugent dévoués, me regarde aussi, surtout mon manteau, avec sévérité ; on me fait tourner, on suggère des retouches. Enfin je redescends et je reste avec Sorokine jusqu'à 7 h. 1/2. Mais là il faut aller chercher mes parents qui débarquent à Austerlitz, mon père ayant trouvé une situation ; j'attends 1/4 d'heure dans la cohue, je suis de plus en plus fatiguée. J'ai peur que ma sœur ne vienne à Paris car alors il fau-

_____
1. Le philosophe, professeur à la Sorbonne.

drait la voir, mais il n'en est rien grâce au ciel, ils arrivent seuls, plus décatis que jamais, mon père a les sourcils tout hérissés. Ils gueulent sur le trajet que prend le taxi et sur le prix demandé par le porteur. Je suis fatiguée mais de bonne humeur parce que j'ai eu deux lettres de Sartre, et une lettre de Bost toute charmante qui a bien reçu mon colis et qui est tout confus ; ça me fait plaisant ce lien par les objets, ça fait encore autre chose que par des lettres. On va dîner au sous-sol de « Lumina [1] », pas trop mal, et on cause tant bien que mal. Je bois un peu de vin blanc et de marc et ça suffit à me sonner. Je remonte les valises avec ma mère, j'aime bien faire un truc comme ça, ça me soulage la conscience vaguement, c'est comme quand j'envoie de l'argent à ma sœur. Je m'endors de fatigue dans le fauteuil du bureau, et enfin je me réveille et rentre en taxi. Je passe une heure et demie chez Kos. à lui raconter ma journée ; elle me raconte un tas d'histoires qui me passent un peu au travers, par fatigue ; elle est fâchée que Vallon fasse des insinuations sur Lexia et elle – ça m'agace le souci de son personnage à l'Atelier. Je descends et m'affale sur mon lit, morte absolument.

JEUDI 30 NOVEMBRE.

Dur réveil – il est 9 h. mais j'ai mal dormi, j'ai la gueule de bois, mal partout et la tête comme une forge. Mais je vais quand même au lycée, je veux me réserver de meilleures occasions de manquer. Je bois juste un quart Vittel, et quand je commence mon cours, je crois que je vais m'évanouir, mais ça se tasse. A midi 1/2 Sorokine ; on déjeune à la petite brasserie bleue, puis ensuite et à pied on monte à H. IV – elle m'a donné une petite lettre où elle me demandait mille choses, je cause de tout avec elle, de sa paresse à travailler, etc. – elle demande tout le temps, mais elle y met de la grâce. Elle m'explique d'une façon charmante pourquoi elle m'estime et tient à moi. Cours sur les math. – achat de livres pour Sartre chez Gibert – en

1. Brasserie, rue de Rennes.

177

métro à la poste : une lettre de Sartre, deux de Bost, de dimanche et mardi qui me ravissent l'âme ; il me dit à propos de Kos. qu'il se sent toujours étranger, du moins pas complice devant elle, et ça m'apaise pour longtemps car ce qui me faisait vertigineux c'était l'idée d'une profonde et neuve complicité entre eux. J'écris mes lettres, puis je rentre chez moi pour la couturière ; la femme lunaire essaie une robe très belle, mais sa poitrine est un désastre pire que je ne supposais. Je redescends écrire un tas de lettres (Bost, Sartre, Védrine, Poupette) et corrige jusqu'à 9 h. 1/2 des masses de copies. J'ai relu le début du *Procès* de Kafka ces jours-ci et je commence *Fermé la nuit* de Paul Morand.

A 9 h. 1/2 Kos. arrive, retour d'Atelier et avec Wanda on va manger un morceau au fond de la « Rotonde ». Je suis bien terne, par fatigue noire, et elles me racontent des histoires qui ne m'amusent pas beaucoup. On rentre à 11 h. et je lis un peu Morand au lit.

MERCREDI 1ᵉʳ DÉCEMBRE.

Levée à 8 h. pour conduire à la Sorbonne Kos. qui a juré qu'elle irait ; mais à 8 h. 1/2 elle est en peignoir dans l'escalier, l'air tout confus. Je vais au « Dôme » et travaille 2 h. 1/4 ; il y a une bonne femme qui est installée là à écrire sans consommer et qui est toute confuse parce que le nettoyeur lui allume la lumière ; elle se désespère, disant que ça va attirer l'attention sur elle, et en effet on vient lui dire que c'est défendu d'user le papier à lettres sans consommer. Je me sens bien, plus de fatigue et pour ma tumeur j'en ai pris mon parti – elle est hideuse à voir, mais elle évolue sagement sous son emplâtre – Je travaille et je suis bien ; on ne se rend plus compte qu'on est en guerre ; du moins la guerre ne m'apparaît plus comme un objet transcendant et justificateur et devant être pensée, c'est seulement une circonstance, une condition de vie moins gaie qu'une autre. Je travaille, assez bien – puis poste envoyer mon paquet et prendre ma lettre de Sartre – il s'en va, tout semble

178

incertain, je ne sais pas si je pourrai aller le voir et ça commence à m'agacer. Je vais au « Biarritz » retrouver Kanapa et Lévy, j'ai une sorte d'affection pour eux parce qu'ils font vestige de l'an dernier; Kanapa parle de venir avec moi aux sports d'hiver – ils me disent que le petit cinéma est ouvert, ça me charme; il paraît que l'Atelier va aussi rouvrir, avec *Richard III*.

Lycée de 1 h. à 3 h. Metzger vient me chercher à la porte et elle m'accompagne jusqu'à l'hôtel – sans intérêt. Je monte travailler et écrire mes lettres. Puis soirée avec Kos. – dîner chez « Pagès » et « Rotonde ».

SAMEDI 2 DÉCEMBRE.

Lycée – travail et déjeuner au « Dôme » puis chez moi. Je relis le travail du trimestre : plus de 100 p. déjà et ça se goupille assez bien – un moment je pense que ça sera imprimé pour de bon et ça me fait une drôle d'impression, impression d'être prise au sérieux. Sorokine vient à 4 h. 1/4. Comme chaque fois, baisers, petite conversation tendre, baisers; puis on fait un peu de philo. Elle m'accompagne jusqu'à Duroc pour prendre le métro qui me mène chez C. Audry.

Chez Audry il y a son mari et Wahl; Wahl a le cheveu long, il est encore plus laid et minable que je ne me rappelais. Minder a l'air plus frais que l'autre jour et une tête assez intéressante, ce n'est pas un genre de visage déplaisant. Au début, la conversation se traîne, puis on passe à table, Audry a fait un excellent repas; elle est en noir, très femme d'officier; et ça s'anime un peu. Ça m'étonne de tenir avec aisance ma partie dans la conversation comme ça m'étonnait il y a douze ans à la Sorbonne quand j'ai commencé à oser discuter et causer; les gens me font toujours plus « sérieux » que moi-même; cependant la moindre réflexion de Sartre ou de moi que je sors fait l'effet d'un trait d'intelligence remarquable parmi ces piétinements; étonnement comme à chaque fois devant la pauvreté qui se cache sous ce sérieux. Wahl a été hier à la *N.R.F.*; il a vu

Paulhan qui vient chaque mois pour la réunion, et Malraux, et Petitjean, et Chamson, Audiberti, Benda – il chuchote à mi-voix avec une grande impression d'audace de petites histoires de guerre qui ont circulé partout (l'histoire des projecteurs) – il y avait Aragon aussi mais dont il ne me dit presque rien. Il semble qu'il reste ferme sur ses positions; il déclare qu'il n'y a pas la guerre d'ailleurs, mais seulement une guerre civile; il y avait en même temps que lui Thierry Maulnier et on a dû les mettre dans deux pièces distinctes, et puis on les a confrontés et il n'en est pas sorti de drame; c'est Aragon qui était en uni-forme et le type d'A.F.[1] en civil. Malraux cherche toujours, mais toujours en vain, à se faire engager dans l'armée tactique; il attend de voir pour juger Staline si celui-ci « soviétisera » ou « protégera » la Finlande, c'est un drôle de point de vue; il dit qu'en tout cas une révolution à ce prix lui semble trop cher payée. Drôles d'attitudes vagues de tous ces types, manque de continuité et de sens de leurs responsabilités, apparences. Il paraît que Gide est dans le Midi à s'occuper des réfugiés, encore une fois. On parle un peu aussi des camps de concentra-tion, d'espionnage, mais on dit peu de choses intéressantes. Minder montre des tracts qu'on distribue aux Allemands, c'est le genre sérieux : contradictions d'Hitler, Hitler joué par Sta-line, etc.; il dit que le moral est mauvais à l'arrière, en Alle-magne, et solide encore sur le front. En Danemark certains Allemands ont envoyé des lettres avec au dos des timbres « nous avons faim »; mais ambiguïté des faits, dit-il, est-ce qu'ils ont faim, ou est-ce pour impressionner de pitié les Danois? On cause jusqu'à 10 h. 1/2 et comme je m'en vais on me colle Wahl entre les pattes sous prétexte qu'il prend le même métro que moi; il m'expose que Sartre devrait faire une thèse avec *L'Imaginaire*. Je rentre et salue Kos. qui a reçu de Bost un mot mystérieux disant qu'il ne pourra écrire de plusieurs jours, et qui est crevée et sinistre. Je vais dormir en lisant la *N.R.F.* qu'on m'a prêtée là-bas.

A étudier, ma position par rapport aux gens, ma représenta-tion de moi par rapport aux gens; pourquoi cette non-prise au

---

1. Action française.

sérieux devant des spécialistes intellectuels ? en partie l'incompétence politique, le manque de lien avec le social. Mais autre chose aussi ; si on me publie mon roman, est-ce que ça changera ? Je me sens capable d'adaptation devant les gens, et même habile. Avec Minder par exemple, je me suis sentie faire, et ça m'amusait parce que c'était difficile : jamais je ne cherche à donner une impression d'ensemble de moi ; mais sur chaque conduite, chaque réplique, je cherche celle qui convient à l'interlocuteur. Mais je ne me sens pas située devant un ensemble de gens, et je ne sais pas en face d'un grand nombre quelle attitude prendre, ça n'est plus appelé par les besoins de l'adaptation ; et je n'aime pas me penser en fonction d'eux.

DIMANCHE 3 DÉCEMBRE[1].

Plaisante journée chez Toulouse.

Je me lève à 7 h. 1/2 pour réveiller Kos. car sans ça elle ne serait sûrement pas prête. Je me recouche, j'ai sommeil et je retrouve vaguement le souvenir de levers sommeilleux et plaisants comme celui-ci, par exemple quand j'allais voir Bost à Amiens – quel luxe de bonheur ! penser que je quittais Sartre pour aller voir Bost, et le soir ayant vu Bost, je retrouvais Sartre – et ça semblait si naturel, ces actions. Il est vrai que [je] ne cessais de m'en émerveiller malgré tout. Kos. me porte du thé et des croissants que j'absorbe en lisant dans la *N.R.F.* un article de Bachelard sur Lautréamont qui ne m'amuse pas tellement. Je finis ma toilette, je n'ai presque plus de furoncle, j'ai ôté le pansement ; j'ai mis le sweat-shirt blanc avec du vert et le corail. Je frappe chez Kos. et elle répond d'une voix morte qu'elle n'est pas prête, que j'aille seule. Je la sens près de me haïr et je me mets en fureur en dedans, ça m'amusait de l'emmener là-bas. Grâce au ciel quand 10 mn. plus tard je remonte, elle est prête, pas maquillée, mais prête et fière de l'être ; on en est quittes pour un taxi. On prend le train ; un vilain wagon de bois où les gens puent l'ail ; un soldat raconte

1. Journée retranscrite dans *La Force de l'âge*.

181

avec une voix de dément qu'il a un éclat d'obus dans la cuisse, qu'il l'a soigné lui-même et peut nous le faire voir. Une femme en face de nous, tuméfiée de larmes. Une heure de train ; à Esbly on prend une luxueuse micheline au lieu du vieux petit train ; et nous voilà à Crécy. Mais deux gardes mobiles, campés gardent le portillon d'entrée ; ils prétendent nous renvoyer à Paris, faute de laissez-passer ; j'en implore un qui semble inflexible, mais il finit par mollir et me renvoie avec indécision au chef ; le chef gueule, mais je montre mon passeport en parlant volubilement, et il y a une femme dont la mère est malade qu'il faut laisser passer, alors on nous laisse passer aussi. Il cherche bien des pouilles aux papiers de Kos. à cause de son nom étranger, mais il ne trouve rien et nous nous en allons, la tête haute.

Beau temps sec et bleu, avec un soleil tout chaud ; j'enlève mon manteau pour monter le raccourci, ça me rappelle les plus beaux jours de Megève ; Kos. grogne un peu parce que la terre est mouillée, mais moi je suis aux anges d'être à la campagne – elle est intimidée à l'idée de voir Dullin. On arrive au village et je lui montre la maison de Mme Jollivet où un type est occupé à ferrer un cheval ; il se tourne vers nous, et c'est Dullin en personne, avec un pantalon de velours côtelé, et un grand tablier en toile à sac ; il nous salue et nous dit d'aller voir Toulouse qui nous hèle du premier étage ; je montre la maison à Kos. ; elle est charmée du jardin tout asséché par l'hiver, et de la maison ; il y a un petit divan tout neuf couvert d'un bleu charmant, et au fond une sorte de jardin d'hiver avec des fleurs artificielles et des belles images d'oiseaux sur les murs. Toulouse descend, superbe dans un peignoir de plusieurs mauves qu'elle a teint elle-même, un ruban violet et un bijou dans ses cheveux nattés, une bague berbère aux doigts, des bracelets, un collier ; on cause un peu, la petite chienne noire et le petit chat jouent ensemble, ils sont marrants. Dullin se ramène et on boit tous quatre un produit hollandais succulent, une sorte de porto flip [1] qu'on rallonge encore de porto, ce qui est délectable. Mme Jollivet arrive, moins terrifiante que l'autre jour, tricolore de cheveux :

1. C'était de l'advokaat.

le devant blanc, le milieu roux, et un tortillon gris sur la nuque – mêmes rapports avec Dullin, elle est marrante quand elle donne son avis sur Dickens par exemple avec son gros accent toulousain. On mange fort bien ; ni gêne, ni comédie ; Kos. est charmante à voir et se conduit avec une aisance parfaite. Dans l'après-midi Dullin travaille au décor de *Richard*, il scie, il colle, il fabrique une petite tour de Londres ; Mme Jollivet blâme un peu : « 4 h. ! je ne croyais pas que c'était si compliqué de faire un décor, je croyais qu'on mettait des meubles et puis voilà ! » Cependant Kos. copie une scène de *Richard III* et Toulouse tricote une chaussette violet et blanc ; elle m'attire à la salle de bains pour me dire qu'on donnera peut-être à Kos. un rôle de page et sûrement de la figuration. L'après-midi passe ; on boit encore un verre de cidre avant de partir puis Kos. et moi nous enfonçons dans la nuit, avec en main une petite lampe électrique bleue prêtée par Toulouse. Train ; retour fatigant qui semble long ; on va manger chez « Pagès » ; Kos. a mal aux dents et elle est sinistre à cause du petit mot de Bost qui l'a alertée la veille et de l'absence de lettre ce soir – je suis agacée aussi. On rentre à 9 h. 1/2 et j'écris à Sartre, Bost et Védrine – puis je m'écroule de sommeil.

LUNDI 4 DÉCEMBRE.

Lycée. Même petit mot de Bost que Kos. – deux longues lettres de Sartre que je ne pourrai peut-être pas aller voir, mais qui espère être rappelé à l'intérieur, ça serait fameux. Je reste un long moment au « Dôme » à méditer sur tout ça, l'œil rond, et j'écris à Sartre car je suis trop énervée pour travailler – je perds un temps fou à acheter pour Sartre des ingrédients photographiques. Un peu de travail quand même, ça se bâtit toujours bien. Lycée ; je rentre et travaille un peu ; Gérassi passe, la couturière m'essaie mon manteau ; j'écris mes lettres et vais dîner dans ma famille. Puis je retrouve à 9 h. Kos. et on passe la soirée à la « Rotonde » ; elle est nerveuse et moi aussi assez angoissée par cette histoire de Bost ; mais elle [est] nerveuse

« avec » moi au lieu d'être tout de suite hérissée comme autrefois. Parle avec considération de Toulouse et Dullin à présent qu'elle les a vus dans leur intimité – me raconte le second suicide de Lexia – histoire sur Kéchélévitch [1], etc. On rentre, je finis mes lettres et lis un peu de Mac Orlan *Le Nègre Léonard et maître Jean Mullin* qui est plaisant. Agacée pour Bost, mais un besoin veule de tranquillité fait que je reste quasi indifférente.

MARDI 5 DÉCEMBRE.

Lycée. Travail au « Mahieu » – déjeuner chez « Mirov » avec Sorokine – lycée – petit mot de Bost qui me rassure : il se déplace et redéplace, il semble que ce soit tout. Petite lettre endormie de Sartre. Dépêches de Védrine qui vient à Paris jeudi et semble vouloir venir chaque semaine, ça me contrarie assez fort. Un peu de travail ; lettres, et mise à jour de ce carnet. Retrouvé au « Dupont » une Kos. extrêmement nerveuse. Cinéma : *Le Retour de Zorro* bien faible ; on rentre manger un coup au « Milk Bar » puis je me mets au lit à 11 h., je finis ce carnet et lis un peu *Le Quai des Brumes* de Mac Orlan.

MERCREDI 6 DÉCEMBRE.

Le « Dupont » est tout grouillant de monde à 8 h. du matin ; j'y prends un chocolat en lisant *Le Quai des Brumes*, c'est un petit quart d'heure plaisant. Puis lycée deux heures ; poste, lettre longue de Sartre qui me laisse un espoir d'aller le voir. Je vais travailler au « Dôme », et j'aperçois Mouloudji, l'air timide et miteux qui me dit : « J'attends Olga » ; il l'a attendue une heure nécessairement. Je travaille et je vais déjeuner avec eux deux à la « Rotonde ». Mouloudji est nettement plaisant. Je rentre chez moi, j'écris mes lettres et je travaille, mais pas trop bien car j'ai un peu mal à la tête. Je me décide à reprendre le

---

1. Olga Barbezat, son amie, actrice également.

roman depuis le début en version définitive, ça me semble amusant comme tout à faire. Une charmante lettre de Védrine qui dit qu'elle ne veut pas être encombrante comme la dernière fois. Du coup je suis tout heureuse de la voir.

A 6 h. arrive Sorokine – elle me fait tout de suite de petites grimaces tendres qui signifient qu'il faut en venir d'abord aux baisers – étreintes – mais il faut partir tôt, pour envoyer une dépêche à Védrine. On se bourre de gâteaux, on achète des dattes et des bananes et l'A.F. nous amène là-bas ; on mange en buvant dans un café Biard près du théâtre, je suis émue de Sorokine et j'essaie d'être le plus gentille possible, je lui raconte tout ce qu'elle veut et elle est aux anges. On nous donne deux places au fond d'une baignoire et pendant toute la représentation elle me tient la main et frotte sa joue contre la mienne. Ce côté enfantin, Kos. l'avait aussi, mais retenu par l'orgueil et la pudeur ce qui faisait un drôle de comportement ; Sorokine est toute naïve, d'une tyrannie avouée et qui en est beaucoup moins redoutable.

La Damnation de Faust ; je connaissais presque tout mais ça m'amuse de le réentendre d'un bout à l'autre. Mise en scène burlesque, diables à barbiche rousse, avec exactement ces gestes faussement stylisés dont Zuorro se moquait plaisamment – voix moyennes, sans éclat. Après le dernier entracte éclate *L'Invitation à la valse* et le rideau se lève sur un boudoir blanc ; nous fuyons. J'aime bien la salle de l'Opéra, les loges rouges dans le noir avec une lumière qui semble sortir de la couleur même. C'était bondé ce soir. Mais on ne s'habille plus ; sur les billets on a barré 33 f. et mis 12 f. à la place, on a laissé « La tenue de soirée est de rigueur » mais les gens sont en tailleurs et chapeaux et complets quelconques. Assez forte impression de guerre devant cette salle bon marché, près de cette petite personne qui me tient les mains.

Il fait froid et noir dehors et nous avons quelque peine à trouver un café où entrer car il est près de 11 h. ; on s'assied 5 mn. sur des banquettes de peluche rouge. Puis on sort dans le noir ; elle est tout heureuse, elle me dit comme elle tient à moi. Mais on manque se fâcher parce qu'elle a peur de traverser les

185

rues seule, elle veut que je l'accompagne à son métro; drôle de petit tyran.

Je rentre, et j'ai juste la force de me coucher. Je ne dors pas assez ces nuits-ci.

JEUDI 7 DÉCEMBRE.

Je suis restée au lit jusqu'à 8 h. 1/2. Lettre de Sartre que je lis au « Versailles »; je travaille une heure sur le chapitre 1, ça m'amuse. Lycée C. Sée. Sorokine déjeune avec moi à la brasserie bleue, elle m'apporte une bouchée au chocolat, elle est toujours au mieux; elle me dit qu'elle est si contente parce que ça a fait tant de progrès entre nous en 3 mois; mais quand je dis que c'est à son maximum, elle proteste, elle attend encore beaucoup plus. Je ne suis pourtant pas inquiète; je ne la lâcherai jamais, et même si je la fais un peu pleurer en la voyant peu, ça sera mieux dans sa vie de m'avoir plutôt que rien du tout. Elle m'accompagne à H. IV – 2 h. de cours – je rentre chez moi, attendre Védrine et la couturière. J'écris à Sartre, à Bost et je mets ce carnet à jour. A 6 h. on frappe, et c'est la femme lunaire qui se ramène, elle avait rendez-vous avec la couturière; on cause vaguement et Védrine arrive – arrêtée dans son élan par la lunaire, mais vite adaptée et plaisante. Conversation un peu languissante quand même; je laisse la lunaire chez moi et j'emmène Védrine à la « Coupole »; on dîne confortablement à côté d'un type qui me scandalise parce qu'il s'offre à lui tout seul du caviar rouge et une truffe sous la cendre qu'on sert dans une grosse papillote en papier toute cendreuse : dedans il y a un beau petit pâté feuilleté et dans la pâte, une truffe opulente.

On cause et on va aux « Vikings » boire de l'akvavit; Védrine n'est ni tendue ni revendicante, elle est toute charmante et je retrouve beaucoup de tendresse pour elle – mais dans le fade frisant un peu l'ennuyeux. Elle couche chez moi; tendresses claires comme l'eau de roche et un peu insipides. Je dors bien, sa présence ne m'accable pas comme l'autre fois.

186

Védrine part pour la Sorbonne et je vais à la poste. Lettre de Sartre qui a changé d'endroit. Lettre de Bost, du dimanche, qui semble plus intéressé qu'accablé par ses pérégrinations. Ça fait vraiment une différence, l'absence de lettres, j'écris sans beaucoup de goût, par principe, les rapports reculent dans le passé. Je vais au « Dôme » où je travaille plus de deux heures sur le premier chapitre, c'est un travail amusant comme tout, de reprendre ce qui est fait. Kos. arrive, charmante; on a échangé de tendres lettres la veille au soir; elle m'emmène acheter chez Willy de beaux souliers noirs et plats qui me font le pied un peu hommasse mais qui sont si confortables; on déjeune au bar de « Dupont » – elle me raconte des histoires sur Mouloudji, Lexia, etc. Lycée – je vais au « Mahieu » pour finir mes lettres commencées pendant une interrogation écrite, et je rencontre aux lavabos Gibert [2], très bien coiffée, en robe de velours rouge assez somptueuse, qui me dit : « Je crois que sans le savoir c'est vous que je venais voir ici »; on prend un café en parlant d'âme à âme; elle dit mystérieusement « qu'elle a de l'argent et loge dans un superbe hôtel du 18ᵉ », « qu'elle s'est arrangée pour ça, pour n'avoir pas d'autre souci que de " chercher " mais elle ne sait trop quoi »; elle a rompu avec tout le monde même avec France qui l'a émue l'autre jour quand elle a couché chez elle parce qu'elle l'a prise par son point sensible : « car j'ai un point sensible » dit-elle en riant – mais qui ne l'aura plus; me montre avec un feint dégoût une lettre admirative de Perrin : que voulez-vous que ça me fasse ? elle vit seule, elle écrit : d'abord des poèmes pour désocialiser le sens des mots, puis avec ces mots désocialisés des nouvelles claires et intelligibles; les types la dégoûtent quand ils lui offrent de coucher avec elle : « 100 f., c'est le prix auquel on m'évalue » – ne fait plus que du théâtre;

---

1. Journée retranscrite dans *La Force de l'âge*, contractée avec le lundi 13 novembre.
2. Elle avait quitté l'Atelier pour travailler avec Jouvet.

le soir où elle a collé au Conservatoire elle a été voir Jouvet, elle était calme et sereine ; il lui a pris les mains et l'a regardée dans les yeux en disant : « Tu es de sang-froid ? » – elle a dit « oui », et il a baisé ses mains avec un regard extraordinaire, « le regard d'un être qui a enfin trouvé une chose qu'il avait cherchée toute sa vie », « je suis contente d'avoir été collée pour avoir eu ce regard » ; Jouvet a besoin d'un être et le seul être qui puisse être cet être, c'est Gibert ; mais il a trop mauvais caractère pour se permettre de s'imposer à quelqu'un ; alors il ne la voit plus, et elle n'essaie pas de l'influencer parce que ça n'aurait plus de valeur – elle ne parle que d'être, d'âme, de passion ; elle me demande avec des yeux ardents : « Que pensez-vous de moi ? » mais je me défile. Elle sauve un peu tout ça par de charmants jeux de physionomie. Elle a vu Wagner, complètement dégoûté de la guerre parce qu'il ne peut se passer de présence féminine – il continue à lui faire la cour, mais minablement, avec timidité et tout en professant qu'il est amoureux de sa femme comme au premier jour.

Védrine arrive là-dessus, le visage fatigué, avec Lévy et Kanapa qui partent aussitôt ; ça l'amuse de voir Gibert qui part tout de suite d'ailleurs. On va dans un petit café puis aux Ursulines : *Le Goujat*, avec Noël Coward – ce n'est pas bon, étriqué, conceptuel, mais il y a un caractère d'homme qui fait saisissant à l'écran ; mais il aurait fallu autour une intrigue complexe que justement l'écran ne permet pas. On revoit le début de *Si j'avais un million* qui est un peu drôle. Puis on mange un morceau chez « Capoulade » et on va au sous-sol du « Hoggar » voir la danse du ventre. On parle de moi, décidément je m'intéresse à moi ces temps-ci, de ma manie de m'adapter aux conversations, en retenant les effets à faire, etc. Je retrouve du plaisir à causer avec Védrine. Tendresses un peu hâtives une fois de retour parce qu'il faut se lever tôt.

SAMEDI 9 DÉCEMBRE.

Lycée C. Sée. Soudain, conscience de mon physique, et de ma liaison avec mes parents, mon milieu – à propos de mes boucles d'oreilles parce que Védrine dit qu'elles ne me rendent pas vulgaire, et Kos. m'a dit mille fois qu'elle me trouvait de la distinction; et pourtant je n'ai pas d'allure et il y a en moi de la disgrâce de Poupette; je me sens de pâte française et provinciale, bourgeoisie moyenne et déclassée; là-dessus, fonctionnariat, intellectualisme et accointances avec Montparnasse, tout cela dans ma manière de m'habiller et me coiffer. Ça serait à étudier aussi, j'ai de plus en plus envie de faire une étude sur moi. Impression que cette année m'est aussi féconde que mon année de Marseille; du loisir et référence à moi-même; solitude. Solitude soutenue par l'existence de Sartre, condition privilégiée : penser pour lui, mais sans lui, avec lui, mais loin de lui. Mise au point et recensement de moi; et une espèce de solidité intérieure que je n'avais jamais eue. J'écris à Sartre du « Versailles » – puis déjeuner en famille; mon père me parle de la guerre et comme il n'avait pas peur même pendant un pilonnage d'un village que les autres avaient traversé au pas de gymnastique, et lui trop fatigué à cause de son cœur se couchant à terre, trop abruti et épuisé pour avoir peur. Je commence à traver les *Carnets de moleskine* [1] et tout le reste à me rendre vraiment compte du quotidien de la guerre.

Je retrouve au « Biarritz » Védrine et Kanapa – on cause une heure puis à pied et en taxi on va avec Védrine à l'Opéra Comique. Concert Thibaud; une sonate de Fauré, une de Debussy et la *Sonate à Kreutzer*; Debussy me déconcerte assez; la règle de Gide « ne pas profiter de l'élan acquis »; la comparaison est amusante parce que Fauré en profite tant et plus et Debussy refuse net à tout coup dans cette sonate, de façon quasi hargneuse et qui rend le morceau difficile à saisir. On revient à Montparnasse et on trouve chez moi la couturière qui me donne enfin mon manteau neuf; il est très beau.

Sortie avec la lunaire. J'ai le beau manteau, avec une écharpe et un turban verts et les boucles d'oreilles et les beaux souliers aux pieds et je me ramène au « Dôme ». La lunaire arrive au bout de cinq minutes, presque jolie sous son grand

1. Journal de la guerre de 1914-1918, de Lucien Jacques, préfacé par Giono.

chapeau de taupé marron, avec son manteau doublé de fourrure, son sac en bandoulière et un grand parapluie chamberlain. Moment de flottement, on ne sait trop que faire l'une de
l'autre. Finalement on va à la « Villa ». C'est un grand dancing
de pacotille qui rappelle très exactement le « Royal » de
Rouen ; mauvais orchestre, décor de carton, sans goût,
encombré d'images et sur les banquettes douze girls en satin
défraîchi de couleurs tendres ; la femme lunaire commande une
assiette anglaise, on boit une demi-Chablis et comme le maître
d'hôtel fait disgracieusement la grimace, on en commande une
autre. On danse, c'est le premier soir, ça vient juste de
reprendre. Les girls font des numéros ; elles apparaissent en
claudines avec des jupes noires plissées, des nœuds écossais
dans les cheveux, des cols écossais qui dénudent juste la poitrine ; ainsi isolés les seins semblent de maladives excroissances
mais la femme lunaire s'en émeut ; elles viennent ensuite avec
une Marianne tricolore, vêtues en soldats anglais, polonais, etc.
et chantant *La Marseillaise* ; ça a l'air d'une parodie du music-
hall 1917, sans plus. Descente de police ; ça, ça sent la guerre,
parmi les lumières et les satins ces agents casqués de métal bril-
lant, la lampe électrique au milieu du ventre et qui réclament
les papiers. La femme lunaire est amusante ; elle dit qu'en
venant elle n'avait pas envie de me raconter ses histoires, mais
elle me les raconte très bien – se compare à l'Idiot de Dostoïevsky, mais voudrait faire de cette idiotie une politique, ce qui
colle mal. Elle admire la puissance et la spécialisation, qui est
une forme de puissance, sur quoi que ça porte. Me parle de
Youki : l'autre jour, après une nuit de beuverie, tout le monde
étant parti, Blanche Picard couchée dans la chambre à côté,
Youki a gardé avec elle dans la salle à manger son amant
récent, et la lunaire ; l'amant avait revêtu un peignoir japonais
et Youki en combinaison faisait des exhibitions de danse ; elle
est partie à un moment pour aller dégueuler son alcool, et elle
est revenue en déclarant : « J'ai ôté mon pantalon, ça sera plus
commode » et elle s'est assise sur les genoux de son amant. La
femme lunaire a compris qu'ils couchaient ensemble et a mis
un disque avec application – elle s'en voulait d'ailleurs de ne

pas avoir regardé. Puis Youki a été chercher une toute petite cuvette : « C'était drôle » dit la lunaire « parce que nous étions tous les trois grands et forts et la cuvette était si petite » et elle s'est lavée devant les autres, fort gênés. Là-dessus la lunaire invitée à coucher a été s'étendre aux côtés de Blanche Picard qui ne l'aime guère ; on a entendu que les autres recouchaient encore ensemble, et Youki est arrivée, bruyante, mais ravie. Elle s'est couchée aussi et a voulu peloter la lunaire qui s'est défendue mais qui a fini sans réciprocité par « endormir Youki » pendant que Blanche à côté soufflait de fureur. Au matin la lunaire a été écœurée parce que Youki non maquillée était tout à fait affreuse : « Ce qu'on était saouls, hier soir » lui a-t-elle dit. « Tu étais saoule, toi », a dit Youki d'un air terrible, « eh bien ! moi pas du tout. – Je veux dire, on était gais » a dit la lunaire se dégonflant lâchement.

Vers 10 h. on va au « Poisson d'Or ». Endroit chic. Décor sobre : rouge et plantes vertes – attractions très correctes, public riche, sans piquant ni élégance, le public des Champs-Élysées, ce qu'il y a de plus moche. C'est bondé, on retient sa table des jours d'avance, les gens dînent tous. On nous trouve quand même une petite table au fond que nous échangeons pour une un peu meilleure. La lunaire un peu saoule se sent l'âme russe et des désirs de tout casser ; elle parlemente pour avoir une bouteille de champagne à bas prix, mais on nous fait juste un « arrangement » pour les glaces que nous mangeons en buvant nos coupes et qui sont des délices du paradis. On cause, sur moi, mais elle répète toujours la même chose, que Sartre m'opprime, etc. et c'est peu amusant. J'ai ouvert une enquête sur mon physique d'où il ressort que : Kanapa me trouve « bien » mais pas jolie – Lévy jolie et même « assez belle » – l'homme lunaire fort jolie.

On nous chasse à 11 h. La lunaire a envie de Stimmung [1] et comme je ne peux lui en fournir elle s'en va seule par les rues. Je monte saluer Kos. qui est charmante avec moi et je vais dormir.

1. D'états d'âme, d'atmosphère.

DIMANCHE 10 DÉCEMBRE.

Je dors assez tard et je commence une lettre à Bost avant d'aller retrouver au « Dôme » Védrine. On cause – on va au « Dupont » puis déjeuner à la « Coupole ». Rien de Bost, une lettre de Sartre qui me laisse de moins en moins d'espoir. Nervosité commençante tous ces jours-ci à propos de ce départ incertain. J'écris à Bost, puis du « Dôme » une lettre à Sartre que j'ai le temps de faire immense car Kos. n'arrive qu'à 3 h. On part à pied à travers Paris; il fait doux et brumeux avec d'émouvants effets de lumière; le dôme de l'Opéra vert contre le ciel rose; une grande enseigne rue La Fayette qui accroche le soleil comme des rochers dans les Alpes ou des troncs d'arbre dans la forêt. On arrive au concert, salle du Conservatoire : *Requiem* de Guy Ropartz, une 1ère audition – insipide – puis une symphonie de Franck dirigée par Ch. Munch, qui est fameuse et que je suis sans fournir aucun effort, vraiment prise et même touchée physiquement ce qui m'est très rare en musique. On rentre, et dans le métro ça se gâche parce que je dis à Kos. que je sors avec Védrine et elle n'avait pas compris que je ne passais que l'après-midi avec elle; peut-être avais-je été trop vague. En tout cas, elle se convulse de dignité outragée; je suis sincèrement navrée, et je la suis jusqu'à l'hôtel pour m'excuser; mais c'est formidable comme ressort en elle pour Bost, pour moi, un fond d'hostilité malveillante dès qu'on lui manque – caractère sacré de sa petite personne. Elle me quitte toute rancuneuse et je vais au « Flore » retrouver Védrine.

Védrine s'est saoulée dans la journée mais il ne lui en reste plus trace, elle est profondément charmante. On mange : chocolat, confiture d'orange et on va au « College Inn [1] » qui est rouvert. La pianiste reste seule et il y a un autre barman; c'est plaisant. On cause – c'est comme ça que je l'aime, gaie et grave, et soucieuse d'elle-même – car elle est dans le fond positive, dure même et occupée avant tout de sa réussite dans la vie. Je

1. Rue Vavin.

lui explique comme il s'agit toujours pour elle de « tirer profit », de « faire un bon placement » ; mais qu'enfin la vie ne peut profiter qu'à la vie même, qu'il ne faut pas la vider de tout sous prétexte de lui faire rendre davantage ; on discute sur cette idée de rendement liée avec le sérieux. Là-dessus il faudrait que je m'interroge mieux, je sais en gros que ce qui est premier pour moi c'est une saisie du monde aussi complète que possible ; et j'ai compris que cette saisie ne peut se faire qu'à travers *une* vie ; et je n'exige des trucs de moi qu'en fonction de cette vie, elle-même fonction du monde – mais ce n'est pas assez précis. Védrine s'intéresse au profit personnel, mais sans savoir au juste ce qu'est être une personne, si on veut l'expliquer par le bas, il y a la réussite sociale à l'horizon ; mais le cachet social en un sens est pour elle un garant d'objectivité métaphysique des réalités et des valeurs. En tout cas c'est intéressant de causer sur tout ça avec elle ; j'ai été déçue au contraire l'après-midi avec Kos. car j'ai essayé de causer comme avec Védrine sur la représentation de soi etc. et ça n'a rien donné, elle est étroitement occupée de son moi, mais au sens le plus court, comme d'un personnage, vraiment un fragment du monde. Védrine a le même goût de totalité que Sartre et moi.

Amusant que Védrine se désole à l'idée que dans 10 ans nous serons trop vieux pour qu'elle nous aime ; elle veut en somme librement l'arrêt de son amour, elle sera libre en l'arrêtant, elle l'est dans sa prévision ; elle le reconnaît et s'en amuse. Et c'est bien le genre de pathétique qu'elle a, et ce mélange de débordement désespéré et de solidité : car elle pleure devant un mur de lamentation qu'elle élève de ses propres mains diligentes, qu'elle élève souvent pour protéger des richesses positives qu'elle veut âprement défendre. Quelque chose du vieil usurier juif qui pleure de pitié sur le client qu'il accule au suicide. Terriblement « intéressée » – avec des idées généreuses qui sont senties passionnément et excluent les intérêts auxquels elle s'accroche. Mais telle quelle, avec ses côtés antipathiques de femme d'affaires juive, elle me plaît et m'intéresse.

On rentre, et on a un bout de nuit passionnée où je suis un peu prise, corps et cœur.

Je quitte Védrine – je lis un peu *Carnets de moleskine* en prenant au « Dupont » mon petit déjeuner – lycée – lettres. Une lettre de Bost qui me glace les os, on dirait une lettre de spectre ou de fou, tant on sent qu'il est par-delà tout. Il est quasi au front, dans la boue, le froid, ramené à une vie de bête et incapable même de regret. Le ton, l'écriture même de la lettre font d'un autre monde. Je suis triste aussi parce que Sartre ne peut pas m'aider et je suis quasi sûre de ne pouvoir aller à Mors bronn. Il y a une brume blanche dans les rues qui vous entre par les yeux, par les pores de la peau, qui est lugubre. Je vais au « Dôme » écrire à Sartre et Bost ; je suis reprise par la guerre, mal à l'aise et triste comme tout. Je déjeune et j'aperçois Tyssen. Elle me dit que Madeleine Robinson, dans le village du Cantal où elles vivent ensemble depuis le début de la guerre, l'a rouée de coups et bourrée de coups de pied dans le ventre. Elle est rentrée à Paris, mais sans grands projets. « Je n'ai pas de chance » me dit-elle, ce qui est un peu vrai.

Lycée H. IV. Sorokine à la sortie, prête à la revendication, mais gentille, qui m'accompagne chez moi. Deux heures et demie d'excellent travail sans fatigue, ça va bien marcher. Védrine passe et on va aux « Vikings » : elle compte rentrer à Paris mais elle aura du travail et ne compte pas me voir tellement ; ça me fait plutôt plaisir.

Je rentre : on me remet un paquet, avec une suscription de la main de Sartre. C'est Seltzer qui a dû poser ça. Deux carnets noirs et un petit mot qui ne me laisse guère d'espoir. Ça m'abat vraiment. Kos. vient, expressément charmante – on mange chez « Pagès », elle a mal aux dents et on rentre tôt ; elle est sinistre, moi abattue et fatiguée ; ça traîne péniblement. Elle me laisse et je lis au lit les carnets de Sartre, en les feuilletant et en allant au plus facile.

194

Un temps très froid, une brume cotonneuse sur Paris. Je traverse le Luxembourg à côté d'un groupe d'élèves qui tiennent leurs boîtes à masques à la main. Ça les fait rire de me voir entrer dans le « Mahieu » où je lis un moment les carnets de Sartre en prenant un café. Lycée – de nouveau au « Mahieu », je mets mon carnet à jour ce qui me prend deux heures – puis déjeuner à « Capoulade » avec Sorokine. C. Sée – poste : rien de Bost – je fais mes lettres au « Versailles » assez vite et chez moi je travaille 2 h. 1/2 sans lever la tête – puis je lis une heure les carnets de Sartre qui m'enchantent. Un vif souvenir affectif me revient de l'époque Guille-cette dame et ça me fait nostalgique au possible, ce temps où le monde était incertain comme nous-mêmes ; c'était de la vraie jeunesse – maintenant il s'est décidé vers le sérieux et le noir ; et je suis contente de ce que nous sommes, mais nous sommes des êtres faits avec des arêtes dures – alors qu'il y avait un tendre halo inachevé autour de nous jadis. Ça m'est revenu, ce climat intellectuel et moral d'alors, et je le sens encore, nettement, tout proche et perdu à jamais, ça me fait poignant.

Soirée avec Kos., idyllique. Nous sommes fraîches toutes deux. On mange chez « Pagès », puis on va au « College Inn » – elle me raconte la répétition de *Richard III* à l'Atelier, elle a vu Mayenne Copeau [1] avec sa petite fille qu'elle entoure de tendresse passionnée. On rencontre une fille de l'Atelier, Braque, dont le mari est à la guerre, et qui fait formidablement femme de guerre, à demi saoule et traînant avec de vagues amis.

---

1. Marie-Hélène Dasté, fille de Copeau.

Assez sale journée. Lycée, puis poste, une heure de travail au « Dôme » où me retrouve la boxeuse [1], toute timide, avec un vilain manteau écossais – on déjeune, elle est d'une timidité tendre et ravie qui ne permet d'en tirer presque aucune parole – je parle sans cesse et ça ne m'amuse pas du tout. Au commissariat, on me dit qu'il est impossible d'avoir mon sauf-conduit sans pièce justificative, en tout cas il faudrait un mois. Heureusement Sartre m'a écrit que dans deux mois il sera presque sûrement dans un pays de montagnes à l'intérieur, ça atténue ma déception. Je passe une heure à « Lutétia » avec Mme Mancy, j'écris à Sartre – et à « Idéal Sport », j'irai donc à Megève ; mais en rentrant à l'hôtel dans le froid et le noir il me vient les larmes aux yeux en pensant que je serai là-bas seule, ou avec Kanapa, là où j'ai été avec Sartre et Bost – encore pas de lettre de Bost, les ponts sont coupés depuis un grand temps, ça m'attriste.

Je rentre et dans ma chambre je trouve Sorokine qui a disposé sur ma table deux superbes buvards jaune et rouge ; on doit travailler mais on commence par des étreintes, et quand je veux travailler elle me retient dans ses bras ; puis au bout de cinq minutes elle dit avec énervement : « Travaillons ou causons » ; je veux me lever, elle me retient et m'embrasse. On finit, très tard, par prendre Kant, mais sans quitter le lit où on est étendues (elle m'a enlevé nerveusement un soulier, et aussi une épingle de ma blouse, en déshabillage symbolique) ; elle éclate en sanglots et se raidit : « on ne travaille pas » – grand discours sanglotant sur ce qu'il faut prendre vraiment des heures de travail – je lui dis que ce n'est pas pour ça qu'elle pleure, que c'est parce que nos rapports physiques sont mal foutus, qu'il vaudrait peut-être mieux les supprimer ; elle se jette dans mes bras en disant que ça gâcherait tout, qu'elle m'aime physiquement, qu'elle voudrait n'avoir honte de rien avec moi – j'hésite, je ne

1. Lili Bonafé.

voulais pas coucher avec elle, mais c'est ça qu'elle veut – et la situation est écœurante et impossible. Elle se blottit contre moi, toute confiante, et détendue, et charmante – elle pose de petites questions : si j'ai eu des rapports physiques ? – oui, avec Sartre – si je n'ai honte de rien avec lui ? – non – C'est drôle, on n'a pas honte de faire les choses, mais de les dire, on ne devrait pas etc. Elle est plaisante au possible, un superbe visage bouleversé de passion, et je suis tout émue, et vraiment je tiens à elle sans muflerie et avec tendresse – mais c'est intimidant et lourd. «Vous êtes la première personne que j'aime» dit-elle ; elle n'avait jamais dit qu'elle m'aimait en donnant au mot cette valeur. Elle s'en va à 7 h. 1/2, radieuse – et moi me voilà quasi engagée à coucher avec elle. Si elle ne me plaisait pas physiquement, me serais-je mieux défendue ? Je ne sais pas, mais c'est possible.

J'écris à Bost et j'écris ce carnet en attendant Kos. La lecture des carnets de Sartre a pénétré ces deux journées ; drôle d'intimité à distance. Kos. est arrivée à 9 h., nerveuse à cause de l'Atelier, elle ne sait pas si elle aura un rôle ; et elle reste à Paris en attendant, ce qui me pèse. On dîne chez « Dominique » – et soirée dans ma chambre qu'elle prolonge jusqu'à minuit tant elle est vivace et éveillée – elle fait du charme, comme elle n'en a jamais fait pour moi ; et elle est drôle et séduisante vraiment, mais le sommeil m'accable.

JEUDI 14 DÉCEMBRE.

La guerre recommence pour moi – je me lève, je passe à la poste, lettre de Sartre tout tendre mais que je n'irai pas voir : heureusement il semble que bientôt on l'enverra vers Annecy et cette idée me soutient. Lettre de Bost : « Delarue aura raison dans 10 jours [1]. Je me suis demandé si je vous le dirais mais j'aime mieux » ; je me répète : ce n'est pas dangereux en ce moment – mais j'ai l'âme transie et ça ne me quittera plus. Tout le jour c'est là, une vénéneuse petite angoisse qui impres-

1. Ce qui signifiait qu'il montait au front.

sionne tout, et de temps en temps on se dit : c'est donc ça, et on voudrait l'épuiser en peur et en larmes une bonne fois, mais on n'épuiserait rien. Il fait froid ; une espèce de neige gelée. Je lis au « Versailles » les carnets de Sartre ; c'est plus mort que jamais cet endroit, le sol savonneux, toutes chaises en l'air et l'obscurité et aucun garçon pour servir ; c'est poétique. Idées de Sartre sur la volonté et la morale, ça me paraît absolument satisfaisant et définitif ; mais je ne vois pas comment il donnera un contenu à sa morale, il me faudrait la suite. Lycée C. Sée. Sorokine à midi 1/2 a une tête de bois et pendant le déjeuner dans le petit café bleu, elle n'ouvre pas la bouche ; je m'agace, à la sortie elle fond à moitié en larmes, et elle prétend que c'est pour son travail, mais c'est sa défense ordinaire ; je lui fais avouer que c'est à cause de nos rapports physiques, parce que je lui ai proposé d'y renoncer, et parce qu'elle désespère qu'on progresse avec si peu de temps ; alors il faudra progresser en intensité ; elle est contente d'avoir enfin parlé, elle redevient charmante et si touchante, elle dit qu'elle voudrait ne jamais être hypocrite avec moi, qu'elle voudrait qu'on ait des rapports « complets », qu'elle me dira tous ses mensonges : par exemple elle a déjà embrassé quelqu'un sur la bouche. Quand je sors de H. IV elle est là encore, mais pleine d'excuses, elle m'accompagne seulement au « Mahieu ». Je travaille, très bien, 2 h. 1/2 ; ça marche, si seulement j'avais plus de temps – je finis mes lettres puis Kos. arrive, nerveuse encore – on va aussitôt aux Ursulines – on revoit *La Symphonie burlesque* qui m'amuse – et on voit *San Francisco*, bien languissant, mais le tremblement de terre de la fin est fameux. On rentre, on cause un peu, toujours aussi tendrement. Et je me couche comme une brute, je suis fatiguée tous ces soirs.

VENDREDI 15 DÉCEMBRE.

Réveil oppressé. Je vais au « Dôme » et heureusement je travaille bien ; je rencontre là les Gérassi et leur chien, je ne reste qu'un quart d'heure avec eux – ils m'inquiètent ; sombres pré-

198

cisions sur la Russie, ça n'a pas l'air d'aller du tout. Et sans cesse les journaux parlent de patrouilles, et d'activité locale, et je me rappelle ce que disait Gombrowski, que pour ceux qui y sont, ils y meurent très bien. Je suis de plus en plus transie. Lettre de Sartre, rien de Bost; il disait qu'il était intéressé mais je ne pense pas qu'il soit gai. Je vais au « Biarritz » où voilà Védrine, qui s'est donc installée à Paris; elle arrive avec Kanapa, bruyante et autoritaire, ayant décidé que je n'irai qu'à Pâques aux sports d'hiver – elle m'agace; peut-être surtout ça m'agace qu'elle soit rentrée, à cause de Kos. qui ne part pas. On décide d'aller là-bas, Kanapa et moi. Et ça me glace le cœur ce départ avec un jeune homme pour aller faire du sport, cette camaraderie distante et cependant intime que ça mettra entre nous; c'est une parodie de mon passé, de ce précieux départ avec Bost [1], de mes anciens et plaisants rapports avec lui – je suis si navrée que Védrine s'en inquiète avec allant. Lycée H. IV. Au « Mahieu » je fais mes lettres et je vais en taxi à C. Sée où il y a réunion de tableau d'honneur. Angoisse. J'arrive 2 h. trop tôt, mais peu importe car je lis *les Carnets de moleskine* et même je les termine – ce n'est pas bien intéressant ni sympathique, mais on sent quand même la guerre et ça m'écrase, j'en ai des frissons de chair de poule, ce qui ne m'arrive jamais.

Je pars en taxi à 7 h. 20, sachant ce qui va m'attendre; j'arrive rue Malebranche et j'erre à la recherche de l'hôtel de Védrine que je ne trouve pas bien dans le noir. Un peu au hasard je monte les escaliers d'un petit hôtel sordide, peuplé de Chinois; je la trouve, en peignoir bleu, et fort jolie dans une petite chambre confortable; elle est « durcie » d'avoir attendu une demi-heure, mais je m'explique et elle s'apaise. On va dîner chez « Mirov » et elle m'accompagne jusque chez moi. A 9 h. 1/2 je monte chez Kos. – elle est avec Mouloudji qui me salue d'un air à la fois timide et goguenard – c'est que poursuivant mon enquête Kos. lui a demandé l'effet que je lui faisais: il m'a trouvée d'abord dure et cassante, une femme qui ne mange que de l'essentiel, tandis que Poupette lui faisait femme de ménage, ce qu'il trouvait plus rassurant, et puis l'autre jour

1. A Noël 1937.

à la « Rotonde » il a vu que je m'intéressais au vin que je buvais et que je raconte bien les histoires – j'ai la tête intéressante selon lui, plutôt que jolie.

On cause avec Kos. à la « Rotonde » puis chez moi jusque vers minuit.

SAMEDI 16 DÉCEMBRE.

Lycée. Travail dans la brasserie « Lumina » en face de la maison [1] ; elle est sinistre et glacée avec son carrelage rouge et toute vide ; la patronne bavarde intarissablement avec un habitué, on me refuse du café, on commence à en manquer vraiment. Dehors on grelotte – à la maison aussi où je déjeune – travail au « Versailles » encore – pas de lettres. J'ai aperçu la veille une lettre de Bost du lundi à Kos. : « Mon amour, il faut m'écrire », toujours vague jalousie, vague plaisir qu'elle ne soit pas correcte avec lui, mais c'est tellement amorti, état d'indifférence en moi. Je salue Kos. un petit moment – puis correspondance – et je descends aux « Vikings » donner à Sorokine sa leçon ; elle est dans une petite case du fond avec son élève qui s'en va aussitôt – sa malheureuse amie voit ses meubles saisis par les huissiers, on va les expulser. Nous expliquons Descartes ; elle comprend bien, elle est très sage. Cependant dans une case voisine Mr. Laporte [2] étreint avec violence une bonne femme blonde en robe verte. Sorokine me demande avec gêne de lui expliquer un passage de Mac Orlan qu'elle croit fort obscène, à propos de fils de cuivre, mais il s'agit de grandes comparaisons lyriques où on compare une bonne femme à un accumulateur électrique en style d'ailleurs exécrable. Elle m'avoue que le colonel l'a embrassée par deux fois sur la bouche, c'est après ça qu'il a rompu avec elle. Je la quitte et file en taxi rue Malebranche ; Védrine m'accueille avec passion – on dîne au Knam [3], mauvaise musique – je me dépense pour

1. De ses parents, 71, rue de Rennes.
2. Professeur de philosophie à la Sorbonne.
3. Restaurant polonais que lui avait fait connaître, depuis longtemps, son amie Stépha.

elle et je suis de bonne humeur dans l'ensemble, d'une gaieté un peu factice peut-être. On rentre tôt, on se met au lit, on cause un peu, on s'étreint et on dort. Je la hais un peu la nuit parce qu'elle s'agite et souffle ce qui lui va si bien. Mais elle est bien gentille.

DIMANCHE 17 DÉCEMBRE.

Plaisant dimanche qui me rappelle des dimanches poétiques ; mais il y manque que j'aime Védrine et ça reste comme un abstrait poétique – ces dimanches matin au Quartier Latin ou Montmartre avec Bost, comme ils étaient précieux. On somnole jusqu'à 9 h., c'est presque une grasse matinée, ça ne m'était pas arrivé depuis longtemps ; je me fais l'effet d'un gros homme repu car j'élude les caresses, je ne pense qu'à mon petit déjeuner et à mon travail. Léger dépaysement en regardant à la fenêtre, matin neigeux : c'est ça, cette nuance de la rue, qui m'évoque les matins avec Bost, mais c'est sans chaleur, ça ne se grave pas dans mon cœur. On va à la poste, deux lettres de Sartre qui me rendent tout heureuse – impression de loisir, presque de vacances, avec du temps de travail devant moi. Ça évoque aussi certains matins de Rouen avec Sartre. On s'installe au « Mahieu » côte à côte, on prend le petit déjeuner et on travaille. C'est plaisant. Védrine a son chapeau de cosaque, un chemisier avec une cravate, elle aurait l'air d'un charmant petit garçon si elle n'était si fardée. On déjeune chez « Capoulade », confortablement assises, en causant – puis on va au « Danton » où on travaille encore jusqu'à 4 h.1/2. Je vais rejoindre Kos. – j'ai une légère anxiété, comme chaque fois que je sors d'une situation cachée, il me semble que ça laisse des traces sur moi, que ça va se voir – mais pas du tout, elle est un peu maussade mais par morosité personnelle. On prend le métro ; elle me raconte que Mouloudji commence à l'agacer parce qu'il lui colle trop. Concert : *Symphonie héroïque* que je n'écoute pas très bien, je suis un peu fatiguée – puis *Rhapsodie espagnole* de Ravel qu'on écoute malgré soi – sans début comme une obsession, ou un revenant obstiné – c'est fameux au possible – puis un morceau de Roussel dont on ne s'aperçoit même pas; puis le plaisant *Apprenti sorcier*. On rentre, on va chez « Dominique » et à la terrasse du « Dôme » où on aperçoit le Mage [1] en uniforme avec une croix rouge à son bras : « Alors, vous n'êtes pas mobilisées ? » dit-il d'un ton amène. Il est dans la statistique sanitaire, vers la Moselle. Il fait froid, on rentre tôt; Kos. est un peu déconcertée de voir qu'il n'est que 10 h. 1/2 mais me laisse quand même et j'écris mes lettres. Je lis *Le Moine* pour m'endormir; Artaud a bien arrangé ça, c'est vraiment extrêmement amusant.

LUNDI 18 DÉCEMBRE.

Lycée; je vais tristement au « Biarritz » où je travaille 1 h. 1/2 – un tas d'étudiants insipides distribués par couples dans les petites cases, on se pince beaucoup. Le Graf Von Spee s'est fait sauter et les journaux s'indignent de ce manque d'héroïsme. Si un homme se fait tuer inopinément c'est un héros surhumain, mais s'il ne se fait pas tuer c'est le dernier des lâches, il n'y a pas de milieu, comme si le surhumain était le niveau moyen de l'homme en guerre – il est vrai qu'il s'agit d'Allemands, et l'ennemi, comme le communiste pour Guille, ne se rachète que par l'exceptionnel, c'est un minimum de correction exigible – un petit étudiant soutient ce point de vue de *Paris-Midi*, mais le garçon le remet à sa place : et les matelots qui se seraient fait crever pour rien. Il dit ça haut et net, ce qui me semble signe de cette guerre, la solidarité avouée avec le soldat ennemi, considéré comme prolétaire des armées.

Védrine arrive bien aimable; elle me dit qu'elle a un peu [peur] d'être ennuyeuse et c'est un tout petit peu vrai. Je l'ai scandalisée la veille à propos des théories de Sartre; elle disait que ça la gênait quand il changeait de théories et j'ai dit : « ça m'amuse parce que j'en change aussi, ça me varie le monde » – alors elle a réfléchi sur son sérieux. Je vais à H. IV – réunion

1. Habitué du Dôme.

de professeurs, suis louée ; passé chez les Gérassi chercher une adresse de couturière pour Kos., ils se sont saoulés la veille au « Jockey ». Salué Kos. qui me raconte des histoires sur A. Ménard. Travaillé. Entre tant j'avais passé à la poste et ça m'a mise dans un état de bonheur qui ne me quittera de longtemps ; deux longues lettres de Sartre tout émouvantes et proches, jamais sans cette guerre je n'aurais vraiment connu son amour pour moi – ni ne me serais donnée au mien avec tant de douceur, je durcissais. Il voudrait doucement quitter Védrine – je ne crois pas qu'il puisse, mais c'en est fini de mes inquiétudes et âpretés à vide, je n'ai peur de rien, je suis de nouveau confondue avec lui, seule avec lui comme dans les temps du Havre ou Rouen avant Kos. Et puis une immense lettre de Bost qui m'explique comme il s'intéresse à la guerre, qu'il n'est pas un spectre et qu'il n'est pas à plaindre. Jamais je ne l'ai estimé si fort ; il est de plus en plus intelligent, et il a du caractère. Je sens une formidable amitié pour lui – pour lui au présent, sale et boueux, et stupide – et quand je repense à ce qu'il était, à sa douceur, sa beauté, sa tendresse, ça me fait du passé très loin – comme si vraiment je *vivais avec* lui en soldat.

Je suis donc heureuse. J'écris à Sartre, puis à Bost, mais la lunaire se ramène, toujours somptueuse, agréable à regarder et plaisante. Elle raconte de petites histoires : elle n'a plus revu Youki – elle se saoule avec Thérèse et l'exhibitionniste qui veulent la vendre à des Argentins, mais elle reste fidèle à son Polonais. Je lui montre la lettre de son mari qui était assez charmante et qui m'a bien amusée. Elle s'en va cuver au « Dôme », elle en est vertigineuse de liberté et de loisir. Je travaille encore un peu puis vient Kos. On va au « Milk Bar » où on mange, puis on travaille à son devoir pour la semaine. Elle n'en a rien fait du tout et je suis un peu effrayée à l'idée d'avoir tout à improviser. Et puis je me jette et ça m'amuse ; et ça m'amuse aussi d'être encore capable d'un tel effort intellectuel après une journée de travail, j'ai une vague représentation de moi-même comme généreuse et pleine de vitalité, etc. Kos. est enchantée : « Non seulement vous le faites, mais ça vous amuse, ce que vous êtes plaisante ! » Amusant, car ce dont elle me sait

gré c'est de ce qu'il y a d'*involontaire* – si je le faisais en me for-
çant, elle m'en voudrait car elle penserait que je me sens lui
rendre service. Elle est étonnée quand c'est fini : « Ça distrait »
dit-elle – et je sens la chance qu'il y a à être une intellectuelle
que sans cesse distrait sa propre pensée, pour qui tout se tourne
en pensée, même le sinistre qui fournit de la pensée sur le
sinistre. On trouve de petites choses sur la rancune : ce paradoxe qu'elle vise la liberté chez autrui dans sa spontanéité ins-
tantanée – mais qu'elle affirme la constance d'autrui à travers
le temps par-delà la liberté des instants. Autrui sent toujours la
rancune injuste et se défend de son côté soit en invoquant la
constance de son caractère : je suis comme ça, ce n'est pas de ma
faute – soit sa liberté : je ne suis plus celui qui faisait ça.
On rentre vers 11 h., je finis ma lettre à Bost, et *Le Moine* de
Matthew Lewis qui m'a amusée jusqu'au bout.

MARDI 19 DÉCEMBRE.

Dormi un peu moins de 7 h. 1/2 mais en somme ça me suffit. A 8 h. je suis au « Mahieu » à prendre un chocolat et je mets
à jour ce carnet, c'est un moment bien plaisant, un bénéfice gratuit. Heureuse à cause des lettres d'hier. Lycée. Puis 2 h. de
bon travail au « Mahieu » : fini le ch. 2. Sorokine déjeune avec
moi chez « Capoulade »; un peu triste, mais pas revendicante.
Pauvre, c'est triste vraiment pour elle. Lycée pendant 3 h. A la
poste des lettres toutes plaisantes de Sartre et de Bost. Je les lis
au « Versailles », je leur écris rapidement et travaille encore
une bonne heure. Puis au « Mahieu » à 6 h. 1/2 je retrouve
Védrine. Elle est charmante et j'ai plaisir à la voir. On dîne au
« Batik » en se racontant nos vies. Elle doit voir son père à 9 h.
et me laisse chez moi dès 8 h. 1/2. Comme Kos. n'arrive pas,
j'ai le bénéfice d'un grand moment solitaire ce qui m'est merveilleusement précieux et heureux quelle que soit la façon dont
je l'occupe : longuement ce carnet et des corrections. Je
commence à penser avec grand plaisir aux sports d'hiver. Kos.
arrive à 10 h. 1/2 – elle est sinistre quoiqu'elle ait fait chez

Dullin une bonne improvisation – on va boire au « Milk Bar » – elle n'a pas reçu de lettre de Bost depuis lundi – mais ça ne fait même pas en moi un abstrait de plaisir, ce passionnel est quand même trop à vide. On cause vaguement jusqu'à minuit et je m'endors. J'ai rêvé la nuit d'avant que je me trouvais en train de contempler ma tête que je tenais dans mes mains, et ce n'est pas ça qui m'étonnait mais de la sentir encore sur mes épaules, je me disais avec amusement que c'était comme « l'illusion des amputés ».

MERCREDI 20 DÉCEMBRE.

Ce matin le réveil me saisit en plein rêve encore ; je constate qu'on prononce en rêve des sons complètement inarticulés, je les retiens juste assez pour m'en rendre compte, mais je ne peux pas les finir. Lever en avance ; je déjeune au « Dupont » en commençant une lettre à Bost, moment plaisant. 2 h. de leçon particulière à C. Sée – je finis la lettre à Bost, puis je viens au « Balzar » où je retrouve Védrine. Travail – je refais le ch. 3 maintenant, ça marche bien. Deux bourgeois distingués et mûrs à côté de moi parlent de petites parties fines, avec des dames. On déjeune à « Capoulade » en une 1/2 h. ; puis en haut du « Mahieu », travail. C'est presque vide et on aperçoit en dessous de soi le Luxembourg tout hivernal, c'est bien plaisant. Importance de Védrine : « Sartre *veut* que je lui écrive tout ce que je pense sur le *Journal* de Dabit » ; fâchée pour rire et flattée de cette exigence où se manifeste le besoin que le type a d'elle et le caractère affirmé d'un rapport qui permet une tendre autorité : on a parlé souvent de ça avec Sartre. Elle lit le ch. 2 et le trouve trop poussé, ce que je ne crois pas, mais fait des critiques de détail fort justes. Je travaille jusqu'à avoir mal à la tête. A 4 h. 1/2 on sort : paquet pour Bost – papier, tabac, lard fumé – poste : lettre de Sartre. Puis je passe chez moi : 10 mn. de répit à regarder *Le Canard* et lire ma lettre. Puis je descends pour aller aux « Vikings » et trouve devant la porte Sorokine qui n'a pas osé entrer. Nous nous installons dans une petite case et comme elle a mal à la tête on ne travaille pas ; on se met à évoquer des souvenirs du mois de juillet, elle me demande ce que j'ai pensé la 1re fois que je l'ai embrassée, elle parle sans gêne du temps où nous étions « chastes et pures », et sans gêne et d'une manière charmante elle me dit de temps en temps qu'elle m'aime de toutes ses forces, ou met la tête sur mon épaule, ou me tend ses lèvres ; elle me dit comme elle, et les élèves de la classe, me pensaient dévergondée l'an dernier et elle me montre ses carnets où elle a noté de tout petits trucs sur le 2e trimestre de philo et l'aurore de ses rapports avec moi – c'est sec et plaisant. De mon côté je lui lis des passages de ce carnet, et je suis touchée de voir à quel point elle s'intéresse, à quel point elle cherche à me connaître *moi*, dans mon intimité, et pas seulement en tant qu'objet qu'elle aime. Souci que Védrine n'a pas du tout. Et puis je lui fais un grand cours sur ce que c'est que des putains et des bordels et ça l'intéresse extrêmement. Je suis au mieux avec elle, il n'y a rien d'elle avec quoi je ne sympathise, et j'ai presque envie d'une vraie histoire avec elle ; toute la soirée je repense légèrement à sa tendresse charmante.

Je rentre à 8 h. et retrouve Kos. toujours aussi sinistre – dîner chez « Pagès », puis « College Inn ». A peine Kos. peut-elle s'arracher un mot mais elle est plaisante dans son sinistre même. La soirée est silencieuse mais sans tristesse : le « College Inn » lui-même est plaisant parce que avec la pianiste il y a le pianiste en militaire qui est de passage. Elle l'accueille joyeusement, mais il est plus froid ; le pianiste est avec une bande dont deux musiciens aussi et ils jouent à 5 ou 7 mains en s'amusant, pour eux-mêmes ; une joie bruyante et saine parce qu'elle s'exprime à travers un métier. L'endroit sent la guerre ; cette soirée sent la guerre, mais pas de façon déplaisante du tout, dans ce qu'elle a d'austère et non de cruel. On rentre à 11 h. J'écris longuement à Sartre, je fais de menus travaux, puis des copies, etc. pour le plaisir de profiter de ma vitalité jusqu'à minuit 1/2.

206

Lever à 8 h. Au « Dôme » à 8 h. 1/2. 1 h. 1/2 de bon travail. Lycée – déjeuner avec Sorokine au restaurant bleu ; je lui explique du Descartes et m'irrite presque parce pour elle comprendre un auteur c'est le reconstruire à partir de deux phrases dans la totalité de son système. Je la conjure de le lire d'abord – je m'irrite souvent contre elle, mais d'une irritation pure et avec estime, qui n'est jamais de l'agacement – elle est gauche, mais pleine de grâce de langage et de visage. Elle m'a donné un petit dessin charmant la veille, mon portrait en oiseau avec de belles boucles d'oreilles. Elle m'accompagne à H. IV – lycée – poste – lettres de Sartre et Bost à qui je réponds – travail chez moi, je recorrige le ch. 2, je le crois définitif ce coup-ci. En courant je vais retrouver Védrine au « Mahieu » : soir glacé, clair de lune, confusion de la lumière et du froid. Le Luxembourg tout sorcier derrière les grilles avec ses statues blanches. Védrine est au « Mahieu », fatiguée, morose, en belle robe rouge. On mange au petit restaurant alsacien, très bien, en parlant de Kant. Puis aux Ursulines *La Forêt pétrifiée* avec Bette Davis, H. Bogart, L. Howard, absolument fameux. Védrine m'agace en me pressant douloureusement la main, en donnant des coups de tête passionnés qui m'arrachent au film. On rentre, et je me hérisse à entendre ses badinages sans grâce : « On ira camper tous les trois dans l'Arizona », etc. Agacée je proteste : « Mais Sartre n'aime pas la nature. » V. autoritaire : « Il aimera » – Moi butée : « Non, sûrement pas. » « On le laissera à New York avec une petite Américaine », sourire complice et mièvre ; ça fait plaisanterie de pensionnaire et pour remplir le temps, et vulgaire. Il y a de la vulgarité fécale sous les sourires mièvres de Védrine – tout ça fait une nature assez forte d'ailleurs, et intéressante, mais je la vois dans l'avenir comme une Louise Weiss plus intelligente. On rentre, je suis crispée, d'une frigidité de forêt pétrifiée – elle se met nue au lit en s'étalant et expliquant : « Je trouve ridicule » en soulignant

« ridicule » de ses lèvres avancées « de mettre une chemise pour l'enlever ». C'est économe, rationnel, sensé, et ça donne tout de suite aux rapports physiques un caractère posé, organisé, qui glace le sang – on aura les pires débordements passionnés, mais la passion ne sera pas une révélation, une saisie neuve et imprévue des choses, ça ne sera pas une spontanéité, la voilà prévue et classée comme une réaction mécanique. Je sens ce mécanique pendant tout le temps des étreintes et je *hais* Védrine farouchement, et en jouissant de la haïr cependant qu'elle s'extasie sur ma tendresse. Détentes nerveuses et disgraciées, caresses nerveuses, qui n'ont pas de souci de moi mais de décharger un trop-plein de passion – caresses maladroites, dont la maladresse me donne une joie mauvaise. Je m'étonne sous sa main meurtrière de la maladresse des femmes là où les hommes sont experts ; est-ce parce que comme le type du *Journal* de Gide « elles se mettent à votre place, mais c'est elles qu'elles y mettent », alors qu'un homme est incapable de cette substitution de personne et cherche sur vous à vous faire plaisir ? c'est peut-être ça. Mais P., Kos., Védrine, que d'indiscrets petits supplices.

On s'endort. Bonne nuit.

VENDREDI 22 DÉCEMBRE.

Lever vers 8 h. 1/2 – toilette avec Védrine – indifférence. Je travaille au « Mahieu » 3 bonnes heures. Puis au « Biarritz » je rejoins Kévy, Kanapa, Védrine. Kanapa a le billet de chemin de fer et je commence à sentir avec joie que je vais vraiment partir. Ça me plaît maintenant. Lycée – aperçu Sorokine – poste – lettres de Sartre et Bost – correspondance – visite rapide à Gérassi qui ne raconte rien d'amusant – les Russes blancs sont ravis de la politique de Staline, les communistes aussi. Un paquet de marrons glacés de Metzger : encore une passion malheureuse (Goetschel disait l'an dernier à Sorokine qu'elle m'aimait « aussi passionnément qu'un homme ») tout ça ne me flatte pas. Il me semble que je prête ma figure à un mythe que

ces filles adorent parce que c'est de leur âge. Védrine, c'est bien
ça. Sorokine moins, elle résiste, critique, elle peut donner les
raisons de son estime.

Je rentre avant 7 h. et travaille encore plus d'1 h. Kos. ne
vient pas et je fais ce carnet en m'amusant.

A 8 h. 1/4 elle arrive enfin ; elle n'a pas le rôle de Tyrval et
en a été déjetée la veille, mais c'est fini, elle est plutôt détendue
maintenant qu'elle n'a plus cet espoir agaçant ; elle est seulement furieuse de Toulouse dont elle se propose de me faire un
jour la théorie. On cause dans ma chambre et on boit un coup
au « College Inn » – rentrée à 11 h. – couchée vers minuit.

SAMEDI 23 DÉCEMBRE.

Journée de départ, tout en courses et en adieux. Lycée puis
hôtel « Mistral » où je prends nos skis : les patrons sont là et
m'accueillent avec des effusions d'amitié. Je suis émue de revoir
l'hôtel et de laisser à la cave les skis de Sartre pendant que je
prends les miens – passé chez Gégé pour y prendre mes vêtements mais malheur de moi Gégé et Pardo sont partis. « Même
qu'on a de très mauvais renseignements sur eux » me dit la
concierge d'un air pincé. Je déjeune chez ma mère, on arrange
mes affaires tant bien que mal – chez moi valises puis je
retrouve Kos. à 2 h. et elle veut rester avec moi jusqu'à 4 h. Je
téléphone sans regret ni remords à Védrine pour la décommander – conversation avec Kos. à la « Rotonde ». Puis je retrouve
Sorokine aux « Vikings » ; elle a apporté Le Mur pour que je
lui explique les obscénités et je commence tout un cours de phy-
siologie obscène – mais un type proche guette et nous allons
dans ma chambre. Baisers, mais chastes – j'ai un peu envie
d'une passion avec elle, d'une histoire avec elle parce qu'elle me
charme tout à fait. Elle me montre un passage de son journal
intime sur moi : elle m'appelle Ossotchka, ce qui veut dire
petite guêpe – elle explique qu'elle a tout à gagner à mon
commerce et moi rien au sien et qu'il lui faut tout juste compter
sur son « agrément personnel » pour m'attacher, c'est lucide et

plaisant. Je suis tendre au possible avec elle, et elle avec moi. Elle part à 6 h. 1/2 et aussitôt je passe aux mains de Védrine. Elle est toute gentille et son petit visage me touche ; mais je suis insensible au récit de sa crise pathétique de la veille au sujet de mon départ, le pathétique est son pain quotidien. Je vais avec elle à la poste envoyer des paquets de livres à Sartre et Bost, puis je m'habille, on part en taxi à la gare. Je commence à sentir le départ et ça me fait extrêmement plaisant. Peu de monde au train. Je retrouve Kanapa et nous avons deux coins près de la fenêtre dans un compartiment vide ; un jeune ajiste [1] seul se joint à nous, il n'est pas encombrant, il m'offre du pain d'épice et du thé. On cause un peu avec Kanapa mais qu'il est sec ! je n'ai rien à lui dire – ce départ commun ne met pas entre nous la moindre chaleur de camaraderie. Derrière la vitre, une banlieue noyée de brume qu'éclaire la lune – routes désertes et sinistres. Parfois la brume est si épaisse qu'on ne voit absolument plus rien du tout, seulement les lumières d'invisibles autos. Le train s'arrête dans la nuit cependant que retentit interminablement le signal d'alarme : renseignements pris, ce serait un pompier saoul qui aurait tiré dessus – le train s'arrête à vingt stations et prend deux bonnes heures de retard qu'il ne rattrapera pas, mais je m'en fous assez – je m'étends de tout mon long sur ma banquette toute libre et dans ce compartiment chaud et confortable je me sens tout à l'aise et de loisir. Je pense un grand moment à Bost – je me rends compte combien il y avait déjà de tendresse dans nos tout premiers rapports, peut-être dès la première entrevue ; j'aimais lui parler, lui raconter des trucs, je sentais toujours un lien entre nous et les moments avec lui ne me semblaient jamais contingents. Je m'endors en me souvenant de lui au passé, de lui à Tignes, de notre première nuit, de beaucoup d'autres – et c'est cruel et doux.

Rêve stéréotypé : c'est curieux, car Dieu sait que Kanapa ne m'inspire ni pensée lubrique ni tendre – comme avec Bost dans la grange où je rêvais que dans cette grange il me prenait dans ses bras, je rêve être sur cette banquette, juste comme je suis, K. aussi et il me caresse la main – et puis plus tard il s'est étendu à

1. Membre des Auberges de Jeunesse.

côté de moi sans lunettes, à moitié dévêtu et il me regarde avec un étrange visage de fou et aussi plein de désir et ce visage est beau tout en restant le sien, il m'émeut mais comme l'ajiste fait mine de s'en aller discrètement, je lui fais signe de rester, je ne veux pas d'effusion – c'est ça la différence avec les rêves sur Bost où je souhaitais que ce fût vrai – là je me demande aussi longtemps en rêve si c'est un rêve ou pas et je conclus que ça n'en est pas un. A noter qu'au réveil ça ne m'a pas donné pour K. même cette ombre de sentimentalité qui suit souvent un rêve érotique ou tendre.

DIMANCHE 24 DÉCEMBRE.

Réveillée à 7 h. je regarde les monts du Jura, vers Culoz et le trajet le long du Rhône jusqu'à Bellegarde; c'est assez plaisant, une belle journée bleue se lève mais on voit extrêmement peu de neige. Je lis *Miss Denion* de Wallace, puis le dernier *Empreinte* un peu amusant. Arrivée sur Sallanches; je suis tout émue. Impression que quelque chose m'attend dans ce pays, et tout le jour il me semble que c'est le souvenir de Sartre que j'ai retrouvé là tout embrumé de froid, tout intact et vivant – cinq ans de sports d'hiver avec lui, je me rappelle tout et je suis dévorée de tendresse, les larmes m'en montent aux yeux. Car pour Megève; du monde, du beau monde avec bagages en parchemin et bonnes femmes vêtues de fourrures – le car manque brûler en route – pas de neige à Combloux, presque pas à Megève – je traverse la ville pour aller à la poste : c'est tout décati; ça sent la mort – la moitié des hôtels et des boutiques fermés, les réclames déchirées, un air d'abandon partout et les rues à moitié désertes. Émotion devant les pâtisseries et le marchand de journaux, tous ces endroits ont leur petite histoire. On prend le train bleu, puis le téléphérique – les prix ont légèrement baissé et comme il y a peu d'affluence! on arrive en haut à 11 h. 1/2, temps radieux, neige, pas de neige sur les sapins. Le petit sentier est tout doré de soleil. Mais j'ai une grosse valise et c'est un moment pénible que ce voyage jusqu'au chalet, je crois mourir à bout de souffle.

211

Le Chalet vient d'ouvrir; on ne nous y attendait pas; nous serons du moins pour un temps les seuls pensionnaires ce qui est absolument fameux. On nous fait choisir nos chambres; la mienne est minuscule, mais charmante, toute boisée, un petit lit, un lavabo en encoignure et une vue immense sur les montagnes. J'installe mes affaires et me sens aux anges. On descend vite déjeuner : excellent déjeuner; il y a un peu de monde, des Megévois en excursion. Repas peu animé. Kanapa est exactement neutre, rien de choquant en lui, rien de plaisant. Mais c'est juste ce qu'il me faut. Pour le ski je ne serai pas seule, et le ski fini j'ai toutes les commodités de la solitude, pas d'attitude ni de contrainte d'aucune sorte; et en même temps ça empêche le petit serrement de cœur d'isolement que je pourrais avoir le soir dans ce chalet désert.

On part dès 2 h. – on va au Montjoux, c'est à 10 mn. à peine et le téléski fonctionne, c'est une pure merveille. Je me fous par terre deux fois en prenant le départ – la pente avec neige croûteuse est des plus vaches et la descente est moche, mais pour un début, ce n'est pas trop mal. On rentre à 4 h., on prend un thé. Il y a un bon concert à la Radio dont nous sommes les maîtres : *Cinquième Symphonie* de Beethoven, deux *Polonaises, Oratorio* de Franck. Et c'est une pure jouissance d'être assis là à écrire des lettres en écoutant la musique pendant que dehors le ciel prend toutes les couleurs et se barre de gros nuages cendreux. On est seuls. Kanapa travaille Épicure et j'écris. La salle est charmante, tout en bois et en petits carreaux, il fait chaud, on est bien. Je ne fais que deux immenses lettres à Sartre et Bost – puis j'achève mon roman policier et continue *Le Procès* de Kafka. On dîne, merveilleusement bien. Brève veillée, on tombe de sommeil. Mais dans mon lit je poursuis ma lecture jusqu'à 9 h. 3/4. J'ai soulevé le rideau et je vois les montagnes clair comme en plein jour, un plein jour triste – c'est la lune qui les éclaire, le ciel est d'un bleu profond et sans étoile. C'est beau et ça me réjouit le cœur. Chambre chaude, bouillotte dans le lit, confort, solitude et paix du cœur.

Petit rêve sur Sartre dans le genre de ceux sur Zaza : je lui reproche douloureusement de ne plus me voir. Rêve sur la neige qui a tout fondu et au matin on ne trouve plus que de l'herbe. Je me réveille à la lumière un peu avant 7 h., admirablement reposée et bien au chaud dans mes draps je regarde le lever du soleil. Puis je me lève, avide de goûter à la neige. Succulent petit déjeuner. A 8 h. je suis dehors, comme il fait doux j'ai juste sur moi le petit sweat-shirt blanc de Sartre. Je monte au Montjoux et m'exerce sagement à descendre en skis mais ça ne revient pas encore bien. Je retrouve K. à 9 h. 1/2 : deux descentes sur Megève – remontée en télé – à la seconde fois nous rentrons au chalet, tout recrus de fatigue et contents. Déjeuner copieux – puis je lis 3/4 d'h. *Prélude à Verdun* de Romains qui m'intéresse bien – mais jusqu'ici je n'ai pas retrouvé plus que dans mes lectures de septembre sur la guerre de 1914 : l'ennui, la durée, etc. j'ai déjà compris tout ça. De nouveau ski sur la pente de Montjoux; ça va de mieux en mieux, et retour ici – thé et ce carnet. Je ne crois pas que je pourrai travailler pour de vrai.

Écrit Sorokine – Védrine – Poupette – Kos. Je n'ai rien pu faire d'autre. Excellent dîner – correspondance jusqu'à 9 h. et lecture J. Romains. Comme il y a peu de monde cette année dans le téléphérique et sur les pistes, ça donne un aspect tout plaisant au pays, un aspect hors saison.

Gob. 71-42 (Gérassi)
Secrétan Palace : *Disparus de St Agil*

Porte-monnaie	
Bœuf clandestin	Restif de la Bretonne
piles	Armandy
lard salé	
tabac et cigarettes	
alcool	

4 350 –   2 300 –   3 550 f. –   10 200 f.

Janvier	Kos.	2 500 f.
	Sartre	500 f.
	Moi	2 000 f.
		5 000 f.

Teinturerie	550 f.	
permission Sartre	1 500 f.	10.200
fin du mois – sports d'hiver	650 f.	7.700
	2 700 f.	2 500

restent – impôts 1 500 f.
1 000 f. : Kos. – divers – sports d'hiver – Poupette –

CARNET IV

26 DÉCEMBRE 1939-19 JANVIER 1940

26 DÉCEMBRE. MARDI.

Encore un beau lever de soleil ce matin de mon lit – petit déjeuner, lecture de *Verdun* – tout ce début, cet éclatement de l'offensive et la montée des hommes vers Verdun, est excellent. On part à 8 h. 1/2 vers le Montjoux où on monte en téléski, puis descente jusqu'à Megève : jusqu'au téléphérique, puis à pied au Tour. Descente du Tour. Tout ça est très médiocrement fait, il est vrai que la neige est dure mais c'est loin de ce que c'était l'an dernier. On traverse Megève ; du monde quand même au téléski de Megève et dans les rues, il me semble que c'est le monsieur mûr et un peu ventru qui a été surtout éliminé. On boit dans une petite brasserie, puis on monte à pied ce chemin du Calvaire que je me rappelle si bien avoir fait avec Bost. Téléphérique. Retour. On rentre à 1 h. seulement. Ce gros soleil m'a fait mal à la tête et il continue à me taper sur le crâne à travers la vitre pendant tout le déjeuner. La terrasse est couverte de gens qui pique-niquent, c'est bruyant et encombrant.

Lecture de *Verdun*. Puis à 2 h. 1/4 on part vers St Gervais – descente médiocre – au milieu de la seconde partie il faut déchausser les skis et descendre à pied, il n'y a plus de neige. On remonte en téléski, on rentre juste à la chute du jour. Thé. Travail. Je suis crevée de fatigue, tête bourdonnante, corps courbaturé et faiblesse partout. Je commence à relire mes carnets; il n'y a pas grand-chose à en penser, celui de septembre est intéressant, à cause des événements, et puis il est fait soigneusement; et puis ça va en décroissant parce que ma vie est devenue si sage. Je croyais que je repenserais des choses sur moi en les relisant, mais je n'ai rien pensé du tout. On m'apporte enfin du courrier : lettres de Sartre, mais pas très longues et il s'en est perdu une – lettre de Bost qu'on va déplacer vers le front – lettre charmante de Sorokine et petit mot de Kos. Je suis si abrutie que tout ça me touche à peine, ça me donne juste une vague impression d'angoisse. Dîner, et lettres à Sartre et Bost, et je fais mon carnet au lit puis je m'endors vers 10 h. Il y a du monde dans ce chalet : une isolée qui semble une institutrice et qui arbore des pull-overs de couleurs vives, et une bande d'étudiants pas bruyants mais causants. Kanapa ne me semble pas très intelligent. Beaucoup d'apparence dans ce qu'il me dit sur la révolution et la guerre.

MERCREDI 27 DÉCEMBRE.

Bonne journée de ski. Bien descendu sur Megève sans chute – correctement la piste du Tour et la pente du téléski de Rochebrune que ça m'amuse de retrouver. L'après-midi, bonne descente vers le Bettex, malgré une brume épaisse. On rentre à 4 h. et je me trouve si fraîche que je peux me remettre à mon roman ce qui me fait un énorme plaisir. Deux grandes lettres de Sartre, une de Bost. Dîner. Soirée à écrire mes lettres.

JEUDI 28 DÉCEMBRE.

Je me suis levée tôt pour prendre une leçon à 8 h. 1/2 mais le professeur n'arrive qu'à 9 h. 1/2. J'ai un grand temps pour lire : j'ai fini *Verdun* dont j'ai trouvé le début excellent et la fin beaucoup plus médiocre et je lis le *Journal* de Dabit. C'est emmerdant souvent, pas trop mauvais dans les descriptions populistes, du moins il sait faire sentir une atmosphère, mais il fait pauvre type, et con à voile comme il n'est pas possible. Ses histoires sentimentales sont d'un comique discret. J'écris des lettres et je lis ça, puis enfin comme je commence à râler arrive le professeur, tout sympathique ; il est en permission et remet ses skis à ses pieds pour la première fois depuis longtemps – il est mobilisé à St Véran. Il me fait travailler dérapage et christianias amont, ça ne marche pas très fort. Puis tout en travaillant je descends sur Megève. Je suis horriblement fatiguée, ça ne va pas très bien. Descente du Tour, interminable remontée à pied au téléphérique. Retour à « Idéal Sport ». Mauvaise descente sur le Bettex puis un peu d'étude de christianias. Travail de 4 à 7 h. Dîner. Correspondance.

Ces journées sont infiniment plaisantes. Difficile d'en rendre le plaisant. En relisant les premiers carnets j'ai compris combien on faussait le sens d'une journée en la racontant dans son présent, ce qui en fait le prix et la signification c'est souvent son rapport avec l'avenir. Ces journées présentes sont d'abord orientées vers la permission de Sartre que je sens maintenant toute proche. Puis à l'intérieur du jour, il y a tout au long des descentes en skis l'appel de ce moment à 4 h. où je me remets au travail, le plaisir anticipé de ce travail. Et le soir le souvenir de toute la journée de sport dans la neige, et tout cela profondément mêlé pour rendre chaque instant lourd et plein. Solitude, possibilité de penser, de me souvenir, de faire des projets, de caresser de petites idées inutiles. C'est si rare pour moi et si précieux.

Ces soirs-ci il y a du monde malheureusement au chalet. Une isolée qui semble une institutrice, tout en pull-overs canari ou bleu tendre de grosse laine grattée. Et une bande d'étudiants, pas trop bruyants, avec une fille, sœur de l'un d'eux vraisemblablement, pas trop déplaisante à regarder ; mais il y a parmi eux un terrible petit roux, qui prépare sa P.M.S.[1], catholique, de droite, d'une bêtise épaisse, d'une suffisance plus épaisse encore. Suffisance qui ne le conduit pas à se vanter mais à se raconter avec une minutieuse exactitude ; il se veut solidaire de toutes ses bévues, il en tire d'ailleurs des effets de drô-

1. Préparation militaire supérieure.

lerie, et tout lui paraît intéressant au plus haut chef du moment que ça lui est arrivé. Il se casse sans cesse la figure en ski, et casse ses skis aussi, et commente le fait avec curiosité. Il écrit une lettre en vers, 70 vers à une camarade de Faculté, il tire la langue et assomme tout le monde avec ça, cherchant des rimes. « Une rime à neige, mais qui ne soit pas Megève » dit-il avec bonne foi; il cite Hugo, Marot, avec un pédantisme d'ailleurs ignare car il confond tout. Il confond J. Romains et Romain Rolland ce qui ne l'empêche pas de haïr Barbusse « et tous ces déserteurs » dit-il avec autorité. Il veut tout régenter, explique les règles du poker, en se trompant d'ailleurs, fait des tours de cartes idiots, il agace les autres mais il a quand même du prestige à leurs yeux. Je le trouve détestable. Kanapa proteste, mais il proteste par principe, refus de juger, d'écrire, d'approfondir quoi que ce soit. Rien ne l'amuse, qu'il est ingrat; noué, et on a l'impression que si on le dénouait, on ne trouverait rien de bien intéressant.

VENDREDI 29 DÉCEMBRE.

Journée plaisante entre toutes. Lever à 7 h. comme chaque jour. Je prends vite mon petit déjeuner car j'ai rendez-vous avec le professeur à 9 h. au remonte-pente de Rochebrune. Il neige. Je m'emmitoufle bien et dès 8 h. 1/4 je commence à descendre sur Megève. Ça me fait plaisant car ce n'est pas un sport gratuit ce matin, c'est vraiment un moyen de communication nécessaire; brume blanche; blanc sous les pieds avec ce doux froissement de la neige fraîche quand les skis la déchirent, blanc dans le ciel et tout autour de moi. Pas un être vivant; monde feutré, silencieux, lumière étouffée; les petits flocons pressés m'aveuglent, le brouillard noie le relief, on ne distingue pas les creux des bosses; surprise d'être soulevée soudain en l'air ou précipitée dans le vide. Une seule fois j'en suis si étonnée que j'en retombe sur le flanc. Marche vers le village du Tour. Ce n'est plus une station de sports d'hiver, c'est vraiment un matin de campagne en hiver; une vieille avec son parapluie, un motocycliste sac au dos. Descente du Tour facile et plaisante. J'ai emporté collé à mon ventre, serré par ma ceinture, le livre de Fabre-Luce sur Munich ; en attendant le professeur, je le lis dans la maison de l'Indien où l'on grelotte. Souvenirs. Pensées plaisantes, bonheur dans cette cabane froide où les vieux s'agitent, transis. Le professeur m'attendait aussi : on remonte par deux fois en téléski et on descend la pente tout en christianias ; je progresse. Ensuite je monte à Rochebrune et je descends, par erreur, sur la piste A ; encore de merveilleux moments de solitude dans la neige. Bonne descente ; j'erre un peu dans Megève, je me sens toute béate et ma vie si belle tout autour de moi.

Rencontré une chienne armée d'une ceinture de chasteté : un petit instrument de métal percé de trous comme une passoire mais qui défend de manière inexpugnable la vertu de l'animal ; deux chiens se battent farouchement à qui en sera le maître ; mais quand le vainqueur enfourche sa conquête, il est tout déconcerté et furieux, il aboie de surprise, tout en s'escrimant vainement.

Du monde dans Megève ; un peu d'élégance ; mais ça vit au ralenti. Je m'achète du chocolat, je meurs de faim. Le train bleu part très tard, bondé. Téléphérique. Je suis à 1 h. 1/4 au chalet. Déjeuner. Dès 2 h. on repart pour le Bettex. C'est trop facile avec cette neige mais c'est une charmante promenade. Je monte encore au Montjoux, même temps que lorsque j'y montais avec Sartre l'an dernier ; mais on colle, impossible de prendre de la vitesse ou même de l'élan. N'importe, j'aime ce retour à pied, seule sous un ciel gris. Je pense à Guille soudain et je pense que j'aimerais écrire un roman sur toute une vie, pour marquer le dessin d'une vie ; il faudrait en inventer toute la technique. Peut-être le ferai-je après ce roman-ci.

Je rentre travailler à 4 h. De 4 h. à 7 h. je finis le chapitre 3 dans sa dernière version – ça marche. Dîner. Correspondance. Et ce carnet. Tous les petits carreaux de la salle sont verglacés ; dehors neige fraîche en paillettes ; chaleur ; au cœur de la montagne au cœur de l'hiver. Presque personne : Kanapa travaille – le roux cause avec son ami mais sans éclat. Puis personne du tout. Impression de retraite, seule dans cette salle – ce loisir – ce bien-être – c'est tellement précieux. Vacances. Je cherche des airs à la T.S.F. : de Falla, Granados, un peu de Debussy, mais ça se donne avec peine et incohérence. Puis la T.S.F. se tait. Rumeur des gens de la maison qui vont monter dormir. Cigarettes fumées. Sommeil qui vient. Mais regret d'abandonner déjà cette journée. Désir d'une longue retraite, seule, sans aucun prétexte que lecture et travail, et sans tentation du dehors.

SAMEDI 30 DÉCEMBRE.

Plaisante journée encore. Je descends à skis avec Kanapa sur le téléphérique et sur le Tour. Puis nous prenons des billets pour Rochebrune. C'est la même cabine que l'an dernier : souvenirs. On fait la queue et il faut attendre 100 numéros. Je vais les attendre dans ce buffet où Sartre commença ses explications avec Védrine ; comme elle me fait usé, la pauvre petite personne. Je prends un café et commence des lettres à Sartre et Bost. J'ai un sac à dos avec un déjeuner froid et une vie de H. Heine [1], je compte déjeuner là-haut mais pour l'instant je laisse tout ça au buffet – ça grouille de monde, très petits jeunes gens, très jolies filles – c'est plaisant. On monte. Kanapa cependant a attendu pendant toute la 1/2 h. dans la salle d'attente, debout ; il y a je crois un peu d'avarice dans son cas, mais surtout une énorme indifférence. Où on le pose, il attend – il attend pendant que je lis, que je travaille – le soir, il feint vaguement d'ouvrir Meyerson, mais en fait il a les yeux rivés sur la pendule. Est-ce pauvreté, vide, ou richesse intérieure ? pauvreté sûrement et totale indifférence.

On monte donc et je le sème, il file sur je ne sais quelle piste. Je descends sagement la piste A qui m'amuse fort. Je reprends un billet : encore 1/2 h. d'exercice sur la pente du téléski et à midi de nouveau à Rochebrune. Soleil éclatant. Je vais au chalet manger mon repas froid. La salle est plaisante, le sol est en

1. Sans doute la biographie d'Antonina Vallentin (1934).

brique, grosses poutres au plafond, un genre Hostellerie mais
tempéré par l'altitude – quelques convives. Je mange en
commençant la vie de Heine. Puis à 1 h., seule sur les pentes,
une charmante descente. Je trouve en bas le professeur qui me
fait travailler 1 h. : je tiens le christiania amont. Retour à
Megève par le petit chemin d'autrefois tout plein de souvenirs.
Rentrée. Travail, commencé le ch. 4. A 6 h. le commissionnaire
rentre de Megève, ça fait un petit remous dans la maison et on
m'apporte mes lettres. Sartre, Bost, Sorokine – c'est un moment
bien plaisant. Dîner, correspondance, sommeil.

DIMANCHE 31 DÉCEMBRE.

Grande journée fatigante. C'est le départ de Kanapa. Je corrige toute une pile de copies en prenant le petit déjeuner, c'est
formidable tout ce qu'on arrive à faire quand les gens ne vous
dérangent pas. Trop de « charmante vermine » à Paris, c'est
dévorant. On part à 8 h. 1/2, Kanapa très préoccupé de son
bagage, il le sera tout le jour, il se perd avec affectation en soucis pratiques. Manque total de générosité, goût de confort,
économie d'effort. On descend sur St Gervais, avec aisance et
assez bien quoique la piste soit dure. Puis on va chercher le
petit train qui grimpe au col de Voza ; un petit wagon en bois,
avec des compartiments où on nous enferme à clef, et une
locomotive charmante qui pousse le wagon – il est si beau sur
les affiches au milieu de paysages de neige impressionnants. Le
paysage y est – le train monte petit à petit cependant que nous
mangeons notre déjeuner froid. On arrive au col vers midi et on
prend le café dans le bel hôtel qui nous avait éblouis avec Sartre
voici 3 ans : bar américain, nattes de paille sur les murs et la
grande salle à manger qui est vraiment plaisante. On prend un
café, et on part sur la piste bleue. Celle-là aussi je me la rappelle, et tous les incidents de notre descente et je me sens si fort
unie à Sartre à travers toutes ces entreprises communes, toute
cette vie à nous deux derrière nous – chaque tournant me
revient, c'est un vrai petit pèlerinage. Je descends bien ; on

remonte en téléphérique, puis en téléski au sommet du Prarion. Immense paysage, somptueux ; solitude de la neige. Nous filons sur St Gervais par des champs absolument vierges, je suis bien meilleure que Kanapa là-dedans, comme ça file bien – la neige au soleil a toutes les couleurs de l'arc-en-ciel, on dirait un poudroiement de pierres précieuses. Enchantement ; ça me donne envie de faire de grandes courses en montagne. Le chemin est mal tracé, on se trompe, il faut remonter un grand 1/4 d'heure ; et fin de descente moche où la neige manque. Il faut déchausser et on a beau rentrer en courant, je manque le dernier téléphérique ; il faut reprendre un car pour Megève. Je quitte Kanapa, sans un serrement de main ni un rendez-vous ; c'est lui qui exagère la sécheresse, mais j'ai seulement cherché la commodité.

Autocar – puis train bleu. J'arrive juste pour le dernier téléphérique de 6 h. On nous laisse monter sans employé dans la benne, moi, le petit commissionnaire qui n'a pas de lettre pour moi ce soir, et un jeune professeur de ski, un peu tuberculeux, catholique et fort beau dans un genre Merleau-Ponty étonné. Nuit glaciale : – 18°. On tâtonne sur le chemin ; ciel plein d'étoiles et malgré le froid c'est poétique au possible cette marche à la file indienne vers le petit chalet qui brille dans la nuit.

La soirée est d'une étonnante poésie. Je m'installe dans la première salle à côté de la T.S.F. avec un paquet de Craven – il y a un assez beau jeune homme arrivé de la veille qui s'est acoquiné avec l'isolée, elle en est tout émoustillée. Sans vergogne j'accapare l'appareil : début de la *Cinquième Symphonie*, *Prélude* de Bach – puis pendant le dîner un excellent concert : *Pavane* de Ravel, *Children's corner* de Debussy, *Danses de la vie brève* de De Falla, *Oiseau de feu* de Stravinsky – puis encore du Borodine, du Lulli. Dans la salle le professeur répare des skis ; les filles de la maison, en beaux petits blousons blancs, s'en vont dans la neige vers je ne sais quel réveillon, et bientôt la serveuse part aussi, un fichu blanc sur sa grosse tête, avec son mari le chef. On sent bien fort que c'est nuit de fête. Nous, les isolés, nous restons – car il n'y a plus que des isolés dans le chalet. Et un poétique personnage, un musicien qui s'est ramené la veille et s'est offert pour toutes besognes si on le loge et le nourrit. Il est de noir vêtu, cravate noire et col, un collier de barbe, et il a un violon dont il joue. Il me demande quelle musique j'aime et il approuve : « Vous aimez la vraie musique je vois ! ». Comme la T.S.F. donne l'*Ave Maria* de Gounod, j'entends soudain l'accompagnement au violon, et c'est le musicien. Sollicité par l'isolée qui retrouve auprès du beau jeune homme une âme de jeune fille il joue, comme un sabot, des airs tziganes et des bourrées. Puis il fait la conversation pendant que je continue à jouer avec la T.S.F. mais qui rend de moins en moins bien. Ça me fait romanesque comme tout cette soirée ; roman d'atmosphère qui se continuerait en policier ou n'importe comment. Et moi-même comme personnage de roman (sans représentation de *moi* ; juste la place que j'occupe et la T.S.F. sous ma main). Je ne voulais pas que la soirée s'achève ; et je n'ai même pas le courage de faire ma correspondance tant je suis prise. L'absence de Kanapa me plonge encore davantage là-dedans, isolée parmi d'autres. Forte, forte soirée comme j'en ai trop rarement et dans l'authentique. Je ne monte me coucher qu'à 11 h.

LUNDI 1ᵉʳ JANVIER.

Le résultat de cette belle journée et de cette longue veillée c'est que je suis assez crevée le lendemain. J'écris à S. en prenant mon petit déjeuner. Puis ski : Mt d'Arbois, le Tour, Rochebrune. Pas très bien. Je fais à peu près ce que je veux maintenant mais je ne sais pas vouloir comme dirait Gandillac [1]. Et puis fatigue. Qu'est-ce que la fatigue ? ce n'est pas une conscience du corps fatigué, c'est la manière même de prendre conscience et de se conduire. Mais ça pose encore le rapport

1. Clairaut dans les *Mémoires d'une jeune fille rangée*. Condisciple de Sartre et de ses « petits camarades » à l'École normale, et leur tête de Turc ; objet entre autres d'un poème de Sartre : « De Gandillac Le Patronier, / Est le dernier des niais, des niais... »

conscience-corps – on n'est pas fatigué physiquement, c'est faiblesse du cœur toujours, ainsi qu'un état du corps conditionné.
Je suis méditative et molle. Regret de Sartre, et tout ça me fait
vain sans lui.

Rentrée déjeuner. Excès de liberté dont je ne sais que faire –
de même sur les pistes, c'est une contrainte qui me manque,
celle que me donnerait la présence d'autrui. Je vais au Montjoux – puis j'ai l'inspiration heureuse de faire la descente sur
Combloux. Départ par la piste St Gervais que je fais très bien
parce que je suis prise de vitesse et que j'ai paresse de tomber,
alors je ne tombe pas. Puis champs de neige vierge, délicieux –
c'est si facile, ce n'est plus du sport, mais c'est charmant, la
vitesse ne fait pas peur ici – aisance. Soleil, sapins, impression
de délicieuse promenade. Et ravissement. Sur la route le retour
est glacé et fastidieux, mais une auto me ramène à Megève.
Train bleu. De 5 h. à 6 h. j'attends le téléphérique en écrivant
à Bost dans le petit café des guides. Téléphérique et retour avec
le professeur de ski. La nuit est plus douce que la veille et le
retour sous les étoiles poétique au possible. Le beau jeune
homme occupe la T.S.F. et me la cède en me faisant un peu la
conversation. L'instrument est rebelle ; un peu de Chopin, du
Brahms et la *Huitième Symphonie* transmise de Budapest –
mais c'est agaçant de penser que cette boîte a quelque chose
dans le corps, besoin maniaque de la pressurer. A 9 h. pourtant
je lâche et vais me coucher, crevée de fatigue. Toute la soirée le
musicien avec son violon a fait des bruits de fond divers.

MARDI 2 JANVIER.

Dernier jour. Je me lève tôt, je confie ma valise au musicien pour qu'il l'expédie par le téléphérique et je descends sur
St Gervais, sans éclat. Timidité dans la solitude et aussi trop
complète absence de consigne : le temps de chercher la consigne
à s'imposer et la descente est déjà faite, de travers. Mais il fait
si beau, ce matin est plaisant. A 9 h. 1/2 en bas je m'installe
dans un bistro au bord de la route : c'est un charme de pouvoir

226

s'asseoir dehors au soleil – je lis le Henri Heine que j'avais avec prévoyance emporté dans ma ceinture. Autocar pour Le Fayet où je pose ma valise et les Houches. Je me réjouissais de manger à l'hôtel du col de Voza mais le repas n'y est pas trop bon. Départ sur la piste bleue – descente molle – intimidée par la solitude, d'une prudence qui touche à la poltronnerie. J'arrive en bas fatiguée et sans ressort moral au point qu'au lieu de remonter comme je me l'étais promis, je me planque dans un café. Que cette vallée de Chamonix est froide; du Mont d'Arbois on voit matin et soir une épaisse brume qui la couvre impénétrablement; et quand on arrive là-dedans en venant des hauteurs on est saisi d'une tristesse glacée. Je lis la fin de la vie de Heine – ça m'intéresse parce qu'on ne peut pas être plus « en situation » que n'était ce type, juif, réfugié allemand, solidaire des exilés en France, etc. – et c'est curieux cette immigration allemande d'il y a cent ans, symétrique de celle d'aujourd'hui, et tous ces gens qu'il a connus – et cet amour d'enfer, à la Proust, et cette fin odieuse. Je lis, je vais dans un autre bistro encore pour attendre le car, j'écris à Sartre et Bost. Car, vagues rêveries, plaisir de ces rêveries, ça m'est si rare. Souvenirs d'un an plus tôt quand on se promenait sur ces routes avec Sartre en attendant le train et parlant de Védrine.

Le Fayet. Petit café chaud séparé en deux par de grands paravents. Derrière les paravents, des soldats disent adieu à un capitaine : « Vous avez été un père pour nous », etc. Je fais mon carnet, corrige des copies. J'aime bien cette longue après-midi de départ, ce loisir, cette orientation vers le voyage. J'achète des nourritures, des livres, *Le Bœuf clandestin* [1] et *Gilles* de Drieu La Rochelle.

Vers 8 h. je suis au train, complètement vide, avec une lampe bleue un tout petit peu écaillée ce qui me permet de lire *Le Bœuf clandestin* un petit peu. Puis je m'endors. Des soldats montent à Bellegarde, ils sont quatre qui vont à Bourg; Savoyards au gros accent qui mangent et boivent dur. Il y en a un qui affecte la politesse. « Je vais dégueuler » dit un copain. « Parle pas si gros » lui dit l'autre – par respect pour moi – il

1. De Marcel Aymé.

veut qu'on éteigne, mais un petit soldat dans le coin gémit : « j'aime pas ça moi, ça me fait tout chose ». Un autre parle de sa vieille mère : « C'est pas gai pour une mère ; nous, ça nous est égal parce qu'on a l'habitude de se foutre de tout », puis il s'attendrit : « Mon petit frère, il a vingt ans de moins que moi, il me connaîtra pas quand je reviendrai. » Ils finissent par dormir un peu et moi aussi.

MERCREDI 3 JANVIER.

Réveillée vers 7 h. De la neige sur la campagne plate. Je lis *Le Bœuf clandestin* qui n'est pas si amusant – et *Gilles* qui n'est pas si ennuyeux. Arrivée à 9 h. – je suis contente car personne ne sait mon retour, c'est une grande journée libre devant moi. Paris est doux et désert – un grand moment devant la gare sans trouver de taxi. Hôtel. Kos. n'est pas là et ça me fait plaisir, cette grande liberté. Toilette, rangements, coiffeur. A la poste lettre de Sartre de l'avant-veille et de Bost. Mais vague déception, il me semblait quasi que j'allais le retrouver. Je m'agace sur le Shakespeare qui n'est pas là, les carnets qui ne sont pas là, les lettres de Megève qui manquent encore, mais c'est une déconvenue plus absurde et plus profonde. A Neuilly toucher l'argent, puis déjeuner à la maison. Puis au « Dôme » où je travaille 4 h. avec âme, ça, ça me fait plaisir. Encore à la poste : paquet à Sartre, argent envoyé. Une lettre de lui de la veille, je suis contente. Je vais manger à la « Coupole » et juste en face de moi il y a Gérassi qui me salue ; il est avec deux Espagnols, le poète Alberti, et un journaliste, Borca, qui admire Sartre. Je vais le rejoindre chez lui à 8 h. ; ils mangent une échine de porc que le fils d'Unamuno devait venir manger avec eux, mais il a fait faux bond. Atelier froid, enfumé par le poêle de fonte. Ils sont sinistres. On a fait une perquisition au centre républicain (?) et on a pris un million et demi avec quoi on payait pension aux anciens combattants d'Espagne ; et Fernand ne touche plus rien. Sarraut promet qu'on rendra l'argent mais la droite s'y oppose. Par ailleurs Pétain a demandé que par amitié pour Franco on chasse de la Radio les Républicains qui y avaient des emplois. Ils sont dégoûtés. Stépha n'a pas de permis de travail et mille difficultés avec sa carte d'identité. Ils croient bien entendu à une guerre de dix ans. Veulent foutre le camp. F. rêve d'être pêcheur à St Domingue et de pareilles gentillesses et il traite Stépha de lâche parce qu'elle ne veut pas s'embarquer, en imagination, dans ces équipées. Ils sont fâchés ensemble en ce moment, F. gagne 2 000 balles à travailler tout le jour dans un atelier de radio.

Je les quitte tôt et rentre dormir, je suis fatiguée; au lit je lis un petit moment *Gilles* qui m'amuse.

JEUDI 4 JANVIER.

C'est poisseux de se réveiller dans la nuit et l'humidité. A 7 h. il fait tout à fait sombre; mon beau lever de soleil quotidien est bien loin. Toilette soignée comme toujours aux retours de vacances : la blouse et le turban bleu turquoise, c'est beau avec les boucles d'oreilles et le manteau noir et blanc remis à neuf. Au « Dôme » de 8 h. 1/2 à 10 h. un peu de travail. Si seulement j'avais du temps, ça marche si bien. Aperçu Stépha. Poste : lettres de Sartre et mot de Bost. Lycée. Sorokine à la sortie, tout aimable et plaisante. On déjeune à la brasserie bleue en se racontant nos vies; elle me fait tant plaisir à revoir que je lui promets ma soirée si Kos. ne vient pas. Encore lycée, à H. IV. A 4 h. au « Mahieu » je retrouve Védrine. J'ai le cœur glacé, comme toujours aux premiers revoirs avec elle – elle est nerveuse, encombrée de soucis emmerdants sur ses parents, geignante parce qu'ils resteront peut-être à Paris et enfant gâtée. On cause mais je n'ai rien à lui dire, ni elle à moi. On fait des plans pour se voir ce trimestre : deux soirées par semaine et des bribes, ça ne me mangera pas trop de temps. Courses, on repasse à la poste. Lettres de S. de la veille et de Bost. On se quitte. J'hésite à garder ma soirée pour moi seule mais un mot de Kos., idyllique, annonce son retour pour le lendemain; je n'aurai plus de soirée libre, je téléphone à Sorokine et vais faire ma correspondance au « Dôme » en l'attendant. Elle arrive à 8 h. toute charmante. Elle ne veut plus aller dans « un cabaret » mais chez moi pour me montrer tous ses secrets qu'elle m'apporte dans une petite mallette. Elle me montre : lettres du colonel, de son amie, photos, vers, et graphique « de l'humeur, du travail et de l'emploi du temps » en couleurs violettes et rouges sur fond violet ; ça sursaute drôlement – elle raconte l'histoire de ses vols à l'Uniprix du Printemps : pendant un mois avec son amie elles volaient des lots de stylos, qu'elles revendaient à cent sous au lycée – de la laine, des étoffes qu'elles faisaient payer moitié prix à leurs parents. « Ma mère est si pauvre, on ne peut pas lui faire les prix des grands magasins. » Avec les ventes elles faisaient des orgies de montagnes russes à l'Exposition. Mais un jour un inspecteur les a ramassées : on les emmène au violon, on appelle les parents – drame sombre. Le pire, c'est qu'on a soupçonné les parents de complicité et envoyé perquisitionner chez eux. Elle me fait jurer de ne jamais raconter cette histoire.

On commence à s'embrasser. Je lui demande, il le faut d'après nos dernières conversations : « Voulez-vous qu'on ait des rapports vraiment complets ou que ça reste comme ça ? – Comme vous voulez. » Je ne fais donc rien de plus – mais bientôt elle s'énerve, me regarde avec haine, donne des coups de poing, enfouit sa tête dans l'oreiller. Il est presque 11 h., c'est idiot de se quitter comme ça. Je m'explique. « Vous avez dit " comme vous voulez ", mais si je posais la question, c'est ce que je voulais. » Elle se détend : « Je voudrais tant qu'on ne soit pas hypocrites ! » Je dis que je ne le suis pas ; que moi je veux bien pousser les choses. Encore un peu hostile elle demande des précisions, je suis gênée de les lui donner, je dis que par exemple ce n'est pas la même chose d'être habillée ou pas. « Ah ! oui », elle s'agace encore. « Ce n'est pas bien de faire les choses à moitié. » Je commence alors à la dévêtir un peu et elle me dit : « Éteignez » – je proteste : « mais si ça vous gêne ? – Pas si vous éteignez. » Alors j'éteins et je suggère : « Vous voulez enlever tout ça ? » Rire choqué : « Non, pas tout. » Un instant après, avec une grande politesse : « Ça vous gênerait, vous, de vous déshabiller ? – Que non. » J'enlève la blouse. Un moment encore ; elle dit qu'elle a froid, puis résolument : « Tant qu'à faire, allons jusqu'au bout – mais n'allumez pas ! » On se met donc au lit. C'est étrange et plaisant de l'avoir dans mes bras tout empêtrée de sa nudité et curieuse de l'expérience. Je la caresse un peu, mais brièvement. Aucune sensualité. Non plus chez elle je crois parce qu'elle est un peu gelée de timidité ; mais elle est contente parce qu' « on n'est pas hypocrites » et que « ça fait intime ». On cause ; dans le noir elle pose des questions : « Si je couche comme ça avec Sartre ? s'il a des poils sur la poitrine ? s'il se promène nu devant moi ? » Horreur de vierge pour le mâle. Elle fait formidablement vierge, sans morale, mais avec un corps rétif, et un souci du ridicule et mille gênes. « C'est ridicule quand on se déshabille et se rhabille. » On reste à causer un moment ; l'étrangeté et le sommeil font de cette heure un demi-rêve qui se recolle mal pour moi avec nos rapports de veille. A minuit, elle se rhabille dans le noir, m'embrasse sans gêne à la lumière et s'en va. Je suis soulagée. Je savais devoir coucher avec elle et je craignais des déchaînements passionnés, mais elle a été toute plaisante et légère et imprévue comme à son ordinaire.

VENDREDI 5 JANVIER.

Lever à 8 h. Travail de 8 h. 1/2 à midi au « Dôme » – quasi fini le chapitre 4, ça marche bien. Aperçu Stépha, et vers midi Wanda, plaisante et qui me parle avec charme de la femme lunaire et de L'Aigle. Déjeuner avec Védrine, Kanapa et Lévy au « Biarritz ». Védrine a un superbe manteau de phoque, elle me tend une petite lettre que je lis en sortant où elle se plaint que ça ait ramé la veille entre nous. Mais elle pense que c'est parce qu'elle était nerveuse. Je crains si ses parents ne rentrent pas qu'elle ne soit terriblement libre et qu'elle ne sente ma froideur – mais ils vont sans doute rentrer, ce qui l'assombrit.

Lycée, 3 h. Sorokine charmante à la sortie m'accompagne à la poste. 3 lettres de Sartre, autant de Bost qui est au front,

231

mais s'en accommode gaillardement. Je lis ça au « Versailles »; profond bonheur. Sartre vient le 25 en permission et je vais travailler trois semaines d'arrache-pied avec l'idée de lui montrer ce travail, ça m'est agréable comme tout. Retour chez moi; j'attends Merleau-Ponty et Kos. mais aucun des deux ne vient et de 5 h. à 7 h. 1/2 je fais mes lettres et ce carnet qui était bien en retard. Aubaine inespérée. Je me sens heureuse, et fraîche, et toute disposée à travailler, ce soir.

J'ai encore pu corriger un gros paquet de copies. M. P. a passé à 9 h. 1/4, mais seulement pour prendre rendez-vous, puis Wanda est venue et ensemble on a été au « College Inn ». Il n'y a même plus la pianiste et c'est assez sinistre. Mais on cause très plaisamment. Histoires sur la femme lunaire qui veut devenir une lionne de l'après-guerre. Je raconte aussi, sur Sorokine entre autres. J'aime bien le visage, la voix de Wanda, la façon dont elle raconte; elle est toute attachante et charmante.

SAMEDI 6 JANVIER.

Peu de travail mais ça ne m'attriste guère parce que les jours précédents ont été tellement studieux. Deux h. de lycée – puis une h. 1/2 de travail au « Dôme ». Puis arrive Védrine avec qui je déjeune – elle est détendue et gentille, et c'est plaisant. Quand elle me fait ainsi familier et quotidien, et de rapport facile, j'aime bien causer avec elle; ça ne me sort pas de moi, mais ça ne me gêne pas non plus. Après le déjeuner on se met au travail; arrive une certaine élève de M. P. convoquée je ne sais pourquoi. Je la colle dans les pattes de Védrine et continue à travailler. Puis vient M. Ponty et Védrine s'en va. Il la trouve trop sûre d'elle-même et rationnelle, ce qui est un peu vrai. Il raconte, mais pas tant de choses : sa vie au jour le jour; il est lieutenant de renseignements à la frontière luxembourgeoise, dans une riche région industrielle – il y a derrière lui des villages évacués, mais là où il est, c'est plein de civils et assez riche – il loge chez une sage-femme, sur un dur lit d'accouchée avec des éclaboussures de sang sur les murs – il travaille beaucoup, mange avec les officiers dont le niveau est inimaginable dit-il. Me raconte comme on a arrêté une tenancière de bistro-bordel en Luxembourg chez qui les soldats allaient boire malgré la défense et qui leur soutirait des renseignements pour l'Allemagne. Et aussi une nuit d'alerte quand on attendait un 18 octobre une attaque allemande et que les hommes étaient terrés dans des trous, et lui à son observatoire à regarder la plaine du Luxembourg et les longues routes droites par où allaient se ramener les Allemands et l'espèce de déception des types, formidablement « intéressés » encore ici. Et comme (comme dans *Verdun*) le colonel se débat parce qu'ils sont devant la ligne Maginot et qu'on ne veut appuyer l'infanterie par aucune artillerie, crainte de perdre les pièces. Il me demande de voir un peu son élève : bouche mince, visage intéressant et dur, pas du tout laide. Je suis un rien tentée mais me récuse, faute de temps.

Ensuite je passe à la poste – chez moi un énorme paquet de lettres, de Sartre beaucoup, retour de Megève. Je les lis aux « Vikings » devant Sorokine. Leçon sur Leibnitz, ça m'amuse un peu d'avoir à me plonger dans cette étrange forme de pensée; surtout qu'il faut tout expliquer à fond. On cause; me raconte encore des histoires sur le colonel, comment elle a volé un portrait de lui, etc. En taxi avec elle jusqu'au « Hoggar » où j'écris à Sartre et Bost en attendant Védrine. Conversation plaisante et facile. Je mange une salade algérienne, et des gâteaux chez l'Alsacien et je vais coucher chez elle. Sans histoire, c'est vraiment la vieille liaison sérieuse, avec sa monotonie mais sa commodité. Gênant seulement ce profond dégoût de son corps, mais on s'attarde peu. Sommeil.

DIMANCHE 7 JANVIER.

Plaisante journée studieuse – je passe à l'hôtel, me sentant quelque peu adultère, mais Kos. n'a pas paru encore et ma faute ne sera pas révélée. Toilette. A 9 h. je vais au « Dôme » et

233

n'en décolle pas avant 4 h. 1/2. Je prends un café et des suisses, fume des cigarettes et travaille. A midi 1/2 je mange du bœuf en lisant *Gilles*. De 1 h. à 4 h. je retravaille. De 4 h. à 4 h. 1/2 j'écris à Sartre. Et je ne suis pas fatiguée, c'est fameux. J'ai fait près de 25 pages : retapé j'entends, ça fait tout le début du ch. 5, je suis contente comme tout. Je pense que Kos. est peut-être rentrée, mais ça me plaît trop toute une journée de solitude et j'ai envie de concert. Je ne repasse pas à l'hôtel. Je vais sur les boulevards : la salle du Conservatoire est fermée – à pied jusqu'à l'Opéra Comique ; il y a une crasse de brume et de gens plein les rues, mais ça me plaît ces boulevards du dimanche dans l'humidité et la nuit – des camelots, avec des lampes à acétylène pour éclairer les éventaires dans les ténèbres comme à Venise. Un peu de fatigue mais plaisante. Un taxi jusqu'à la salle Gaveau ; une loge, comme autrefois aux quatuors quand Bost faisait sa sultane avec Zuorro. Je lui écris de là un petit mot – Berlioz, *Pelléas et Mélisande* de Fauré, une assommante *Symphonie espagnole* de Lalo ; faute de savoir démêler pourquoi de la musique est mauvaise, je crois souvent que c'est moi qui suis dégoûtée de la musique, ça me fait ça, et je suis contente de prendre plaisir au *Nocturne* de Debussy. On finit par la *Rhapsodie espagnole* de Ravel qui nous avait tant plu avec Kos. Je venais là surtout pour la réentendre et je n'avais pas tort.

Retour en U [1]. A l'hôtel, la chambre de Kos. allumée ; ça me fait toujours un petit coup, une vague appréhension. Un mot aimable sous ma porte, et dans sa chambre une charmante Kos. en blouse bleue imprimée, comme sur sa grande photo. On va causer en dînant en haut de la « Rotonde ». Me raconte son séjour à L'Aigle – le séjour de la femme lunaire, et l'horrible histoire de l'avortement d'A. Ménard : la fille hurlant dans sa chambre d'hôtel et les gens ameutés sur le palier, le médecin qui dort, deux camarades affolés qui la supplient de se taire et soudain, comme elle est debout, une tête blonde entre ses jambes, et un gosse qui tombe sur le sol. A moitié évanouie, elle

---

1. Les autobus à l'époque étaient désignés par des lettres, non par des chiffres comme maintenant.

entend soudain un vagissement ; du coup le médecin se réveille, la gosse est vivante, consternation : c'était dur à 7 mois, infanticide, bagne – elle les supplie de tuer l'enfant, ils refusent, alors elle se traîne vers lui et serre le cou, et tombe évanouie. Peu après elle hurle encore en rendant ses tripes – les types foutent le camp et la laissent avec le gosse qu'elle enveloppe d'un journal et fout dans une valise. Hémorragie horrible. Heureusement les gens de l'hôtel promettent le silence, lavent les draps. Mais quand la lunaire se ramène au bout de trois jours, elle sent une horrible odeur de charogne dans la chambre ; lavabo, bidet sont bouchés par le sang coagulé. Ménard lui raconte l'histoire et ouvre une valise : on voit le bébé, le cou tordu, la figure toute sereine – la femme lunaire ne bronche pas mais quand Ménard commence en larmoyant « Ma pauvre petite fille, elle me ressemblait » etc., elle lui coupe ses effets, écœurée, « taisez-vous ou je fous le camp tout de suite ». « Oui, vous avez raison » dit Ménard qui se mouche en cachant ses larmes. Elle demande à la lunaire de jeter à l'égout le cadavre et les linges ; la lunaire accepte seulement le cadavre ; le paquet est trop gros ; alors Ménard avec naturel compresse la valise en faisant craquer les petits os. La lunaire emporte ça et le fout à l'égout quasi sous les yeux d'un flic. Puis toute tourneboulée, elle raconte ça le soir à son Polonais qui se convulse : « Salope de Française » etc. et menace de la quitter.

On cause ainsi jusqu'à minuit. Je me couche et m'endors.

LUNDI 8 JANVIER.

Deux heures de lycée – travail à la « Source » – à midi 3/4 vient Védrine ; elle est toute gentille, on déjeune et je lui explique des trucs sur les mathématiques. Lycée H. IV – à la sortie Sorokine, charmante, qui s'est enfin décidée à aborder la fille qu'elle pourchassait dans la bibliothèque ; elle a rassemblé son courage : « Je voudrais vous parler », l'autre a souri, considérablement surprise ; Sorokine s'est tortillée jambes tremblantes sans rien trouver à dire. Enfin elle a jeté : « Il faut qu'on se voie, une heure pas plus, pour le cas où on ne se plairait pas » et elles ont pris rendez-vous. Elle me raconte ça dans le taxi qui me conduit à la poste et m'accompagne au « Dôme »; je m'installe dans le fond. Je lis mes lettres, une longue tendre de Bost, une longue charmante de Sartre. Je travaille. Adamov passe, en roulant ses yeux, et demande un rendez-vous que je refuse. Ménard est là superbe, la tête dure, à roucouler avec des types, et ça fait drôle de la voir après l'histoire de la lunaire. Travail et je rentre chez moi et écris mes lettres. Kos. vient à 7 h. 1/2, on dîne chez « Pagès », on va à la terrasse du « Dôme ». Il y a Y. Morineau, toute seule, minable comme jadis à la Brasserie Paul à Rouen, l'air d'une putain décente ou d'une vendeuse de Burma qui se fait arrimer – conversation languissante; Y. Remade est une vraie grue qui a eu des histoires avec la police. On la décolle, on rentre à l'intérieur du « Dôme » – j'y vais si rarement à présent que ça me fait poétique. On cause, c'est moi qui cause sur les sports d'hiver, Sorokine, etc. Kos. est animée et séduisante et je me plais avec elle. On rentre et je m'endors vers minuit.

MARDI 9 JANVIER.

Traversée du Luxembourg gris, le matin, et petit déjeuner chez « Mahieu », ça me charme toujours. H. IV – j'ai des stagiaires[1] à qui je refile deux paquets de copies. Travail au « Mahieu » – on déjeune avec Sorokine au « Milk Bar » bd St Germain – c'est tout plaisant, mais en descendant dans le métro elle m'expose que je classe mal mes amis, que ce ne devrait pas être selon l'ancienneté que je leur accorde du temps mais par ordre d'affection; je me défends. Me dit, comme Védrine, qu'on ne doit pas se considérer comme engagé envers les gens ou leur devant quelque chose – ce qui ne les empêche pas de revendiquer. Lycée. A 3 h. 1/4 je vais au « Versailles » – travail – poste – en AF où je lis mes lettres jusqu'au « Dauphin » place

---

1. Stagiaires d'agrégation, passant quelques semaines dans une classe de terminale, ce qui était censé les préparer au professorat.

du Théâtre Français où j'écris mes lettres. On a rendez-vous vers 7 h. pour aller voir *Chacun sa vérité*; elles arrivent à 7 h. 1/2 et je peux avancer ce carnet. Il n'est plus bien intéressant mais ça m'amuse de fixer le profil d'une année. Elles viennent, on prend des glaces, et on va dans un petit bar où j'avais été avec Poupette et Gégé qui tient du « Cintra », d'un chalet de montagne, d'un rendez-vous de chasse. J'y bois du Xérès en mangeant de longs sandwiches. On cause. Kos. est fébrile comme une furie parce qu'elle revient du cours de Dullin; elle a bien lu de la poésie, il lui a caressé les cheveux, mais ça l'affole, des consciences fixées sur elle, elle est hors d'elle-même. Plus intéressante que Wanda, mais W. est plus plaisante à voir – charme limité mais moins fade, un peu râpeux et dur. On arrive dans notre loge pour la fin du lever de rideau : *12 Louis* – horrible, et on se balade au foyer. Wanda charmée parce que c'est si grand. Kos. commence à avoir mal aux dents. *Chacun sa vérité* avec Ledoux, Bovy, Debucourt, admirablement joué et mis en scène et drôlement bien foutu. Plaisante soirée. Mais en sortant la rage de dents de Kos. grandit – pas de taxi, on rentre en métro où elle s'effondre – trépignements au retour et sanglots qui m'agacent parce qu'il ne tient qu'à elle d'aller chez le dentiste. Couchée à minuit.

MERCREDI 10 JANVIER.

Journée libre et belle journée de travail. Depuis mon retour, en une semaine j'ai retapé 60 pages, c'est bien fait. Je suis au « Dôme » avant 9 h., avec *Le Canard enchaîné* et *La Semaine à Paris* où j'étudie les divertissements de la semaine, mais il n'y a pas grand-chose. Travail de 9 h. à midi 1/4 coupé par un bref échange de paroles avec Stépha : Gérassi râle d'être obligé de travailler – et par la venue de Védrine qui travaille à mes côtés. Déjeuner chez moi – mon père un peu moins gâteux – il fait lire *Le Mur* à ses amis du « Versailles »; on admire, on comprend que la morale de *L'Enfance d'un chef* c'est qu' « un chef doit être non seulement énergique mais brutal ». Je vais au

« Versailles » où je travaille de 2 h. à 5 h. à côté de Védrine qui lit mon ch. 3 et fait des critiques justes. Une bande de putains horribles et ménagères – l'une trouve que je l'enfume et me traite de « vieille toquée ». Je vais à 5 h. rejoindre Sorokine. « Ça te fait de la matière à roman » dit Védrine d'un air supérieur ; jamais elle ne s'est enquise si Sorokine me plaisait ni n'a soupçonné qu'elle pût avoir quelque valeur – comme si elle seule détenait tout l'intérêt du monde. Drôle de suffisance aveugle, qui n'est pas une préférence de soi, ni rien : seulement brièveté de vues. Charmante fin d'après-midi avec Sorokine, on explique du Descartes – puis elle se jette dans mes bras, me dit qu'elle a été hagarde hier à cause de moi, mais je proteste de mon affection et elle est passionnément heureuse – elle sait faire de la passion une grâce – elle chuchote ses petites colères, ses inquiétudes, son amour tout en me serrant contre elle et je suis émue ; elle se force à dire, pour ne pas être hypocrite et par tendresse : « j'aime que vous me caressiez, j'aime être dans vos bras » – elle ne me croit pas trop quand je le lui dis, mais j'aime passer la soirée comme ça avec elle.

Kos. ne vient pas et j'ai une heure pour faire mes lettres. C'est moi qui monte ; elle a son manteau neuf qui n'est pas si joli. Wanda est là. On se salue. Je vais au « Milk Bar » avec Kos., lui annonce que je revois Védrine certains soirs et ça passe. On rentre à 10 h. 1/2 parce qu'elle a peur d'avoir mal aux dents, et j'écris à Poupette et fais ce carnet avant de dormir.

JEUDI 11 JANVIER.

A 8 h. 1/2 au travail au « Dôme » jusqu'à 10 h. – lycée – déjeuner avec Sorokine. Elle me charme par son mépris de mon travail littéraire : « vous, vous *inventez* des choses pour les écrire » me dit-elle avec une dérision scandalisée à la petite brasserie bleue, en mangeant la salade niçoise rituelle du jeudi ; je lui explique des trucs sur l'avortement et les préservatifs qui l'intéressent fort. Lycée H. IV. Travail en haut du « Mahieu », près de la fenêtre d'où l'on voit le Luxembourg nu, parmi des couples d'étudiants. Védrine arrive à 5 h. 1/2 et on file en taxi à l'Opéra Comique. On a une excellente baignoire et de 6 h. à 10 h. on assiste aux *Noces de Figaro* chantées par Calanel, Bourdin, Delprat – extrêmement plaisant. Avec une musique facile et un thème léger, les inconvénients de l'Opéra disparaissent, rien ne veut plus se faire prendre au sérieux, intrigue en carton comme les décors. On revient manger chez « Capoulade », puis écrire à Sartre du « Mahieu ». Je dors chez elle. Dégoût physique, de sa peau, de son odeur surtout : odeur fécale et mièvrerie du visage. On cause un peu sur ce que souvent elle se laisse déborder par ses plaisanteries et me choque. « Je ne suis pas authentique » conclut-elle avec justesse. Elle m'embrasse dans la nuit ce qui me réveille en sursaut et m'agace.

VENDREDI 12 JANVIER.

6 h. 1/2 de travail. Je me lève à 8 h. et je cours à l'hôtel ; toilette, puis au « Dôme » où je travaille de 9 h. à midi. Gérassi passe me dire que Stépha lui a dit que je ne voulais pas aller chez eux parce que je le trouve trop moche, et je démens énergiquement. Déjeuner rapide chez « Mirov » avec Védrine et sa sœur – puis au lycée je fais composer mes élèves et je travaille 3 h. 1/2. J'ai tout révisé le ch. 6, sur Elizabeth, en une journée. Il est vrai qu'il n'y avait pas grand-chose à faire. A la sortie, une ancienne élève qui m'attend, Nicole Berman ; en humeur de futilité, je l'amène boire un café chez « Capoulade » – assez jolie, pas trop bête, mais pas trop amusante non plus. Ensuite une heure chez Gégé qui me raconte son entrevue avec Poupette ; et un rêve genre « fantaisie charmante » en suggérant que Sartre en fasse une nouvelle. Ensuite poste, deux lettres de Sartre – correspondance au « Versailles ». Je retrouve Kos., on dîne au « Dôme », retour vers 11 h. et sommeil.

Immense journée de travail. Deux heures à C. Sée – à la sortie je trouve Sorokine persuadée que j'ai fait exprès de la manquer la veille à 1 h. à H. IV où elle déjeune et furieuse, et furieuse d'être venue – je lui dis que j'ai envoyé un pneu et ça la rassérène. Elle m'accompagne au Quartier Latin et je lui donne du sou pour qu'elle prenne un abonnement chez Monnier [1]. Puis je vais à la « Source » où je travaille dans les courants d'air. Védrine vient et lit les ch. 4 et 5 de mon roman qu'elle trouve sans défaut ce qui me fait quand même plaisir. On déjeune ensemble au petit restaurant alsacien ; on passe chez Monnier pour voir les photos de Sartre mais en vain. J'achète les derniers Jules Romains. Ensuite on va s'installer au fond de la « Sorbonne » où d'infâmes petits étudiants jouent aux cartes – travail jusqu'à 6 h. 1/2 passées. En taxi à la poste où j'expédie à Bost un gros paquet de charcuteries. Lettre de Sartre. Je vais à 7 h. dîner à la « Coupole » et écrire mes lettres et faire un peu ce carnet ; je vais acheter des enveloppes pour les lettres et à la sortie de la papeterie, je trouve Sorokine, toute plaisante avec son foulard écossais autour de la tête et plantée là comme un reproche : elle sortait du métro, m'a vue entrer et juge que je vais être en retard. On rentre, je m'aperçois avec un peu d'angoisse que j'ai oublié mon carnet à la « Coupole » : on y court et le retrouve heureusement. On rentre, il est 9 h. – on cause un très très court moment côte à côte, puis baisers, et très vite étreintes, et on éteint l'électricité et se met au lit – elle est détendue cette fois, et passionnément heureuse et tendre avec toujours la même retenue dans la passion, la même grâce dans la tendresse. On rallume pour lire les carnets, mais on lit peu ; elle me pose des questions, « qu'est-ce qu'on peut faire de pire entre femmes ? » et « si nous sommes des criminelles, si nous

---

1. Adrienne Monnier animait la célèbre librairie du 7, rue de l'Odéon, la Maison des Amis des livres, que fréquentaient nombre d'écrivains dont Joyce et Gide. Des photos de Sartre par Gisèle Freund y avaient été exposées.

méritons la prison ? », idée qui la charmerait – j'ai absolument l'idée d'une « initiation », ce qui me ferait honte si je n'étais profondément prise dans l'instant. Pas une ombre de passionnel pour elle, mais immense tendresse et estime, je ne voudrais pour rien au monde lui faire de peine – un si émouvant visage quand elle sourit avec le plus d'abandon dont elle est capable, un abandon consenti qui jamais ne la déborde. Nouvelles étreintes, et avec réciprocité, timide mais non disgraciée – tendresse physique aussi pour elle. Toute plaisante soirée. Elle part un peu avant minuit, me laissant en déroute montre, lunettes, peignes – et moi je m'endors.

DIMANCHE 14 JANVIER.

Dès 9 h. au « Dôme », je ne bouge pas avant 4 h. 1/2 – travail soutenu. Il faut inventer tout un nouveau chapitre, j'ai commencé la suite et ça exige plus d'efforts que le travail précédent. Petit déjeuner – déjeuner où je lis un peu Jules Romains – serrement de mains à Gérassi – et 1/2 h. insignifiante avec Védrine distraient à peine une heure à mon travail. Lettre à Sartre puis je vais retrouver Kos. Je la trouve avec Wanda qui rentre un peu défaite de la Foire aux puces – elle-même a eu mal aux dents tout le jour, et la veille elle a pleuré de dépit en plein cours à cause d'un rôle trop facile et qu'elle a joué avec trop de facilité. Elle est charmante d'ailleurs sous son grand capuchon écossais quand elle me raconte tout ça. En U salle Gaveau où on ne trouve plus de place ; on s'obstine, mais il faut finir par renoncer ; on va en taxi au cinéma « Boul'Mich » où on voit *Les Disparus de Saint-Agil* avec Michel Simon et Von Stroheim excellents et Mouloudji qui nous amuse – il y a aussi un charmant dessin animé en couleurs *Le Rat de ville et le rat des champs* et aux actualités de terribles canons, de si belles machines nobles qu'on croirait faites pour tout autre chose que de mettre en bouillie des chairs friables – tranchées, boue, ça me glace d'horreur. De là on va en haut de la « Rotonde » où on passe un moment assez sinistre parce que

Kos. a mal aux dents. On rentre et j'ai encore le temps d'écrire à Bost avant de m'endormir.

LUNDI 15 JANVIER.

Lycée. Travail à la « Sorbonne » à côté de Védrine – choucroute pendant laquelle je lis J. Romains : ça fait 2 h. 1/2 de travail – lycée H. IV – à la sortie Metzger [1] que je congédie et Védrine qui m'accompagne payer le loyer de Poupette puis chercher un phono rue Broca chez Florès. Il fait beau, c'est-à-dire gris et doux, et triste ; un jour d'hiver à Paris, dans de plaisants quartiers un peu abandonnés – l'atelier de Florès est au fond d'une impasse charmante, uniquement bordée d'ateliers, avec au fond un grand homme de plâtre – on monte un petit escalier et on se trouve chez lui ; il montre des toiles, un peu mièvres quoique sèches, genre Watteau revu et alourdi par le cubisme. On emporte le phono, on le pose chez moi, et je vais au « Versailles » avec Védrine après avoir pris mes lettres – deux longues et plaisantes de Sartre qui me fait si vivant, si vivace, ça me rend la gaieté. Je lui réponds et quand Védrine est partie je lis les 3 petites lettres de Bost qu'on n'a pas relevé pendant 25 jours, qui gèle et commence à râler. Je lui écris et je travaille encore 2 h. Une réunion près de moi qui m'intrigue : un capitaine et sa femme qu'il appelle Minette et à qui il frotte le dos – en noir et mauve, décente et pas « bien » – un type de la *N.R.F.* dont je connais la tête – un autre couple d'officiers – des femmes genre intellectuelles du « Dôme » mais aisées – et tout ça parle de banquet et d'apéritif en commun. A la fin arrive Carteret, avec sa longue barbe et ses cheveux sales. On parle d'anthropologie, je ne saisis pas le lien de tous ces gens disparates, mais ça m'amuse de les écouter.

Je rentre à 8 h. passées et trouve Gérassi chez les Kos. : on ne peut pas sortir ensemble – alors après un petit flottement on décide que Kos. et moi irons manger chez « Dominique » puis retrouverons Wanda au « Jockey ». Chez « Dominique » Kos. a

1. Ancienne élève.

242

un peu mal aux dents mais ça passe. Au « Jockey » on est bien installées, je bois un alexandra, j'ai déjà bu chez « Dominique » la vodka de Kos. mais ça ne m'a rien fait du tout – elles pour un martini sont tout de suite animées ; elles dansent ensemble bien plaisamment – on cause un peu – du monde : officiers jeunes, sanglés, se sentant tout héroïques et beaux et qui dansent avec d'assez élégantes putains – une femme saoule s'étale au milieu de la piste, elle traîne un chien après elle qu'elle empêche systématiquement de dormir – elle est en mal d'homme et finit par s'accrocher à un obèse. Mauvaises attractions : une chanteuse marseillaise en robe blanche, toute misérable, et l'imitateur Ruedoux qui n'imite rien ; la femme saoule met un peu d'imprévu dans ce numéro. Je suis en idylle avec Wanda.

On rentre à 11 h. et je lis un peu.

MARDI 16 JANVIER.

Au « Mahieu » à 8 h. après avoir traversé le Luxembourg ; je lis un petit moment puis cours à H. IV. Je suis un peu morne, j'ai versé quelques larmes la veille au soir en pensant à Sartre dans une vraie désolation d'ennui – je ne sens rien de brûlant mais cet ennui me dévore. Heureusement je suis accrochée à mon travail. De 10 h. à midi travail. Déjeuner au « Milk Bar » St Germain avec Sorokine toujours aussi plaisante et tendre. Puis 4 h. de composition pendant lesquelles je fais mon roman. Je passe à la poste ; lettre de Sartre dont la permission est reculée – je vais place Pigalle et dans une brasserie rouge j'écris à Sartre et Bost. Puis je me ramène place Dancourt pour assister à la répétition de *Richard III* [1]. Je trouve chez « Touraine » Wanda qu'on avait préposée à m'attendre et qui m'emmène dans la salle, en traversant la scène derrière les décors. On s'assied près de Kos. – ça me charme d'être là. D'abord ça me semble ma propriété privée parce que j'ai décrit ça dans mon roman et je trouve que je l'ai très bien rendu – et puis ça me

1. A l'Atelier.

243

rappelle le passé – et puis en soi c'est tout plaisant quoique ce n'ait plus l'épaisseur que ça avait pour moi jadis, ça me fait famille. Beaux décors, beaux costumes, Mayenne Copeau somptueuse avec la robe noire et le hennin blanc; Blin splendide dans le vêtement blanc de Buckingham. Dullin seul est en veston clair avec un béret basque qui lui donne l'air coquin. Les femmes jouent bien, et Dullin est fameux; les hommes moins bons, même Blin qui a l'air d'un ange un peu inquiétant, mais beaucoup trop angélique et trop peu inquiétant; sauf à la scène de la mort où il est fameux. Mouloudji après sa petite scène se balade dans la salle en chemise de nuit de fantôme; je salue Kéchélévitch qui est assez belle. Dullin fait une série de ses petits « sketches [1] » comme Mouloudji les appelle avec charme – un spécialement réussi du balcon d'où il doit haranguer la foule. Il me salue : « *Elle* a une bronchite » me dit-il de cet air religieux et sournois qu'il prend pour parler de Toulouse.

Kos. écume de faim – à 9 h. 1/2 je me décide à la suivre, affamée aussi et je manque le dernier acte. On dîne chez « Touraine » qui est vraiment plaisant avec les gens du quartier qui jouent aux cartes et la patronne qui discute avec Kos. sur la répétition et l'électricien qui est parti à 9 h. On rentre à 11 h., Kos. crevée; et j'ai le temps d'écrire des lettres et faire le carnet et dormir longtemps.

MERCREDI 17 JANVIER.

Dès 8 h. 1/2 je travaille au « Dôme » – ça me fait trois bonnes heures, toujours sur ce nouveau ch. 7 qui marche. Déjeuner à la maison où il fait glacial, avec les cousins Cordonnier – 1 h. encore à « Lutétia » où me rejoint Mme Mancy, toute neurasthénique – à la poste, pas de lettre. Je rentre écrire mes lettres, et Sorokine vient. Leibniz, conversation – elle m'avoue avoir menti, à propos de la jeune fille blonde, qui s'est moquée d'elle et n'est pas du tout venue au rendez-vous – elle

---

1. Crises de colère et de désespoir feints rituelles, avec jurons et imprécations – très divertissantes pour le public averti.

244

me dit son grand secret : une nouvelle intitulée « Le râtelier » qu'elle écrivait avec son amie. Charmante, mais nerveuse au départ, et furieuse, simplement de partir. J'ai 1/2 h. pour écrire à Bost.

A 8 h. Védrine. Elle m'indispose tout de suite parce que je la trouve encadrée dans la porte avec une pose de star et tout illuminée de la joie qu'elle va me faire ; rien de glaçant comme cette certitude doublée d'exigence. Je me maquille et fais mes ongles pendant qu'elle m'accable de petits baisers qui continuent à m'agacer – on va dîner chez « Dominique » – puis par envie de distraction intérieure, je l'emmène chez « Betty Hoop », à la place des anciens « Mirages » – c'est sobre de décoration, bleu et rose soutenu, et froid ; un bon orchestre, belle piste, bonne lumière ; public moche. Betty Hoop rose en rose, cheveux roses, un vieux bibi laid, danse et chante sans grâce – un conteur d'histoires marseillaises, peu drôle – un excellent claquetteur qui fait des numéros très bons, un en professeur Nimbus – entre tout les gens dansent. Védrine me coule sans cesse des regards tendres d'une discrétion appuyée, mais terribles sourires à hérisser les nerfs – elle me dit qu'elle a été jalouse de Kos. quand je lui ai offert seulement deux soirées contre 5 – et peu à peu explique « qu'il n'est pas juste », « qu'elles ne méritent pas », etc. Je lui explique un peu le sinistre Kos. et le courage d'inertie qu'elles ont, ce qui l'agace – elle accepte une danse, par civilité : elle danse bien, mais sèchement, en jeune fille du monde – puis je lui détruis son idée de « mérite » et d'« effort moral » et je badine un peu trop là-dessus, elle en est toute déroutée – elle m'avoue qu'elle n'est morale que pour moi, pour que je l'estime plus, et elle a ce mot naïf : « Alors, comme dit Elizabeth dans ton roman, ça ne sert à rien ? – Eh ! que non ! » lui dis-je. Elle remonte chez moi un peu déconcertée, m'embrasse un moment et s'en va.

JEUDI 18 JANVIER.

Je ne travaille qu'une heure le matin au « Dôme » – lycée – déjeuner à la brasserie bleue avec Sorokine qui de nouveau s'agace en me quittant. Je suis enrhumée, heureusement c'est la stagiaire qui rend les devoirs sur « l'intuition mathématique » – à la sortie, Sorokine avec une bouchée au chocolat en guise de réconciliation. Au « Mahieu », Védrine paisible, qui n'a même pas repensé au problème moral soulevé la veille. On nous chasse. Travail chez moi et lettres. Kos. frappe à huit heures, en peignoir, toute déjetée, elle a si mal aux dents qu'elle ne veut même pas me voir, mais j'insiste gentiment. Je vais acheter du saumon fumé et de l'eau de Vichy et on mange chez elle – elle me joue au phono un air de *L'Opéra de qua't sous* et « mon » disque donné par la femme lunaire : *40 hommes, 8 chevaux*, chanté par Gilles et Julien [1], c'est une chanson contre la guerre, assez belle. La lunaire frappe justement : elle vient chercher Wanda qui est au lit, transie de froid. Elles ne veulent pas se chauffer pour punir la propriétaire qui a le front de faire payer le chauffage. La lunaire emmène Wanda, ça m'amuse les vagues échos de cette vie qui me parviennent à travers Kos. : lunaire, Dominguez, Florès, bal nègre, etc. La conversation s'enlise et à 9 h. 1/2 Kos. veut dormir. J'hésite et me décide à aller voir juste à côté *Cette sacrée vérité* avec Irène Dunne – pas très drôle. Étonnant le générique du *Congrès s'amuse* : « Londres s'amuse, Paris s'amuse. Toute l'Europe s'amuse. » Toute la salle en a eu un petit choc. Rentrée à 11 h., j'ai encore le temps d'écrire à Poupette et finir J. Romains sur qui il n'y a rien de bon à dire.

VENDREDI 19 JANVIER.

Travail au « Dôme » de 8 h. 1/2 à 11 h. 1/2 – on y grelotte – poste – longue lettre tendre de Bost, lettres de Sartre comme de coutume – en métro à la « Sorbonne » où je retrouve Védrine qui me fait une drôle de corrida pendant que nous mangeons des omelettes Parmentier. Elle a tremblé et sangloté deux heures au lit en pensant que ma vie était une mosaïque au centre de laquelle je me tenais, que je ne me *donnais* pas,

1. Chanteurs anarchistes, antimilitaristes, connus depuis 1932.

qu'elle n'était pas *ma* vie, etc. Tout ça c'est jalousie de Kos. –
elle est mi-dedans, mi-dehors, de ce délire, ce qui ne permet pas
de la prendre au sérieux et exaspère. Je ne suis pas aimable
mais lui dis sèchement des trucs raisonnables : « l'amour n'est
pas une symbiose. – C'est ce qui me fout par terre » me dit-elle
en claquant des dents devant le lycée H. IV – 3 h. de cours –
1/2 h. avec Metzger – puis travail chez moi. Un mot de Kos.
qui s'est réveillée tout asymétrique à cause d'une fluxion den-
taire. Je la salue et travaille. A 8 h. je vais aux provisions et
chez elle on se gorge de confitures et gâteaux – je suis toujours
bien enrhumée mais on cause fort honorablement jusqu'à 11 h.
Je finis mes lettres et je me couche et dors.

CARNET V

20 JANVIER-23 FÉVRIER 1940

SAMEDI 20 JANVIER 1940.

Lycée – au « Dôme » de 11 h. à 1 h. 1/4 mais il fait si froid que je déjeune et continue de travailler à la « Coupole. » Je retourne au « Dôme » prendre un grog et attendre Sorokine qui s'amène à 5 h. juste et tout de suite s'énerve et frappe sur les verres parce que les moments où on n'est pas définitivement installées lui semblent perdus. On va au « Nordland. » Froid dans les rues, froid humide et gris – rhume, fatigue. Je prends un punch et elle mange de petits sandwiches aux anchois cependant qu'on parle sur Proust et l'art et la vie. Je la quitte, rentre écrire une demi-heure et attends Védrine – elle arrive souriante, son délire est fini. Elle m'apporte des disques et nous écoutons un mauvais trio de Schubert et un peu de Chopin. Puis on va manger au « Sélect » en s'expliquant sur son délire : comme elle a voulu imiter Kos., comme en me l'exposant elle se forçait à rester dedans pour m'impressionner alors qu'elle n'en avait plus bien envie. On discute sur l'amour et la morale et tout. Je suis assez reprise par elle, je la trouve attachante. Je fais encore une lettre en rentrant et je m'endors.

DIMANCHE 21 JANVIER.

Travail au « Dôme » toute la matinée. Déjeuner avec Gégé et les Gérassi : je proteste et un tas de clients aussi parce que sous prétexte des 100 grammes de viande on ne nous sert que des vieux os, le gérant est assailli de réclamations. Repas sans intérêt. Je m'en vais dans mon coin à 2 h. et je travaille et commence mes lettres. Corrigé quelques copies. Ensuite à 5 h. on prend le métro avec Kos. pour le concert du Conservatoire où on entend un *Adagio et fugue* de Mozart assez beau, et un *Requiem* très beau – elle est tout enveloppée encore dans ses fichus, mais sa joue a dégonflé, elle n'a presque plus mal et elle est toute gentille. On dîne chez « Pagès », et en compagnie de Wanda on entend de la musique au phono dans sa chambre : *Sonate appassionnata – Concerto et fugue* de Bach – *Variations* de Beethoven sur un thème de Mozart. A 11 h. je vais écrire mes lettres et dormir.

SAMEDI 22 JANVIER.

Lycée C. Sée – travail – mais d'abord je vais en métro à la Madeleine prendre des places pour le festival Ravel samedi – je reviens en autobus. Il neige, il fait doux et c'est charmant la rue Royale sous la neige, avec les voitures qui marchent au ralenti, un air vieillot et villageois que tout a pris. Je m'installe au « Mt St Michel », mais on n'y aime pas l'écrivain et quand j'ai mangé mon œuf aux tomates je vais m'installer au « Mahieu » et y continue mon travail. Le matin à 8 h. quand je suis descendue, Sorokine a surgi soudain ; c'est drame entre son père et sa mère et elle venait chercher du secours en moi – ils se disputent parce qu'ils veulent se séparer, et aucun ne veut la prendre avec lui – cependant son père l'attire de temps à autre dans ses bras en lui disant : « ton père est ton meilleur ami » et essaie de l'embrasser sur la bouche. Elle me raconte ça pendant que je vais chercher à la poste les lettres de Sartre, mais le sac est encore fermé. On a pris le petit déjeuner dans un petit café en face. Elle m'a fait promettre de la saluer à 2 h. dans la salle des professeurs, ce que je fais, mais j'arrive tard et elle ne lève même pas la tête, elle boude.

Lycée – puis ayant rendez-vous à St Germain des Prés pour un cinéma avec Kos., je m'installe chez « Lipp » où je suis merveilleusement bien, avec de larges tables et cette salle calme et chaude. Je travaille, fais mes lettres et retrouve Kos. aux « Deux Magots » où ça grouille de monde. Je mange du cake et du chocolat et on achète des dattes qu'on avale au cinéma. C'est au « Récamier », où je me rappelle bien avoir été quand j'étais petite ; ça a l'air d'une salle de séances récréatives ; il y a encore la corbeille pour l'orchestre. On voit un mauvais film de gangsters avec H. Bogart, *Menaces sur la ville,* film de propagande, et un film un peu loupé mais très plaisant avec Bette Davis, *Nuits de bal.* On rentre dans un froid noir. Je lis un peu *Le Château* au lit. C'est encore infiniment meilleur que *Le Procès,* j'en suis toute saisie.

Journée un peu désaxée, et sombre.

MARDI 23 JANVIER.

Lycée H. IV où on grelotte – les élèves ont le nez tout rouge, on ne peut penser qu'à la meilleure manière d'utiliser son manteau ; heureusement c'est une stagiaire qui rend les devoirs.

Travail au « Mahieu » sur le ch. 8 qui ne me donne pas grande joie. J'ai eu la veille des lettres de Sartre qui m'annoncent ferme sa permission mais ça m'a plutôt désaxée, je n'y crois pas sans pouvoir m'intéresser à autre chose. Et puis j'ai changé de chapitre et celui-ci est ingrat, je suis mal à l'aise.

Sorokine vient à midi, on déjeune au « Milk Bar », mais elle boude et je lui montre que ça m'agace. Du coup à 3 h. au sortir de C. Sée elle est là, haineuse, mais n'ayant pu résister au besoin de me voir. Elle m'accompagne à Montparnasse. Deux lettres de Sartre qui me font un peu de bien, et d'autres de Bost si gentilles. Je travaille au « Versailles » où Védrine vient mais lit mon roman et ne me dérange pas. On revient à pied chez moi, je travaille encore et Kos. vient me chercher. Elle est sinistre mais tout aimable. On passe la soirée au « Dôme » où l'on dîne et où elle me parle longtemps de son travail d'un point de vue technique qui m'amuse. On rentre à 10 h. écouter Bach et l'*Appassionnata*. Je finis mes lettres et je dors.

MERCREDI 24 JANVIER.

Dès 9 h. moins 1/4 au « Dôme », mais Stépha me gâche un quart d'heure avec des histoires d'appartement. Ça m'agace. Je travaille 3 h., toujours sur le ch. 8 qui s'achève. Poste : deux lettres de Sartre, deux de Bost. Je les lis en allant déjeuner chez moi. Repas de famille, on compare K. Mansfield et Maupassant, je corrige un peu des copies. De nouveau au « Dôme » à travailler toute l'après-midi. A 5 h. je rentre, et je vois Sorokine : séance qui me retourne le cœur, elle se jette dans mes bras et m'explique sans pathétique et sans reproche mais avec une voix et des visages tout bouleversants qu'elle m'aime « tellement, tellement » et que c'est si lourd et sans cesse tendu. Étreintes, baisers, mais qui ne peuvent aller fort loin aujourd'hui, je suis forcée de le lui expliquer discrètement car elle devient nerveuse – à la fin, je me livre quand même sur elle aux dernières violences, et c'est étonnant comme en une seconde elle est calme et souriante et toute gaie. On cause tout plaisamment – elle ne me demande pas de l'aimer passionnément et je prends bien garde cette fois à ne pas le lui laisser croire, mais elle voudrait que je tienne à elle. J'y tiens vraiment et quand elle me quitte je reste toute secouée.

Arrive Védrine ni agaçante ni attachante; on va manger au « Nordland » un « beefcarbonade » et c'est doucement ennuyeux. Puis au « Dôme » je bois un marc – elle est un peu mélancolique, on parle sur la science et la politique – elle ne m'apporte rien, qu'une intelligence sage et moindre que la mienne, je m'ennuie avec elle.

J'écris à Sartre, relis ses lettres, lis *Le Canard enchaîné* et m'endors.

JEUDI 25 JANVIER.

Je traîne un peu au lit, jusqu'à 8 h. passées. Comme mon carnet est tellement en retard, je décide de ne pas faire le roman ce matin mais d'aller chez « Dupont » et de le mettre au point. Il fait moins froid. Je passe à la poste – rien de Sartre – deux lettres de Bost. Je vais au « Dupont » les lire : chaleur, tables rouges, musique. Je suis prise d'une mélancolie comme je n'en ai pas eu depuis longtemps. D'abord il me parle de types de sa compagnie qui se sont battus et ça me fait peur, et puis plus je le retrouve vivant et charmant, plus je sens ma tendresse, et plus son sort me fait injuste, et plus j'ai peur. Ces permissions, ça me fait presque un adieu du condamné à mort; après, qu'est-ce qu'il va y avoir ? Ce sera ce fameux printemps, si redoutable – est-ce qu'on se battra ? Ces permissions qui marquent une fin d'attente, maintenant qu'elles sont là, je pense déjà à cet « après » indéfini qui va suivre. J'ai une envie de pleurer formidable – sombre comme la nuit, ce matin. Et j'ai tellement envie que Sartre vienne.

Lycée. J'ai 20 mn. d'aubaine, parce que mes élèves, chapeaux en tête et gants aux mains et masque au flanc, sont parties en exercice d'alerte dans la maison d'en face. Je lis *Le Château* assise dans un des profonds fauteuils de la salle des professeurs. Puis classe. A la sortie Sorokine toute rayonnante – on déjeune ensemble en parlant encore sur Proust. Lycée. Je salue Védrine un tout petit moment et vais chercher ma lettre et cette fois il me semble que cette permission est sûre, Sartre va vraiment venir. Travail au « Dôme » – lettres à Sartre et Bost chez moi – mon stylo a perdu sa capsule, j'achète une bouteille d'encre où je le trempe comme un vulgaire porte-plume.

Kos. vient me prendre, sinistre mais charmante comme toujours et on va manger au « Dôme » où elle me parle de diction et de respiration. On rentre assez tôt et je corrige quelques copies.

Je me suis levée très tôt, avant 8h. 1/2 je suis au « Dôme »;
je râle contre Stépha qui me raconte sa réconciliation avec Fernand : quand il a su qu'elle avait trouvé une situation à Paris,
lui qui voulait partir pour St Domingue, il a sauté sur la situation et fait des protestations d'amour passionné appuyées par
de hauts faits de nuit – elle rêve sur la complexité de la nature
humaine avec des yeux embués de larmes. Je travaille quand
même fort bien jusqu'à midi. Puis je vais au « Biarritz »; ils y
sont au complet, Kanapa, Lévy, Besse, Ramblin; ceux-ci
partent et je mange une omelette aux pommes de terre avec les
autres; Védrine est là aussi nécessairement. Lycée. Sorokine
passe mais je la plaque car Védrine m'attend au « Mahieu »;
elle me montre une petite liste touchante de toutes les réflexions
qu'elles a faites sur elle; on va à la poste – lettre de Sartre –
puis à la brasserie « Lutétia » où je travaille – encore 1 h. 1/2
de roman, mes lettres et comme Kos. n'arrive pas, des copies.
Elle ne se ramène qu'à 8 h. passées, à cause du verglas; à l'Atelier on a cru qu'il faudrait rembourser les places car à 7 h. 1/2
Blin n'était pas là faute de taxi, ni la vieille Marthe Mollot qui
a remonté la rue Dancourt soutenue par deux enfants; par ailleurs il n'y avait que 38 personnes dans la salle. On va au
« Récamier » voir *Les Pillards des mers* avec George O'Brien,
qui sont un peu bien amusants, et *La Grande Farandole* avec
Ginger Roggers et Fred Astaire; dans les deux premiers trucs,
c'est absolument charmant, aussi bon que leurs meilleurs films,
puis ça languit.

Ça a dégelé dehors quand on sort mais il y a encore des coins
dangereux – on va en métro à Montparnasse et on achète au
« Milk Bar » des toasts qu'on mange au comptoir de la
« Rotonde » – les cafés ferment à minuit à présent, ça fait plaisant.

Levée à 7 h. 1/2 avec un peu de fatigue. Lycée – puis au « Dôme » où je travaille après avoir reçu ma lettre de Sartre. Stépha s'assied à deux pas de moi avec son chien et m'exaspère, disant un mot de temps en temps et me dévisageant intensément pendant que j'écris ; Florès passe et lui parle, ça fait du bruit. Je finis par l'inviter à déjeuner avec le Boubou et l'ayant fait ne cesse de râler de l'avoir fait. Je suis nerveuse. J'ai mal dormi, de joie d'attendre Sartre, sa mère a posé ses vêtements chez moi la veille, ça commence à faire concret et ça m'angoisse. Je retravaille après le repas – mais bruit, sang à la tête, fatigue. Kos. passe, elle voudrait aller au concert, à présent, mais hier elle ne voulait pas et j'ai donné la place à Stépha – c'est elle que j'emmène salle Gaveau, toujours la rage au cœur. Du monde chic ; un bon programme, dans le léger : quatuor, morceaux pour piano, et surtout de très belles cantates que chante formidablement une étonnante bonne femme qui s'appelle Madeleine Grey ; seulement il faut encaisser des discours de Pierre Bertin et une interminable vente aux enchères où la baronne de Rothschild et le comte de Polignac et tout et tout se disputent des pages manuscrites de Duhamel, Claudel, Valéry, qui fait 2000 f. – ça m'assied un peu de voir ces gens cracher l'argent par billets de mille. Dans le métro qui me mène chez Sorokine je rencontre Védrine et sa mère – puis je lis *Le Château* – ça me saisit – à la fin les rapports d'Amalia avec le Château, ça me fait penser à Zaza [1], je trouve que ça a quand même un sens particulier, qui ne se comprend bien que lorsqu'on a expérimenté de façon ou d'autre ces rapports avec un Dieu personnel – moi je suis prise par cette histoire, ça a pesé sur moi tout le jour mêlé à toutes sortes d'angoisses. Il y a un moment d'angoisse noire, dû en grande partie à la fatigue, pendant le concert.

1. Sa grande amie d'enfance et de jeunesse. Se reporter aux *Mémoires d'une jeune fille rangée.*

Sorokine charmante – on parle sur Proust – elle m'explique comment elle voit mes sentiments pour elle, et c'est terriblement juste : que je passerais bien 10 jours de voyage avec elle mais pas plus, la verrais librement 3 fois 3 h. par semaine mais pas plus, que j'ai des moments d'« exaltation » mais qui retombent vite – il y a seulement cette « intention » très forte de lui faire du bien et cette profonde et tendre considération que j'ai pour elle qu'elle ne sent pas. C'est léger, mais c'est en constance mes sentiments pour elle, et je m'agace injustement qu'elle ne le sente pas et qu'elle ne trouve pas précieux le peu que je lui donne, qui m'apparaît à moi déjà fort conséquent, mais qui évidemment ne peut la satisfaire. Elle me plaît physiquement de plus en plus avec ses longs cheveux raides et son visage à travers les cheveux.

Je rentre en taxi et vais au « Dôme » écrire à Sartre ma dernière lettre – puis chez moi je m'attarde à ma toilette avant de dormir. Lettre du Mops [1] qui est à Paris.

DIMANCHE 28 JANVIER.

J'ai mal dormi, avec angoisse. Je voyais Sartre et ne sentais rien devant lui, mais c'est qu'il avait tantôt les traits de Dullin, tantôt ceux d'une élève et je m'indignais qu'on me l'ait remplacé et me désolais à l'idée de ne plus jamais retrouver cette chaleur de cœur d'autrefois – c'était très pénible. J'ai dormi jusqu'à 9 h., posé un mot chez le Mops, écrit à Bost et ce carnet. Hier j'ai vu dans les mains de Kos. les carnets de Bost et ça m'a été pénible, ça a fait partie de mes angoisses ; je prévois du passionnel bien douloureux quand il sera en permission et juste après le départ de Sartre. Je vais travailler, mais Stépha est encore là à mes côtés avec son chien et sa seule présence m'indispose.

Stépha a été sage et j'ai bien travaillé ; j'ai quasi tout fini. J'ai un peu mangé entre tant. Puis j'ai pris le métro après avoir acheté un roman policier qui est mortellement ennuyeux. Je

1. La fille de madame Morel.

retrouve Védrine au « Cintra » de la rue du Fg Montmartre qui est assez plaisant, elle a son costume de velours noir avec une petite blouse bleue, elle est mignonne ; elle me dit qu'elle a été un peu sinistre à cause de ces histoires morales, qu'elle ne comprend plus ce qu'elle doit faire, et je l'encourage tendrement. On passe une heure ensemble puis on va, séparément, au concert ; dans le hall je retrouve Wanda ; on attend Kos. qui arrive à la dernière seconde, juste comme on ferme les portes de la baignoire. 5 *Concertos brandebourgeois* de Bach, tout à fait beaux – la salle est comble, il fait chaud mais je suis fraîche, j'écoute bien et avec un extrême plaisir, ça me fait plein.

On rentre, on mange chez « Pagès » ; Kos. est fatiguée et presque nerveuse – on rentre tôt chez elle, on cause mollement et écoute un disque de Sophie Tucker [1]. A 10 h. 1/2 je la quitte, j'écris à Bost, à Poupette et je me couche. Bon sommeil.

LUNDI 29 JANVIER.

Le réveil a été dur ; je commence à être un peu fatiguée. Védrine m'a dit la veille que sa mère et elle m'avaient trouvé samedi l'air tout crevé ; mais je me reposerai bientôt, déjà je me sens détendue, ayant quasi fini tout ce que je voulais montrer à Sartre de mon roman. Ça me donne dès le réveil une impression de loisir.

Un verglas noir dans les rues – je vais vers le métro à tout petits pas. Lycée C. Sée – puis poste : petite lettre de Bost qui a peu écrit parce qu'il redescendait. Deux lettres de Sartre : ce n'est pas encore une certitude cette permission. Travail au « Dôme », correction, petit salé, puis je vais à pied à H. IV en traversant le Luxembourg qui est tout en boue gelée. Deux heures de cours, retour à pied. Au « Dôme » je travaille une heure et vient le Mops avec qui j'ai 2 h. de conversation sans intérêt : Zuorro a perdu son beau-frère – Guille est sinistre et voudrait partir pour le front, Dieu sait pourquoi. Ensuite

1. Interprète, entre autres, de l'air de jazz qu'écoute Roquentin à la fin de *La Nausée* : « Some of these days ».

259

j'écris à Bost et je fais ce carnet. Il y a une petite musique qui vient de je ne sais où, au « Dôme », à présent.

A 8 h. je retrouve Védrine aux « Deux Magots », qui sont bondés pour changer – on va dîner chez « Lipp », dans le fond, et ça me fait plaisant d'être là – je suis tout aimable avec elle et en sympathie, on parle de philosophie ; ce qu'il y a, c'est que je ne peux guère causer avec elle car elle n'apporte jamais rien de personnel, je peux juste lui expliquer des choses – ou alors il faut parler d'elle, c'est le seul point où elle donne du neuf. On parle d'Einstein et des géométries non euclidiennes – un monsieur à rosette qui a écouté scrupuleusement notre discussion intervient pour expliquer ce que sont les parallèles de Lobatchevski, et me fait même un petit dessin. Ensuite au « Flore », tout grouillant, où on aperçoit Gégé. On cause encore un peu, puis on va au métro Odéon et je rentre.

MARDI 30 JANVIER.

Ça fait une période de transition, je ne travaille plus, je ne fais qu'attendre la venue de Sartre sans y croire encore complètement – et de nouveau, avec le loisir de regarder un peu la situation au lieu de garder le nez dans mes papiers, je me sens mal dans ma peau. J'ai peur du printemps et que la guerre commence vraiment et que des jours reviennent comme ceux de septembre ; quand j'étais dedans je les supportais somme toute, mais de loin ça me semble intolérable, ces heures de peur.

A pied au lycée en traversant le Luxembourg qui est une vraie patinoire ; sur la place du Panthéon les élèves marchent à petits pas de vieilles, tout est envahi par le verglas qui fait grand cataclysme naturel – silence, calme campagnard de ce matin dans le blanc. A la sortie il y a de grands Sita qui crachent du sable sur la chaussée et les concierges déblaient les trottoirs – au cours de la journée ça se transforme en une gadoue infâme – mais la dame du lavabo au « Mahieu » raconte qu'il y a eu des gens tués la veille. Je travaille 2 h. au « Mahieu » à corriger des copies. Puis vient Sorokine, bien

contente de moi et charmante en conséquence; on mange au
« Mt St Michel » – elle me raconte ses malheurs en chimie,
comme elle casse les alambics et se fait haïr par la préparatrice.
3 h. de cours à C. Sée sur la rancune et la timidité. A la poste,
une lettre de Sartre – ça semble bien certain qu'il sera là dans
deux ou trois jours. Je vais à la « Sorbonne » où Lévy, Kanapa,
Védrine, travaillent dispersés en rond dans la salle du fond. Je
m'assois près de Védrine et corrige des copies et écris à Bost
jusqu'à 7 h. 1/2.

A 7 h. 1/2 je retrouve Kos. au « Mahieu » – on va voir aux
Ursulines *La Kermesse funèbre* d'Eisenstein qui est tout court
mais curieux et avec de bien belles photos. Puis une petite
rétrospective du cinéma parlant dès 1900. On revient à pied au
« Milk Bar » où on dîne un peu, et on rentre. Je fais une longue
toilette, des préparatifs et je me couche.

MERCREDI 31 JANVIER.

J'ai dormi 9 h., moins par goût que parce que je l'avais
explicitement décidé, il faut me reposer un peu. Je viens au
« Dôme » avec *Le Canard, La Semaine à Paris, L'Œuvre,* que
je regarde avant de faire ce carnet. Naturellement Stépha s'est
assise en face de moi pendant que je commençais à relire le
brouillon de ma seconde partie de roman; mais je n'ai pas levé
le nez, j'ai été quasi jusqu'à la grossièreté, je la trouve inconce-
vable. Il y a de l'ouvrage sur ces 150 pages à venir, mais c'est
déjà un peu mâché et j'ai presque envie de m'y mettre quand
même demain. Je passe les deux heures de la matinée à le lire;
puis je vais déjeuner en famille – puis en taxi à Neuilly et chez
Rys pour acheter de l'étoffe avec l'argent que je viens de toucher, mais je ne trouve rien. Je rentre chez moi, j'écris à Bost.
Ma mère m'a donné un beau petit pull-over bleu lavande avec
turban assorti et je mets ça, et je me trouve fort belle.

Sorokine arrive à 4 h. Je lui donne sa leçon puis je l'emmène
à la poste et chercher le phono que j'avais donné à réparer. Je
la ramène et on joue le *Seizième Quatuor* de Beethoven qui est

261

beau mais assez difficile et que j'écoute avec attention – ça la met en rage et elle se fout en boule dans un coin du divan. « Déjà 6 h. 10 » dit-elle, et je sens qu'elle calcule le temps qui restera pour les étreintes – ça m'agace, je lui ai proposé une heure de plus pour entendre la musique et la voilà qui grogne. Je sais que je suis injuste, elle me voit si peu, elle ne peut supporter d'être enfermée avec moi dans une chambre sans être dans mes bras. Mais je m'enfonce un peu dans la bouderie, je remets un disque puisqu'elle ne veut rien me raconter, jusqu'à ce que, à moitié en larmes, elle me supplie d'arrêter. Je suis nerveuse de mon côté à cause des lettres de Sartre qui disent ne pas savoir encore la date exacte du départ. Je regrette d'avoir cessé de lui écrire, je ne suis pas contente et ma conduite un peu gelée avec Sorokine se ressent de ça. Enfin je la prends dans mes bras, et en cinq minutes on est au lit. Étreintes. Mais dès que c'est fini elle gigote et sanglote à demi : « c'est gâché, il n'y a rien à faire », etc., puis de nouveau s'alanguit dans les caresses. On allume, on s'habille et comme elle veut encore me bousculer, j'ai encore un mouvement d'humeur qui lui met les larmes aux yeux et dont je m'excuse platement. Mais elle me quitte à demi en larmes en disant : « ça va être si désagréable » et il n'y a rien à faire pour la consoler. Use un peu de ces larmes comme d'un chantage d'ailleurs, elle pense que si je suis persuadée qu'elle souffre, je lui accorderai plus de temps. Bien attachante quoique sur le moment insupportable à travers ses caprices et ses exigences. Ça me fait drôle, pour elle comme pour Védrine : quand je les vois tourneboulées à propos de moi, j'ai l'impression d'une attaque.

Elle me quitte en me montrant le poing, et comme Kos. ne vient pas, je joue des disques : *Le Prince Igor, Ballade* et *Nocturne* de Chopin, *La Cathédrale engloutie* et *L'Après-Midi d'une faune* de Debussy ; tout en achevant un paquet de copies et faisant ce carnet.

Kos. arrive un peu avant 9 h., elle a mis une heure, dit-elle, à se recréer une figure humaine, elle était sinistre et veut un peu de divertissement extérieur. On va dîner chez « Pagès », puis on va au « Jockey » boire un verre. On nous met au fond

262

près d'une tablée d'hommes en quête de femmes et que la quasi-décence du « Jockey » écœure ; ils se plaignent : « je suis content d'avoir vu ça ! » disent-ils ironiquement, et ils se proposent d'aller au « Sphinx [1] ». Il y a une petite chanteuse et un petite danseuse mignonnes toutes deux mais bien impotentes — beaucoup de monde, le jazz est meilleur, ça grouille et ce n'est pas déplaisant. On cause très amicalement. Kos. parle un peu de Bost : elle a peur qu'il n'arrive à l'improviste, elle dit que ce serait dramatique, et ça me fait drôle ce genre de rapports si lointain, où il faut préparation pour donner sa place à un type — je serais tourneboulée un instant, mais ça serait tout de suite simple je suis sûre. Ça me fait vaguement plaisir, comme toujours ce qui marque une faille dans leurs rapports — elle n'a pas de lettre depuis 5 jours ; ça me fait plaisir aussi, moi j'en ai reçu une du mercredi. Tout ça à fleur de peau, dans un abstrait qui n'est pas même demi passionnel, mais une indication de passionnel possible — elle parle des carnets de Bost et me raconte un tas de trucs intéressants : mais elle est agacée par ce qu'elle appelle la « modestie » de Bost qui me plaît tant à moi ; elle dit qu'il s'agit de sa timidité de pensée et de sa gaucherie d'expression mais c'est plus profond ; d'ailleurs elle dit à un autre moment avec irritation que ça serait mieux pour lui d'être avec des gens de son espèce qu'avec des paysans lourdauds — ça c'est l'aristocrate russe qui ressort et le goût pour les brillants officiers. Elle ne m'est pas sympathique dans tout ça quoique charmante avec moi toute la soirée.

A minuit le réveil sonne, on avait bien envie de traîner encore un peu dans les cafés, mais on nous refoule de partout. On rentre, on cause vaguement de livres qu'elle pourrait lire et ne lira pas, et on se couche.

JEUDI 1ᵉʳ FÉVRIER.

Je me force encore à dormir 8 h. 1/2 cette nuit et encore une fois j'en ai mal à la tête. Je vais au « Dôme », je finis de relire

1. Bordel célèbre.

mon brouillon de roman et j'en prends envie de continuer à travailler – Stépha passe, bien entendu. Je vais au lycée C. Sée – deux heures de cours. Sorokine m'attend à la sortie, mi-figue, mi-raisin, mais je la dégèle vite – on va déjeuner, elle me raconte comme elle m'a haïe jusqu'à minuit et écrit une grande lettre de malédiction mêlée de remords. On convient qu'elle a tort de vouloir passer le temps où elle me voit uniquement à me regarder dans les yeux. Je lui parle un peu de sa petite nouvelle « Le râtelier »; elle est toute tendre et on est au mieux ensemble. A H. IV pendant 2 h. la stagiaire fait un cours sur l'Évolution – je m'emmerde tant que carrément je corrige un paquet de copies : me voilà délivrée pour près d'un mois. Je vais en taxi à la poste et retourne au Quartier Latin : Sartre ne sait encore quand il arrive. J'ai envie de le voir aux larmes en lisant sa petite lettre. Mais à trois jours près ça ne m'est pas trop déplaisant d'attendre, je me sens dans un drôle d'état de vacance, avec une espèce de gratuité en tout ce que je fais.

Je retrouve Védrine au bar de la « Sorbonne » et je travaille à ses côtés. Je rêve sur le ch. 10 et je fais un tas d'inventions heureuses et tout un plan de nouveau début, c'était ce qui était le plus manqué. Je travaille avec mollesse et amusement, comme toujours quand j'invente. Et puis je fais ce carnet.

Tout le monde me trouve très belle avec ce nouveau pull-over bleu. J'ai été vaguement consciente de mon physique, de moi-même et de ma vie (passée) pendant l'exposé de la stagiaire et j'en ai été satisfaite.

A 7 h. 1/2 on quitte la « Sorbonne » pour aller dîner au « Bortch. » On mange et on a, à propos d'une lettre de Sartre à Védrine, de nouveau une grande conversation sur l'authenticité. Je suis frappée soudain par le caractère « juive pieuse » de Védrine, et comme elle n'a jamais été enfant mais toujours une petite grande personne – dès l'enfance emportée par le courant social, vivant *avec* le social et non contre comme font traditionnellement les enfants – en partie à cause de son éducation et surtout de son intelligence un peu monstrueuse qui lui a permis tout de suite d'avoir une technique de pensée permettant de se débrouiller dans ce monde construit. Et ça a continué : elle a accédé tout de suite, avec Sartre et moi, à une vie amoureuse de grande personne, elle n'a souci que de se construire une existence de plus en plus riche dans le monde du « das man [1] » et somme toute ça se comprend bien, elle ne peut être à la fois sur ce plan et sur le plan existentiel, elle est plus authentique pour l'instant en vivant dans ce sens-là qu'en cherchant l'authenticité : je le lui dis, et elle a une mine dépitée qui me fait rire à l'idée que la richesse de sa vie précisément la coupe d'une certaine authenticité. Elle voudrait tout à la fois − elle avoue aussi que c'est pour être à égalité avec nous dans le trio qu'elle se veut authentique. Je lui dis de ne pas imiter Poupette et de Roulet, et de se défier en un sens de nous, qu'on est toujours charlatan quand on *parle* de morale à autrui, qu'on ne peut être sérieux que pour soi-même. Elle comprend et ça la satisfait un peu − quoique gênée de ce cercle vicieux qui rend inauthentique son désir même d'authenticité.

On va à l'ancien « Gypsy » rue Cujas ; on s'assied au fond, ce n'est pas déplaisant : des grottes bleu et rose dans les feuillages − assez bon jazz − chansonniers pas drôles. Un chasseur d'aviation chante des chansons d'une inimitable obscénité. Je suis douce avec Védrine, je lui offre des œillets rouges, elle est heureuse. Mais j'ai le cœur lourd comme plomb. Je pense à Sartre, à Bost, que je voudrais voir. Je sens la guerre tout autour de moi et je suis si nerveuse que pour un peu je pleurerais.

On rentre au métro Odéon où je la quitte à 11 h. 1/2. Kos. a mis dans mon casier un carnet de Bost que je regarde avant de dormir. Cauchemar.

VENDREDI 2 FÉVRIER.

Il y a longtemps en somme que je n'avais plus eu de vie intérieure. Je travaillais trop, et j'étais barrée, et surtout il n'y avait rien autour de moi qui méritât un désir, une angoisse − un monde calme et desséché − ça me fait étrange ce matin au

1. Le « on » chez Heidegger, qui vit dans l'inauthenticité, puisque selon l'opinion d'autrui.

« Versailles » de retrouver en moi une attente, une émotion et des valeurs de temps de paix. Drôle de journée. Sartre arrivera aujourd'hui peut-être, demain ou dimanche sûrement. Je viens de la poste où il n'y avait rien, je ne saurai rien avant 4 h. J'ai une lettre de Bost qui parle de sa permission comme d'une chose réelle : il ira d'abord chez P. Bost[1] puis me verra moi et je pense qu'il me donnera bien 24 h. d'affilée – mais je n'en suis pas sûre, j'ai peur que ça se goupille mal, j'ai peur que ça soit dur cette permission, je ne sais pas – mais d'y *croire* seulement ça me met en angoisse, je ne sais trop que faire de moi, j'ai peu envie de travailler. Vague envie de pleurer, gorge sèche, incertitude.

Je me suis levée à 8 h. passées avec déjà cette drôle d'impression de contingence. J'ai été au « Dôme » et j'ai lu le carnet de Bost, le n° 2 sur le front ; j'ai bien senti sa vie là-bas, dans son quotidien. Toujours une drôle d'impression de guerre à la Kafka, quand il écrit par exemple : « on dit que dans cette ferme il y a des Allemands mais personne ne les a jamais vus » – des types racontent qu'ils en ont vu et même de près et qu'ils sont audacieux comme tout – et renseignement pris, c'était pure hallucination, des types sont tués par eux mais renseignements pris, ils se sont eux-mêmes entre-tués – toute la vie est organisée en fonction d'eux, et on ne les aperçoit pas plus que les grands juges du *Procès* et les maîtres du *Château*. Il semble que si tout le monde soudain cessait d'y croire, ce serait la paix comme avant, que la guerre est un destin qu'on se crée par un mélange de fatalité intérieure et de liberté désaxée.

J'ai passé à la poste – rien de Sartre, petite lettre de Bost. Je suis venue ici lui écrire et finir ce carnet.

Déjeuner au « St Michel » avec Védrine, mais je ne suis pas à la conversation, je me sens tout intérieure et terriblement contractée, comme je n'ai pas été depuis longtemps. Au lycée je rends des compositions, on emmène des élèves pour éprouver leurs masques à gaz dans une chambre formolée, et j'écris ceci pendant ce temps. Vraiment aucune joie en moi, une angoisse qui serre la gorge, aucune image vivante – tension à vide,

1. Pierre Bost, son frère aîné.

266

intensément déplaisante et sur fond de dépression qui fait que je suis au bord des larmes. Dehors humidité et grisaille. Désir de solitude, malaise.

Sorokine à la sortie – je vais à la poste où il n'y a pas de lettre. Alors, tout énervée je vais au hasard m'installer gare de l'Est, au café sombre. J'écris là deux heures – je n'attends rien, je crois profondément que Sartre ne viendra pas – j'ai un peu l'impression qu'il n'existe qu'en rêve, ou que du moins cette histoire de permission n'existe qu'en rêve, que je suis une mythomane qui s'invente des attentes et des désespoirs. Je prends un taxi et me ramène à l'hôtel « Mistral » pour un mot à tout hasard. Ça me rassérène un peu, ça se détend un peu en moi.

Satisfaction de voir que Kos. prend bien le récit de ma soirée de la veille et aussi mon projet de départ [1]. On va au « Dôme » où l'on dîne et passe la soirée – elle a mal aux dents mais elle est gentille. Me dit que Bost compte la voir 5 jours, après Taverny [2], et ça me satisfait ; me dit aussi qu'il compte passer des nuits mais qu'elle ne peut pas faire ça. Elle est nettement morose à son sujet et je sais que ça passera mais ça me satisfait quand même aussi.

Je me couche énervée – il y a une punaise qui me réveille à 3 h. 1/2 du matin en se baladant sur mon visage.

SAMEDI 3 FÉVRIER.

Lycée C. Sée dans l'énervement de l'attente. J'ai lu ces jours-ci et j'achève en prenant mon petit déjeuner *L'Envoyé de l'archange* des Tharaud sur Codreanu [3], le chef fasciste roumain – c'est un peu amusant. Amusant aussi l'attitude gênée des auteurs. Sorokine à la sortie du lycée, elle me pèse mais je ne lui en dis rien – à la poste – lettre de Sartre qui ne vient que

1. Fiction destinée à expliquer sa disparition pendant la permission de Sartre.
2. Domicile des parents de Bost.
3. Fondateur de la « Garde de fer » en 1931.

267

dans 10 jours. Déception quand même, mais je m'étais si peu réjouie – je vais au « Dôme », ce qui m'agace le plus c'est d'avoir passé tout ce temps sans lui écrire. Lettre de Bost qui va venir vers mercredi, jeudi, et semble tout bien décidé à me voir et tout joyeux à cette idée – claire impression que je compte pour lui et ça me satisfait. Mais je me noie dans des combinaisons pour que ces deux permissions collent bien ensemble. Petite lettre à Bost, immense à Sartre. Déjeuner. Je ne travaille pas avant 1 h. A 2 h. je salue Kos. et lui annonce que je ne pars plus. Téléphoné à Védrine et rendez-vous pour lundi. Puis encore travail au « Dôme ». Comme je vais envoyer à Sartre argent et livres, je trouve sa lettre poste restante : il vient au contraire. Je frémis à l'idée qu'il aurait pu venir demain sans que je le sache ; poste fermée demain. Je vais prévenir hôtel « Mistral » qu'on m'y fera suivre peut-être un télégramme. Puis je rentre chez moi trouver Sorokine. Après-midi d'étreintes : je lui raconte aussi l'histoire Kos. – elle est heureuse et charmée et charmante mais de nouveau en partant me tend le poing de colère – ça m'agace un peu.

Une heure j'attends Kos. en lisant de Rauschning[1] *Hitler m'a dit*. Je commence à être heureuse, quoiqu'encore dans l'agacement de l'incertitude. On va au « Milk Bar » manger un peu, puis au Bal Nègre où elle a eu l'idée un peu saugrenue de me traîner – ça m'amuse d'ailleurs d'être là. On aperçoit Wanda, charmante avec une jupe neuve, une belle blouse blanche, ses cheveux sur la figure, qui danse avec un nègre en uniforme. On s'assied à sa table – du monde, mais pas trop, ce n'est pas fatigant. Ça m'amuse de voir à nouveau les petites négresses danser les biguines avec une obscénité effrontée. Les deux Kos. dansent, ensemble et séparément, merveilleusement bien, mais la vraie Kos. a mal au cœur, ce qui la décourage et la rend absolument sinistre. Vers 11 h. Mouloudji se ramène, drôlement soufflé et hargneux ; il a avec lui Youki et un bel

---

1. Hermann Rauschning, auteur également de *La Révolution du nihilisme*. Ancien membre du parti nazi ayant rompu avec celui-ci avant 1939. L'ouvrage cité ici parut quelques jours avant la déclaration de guerre et fit grand bruit.

Abyssin amant de Youki que nous avons vu souvent au « Dôme », on a même été à la même table que lui avec Gérassi et Florès; il fait danser Kos., il est gracieux.

Nous rentrons vers minuit et Kos. s'effondre dans ma chambre en larmes tant elle trouve ce genre de soirée sinistre : son avenir est foutu, etc. Je la console un peu et je m'endors.

DIMANCHE 4 FÉVRIER. ARRIVÉE DE SARTRE.

Je vais travailler au « Dôme » le matin et vers midi je porte les valises de Sartre hôtel « Mistral ». La dépêche est là. Choc, ça c'est du concret, du réel, et j'ai enfin une vraie croyance qui me met aux yeux des larmes de joie. Je ne sais trop que faire de moi, je voudrais marcher dans Paris en pensant à ce soir mais il ne fait pas beau – je vais à la « Coupole » déjeuner en lisant *Hitler m'a dit* de Rauschning. Puis je vais faire ma propre valise et à 2 h. je retrouve Kos. et lui dis que décidément je pars. J'ai téléphoné aussi à Védrine pour la décommander et elle a eu l'air toute désolée. Kos. est aimable comme tout, on cause amicalement à la « Rotonde » en faisant même des projets de voyage en commun. Elle s'est acheté une belle blouse à la foire aux puces – elle est toujours assez sinistre.

Je la quitte à 4 h. 1/2, je pars en taxi pour la gare de l'Est et je vais dans une vieille brasserie toute boisée de noir, pleine de vieux miroirs, où on allait souvent avec Sartre au temps de Laon [1]; je m'assieds dans la salle en contrebas, toute sombre, poétique. J'essaie de faire ce carnet mais je suis trop nerveuse; j'arrive péniblement à lire *48* de Cassou. Attente – attente avec croyance cette fois – je repense à tant d'attentes que j'ai connues, comme on voudrait presser le temps au début pour faire arriver le moment, et puis peu à peu le ralentir parce que quand le moment semble dépassé on perd ses chances. J'essaie de saisir l'apparition de Sartre en haut des marches, mais il est là avant que j'aie eu le temps de faire le passage; sûrement le plus sale soldat de France avec sa capote effrangée, ses

1. Sartre y fut professeur en 1936-1937.

immenses souliers, du 44 [1], son costume crasseux. Il pose ses innombrables musettes et s'assied à côté de moi, on se retrouve aussi facilement qu'à Brumath, peut-être encore plus parce que je me suis sentie moins séparée de lui pendant ces trois mois que pendant les trois premiers, à cause de Brumath, justement, où cette vie avait été reprise ensemble. On part vite à l'hôtel « Mistral » où il se met en civil, et on va à pied jusque chez « Ducotet [2] » où l'on dîne – on rentre boire un verre chez « Rey », on se couche à minuit et cause jusqu'à 1 h. passée. S. me raconte son voyage, me montre ses carnets, commence à m'exposer ses théories. Ça me fait tout précieux mais tout familier, il ne me semble pas avoir été séparée de lui, il n'y a absolument rien à reconstruire entre nous.

LUNDI 5 FÉVRIER.

Le matin se passe chez « Rey ». Je commence à lire les carnets de Sartre et lui mon roman. Il me quitte pour aller chez ses parents et je déjeune au « Mt St Michel » en continuant ses carnets. Lycée. A 4 h. en sortant j'aperçois Védrine en petit imperméable triste, un foulard sur la tête, et toute minable sous la pluie – elle est désolée que je la plaque, soi-disant pour Bost, et elle me regarde monter en taxi avec des yeux à fendre l'âme. Je vais au « Cadran Bleu », aux Gobelins, et j'attends Sartre. On lit encore côte à côte et il trouve de bonnes choses mais fait aussi des critiques sur le premier chapitre. On va dîner au « Louis XIV [3] » qui est tout à fait désert, puis on fait dans le noir un tour sur les boulevards. On rentre chez « Rey », puis chez nous.

1. Alors que sa pointure était 38-39!
2. Rue des Fossés-Saint-Bernard.
3. Place des Victoires.

MARDI 6 FÉVRIER.

Impression de plénitude, de confort de la tête et du cœur, c'est ça qui domine, je sens ça même la nuit et il me semble me réveiller dix fois mieux reposée qu'autrefois. Pas de fièvre ni d'étonnement, mais un débordement de richesse, tout pourrait se prolonger, pensées, tendresse, promenade, on ne trouverait jamais que du plein – et ça semble tellement naturel.

On passe encore la matinée chez « Rey », ce matin-là, toujours à lire carnets et roman, et ce coup-ci Sartre me dit qu'il trouve ça tout à fait bon, que c'est le début qui est à changer seulement – ça me fait drôlement plaisir. Je le quitte à la dernière minute, j'ai juste le temps d'aller manger en un 1/4 d'h. à la brasserie bleue, puis d'aller au lycée. A 3 h. je retrouve Védrine au « Biarritz »; elle est moins triste que la veille quoiqu'encore nerveuse et je lui promets de déjeuner le lendemain avec elle. Je vais en taxi à l'« Acropole » où Sartre me retrouve bientôt – on cause – on descend l'avenue d'Orléans et le bd Arago en parlant de l'authenticité; c'est tout poétique et fort, comme on se sent unis dans Paris par-delà Paris et la séparation et le départ. Il fait nuit et assez doux, on suit le quai et on finit par se faire transporter chez « Lipp » en taxi. Dîner chez « Lipp », comme autrefois; Sartre continue à lire mon roman et me fait un tas de compliments. Petit arrêt chez « Rey », coucher et conversation encore.

MERCREDI 7 FÉVRIER.

Matinée chez « Rey », lectures des carnets et du roman – on passe à la poste et j'ai deux longues lettres de Bost, toutes tendres, qui promet de me voir trois jours de suite et qui va venir bientôt. Je passe rue de Rennes pour une lettre chez ma mère et on continue à pied jusqu'au quai. Il fait beau, un temps doux de printemps, du soleil, et en traversant la place St Ger-

271

main-des-Prés je me sens heureuse comme je n'ai pas été depuis des mois. Sartre est là, Bost y est presque, mon travail de l'année a été vraiment bon, Paris est beau – moment tout fort et plein, et libre, et avec prolongement joyeux.

On prend un taxi qui nous mène à Passy : il entre dans un autre taxi et on en change en route. Je vais retrouver Védrine et je la croise dans la rue, je descends du taxi et l'emmène à la « Maisonnette de Passy »; c'est triste, et le garçon a l'air dégoûté de voir le client s'abaisser à manger. Védrine est moins triste mais avec quelque chose de réservé, de contracté – et c'est ennuyeux comme souvent.

Je vais en taxi au « Marignan » où j'écris une longue lettre à Bost – puis je retrouve Sartre et sa mère devant le cinéma Biarritz. On voit *Mr. Smith va à Washington* qui est fort amusant avec James Stewart charmant – station un peu emmerdante au « Marignan ». Puis nous partons Sartre et moi par les Champs-Élysées, la rue de Rivoli, l'Opéra, les boulevards. On commence à parler sur la simultanéité, le temps, la conscience d'autrui et on s'échauffe. On va dîner chez « Kuntz » où je mange un délectable foie gras pendant que la discussion se poursuit. Je constate une certaine mauvaise foi philosophique chez moi qui me fait volontiers confondre être et valeur – c'est vieux, j'ai utilisé sciemment à ce dessein dans ma jeunesse du Nietzsche pas très bien compris – c'est ainsi que j'affirme que la conscience d'autrui *n'existe pas* pour moi sous prétexte que je ne la valorise pas – et en un sens je sens profondément le contraire. On rentre par le boulevard Sébastopol et à pied presque jusque chez nous, tout discutant.

JEUDI 8 FÉVRIER.

On a un grand moment chez « Rey » où Sartre achève presque mon roman et où moi je lis la fin du sien[1] qui m'enchante. Puis lycée. Sorokine est à la sortie, elle me donne une lettre où elle m'explique qu'il ne faut pas me recoiffer au

1. *L'Âge de raison.*

272

moment où elle part, ni avoir l'air contente de la mettre à la porte, que ça gâche tout ; je promets tout ce qu'elle veut et prends un taxi pour rester plus longtemps avec elle ; elle en est toute contente. Lycée. Je retrouve Sartre à la « Closerie des Lilas » – on reste peu, on descend en taxi à la *N.R.F.* et il me dépose dans un petit café rue de l'Université où j'écris à Bost pendant qu'il va voir Brice Parain – ils se ramènent tous deux – conversation ennuyeuse sur Drieu La Rochelle, Parain définit tout en termes de « générations » et s'excuse de tout sur sa génération [1]. On cause un peu Sartre et moi dans un café de la rue du Bac puis on s'en va voir Toulouse. Elle nous reçoit dans son grand atelier qui sent un peu le déménagement avec son paravent qui le sépare en deux et derrière lequel sont amassées un tas de vieilles choses – elle a les manches courtes, une jupe plissée ; tout en noir avec un velours dans les cheveux, elle est plaisante à voir. La table est mise : vin, porto, pâté, salade de fruits succulente – mais la conversation rame un peu parce que Sartre est guindé, ne voulant pas ennuyer avec ses histoires de guerre et pensant Toulouse froide. C'est quand même plaisant. On part à 11 h., on rentre et on se couche tout de suite.

VENDREDI 9 FÉVRIER.

Matinée chez « Rey » à lire nos romans – on discute encore un peu sur la conscience d'autrui puis Sartre va dans sa famille, moi à la poste où il y a un tout petit mot de Bost dont la permission est encore retardée et qui est tout dégoûté – je le suis aussi – je mange en hâte chez « Capoulade ». Puis 3 h. de cours. Puis je retrouve Sartre au café « Rey » où on reste jusqu'à 7 h. Il s'en va rejoindre Wanda, ça ne m'ennuie pas, je n'ai pas l'impression que ces trois jours me sont pris, ils restent un morceau d'une permission que je vis avec lui dans sa totalité. Moi je retrouve Védrine que j'emmène dîner au restaurant

1. Cette conversation est à l'origine de la lettre de Sartre à Brice-Parain (20 février 1940) et de la réponse de ce dernier (2 mars) (voir la Correspondance).

alsacien bd St Michel. C'est doux et sans histoire – on prend un tilleul au « Biarritz » et je m'irrite un peu parce qu'elle comprend tout de travers, en termes sociaux, la théorie de Sartre sur l'authenticité – elle croit qu'il faut « se représenter dans la situation » – agaçante d'être si passionnément admirative de théories qu'elle ne comprend pas.

SAMEDI 10 FÉVRIER.

Réveil heureux sur les 7 h. du matin dans ma chambre de l'hôtel « Mistral ». Je suis seule, mais je verrai Sartre l'après-midi, ça s'enchaîne dans la même forme et il ne me semble pas l'avoir quitté – ça me fait loisir pour repenser à lui, à moi, et jouir de ces jours. Je suis dès 7 h. 1/2 chez « Rey », ça me fait une aubaine toute poétique – presque une impression d'aventure dans ce café de l'an dernier, seule, et encore cachée en complicité avec Sartre. Je lis ses carnets en prenant mon petit déjeuner ; puis lycée qui ne m'ennuie pas ; poste, pas de lettre de Bost – de nouveau chez « Rey » où je finis les carnets – déjeuner en famille. Je reviens à « Mistral » faire ma valise et je m'amène, à peine anxieuse, à l'hôtel. Je frappe chez Kos. qui me répond d'une voix avenante. Elle descend chez moi, et on cause une heure ; elle a été sinistre toute la semaine, n'a pas mis les pieds à l'Atelier, etc. – me raconte la soirée de dimanche dans l'atelier de Florès où Florès lui est tombé sur la bouche. Elle est encore là quand frappe Sorokine qui se sauve en déroute ; je lui dis de revenir dans 5 mn. et Kos. se sauve aussi en déroute. Bientôt Sorokine revient ; elle a été à « Mistral », elle était persuadée que je voulais lui jouer un tour ; je lui explique que c'est idiot, elle me tombe passionnément dans les bras. Étreintes – elle est charmante et surtout lorsque les draps rabattus soigneusement sur elle, elle me lit tous ses papiers sur Proust, et l'art et la vie ; on discute, je lui explique des choses, je suis tout en tendresse avec elle : j'aurais été prise par cette fille si seulement je m'étais un peu donnée – mais je n'ai aucune envie de me donner, je me sens même un peu noire là-dessus. Elle achève de se peigner quand Sartre vient : nouvelle déroute.

On va aux « Vikings » avec Sartre – il me raconte sa soirée, sa journée. Je n'ai aucun passionnel, mais cette impression qui de nouveau m'est pénible que les Kos. existent – elles existent peu pour moi qui n'ai pas d'amour pour elle, mais à travers la tendresse de Sartre ou de Bost elles reprennent valeur et vie et ça me fait toujours lourd. Et puis il est toujours déplaisant d'entendre parler des Kos. par un tiers parce qu'elles sont toujours traîtres même quand elles sont bien avec vous : menues complicités de Kos. avec Wanda, etc. Ce qui est lourd c'est peut-être l'image qu'elles ont de moi, ces austères rapports avec Sartre, cette générosité gourde, cette puissance un peu haïssable que je représente dans leurs vies. Sartre est tout affairé avec sa conscience, et ça aussi, sa situation, me fait lourd, pour lui et du même coup pour moi – un peu de nervosité tendue dans sa manière de parler et en lui-même.

Je vais écrire au « Dôme » à Bost ; je retrouve Kos. et on va chez « Vadja » et au « College Inn ». Mais je suis un peu raidie à l'égard de Kos. quoiqu'elle soit très gentille – très fatiguée aussi et la soirée se poursuit assez terne. Ça m'est pénible de penser qu'on va recommencer régulièrement à se voir comme ça, que ça redeviendra ma vie. Je me couche assez déjetée.

DIMANCHE 11 FÉVRIER.

Journée dure à passer – beaucoup de fatigue par manque de sommeil, en vain au matin j'essaie de dormir un peu longtemps, je suis réveillée à 8 h. 1/2, je m'ennuie au lit et quand le réveil sonne à 9 h. je me lève. Tout de suite le cœur serré, je l'ai eu d'ailleurs comme ça pendant le sommeil. Rien de passionnel, ce n'est pas que Sartre soit avec Wanda qui me pèse, ça serait tout pareil s'il était dans sa famille – une souffrance pleine de ne pas le voir. Et ce n'est pas seulement le vide d'aujourd'hui que je vis, c'est déjà son départ, ce sont tous ces jours où je n'aurai plus à me dire : dans deux jours. Je comprends mal comment je pouvais m'accommoder si bien de son absence, je me sens délaissée dans un monde indifférent, hostile ; peut-être est-ce ainsi parce que je sens si peu la conscience des autres gens, que sa conscience est tellement un absolu pour moi et que ce matin le monde me semble absolument vide, comme si j'étais jetée dans une solitude minérale. Quand je pense aux succédanés : Kos., Védrine, c'est avec écœurement, j'aimerais mieux (en cet instant) me penser absolument isolée, ça me fait pesant d'avoir à les voir aujourd'hui –

Ça me fait un peu étrange de retrouver un amour plein ; celui que j'inspire à Védrine, Sor., ça me fait de l'illusion sotte, je ne compatis pas au besoin qu'elles ont de moi – ce que je connais ordinairement de poignant, c'est surtout du passionnel, pour Bost et Sartre même. Là c'est vraiment un manque, un mal. C'est sans révolte, sans désespoir, mais je ne peux pas me dire : « 4 mois comme ça », je suis au bord des larmes. Et je sais que les 4 mois ne seront pas comme ça, mais alors il faudra renoncer à toute la douceur de tendresse, et redevenir sèche, et perdre Sartre en pensée, en image, après l'avoir perdu de chair et d'os. Je vais au « Dôme », je travaille trois heures, avec un peu de mal de tête, prise par le travail comme un bon écolier par une page d'écriture mais sans lendemain. Puis je mange un peu et je fais ce carnet. Le regret n'a pas cessé depuis ce matin – consolation de penser qu'il fait encore partie de ma vie avec Sartre, que je le lui raconterai mardi. Mais crainte de la suite, pas du tout crainte de moi, de souffrir, etc. : refus dans l'objet, refus de cette vie sans lui, même si je dois m'en accommoder moins douloureusement qu'aujourd'hui.

C'est une journée avec une figure, une journée où le temps se marque ; le sinistre fade du matin s'alourdit en tragique plus noir, plus proche des larmes mais presque plus supportable dans son épaisseur fatiguée. Je passe poser les carnets de Sartre aux « Deux Magots » ; je suis tentée d'y rester, je comprends (c'est mon tour) ce besoin intolérable que peuvent avoir Sor. ou Védrine de voir la personne aimée ne fût-ce que cinq minutes – de la voir ; je comprends cette détresse absolument nue de l'absence. Je viens au « Dôme », je fais ce carnet abandonné depuis une semaine et je travaille. Vers 3 h. arrive Cl. Chonez avec un jeune type, ils s'installent à ma table, elle veut visiblement me présenter ce type dont elle est fière; elle l'aime, elle veut le faire mousser, il s'y refuse discrètement – je pense à Bost et moi et ça me plaît car ce couple n'a rien de choquant : il y a seulement qu'elle est si bête. Lui est soldat à Orléans, il n'a que 21 ans, mais paraît plus à cause de la légère barbe blonde – il s'appelle George L. – il me plaît – c'est la première fois depuis des éternités qu'un type me touche physiquement – il est assez beau, il a le sourire charmant, un visage qui donne envie d'être tendre avec lui, comme celui de Bost. Il n'est pas timide, mais réservé et discret; impossible de juger s'il est bien intelligent, mais il se conduit avec tact quoiqu'elle lui fasse la position difficile. Et ça me fait drôle d'avoir devant lui ce que Poupette appellerait « un phantasme sentimental », de penser qu'une histoire avec lui pourrait (peut-être) me séduire, que d'une manière générale il y a des types au monde avec qui une histoire neuve serait possible pour moi. Et aussitôt le phantasme même barré par la guerre : même si je le revoyais, il partira dans quelques mois d'Orléans d'où il ne vient que les dimanches, etc. J'ai l'impression que je lui suis très sympathique car quand je dis vaguement « j'espère qu'on se reverra », il dit de façon très directe « je voudrais aussi » et il prend mon nom sur un papier quand je le donne à Cl. Chonez. Ils me parlent d'Adamov avec une estime qui m'étonne, et des surréalistes, et de Berger, ils m'amusent; mais ils me font peur avec leurs histoires de 500 chefs de section envoyés d'urgence au front, et d'indigènes qui débarquent et de bruit qui court touchant une attaque possible. Ça m'angoisse. Brusquement je m'avise que j'ai dit que Sartre était ici, que Védrine va venir et Cl. Chonez gaffer, je la préviens avec gêne. Et elle gaffe quand même mais ça se rattrape bien. Védrine passe une heure avec moi, et je suis gentille, un peu par réaction contre les Kos., je trouve un peu moche, de Sartre et moi, de la leur avoir jetée en pâture.

Je retrouve Kos., je suis dans le sombre, avec affreux mal de tête, gorge contractée, ne pouvant pas parler, etc. Elle me dit que Bost arrive jeudi, et compte la voir dimanche, j'en ai un vertige qui me rappelle l'an dernier, presque à s'évanouir de désarroi – c'est idiot, il m'a écrit qu'il me verrait d'abord trois jours, mais je l'imagine en discontinu : le Bost qui m'écrit, le Bost qui lui écrit. Et de toute façon je reste sombre jusqu'au cinéma, je pense que je serai malheureuse comme une chienne dans cette permission. Envie folle de cinéma, comme alibi et peut-être même distraction. On voit *Les Trois Loufquetaires* au Cluny et ça opère ; en sortant, au « Hoggar », je suis capable d'être gaie et à l'aise – et ça se remonte sincèrement si bien qu'en écrivant ceci ce soir au lit j'ai retrouvé la bonne humeur et même une vraie joie tendre pour Sartre que je reverrai mardi, pour Bost que je verrai dans huit jours, pour le monde qui n'est pas si désertique.

LUNDI 12 FÉVRIER.

J'ai bien dormi, et calmement – rêvé de Zuorro qui avait du rouge aux lèvres et qui était d'ailleurs fort joli et que [je] retrouvais avec émotion. C'est à cause de Daniel dans le roman de Sartre et des lèvres du jeune homme d'hier que j'avais trouvées charmantes. Je me lève sans gaieté ni tristesse, avec le mal de tête, l'angoisse noire est partie ; il me reste seulement un souvenir un peu douloureux qui me rend sensible aux tristesses que Védrine et Sorokine peuvent éprouver à cause de moi. « Dupont ». Lycée, en lisant *Tandis que j'agonise* – puis poste : Bost arrive vendredi et me verra jusqu'au lundi ; et verra un peu Kos., entre-temps, mais je ne sens aucun passionnel en moi. Ça va être encore compliqué à arranger tout ça, quelle vie en casse-tête. Je viens travailler et je travaille bien, la tête fraîche. Je remonte lentement mais sûrement vers le bonheur ; seulement il y a dans l'acceptation de l'absence une certaine forme de tendresse qui se perd.

Déjeuner, lycée, retour au « Dôme » dans la sérénité et une joie grandissante faite de la certitude de revoir Sartre demain.

Deux heures de bon travail. Puis Kos. vient, toute dolente mais bien aimable et on cause de 6 h. à 8 h. Puis je vais chez moi retrouver Védrine.

Soirée pénible avec Védrine – elle arrive, trop radieuse comme toujours, et se jette passionnément sur moi – tout de suite elle soupire et m'incruste ses ongles dans l'épaule et il faut se mettre au lit et s'étreindre – étreintes entrecoupées de badinages sentimentaux et de questions passionnées : tu m'aimes ? tu es heureuse ? avec insistance. Je suis contractée, elle le sent – elle parle aussi des vacances de Pâques et là je suis nettement en défensive, elle voit bien que je ne désire pas les passer avec elle. On se lève, on va manger chez « Lipp » où on est encore à côté d'A. Parodi [1]. On parle de Kant sur qui elle dit des sottises, et à 11 h. je l'accompagne à l'Odéon. Comme je lui dis que Poupette va venir cette semaine, elle soupire : « Tu es tiraillée », et s'en va toute triste. Je rentre en métro où j'aperçois Lexia jolie et triste sous un petit fichu bleu.

Je voulais dormir bien, mais j'ai à peine fermé l'œil tant j'étais nerveuse à l'idée de revoir Sartre. Je pense sur Védrine, Kos., etc., et je m'agite et je me réveille terriblement fatiguée et anxieuse. Lycée H. IV. Je descends en taxi au « Dôme » où Sartre n'est pas encore là, mais il arrive au bout d'un moment, et on cause là, puis à la « Closerie des Lilas » – il m'explique comme il a été mal à l'aise moralement avec Wanda, justement parce qu'elle était si gentille avec lui, et s'il ne vaudrait pas mieux être toute sa vie fidèle à une seule personne. Ça m'est un peu désagréable de penser aux supériorités que Wanda prend sur moi, et à la drôle d'idée que Kos. doit se faire de moi, mais c'est léger. Nous sommes un petit peu sinistres tous deux de nous sentir des vies si empêtrées, si encombrées. A midi 25, je rencontre Sorokine – elle veut bouder parce que j'ai 10 mn. de retard mais je l'engueule si fort qu'elle se tait bien vite et en fait, comme je lui parle un peu de la conversation que j'ai eue avec Sartre, on passe une charmante demi-heure où elle est toute tendre et heureuse. Lycée. Ces 3 h. sont moins

1. Inspecteur général.

279

longues à passer que je ne craignais. Je retrouve Sartre à 4 h. dans la petite brasserie bleue près du lycée, il fait tout sombre et solitaire et on cause tendrement, plaisamment sur Sorokine, Védrine, Wanda, etc., pendant un grand moment. On va dîner chez « Lipp » où on est à nouveau à côté d'A. Parodi – on passe la soirée aux « Vikings », d'où on nous chasse à minuit, et on cause encore un grand moment avant de s'endormir.

MERCREDI 14 FÉVRIER.

On retrouve nos plaisantes matinées chez « Rey ». Je parle à Sartre de ses carnets, il lit le dernier ch. de mon roman, que j'ai recommencé ces jours-ci et on discute dessus, et il me fait des compliments qui m'encouragent bien. On discute si oui ou non il peut rompre avec Védrine, et il est quasi décidé à le faire, en disant que la guerre l'a tout desséché et qu'il faut attendre la fin pour se revoir. Il me quitte et je vais déjeuner au « Dôme ». Je n'ai pas tout à fait fini quand Sorokine arrive et je lui fais de loin des gestes d'excuse qui la font rire ; je la désintéresse avec une tarte. On commence à expliquer Descartes et on monte chez moi où on travaille 1 h. – à la suite de quoi elle s'arrête net, elle veut passer aux étreintes – ce qui est fait. Puis on parle, sur l'amitié, la fidélité, etc., elle est toute gaie, ça serait un charmant compagnon si j'avais le temps de la voir plus et d'une manière plus détendue. Elle m'a apporté un dessin sur Sartre qu'on épingle au mur.

Sartre arrive et on va aux « Vikings », de 4 h. à 7 h. on reparle longuement de Védrine. Puis je vois Kos. de 7 h. à 9 h., toujours charmante mais minable.

A 9 h. je retrouve Sartre, il est très fatigué. On va à la « Coupole » et pendant 1 h. c'est pénible parce qu'il est tout vide et hagard et je pense tristement que c'est notre dernière soirée. Mais j'ai la bonne idée de l'arracher de là et l'amener au « O.K. [1] » qui est chaud, peuplé mais pas encombré et qui lui plaît bien – il y a une porte dans notre dos qui nous agace mais

---

1. Carrefour Vavin.

on change de table – la T.S.F. joue des airs discrets, on est bien comme tout. On reparle, sur toute cette permission, sur notre vie, sur nous deux et c'est tellement fort et plein, rien ne vaut rien à côté de pareils moments – ça fait triste qu'on nous chasse à minuit. On rentre, on cause un long temps dans la chambre de l'hôtel « Mistral », sans se coucher de peur d'être pris par le sommeil. Et puis on se couche et s'endort, sans tristesse.

JEUDI 15 FÉVRIER. DÉPART DE SARTRE[1].

On se lève à 7 h., petit déjeuner chez « Rey », sans tristesse – ça fait normal de voir cette permission se refermer sur soi, et la vie reprendre avec cette précieuse période à sa place, derrière soi. On va chercher à la « Coupole » où ils étaient restés les vêtements militaires de Sartre – il s'habille chez moi, et on prend un taxi : il est tout beau, propre maintenant car sa mère a tout fait nettoyer de neuf. On arrive vers 9 h. 1/4 devant la gare ; il y a une grande pancarte : retour des permissionnaires, départ de tous les trains à 9 h. 15. Un fleuve de types avec des bonnes femmes s'engage sur la chaussée descendante qui va vers les sous-sols de la gare : et alors que je suis calme de quitter Sartre, de voir ça comme un événement collectif, ça me met les larmes aux yeux. De même sur le quai où on monte, de voir les hommes et les femmes se serrer les mains gauchement, ça me serre la gorge. Il y a deux trains pleins, à droite, à gauche. Celui de gauche part le premier, et c'est un défilé de femmes (à peine dix hommes, de vieux pères, pour 200 femmes), des mères, mais surtout des femmes et petites amies, qui s'en vont, les yeux rouges, le regard fixe ou même sanglotantes – ça fait émouvant ça aussi, et primitif, cette élémentaire séparation des sexes, avec les hommes qu'on emporte et les femmes qui rentrent vers la ville. Il y en a peu qui pleurent avant le départ du train, quelques-unes quand même, accrochées au cou de l'homme, on sent une chaude nuit derrière elles, et le manque de sommeil, et la fatigue nerveuse du matin. On les regarde en

1. Passage cité dans *F.A.* p. 443 N.R.F. ; p. 493 « Folio ».

rigolant : « alors, c'est les grandes eaux ? » – mais solidarité des hommes qui ensemble se veulent chacun avec sa bonne femme ; c'est plutôt sympathique. Par exemple, quand le train va partir, la portière est encombrée de types, je n'aperçois plus que le calot de Sartre dans l'ombre du compartiment et ses lunettes et sa main qui salue de temps en temps ; le type de la portière s'écarte et laisse place à un autre qui embrasse sa femme et dit : « à qui le tour ? », les femmes font la queue et chacune monte sur le marchepied et embrasse son type – je monte aussi, je serre la main de Sartre et il redisparaît dans le fond. Tension collective et énorme : ce train qui va partir – ça fait vraiment arrachement physique, ce qu'un départ de train ne m'a jamais fait – ça va venir, ce n'est pas supportable, il semble que tout va craquer – et ça vient, le train part. Je m'éloigne la première, car je ne peux plus voir Sartre, et en courant vite, et les larmes hésitent, il en vient quelques-unes, mais elles se refoulent, quand j'arrive dehors et arrête le taxi, c'est fini, c'est vraiment comme après une opération chirurgicale.

Froid mouillé et nauséeux sur Paris – le taxi me pose à la poste : rien de Bost – lycée – j'arrive à faire bien mon cours, je n'ai pas trop sommeil – à la sortie il y a Sorokine, toute charmante avec un capuchon écossais et un peu de rouge à lèvres. On va manger, je suis de plain-pied avec elle, c'est ça qui est si agréable. Je lui raconte le départ de Sartre et des trucs sur Védrine et sur Sartre aussi, ça l'enchante – elle rit aux larmes quand je lui dis que Sartre est sournois. Elle me ragaillardit le cœur. Je suis un peu amusée d'attendre une corrida avec Védrine, ça me fait moins fade que si je la revoyais habituellement.

Deux heures d'exposés d'élèves sur l'histoire, ce qui est pain bénit car je suis quand même sans invention. Puis Sorokine m'accompagne à la « Sorbonne » où je trouve Védrine un peu défiante mais déjà souriante. On commence à s'expliquer là, puis au « Hoggar » – et ça ne rend pas, car tout de suite elle dément et s'accuse, on enfonce sans résistance. Elle est un peu touchante dans ses visages graves, souriant avec réserve ou au bord des larmes de façon contenue – et elle est belle aujourd'hui ; je me sens un peu mal à l'aise en pensant à ce qui l'attend mais je lui répète avec fermeté qu'elle n'aura jamais plus de ma vie, que je n'ai pas promis davantage, que je tiens à ma solitude et à ma liberté. Elle me reproche de n'avoir pas de « vie commune » avec elle, ce qui fait bien extérieur, elle est hantée par mes rapports avec Sartre et veut exactement les copier.

On se quitte à 7 h. et cette fois c'est Kos. que je vois ; on va au « O.K. ». Kos. est tout aimable, et moi aussi avec elle – elle fait des projets de toilette pour moi et me parle avec une tendresse grondeuse comme elle n'a plus fait depuis longtemps, me dit qu'elle trouve « aventureux » mes voyages à pied, etc. Je me demande si ce n'est pas un peu contre Wanda, pour faire couple avec moi contre Wanda-Sartre. Elle me laisse à 10 h. et je lis quelques pages du *Diable amoureux* [1], puis je tombe écrasée de sommeil. Excellente nuit.

VENDREDI 16 FÉVRIER. ARRIVÉE DE BOST.

Je me réveille toute reposée après 10 h. de sommeil. Sans tristesse. Je n'ai pas envie de travailler mais j'ai mille choses à faire : écrire longuement à Sartre, toucher le chèque du baccalauréat, passer chez le coiffeur. Je n'ai pas de mot de Bost, ce qui m'agace un peu, mais je suis toute soutenue par l'idée de le voir bientôt. Ses dernières lettres étaient si tendres que j'ai à peine un peu d'appréhension. Déjeuner avec Védrine un peu réticente mais gentille. Lycée.

Comme il est 4 h. moins 1/4 déjà, une femme de service, en noir, l'air mystérieux et quelque peu sombre s'approche de moi : il y a M. Bost qui est en bas au parloir – les mains m'en tremblent et j'ai le sang au visage, la gorge nouée. Il faut pourtant continuer le cours et j'enchaîne sur la sociologie, mais avec des trous d'émotion. Je descends vite. Dans un grand parloir plein de glaces et de meubles verts, je trouve Bost, solitaire et tout semblable à lui-même et je le retrouve d'un coup d'œil – et

1. De Cazotte (1772).

283

lui moi – c'est tout de suite aisé et heureux – on part par la rue Clovis et comme il fait beau, par miracle, on fait une longue promenade : les quais, la Bastille, la République, le canal St Martin, Jaurès, la gare de l'Est – on regarde un peu Paris si plaisant sous le ciel bleu et la neige et il me revient un tas de souvenirs de promenades sur ces quais l'an dernier avec lui; tout l'an dernier m'est rendu dans ce que nos rapports ont eu de plus précieux; mais surtout on parle, Bost parle, intarissablement, il raconte les avant-postes, le voyage de retour, les officiers, les camarades – il parle peu de lui, et moi je ne raconte guère, mais on se sent de loisir avec ces jours devant nous où on pourra mettre en commun ces six mois de guerre. On s'arrête à la gare de l'Est, dans la brasserie noire où j'ai attendu Sartre et Bost continue à parler – ses airs étonnés et charmés de me retrouver de temps en temps, ça me fait si fort. Je téléphone à Kos. que Poupette vient de débarquer et elle est fort sèche au bout du fil – désagrément d'une minute. On reste jusque vers 8 h. et on va chez « Kuntz » où on fait un excellent repas, toujours causant, et heureux; je suis profondément heureuse, cet amour me fait aussi fort et plein que possible et ça m'est une grande joie de le sentir comme important, profondément, dans la vie de Bost. Je sens Kos. comme un truc *dans* l'existence de Bost, à côté de lui – et moi, avec Sartre, comme constituant le monde même où Bost vit, juste comme Sartre et lui le constituent pour moi, de manière que cette guerre est vraiment vécue par nous ensemble, et qu'ensemble nous attendons *notre* avenir, et pas chacun le sien.

On passe en taxi à l'hôtel chercher mes bagages; il reste tapi dans la nuit rue Vavin – la nuit dans le taxi, la nuit dans Paris, nuit de paix et d'avenir pendant que je suis si bouleversée de l'embrasser à nouveau. On descend place D. Rochereau à l'« Oriental » qui est luxueux et chaud. Tout me fait si proche, je ne peux croire que six mois me séparent de ses baisers, de ses visages. Je me rappelle tout si fort. Ça me donne courage pour l'avenir – ça restera continu, et ça redeviendra tout pareil, malgré le temps.

On a horriblement mal dormi, il faisait trop chaud, et j'étais fiévreuse. Plaisant réveil où l'on reste longtemps à causer, à se taire. On descend prendre le petit déjeuner à l'« Oriental » et je raconte à Bost tout ce que je me rappelle sur Sartre depuis septembre. Il fait un temps de cataclysme dans Paris, la neige, la boue ont tout envahi, il faut sauter des talus de neige pour passer du trottoir sur la chaussée – les taxis vous éclaboussent jusqu'au-dessus des sourcils. Je passe chercher le manuscrit de Sartre chez Zébuth [1] que je trouve à la « Petite Chocolatière » avenue d'Orléans – elle a l'air bien prospère. Elle me donne le paquet scellé de deux gros cachets rouges que je remets à Bost pendant que je passe voir Kos. – elle est dans sa chambre de l'hôtel d'« Albret », assez morose – je reste 1/2 h., je fais quelques achats pour Sartre et je retrouve Bost qui a commencé à lire le roman avec satisfaction. On va chez « Ducotet » qui est plaisant comme tout dans ce début d'après-midi avec les hommes en tablier de cuir qui viennent boire le verre au comptoir. On ne part que vers 4 h. – je parle à Bost de Sorokine, il est charmé à l'idée qu'elle me montre le poing et me bat. On part, à travers ce temps de désastre, on erre sur les quais à la recherche d'un taxi qui nous mène sur les boulevards. Là on erre encore pour acheter à Sartre une pipe et du « Papier Seltona [2] » qu'on ne trouve pas. Puis on va au cinéma Vivienne, voir *La Baronne de minuit* avec Claudette Colbert et Don Amèche, c'est amusant. De là on va juste à côté, au « Cintra » de la rue du Fg Montmartre où on se cause si bien que trois heures passent sans qu'on s'en aperçoive. J'écris une petite lettre à Sartre et Bost commence à lire le ch. du Sumatra [3] – il est si saisi qu'il veut absolument le finir et on va dans un café en face

1. Cousine des Morel.
2. Papier pour épreuves photographiques; Sartre fit tirer plusieurs portraits de lui en météorologue.
3. Dans *L'Age de raison*.

où on lit ensemble. Il y a là un moment romanesque et émouvant comme j'en ai rarement vécu ; un moment nécessaire. Du jazz à la radio, ce chapitre qui nous bouleverse ensemble, l'idée de Sartre au loin, retourné à sa solitude et qui nous émeut comme s'il était un inconnu qu'on évoque à travers un beau livre, et tout cela senti à travers Bost, et sa présence précieuse, miraculeuse et fragile – ça me prend à la gorge presque jusqu'aux larmes. Bost est tout ému en sortant de là et dans le taxi, il est repris de regret de sa vie civile, il a un moment de sinistre, mais il l'a *avec* moi.

On va au « Nox » – pendant deux heures, il parle, doucement, par à-coups et non fébrilement comme la veille, il parle pour lui cette fois, de lui ; de la guerre, de l'avenir, de ses regrets, de ses espoirs – ça me fait une union comme je n'en ai presque jamais eue avec lui et les larmes me viennent plus d'un coup. C'est le même « Nox » qu'autrefois : mêmes femmes, même décor, même lumière, mais c'est tout changé parce que au lieu de faire partie de notre monde présent c'est un souvenir, un pèlerinage, et aussi un décor factice.

On est chassés à minuit – les trottoirs du Bd St Michel sont couverts de neige durcie, c'est la pleine campagne dans Paris. On va au même hôtel qu'autrefois [1] ; nuit toute tendre et passionnée – et où je dors comme un ange.

DIMANCHE 18 FÉVRIER.

Plaisante matinée au « Dupont » St Michel – on lit un peu les carnets de Sartre, Bost les trouve prodigieusement comiques. On cause, je suis émue de voir comme il s'intéresse à tout de ma vie, comme ça lui reste présent quoiqu'il suive de si loin. Il me quitte pour aller déjeuner avec Pierre Bost et je vais écrire à Sartre chez « Flore » en attendant Védrine. Elle vient à 11 h. 1/2 – on déjeune au « Petit St Benoît », on prend le café aux « Deux Magots » – on discute un peu sur son impudeur à propos d'un rêve sale qu'elle a raconté à ses camarades.

1. En octobre 1938, à l'hôtel « Porc-Lion », au Quartier Latin.

Je vais au « Dôme » et continue d'écrire à Sartre. Kos. arrive et on passe malgré sa bonne volonté une pénible journée – je n'arrive pas à faire jouer le déclic qui opère la « mise entre parenthèses » – ça rame. On va en haut de la « Rotonde » où il fait une épaisse chaleur et je suis fiévreuse et fatiguée – je crains qu'elle ne se soit aperçue que je m'ennuyais avec elle. A la « Source » j'attends Bost en lisant un carnet de lui. Il arrive à 7 h. 1/2, tout égayé d'avoir déjeuné avec Lafaurie [1], tout gai, absolument charmant. Il m'emmène à la « Maison Rouge » où on passe une des plus fortes soirées que j'aie passées avec lui, c'est tout intime, et gai, et léger et uni – il me fait parler sur Védrine et Sorokine, et ce qui m'est sensible c'est cette profonde sympathie dont il déborde et qu'il me donne par tous ses regards et ses sourires. On reparle de notre passé, de toute notre histoire. Et je sens qu'il la *veut* autant qu'il l'a jamais voulue. C'est ça qui me rend un total bonheur. J'avais gardé de Marseille [2] l'impression pénible d'être pour lui *une* histoire, et bien plaisante, mais gênante parfois, et un peu *accidentelle* – et c'est ça qui m'a tant fait pleurer à Juan-les-Pins, c'était ça la déception qui m'a laissée abattue pendant toutes les vacances. Ça avait passé depuis la guerre, à cause des lettres, mais c'est seulement pendant cette soirée que tout a été rétabli d'une façon qui me semble définitive – c'est de l'essentiel et pas de l'accidentel; c'est voulu par lui autant que moi, c'est vraiment une manière d'être ensemble dans le monde. On finit la soirée en haut du « Dupont » où Bost parle des types avec qui il est, des paysans, de Mâlfilâtre le paysan selon Alain, de l'humanisme et de ce qu'on peut et doit faire pour les gens – on est tout pris par la conversation; c'est formidable, c'est ça le grand lien d'être engagés ensemble dans les mêmes choses.

A minuit on part et malgré froid et gadoue on monte jusqu'à l'hôtel, place Goudeau [3] – la femme nous reconnaît et monte nous préparer une chambre. On cause un long moment, et je pleure un bon petit coup parce que ça me fait intolérable, l'idée

1. Son beau-frère.
2. Fin juillet 1939.
3. L'« Hôtel du Poirier », à Montmartre.

287

qu'il va repartir, que cette vie de paix ne reprendra pas avant combien de temps ?

On s'égorge la nuit – des types saouls sont venus « embêter » une bonne femme – la violent-ils ? elle gueule, appelle la patronne d'hôtel, ça fait un fracas du diable – au point que Bost en est lui-même réveillé.

LUNDI 19 FÉVRIER.

Plaisant réveil. On traîne un grand moment – on descend au « Dupont » place Blanche pour le petit déjeuner, il fait doux. Je me sens si unie avec Bost. On a un peu parlé la veille pour la première fois de Kos., on en reparle encore, et de Wanda – il dit qu'elle écrit des lettres sans rien raconter et toutes superficielles, ce qui m'étonne car elle est pleine de prétentions là-dessus. De nouveau, dépoétisation de leurs rapports, qui parfois me font presque comme à Wanda, un peu bien merveilleux. On se balade. Paris est doux – on va vers la Bourse, on boit du vin blanc au « Dufour » en face de *Paris-Soir*, c'est un bistro vert et sombre, extrêmement plaisant. Bost est tout gai, et tout plein de petites inventions charmantes, comme il sait être. On déjeune au « Louis XIV » – je ne sais plus pourquoi je parle de « quand je serai vieille » et il me dit « vous serez une charmante vieille dame » avec un élan de tendresse qui me bouleverse – il me dit aussi avec enchantement « vous êtes un cerveau, ça me réjouit à penser ! ». Il y a P. Bost qui déjeune là avec St Exupéry que ça m'amuse de voir mais que je vois un peu mal. On va boire un verre chez « Benjamin », aux Halles – c'est plein de marchandes de beurre qui font leurs comptes, jouent aux cartes et boivent le coup – c'est plaisant. On va en taxi à la poste : trois lettres de Sartre – elles sont si tendres, j'en suis toute secouée – je les lis chez « Lipp », à côté de Bost, je me sens formidablement comblée. Bost reparle encore de Kos. et sa manière égoïste d'aimer, il semble un peu rancuneux contre elle, à cause des lettres – je lui dis que je la pense vraiment superficielle, malgré ses nuances, son sinistre ; je pense que c'est parce qu'elle est toujours coupée de la situation, ou plus simplement, parce qu'elle ne pense absolument jamais, sur rien d'autre que des histoires de bonne femme.

On cause doucement, on va faire un tour dans les rues autour de St Germain-des-Prés – je ne suis pas trop émue de quitter Bost. Parce qu'il m'a donné quelque chose de si fort ces quatre jours, une telle certitude – parce que les regrets, comme l'âpreté à vide, c'est surtout pénible quand il n'y a pas eu plénitude – parce que je le reverrai une fois et il me semble que ça ne fera pas une coupure – parce qu'il parle sérieusement de me faire venir à Charmont ou dans l'Oise. Il me quitte devant chez P. Bost et je m'en vais, fatiguée, mais pas du tout en désarroi.

Je rentre. Je relis les lettres de Sartre et je pleure, sur Sartre, sur Bost, mais c'est dans la tendresse et la douceur. J'écris à Sartre. Bost réapparaît une seconde, plus gracieux que jamais, pour me demander du sou – il disparaît – je finis ma lettre, je me couche un moment pour me reposer, je ne pense plus qu'à dormir.

Je retrouve Védrine aux « Deux Magots ». Je suis gentille mais abrutie. J'ai vraiment peur d'être malade et je rentre me coucher ; elle reste près de moi, ce n'est pas déplaisant. Je connais bien cette dolence physique et sentimentale qui suit ces jours d'exception ; je me laisse aller, je suis vague, ouatée.

Elle me quitte – je me souviens – pas d'autre tristesse que de sentir les souvenirs se faner déjà, tous ces précieux sourires, ces visages, ces baisers devenir du passé. Je m'endors.

MARDI 20 FÉVRIER.

Réveillée dès 7 h. moins 1/4. Ça aussi je reconnais, cette vacance, cette langueur, ce désir de rester enfouie dans le passé et de ne pas bouger, de ne pas créer un présent neuf qui va tout refouler dans le lointain. Faiblesse, on ne sait si c'est sommeil ou tristesse. Je reste un long temps au lit ; on a l'impression qu'on pourrait retrouver une plénitude, qu'on emporte tant de richesses avec soi, mais c'est sans cesse fuyant; ce n'est qu'au présent, dans leur présence ou dans l'action présente, la pensée présente, qu'on peut retrouver les gens.

Je me lève. Luxembourg trempé de pluie – lycée – je suis fatiguée – à la sortie je trouve Sorokine. J'ai été infâme avec elle – elle m'a écrit la veille une petite lettre qui m'a émue car elle ne m'engueulait même pas; et maintenant elle a un beau visage tout palpitant de désespoir. On va dans une triste pâtisserie viennoise. Je m'excuse, j'explique, je m'accuse – elle reste triste, elle dit seulement : « je vous ai tant cherchée hier, je vous ai cherchée partout! », elle est venue le matin à 8 h. et à C. Sée et encore deux fois à l'hôtel et elle a fini par aborder Védrine – et ça me remue l'âme, cette plainte. Mais je ne peux pas grand-chose, ça m'accable un peu. Comme ça convient, de façon presque nécessaire, ce temps poisseux du dehors, et ce silence triste dans la triste pâtisserie viennoise. On va chez moi, je l'embrasse, elle s'adoucit un peu. On déjeune au « Milk Bar ». Lycée – elle est de nouveau à la sortie. Je rentre.

Moment un peu pénible. Je suis fatiguée. J'ai envie de voir Bost, une envie simple, sans angoisse, pas déchirante, mais qui fait le vide autour de moi. Une petite lettre me proposant un rendez-vous. Je monte chez moi, je m'étends et somnole – souvenir, tendresse et fatigue – je n'ai aucune jalousie pour l'instant de Kos., je l'envie seulement de voir Bost si longtemps, mais je sais que c'est juste – je sais qu'ils vont se remettre tout bien ensemble, que ça me sera un rien pénible quand Kos. m'en parlera, mais vraiment, ça m'est égal, ça ne diminue rien. Je me secoue, je passe à la poste où j'ai une lettre de Sartre – encore au bord des larmes, c'est cet état de fatigue, de tendresse désarmée. Je vais au « Versailles » où pendant plus d'une heure je fais ce carnet. Ça me fait heureux et plein parce que c'est comme une rencontre de rester encore avec Bost.

Lettre à Sartre – en 91 à la gare d'Austerlitz chercher Poupette. J'attends 1/2 h. dans un café en lisant le carnet de Bost. Poupette à la gare, fraîche sous un affreux chapeau noir, fâchée que j'aie usé d'elle [1], revendicatrice déjà – d'un coup je m'éveille et retrouve le sens du réel; je l'emmène au « Sélect » où l'on cause jusque vers minuit. Rien ne m'ennuie, comme rien ne m'amuse. Je tue le temps avec de simples prétextes, et ce qui compte c'est ce vague intérieur où je reste plongée.

MERCREDI 21 FÉVRIER.

Longue nuit avec des rêves sur Bost, rêves tendres et pénibles car il me dit « celui qui ne sait pas ce qu'il aime ne sait pas comment il vit » d'un air sentencieux et il conclut : « on n'aurait dû se voir que sur les routes » – pourtant il y a une atmosphère de douceur car il dit m'aimer. Je me réveille dans un état poisseux, sentimental, vulnérable qui s'accorde avec la clémence molle du temps – ciel bleu, douceur de l'air. Je vais au « Dôme », je corrige des copies. Que je suis vacante, je pense que je voudrais voir Bost et c'est tout. Et soudain il est là, tout souriant, il me propose de descendre avec lui chez P. Bost. Ça me touche qu'il soit venu me chercher – on cause, avec un rien de gêne car on n'a pas assez de temps pour causer vraiment, on ne peut dire que l'insignifiant, mais ça m'a fait du bien de le voir.

Je retrouve ma famille : parents, sœurs, cousins Cordonnier, au « Relais de Sèvres » rue de Sèvres. Je suis contractée et intérieure, je ne peux pas m'arracher un mot. Promenade à pied avec Poupette où, malgré Poupette, je sens si fort le printemps dans le Luxembourg.

A 3 h. je retrouve Kos. au « Dôme » – je n'ai ni jalousie, ni remords, je veux définitivement cette histoire, telle qu'elle est. D'ailleurs à travers les récits de Kos. je peux sentir la tendresse de Bost pour elle sans douleur, ces rapports ne me font plus poétiques ni sacrés, je sens de toutes mes forces que ce sont les miens avec Bost qui sont de loin les meilleurs – complets et sin-

1. En prétendant devant Olga qu'elle était arrivée dès le vendredi, ce qui diminuerait, aux yeux de celle-ci, le temps auquel elle, Poupette, avait droit avec le Castor.

cères. Kos. est toute fâchée parce que C. Gibert a raconté à Mouloudji toute son intimité avec Sartre et ça a écœuré Mouloudji, qui en a voulu à Wanda, qui est folle de rage – les deux sœurs semblent avoir été aussi fort affectées par un passage des carnets de Sartre sur ses petits déjeuners. Kos. me parle comme si elle ne me croyait vraiment plus de solidarité avec Sartre.

A 5 h. chez moi Sorokine – elle m'accueille à coups de poing car j'ai 5 mn. de retard – je l'emmène à la poste chercher la lettre de Sartre et c'est une lettre triste qui me serre le cœur – je pense qu'il va être emmerdé à cause de Wanda et ça m'emmerde. Sorokine fait la tête cependant, sans conviction, ce qui m'agace encore plus. On rentre, je commence à lui expliquer « la preuve ontologique » – elle n'écoute pas, et pleure et me bat, et je l'embrasse et de nouveau Descartes et larmes, et j'en ai profondément marre, je trouve qu'elle charrie et que ce mélange de philo et de sentiment est absolument insupportable. Elle pleure à sanglots, mais c'est du truqué, ça ne m'émeut pas ; elle m'émeut au contraire lorsqu'elle se met dans mes bras et m'avoue qu'elle a fait exprès et pourquoi, en essayant d'être toute sincère ; et je l'embrasse et la caresse pour la calmer. Elle se calme mais on se quitte un peu froidement devant le « Dôme ».

J'écris un peu à Sartre au « Dôme ». Poupette me retrouve là ; elle a envie d'aller à « Bobino », et même dès le début de la séance – c'est pain bénit. La salle est comble – plaisant spectacle – le « barman de Satan » fait monter quatre soldats sur la scène et leur fait déguster du pernod et du rhum ; l'un d'eux se taille un succès en criant « Il n'y a pas de bromure, au moins ? ». Deux clowns très drôles, Alan et Porto, un bon chansonnier Fred Maurice, et Édith Piaf, qui semble bossue et hydrocéphale et qui me tire les larmes. Je suis en état de sentimentalité à fleur de peau et terriblement sensible aux chansons. Désir lancinant de revoir Bost – avec un peu d'appréhension car je sais que ce n'est jamais la même chose quand on se revoit après, en sandwich. On va au « Dôme » où je finis ma lettre à Sartre.

Un temps doux de printemps mais avec dans l'air une sorte d'aigreur marine. La journée est tournée vers Bost. Matin au « Dôme » où je corrige quelques copies – lycée. Déjeuner avec Poupette – on va à pied jusqu'à Duroc, il fait chaud, tendre et veule. Lycée. Sorokine m'attendait dans la cour avec une bouchée au chocolat et un beau mouchoir de couleur. A 4 h. je saute en taxi et me ramène chez moi. Bost arrive presque aussitôt. On descend à pied et en taxi jusqu'au « Long Bar » au Palais Royal et on s'assied dans un coin reculé sur un canapé bas, on se croirait dans un salon. J'ai apporté mes carnets, ceux de Sartre, on cause, il lit un peu et c'est plaisant, mais il est un rien triste, il commence à penser à la fin de sa permission, un rien gêné comme toujours quand il ne veut ni parler ni ne parler de Kos. etc., moi je souffre un peu de sentimentalité rentrée ; mais c'est bien plaisant. On revient à pied, dans le soir, à travers le Carrousel. A la poste j'ai une lettre de Sartre que je lis au « Vikings » : il m'explique comme il est ému de mes rapports avec Bost et ça m'arrache à ce léger contingent où j'étais. Une heure tout heureuse et forte aux « Vikings ». Je reverrai Bost le samedi.

Je retrouve Poupette – un moment d'ennui à pleurer ; on va dans les rues si douces et elle entreprend de me parler du communisme, de Dieu, de la morale, de l'assassinat, etc. – c'est terrible. Me dit seulement ça d'intéressant sur sa peinture : « Je peins pour qu'il n'y ait plus de trous » – le trou, c'est la cuisine où du linge sèche, c'est une espèce de nausée du ménager que j'ai connue autrefois. Elle est disposée à être sincère mais sa sincérité ne m'amuse pas. Je l'entraîne voir *Pension Mimosa* qui n'arrive pas à m'émouvoir malgré ma bonne volonté sentimentale. Je suis accablée parce que Gérassi offre à Poupette une prolongation de séjour, mais de retour chez moi en écrivant à Sartre, je me décide farouchement à mettre tout le monde au pas et à retrouver mon travail. Sinon je m'ensinistrerai mortellement.

Levée encore vague et fatiguée – je vais au « Dôme » vers 9 h. et j'essaie un peu de travailler, mais sans beaucoup de succès. Poupette arrive à 10 h. fraîche, jolie presque dans sa blouse crème – et Stépha se ramène. Moment d'ennui intolérable, sur les crèmes de beauté, etc. Puis vient Ninouche, une très jolie fille, amie de Stépha, qui fut fiancée au peintre Bennal qui vient de mourir – ça me fait romanesque parce que je me le rappelle sur le quai de la gare d'Orsay, quand il partait avec Gérassi se battre en Espagne et on disait qu'il n'avait déjà plus qu'un poumon. Cette fille a perdu un autre fiancé, anarchiste espagnol que des anarchistes fusillèrent parce qu'il ne voulait pas leur laisser saccager des images de première communion et autres souvenirs de sa mère. On parle. Il y a A. Ménard à côté qui se fait engueuler par le type louche qui poursuit Stépha. Je laisse couler le temps, il coule lent, si lent.

Midi – on me laisse devant ma table. Je mange un civet de lapin. C. Chonez passe et me salue. Lycée H. IV. Sorokine est à la sortie, repentante toujours et charmante. Poste, lettre de Sartre. Travail, aux « Vikings », assez médiocre. Comme je repasse chez moi, j'aperçois Bost qui venait chercher des livres et du sou, ça me fait plaisir de le voir cinq minutes.

CARNET VI

9 JUIN-18 JUILLET 1940

S. de Beauvoir
21 rue Vavin, Paris.

Camp de prisonniers
de passage n° 1
9ᵉ Cie – Baccarat [1]

« Dans la mesure où c'est l'Autre qui agit, chaque conscience poursuit la *mort* de l'autre... Le rapport des deux consciences de soi est donc déterminé ainsi : elles s'éprouvent elles-mêmes et l'une l'autre par une lutte à mort. *Elles ne peuvent éviter cette lutte car elles sont forcées d'élever au niveau de la vérité leur certitude de soi*, leur certitude d'exister pour soi, chacune doit éprouver cette certitude en elle-même et dans l'autre. » Hegel.

« Chaque conscience de soi doit poursuivre la mort de l'autre puisqu'elle y risque sa propre vie, puisque l'autre ne vaut pas pour elle plus qu'elle-même ; l'essence de l'autre apparaît à elle comme autre, comme externe et elle doit dépasser cette extériorité. » Hegel, *Ph.* p. 143-150 [2].

1. Adresse de Sartre en juin 1940.
2. Passage d'où sera tirée l'épigraphe de *L'Invitée*.

Le *9 Juin*, c'était dimanche – les nouvelles avaient été mauvaises en ville vers 5 h. : un repli indéterminé du côté de l'Aisne – j'avais passé la soirée avec Védrine à l'Opéra, on avait vu *Ariane et Barbe-Bleue* [2] – la salle était vide – on avait l'impression d'une dernière manifestation courageuse de Paris en face de l'ennemi – il faisait orageux, nous étions toutes deux énervées – je revois le grand escalier, et V. avec sa jolie robe rouge où elle avait glissé une écharpe rouge ; on avait acheté des gâteaux dans une pâtisserie voisine et on s'était installées dans une loge. Nous étions revenues à pied par l'avenue de l'Opéra ; on avait discuté d'abord sur la musique qu'elle n'aimait pas et que je défendais, ç'avait été aigre – et puis on avait parlé sur la guerre, sur une défaite possible : je nous revois place Médicis, où elle disait qu'on pourrait se tuer et où je disais qu'on ne se tuerait sûrement pas – de loin, ça me semblait d'ailleurs intéressant à vivre, juste cet intérêt tragique que j'ai bien senti depuis un mois, et qui ne m'a encore pas manqué, malgré tout. Mais tout en soutenant cette thèse optimiste, j'étais tendue et nouée au possible – elle m'a demandé avec embarras de monter chez elle et je me suis bien vite enfuie, je voulais être seule. Je suis rentrée à mon hôtel. Je ne sais plus trop ce que j'ai fait le

1. Partie utilisée dans *La Force de l'âge*, mais non intégralement.
2. De Paul Dukas.

lendemain matin, mais ce dimanche a ressemblé aux 15 derniers jours que je venais de vivre : j'ai lu le matin, écouté de la musique à « Chanteclerc » de 1 h. à 3 h., été au cinéma revoir *Fantôme à vendre* et voir *L'Étrange Visiteur*, ensuite du « Mahieu » j'ai écrit à Sartre – la D.C.A. canonnait, il y avait des nuages de fumée blanche dans le ciel et les gens de la terrasse décampaient – les nouvelles des journaux n'étaient pas meilleures – je sentais l'avance allemande comme une menace directe, je n'avais qu'une idée, ne pas être coupée de Sartre et Bost, ne pas être prise comme un rat dans Paris occupé. C'était orageux encore – j'étais nerveuse et furieuse de l'être ; je pensais que ça serait bien de ne craindre rien au monde mais que pour ça il faudrait être un stoïcien intégral et ne tenir non plus à rien – et aimer les gens c'est vouloir les aimer, je ne voulais donc pas sincèrement cette indépendance. J'ai été écouter encore de la musique, du Mozart comme le matin, c'était agréable à entendre et ça ne demandait aucun effort, ça me convenait – et puis je suis revenue à pied à l'hôtel, il devait être 10 h. quand je suis arrivée, j'ai trouvé un mot hagard de Védrine disant qu'elle m'avait cherchée tout le jour, qu'elle était au café de « Flore », qu'elle avait des nouvelles très graves à me donner et que peut-être elle allait partir dans la nuit. Je me suis sentie vraiment fiévreuse ; j'ai cherché un taxi mais déjà il n'y en avait plus ; j'ai pris le métro, je suis arrivée à St Germain-des-Prés ; elle était à la terrasse avec les Suisses et ses camarades ; je me suis saisie d'elle et nous sommes parties ; elle m'a dit savoir par un type du Q.G. qu'un repli était prévu pour le lendemain sur la ligne Melun-nord de St Dizier – que par ailleurs tous les examens étaient décommandés et les professeurs libérés – ça m'a glacé l'âme, c'était définitif et sans espoir, les Allemands étaient à Paris dans deux jours, je n'avais rien à faire qu'à partir avec elle pour Angers – je suis montée chez mes parents annoncer mon départ, ils ne pouvaient pas partir avant le surlendemain, question d'argent – ma mère faisait de l'héroïsme pour se donner le change – j'étais émue en descendant l'escalier, il me semblait que c'était de toute manière la rupture la plus définitive, que jamais je ne reverrais Paris. Là-dessus, dans la rue Cassette, V. m'a dit qu'évidemment la ligne Maginot allait être prise à revers; c'était le bon sens même et j'ai compris que Sartre allait être prisonnier, pour un temps indéfini, qu'il aurait une vie horrible et que je ne saurais rien de lui; dans l'état où j'étais ça m'a été intolérable et j'ai eu une espèce de crise de nerfs pour la première fois de ma vie. Je crois que ça a été le moment le plus horrible de toute la guerre. On est montées jusque chez moi – j'ai fait mes valises en ne prenant que l'essentiel, j'ai laissé tous mes livres, des papiers, de vieux vêtements. J'ai pris manuscrits, carnets, et habits auxquels je tenais – c'était assez lourd et on s'est péniblement traînées à l'hôtel de Védrine [1]. Là j'ai un peu arrangé ma figure et on a été chez le Suisse Posi; il y avait Lévy, Ramblin, et un tas de Suisses, on a bu et fumé, je ne sais trop de quoi on parlait. Posi m'a expliqué la différence entre piano et clavecin mais on discutait surtout sur la guerre. On croyait encore à la victoire, il s'agissait de tenir derrière Paris assez longtemps pour avoir les renforts américains. Des heures ont passé, c'était un secours d'avoir des gens et du bruit – vers 4 h. du matin on a été dormir et je n'ai quasi pas dormi.

Le *10 Juin*, le lundi, je me suis levée vers 7 h. et comme je m'habillais on a frappé : c'était Sorokine pour qui j'avais laissé un mot à l'hôtel. Toute contente de ne pas passer d'examen ce jour-là, elle venait la pauvre folle me demander de passer la journée à me promener avec elle – elle a été bouleversée de me voir chez Védrine et quand après m'être vite habillée je suis sortie avec elle, elle m'a fait une tête sinistre. Elle voulait que j'aille persuader sa mère de la laisser partir avec moi, et j'étais ennuyée parce que je voulais être de retour à 9 h. et ne pas risquer de manquer M. Védrine – heureusement j'ai trouvé un taxi, il m'a menée à C. Sée – il y avait quelques élèves venues voir si par hasard on ne passait pas quand même le bachot; la directrice m'a remis un ordre d'évacuation, j'ai été dans la salle des professeurs chercher les

1. Rue Royer-Collard.

lettres de Bost et Sartre [1] et des carnets – j'ai repris le taxi qui m'a menée chez Sorokine. Là il y a eu une entrevue rapide avec la mère à qui j'ai persuadé de me laisser emmener sa fille ; elle a été voir si elle pouvait avoir un sauf-conduit, car c'était nécessaire pour les étrangers, et moi j'ai repassé à mon hôtel où j'ai trouvé une lettre de Sartre, toute guillerette, que je n'ai même pas pu lire tant j'avais un brouillard devant les yeux. Je suis revenue rue Royer-Collard, il y avait l'auto et M. Védrine qui n'a pas semblé enthousiaste à l'idée de m'emmener parce qu'il emmenait déjà une de ses employées et il était surchargé de livres de comptabilité et de paquets mais enfin il a promis de me sortir de Paris. Là-dessus Sorokine s'est ramenée, elle s'était fait conduire en camion pour me dire qu'elle ne pouvait pas avoir de sauf-conduit avant 8 jours et encore en produisant un certificat d'hébergement – ça m'a atterrée l'idée de la laisser seule comme ça dans Paris. On a été faire un tour mélancolique au Luxembourg, on était de nouveau bien ensemble et j'étais émue de la quitter – elle m'a ramenée au « Mahieu » ; j'ai rencontré des élèves, toutes rieuses parce qu'elles venaient de se balader en reines dans le lycée Fénelon, pour beaucoup de jeunes gens ça semblait fête, cette journée d'examens sans examens, de désordre et de loisir – ils se promenaient gaiement sur le boulevard, ils semblaient beaucoup s'amuser. Mais les terrasses étaient déjà assez désertes et sur le boulevard St Michel commençait le grand défilé des automobiles. J'ai causé avec les élèves, je leur ai donné rendez-vous vers Angers, comme j'avais fait avec Lévy, avec les Suisses. On croyait à un exil alors, plus qu'à une

1. Ces lettres de Sartre, le Castor crut longtemps les avoir perdues. Elle écrit dans *La Force de l'âge* (p. 440 N.R.F. ; p. 489 « Folio ») : « Il m'écrivait à peu près tous les jours, mais j'ai perdu cette correspondance pendant l'exode », et dans une note, quelques pages plus loin : « J'avais pris toutes les lettres de Sartre. Je ne sais pas où ni quand elles se sont perdues. » Heureusement, il n'en était rien – puisqu'elle-même a édité en 1983 les deux volumes (largement expurgés) des *Lettres au Castor*. Cependant si les lettres de guerre sont conservées, il reste vrai que les toutes premières que Sartre lui adressa, à partir de 1929, pendant son service militaire à Saint-Cyr et à Saint-Symphorien, et même ensuite, lorsqu'elle fut nommée à Marseille, ainsi que pendant les toutes premières années de leur relation, sont bel et bien perdues.

défaite, on se préparait en pensée la vie de province la moins ennuyeuse possible.

Après ça je suis entrée au « Mahieu » écrire à Sartre et à Bost – peut-être auront-ils encore cette lettre-là, ç'aura été la dernière – j'ai sangloté en écrivant, je n'avais qu'une idée : « on va être séparés »; je nous voyais, comme nous sommes, parqués chacun en un coin de France, sans nouvelles, sans lettres, seuls et chacun redoublant son angoisse à imaginer celle d'autrui – je ne pouvais pas supporter cette idée – c'est toujours ce moment du décrochage, du renoncement, qui est dur – tant qu'on résiste, qu'on dit non, qu'on ne veut pas. Et puis une fois que c'est décroché, il n'y a même plus matière à souffrance, il n'y a plus rien simplement.

Je suis rentrée à l'hôtel, en ruine – les Suisses rôdaient par là, et je me suis refait une figure pour aller boire avec eux un mauvais champagne abandonné par une Autrichienne envoyée en camp de concentration. Ça m'a fait un peu de bien. Et puis j'ai été manger avec Védrine au restaurant savoyard – le patron nous a dit qu'il partait le soir – tout le monde partait, la dame du lavabo du « Mahieu » pliait bagage, l'épicier rue Cl. Bernard fermait sa boutique, tout le quartier se vidait. Après le repas on a été à la terrasse du « Mahieu » attendre M. Védrine. Ç'a été long et énervant, il avait dit entre 2 et 5 h. et on se demandait s'il viendrait ou non, s'il ne serait pas trop tard pour partir, et surtout on avait hâte d'en avoir fini, c'était odieux cet interminable adieu à Paris – on est restées assises là sans rien dire. Les Suisses ont passé, et puis Lévy et Ramblin, le défilé des autos n'arrêtait pas, les gens guettaient les taxis au passage, mais il n'en arrivait presque plus, dès qu'il y en avait un, il était pris d'assaut. Vers le milieu de la journée on a vu pour la première fois ces grands tombereaux de réfugiés que je devais retrouver si souvent par la suite : une dizaine de grandes charrettes, attelées chacune de quatre à cinq chevaux, et chargées de foin que protégeait d'un côté une bâche verte – les bicyclettes, les matelas s'amoncelaient aux deux extrémités et au milieu se tenaient les gens, en groupes immobiles sous de grands parapluies – c'était composé avec l'exactitude d'un tableau, on aurait dit des tableaux de Breughel – plus tard, je les ai revus, défaits, désordonnés, mais là ils étaient achevés et nobles comme un cortège de fête solennelle – c'était émouvant au possible, justement, parce que ce n'était pas misérable mais beau. Védrine s'est mise à pleurer et je l'ai bien comprise, j'avais aussi les larmes aux yeux. Comme il faisait chaud et lourd ; on n'avait pas dormi, on avait les yeux brûlants, des pieds à la tête on n'était qu'une souffrance, on attendait cette auto qui allait nous emporter, nous délivrer, mais qui n'arrivait pas. Nous avons été faire quelques provisions : fruits, brioches, chocolat, et j'ai eu mon dernier sursaut de sentimentalité, j'ai revu ces rues où on avait été si heureux, la rue Royer-Collard, la rue St Jacques, il y avait trop de souvenirs partout et je me suis rappelée comme une chose réelle Sartre dans ces rues s'avançant vers moi en souriant – ç'a été la dernière fois que le passé s'est rappelé à moi d'une façon vivante et intolérable.

L'auto est enfin arrivée. V. et moi nous sommes assises devant, l'employée au fond parmi les piles de valises – j'étais contente de sortir enfin de cette attente, de bouger, de m'en aller. Au moment où nous sortions de l'hôtel la patronne nous a crié avec exaltation : « Les Russes et les Anglais viennent de débarquer à Hambourg ! » – c'était un soldat qui arrivait du Val-de-Grâce qui répandait cette nouvelle – j'ai appris depuis que le bruit de l'entrée en guerre de la Russie avait couru avec insistance à Paris pendant les jours suivants. Ça m'a donné au cœur un choc idiot, mais j'ai vite compris que c'était faux, ou la radio de 4 h. 1/2 l'aurait vite clamé ; V. s'obstinait à garder un espoir qui est lentement mort en cours de route car au communiqué de 7 h.1/2, personne n'avait rien entendu de cette extravagante nouvelle. On est donc partis, avec la vague idée qu'en tout cas tout n'était pas perdu, que des choses encore pouvaient se passer – on a gagné la porte d'Orléans, il y avait beaucoup de voitures, mais ça ne faisait pas un terrible encombrement ; quelques bicyclettes seulement et encore personne à pied, nous partions avant le gros de la foule. Je sentais un grand déchirement vague à l'idée de Paris que je laissais derrière moi, de Paris plein d'Allemands – à la Croix de Berny on s'est arrê-

303

tés un quart d'heure à regarder passer des camions pleins de jeunes soldats à l'air harassé, c'était désolant ; je pensais à ces camions qui avaient monté en ligne Bost et ses camarades, je ne sais si ceux-là montaient ou descendaient mais en tout cas ça navrait le cœur. On a repris la route et bientôt obliqué par de petits chemins, par Orsay, vers la vallée de Chevreuse – il faisait beau, on voyait de petites villas fleuries et il y avait peu d'autos, on pouvait croire à un départ en week-end. Aux environs de Chartres, on nous a détournés de notre route et on a commencé à rencontrer des espèces de chicanes qui créaient de l'embouteillage – à un moment on a trouvé une longue queue d'autos arrêtées sur la route, les gens se répandaient dans les champs : on a mis du temps à comprendre mais un jeune soldat courait de portière en portière en criant qu'il y avait une alerte – nous sommes descendus aussi, M. Védrine tenant à la main une précieuse serviette qui contenait toutes ses perles [1], et on a été s'asseoir pour manger au bord d'un petit bois – ça faisait juste un petit goût d'aventure, ça faisait sentir que ce n'était pas tout à fait un voyage normal. Après ça, pendant une heure quasi sans avancer, les autos les unes derrière les autres – et puis on a décollé. Comme on traversait un village, on a vu un soldat qui soufflait dans une petite trompette ; il nous a crié : « Alerte ! Planquez-vous à la sortie du village ! » – on a filé et continué la route. On avait rencontré beaucoup de soldats dans ces villages, dans un surtout où ils étaient tous jeunes, et presque tous charmants – à un croisement de route, l'un deux nous avait annoncé l'entrée en guerre de l'Italie, ce qui ne nous a fait ni chaud ni froid, le coup était prévu. On a continué à rouler dans la nuit tombante ; une bicyclette devant les phares empêchait qu'on les allumât et M. Védrine repérait la route dans une obscurité grandissante. Enfin à Illiers on s'est arrêtés – c'était un tout petit village ; on a eu la chance de trouver tout de suite deux chambres chez un vieillard goitreux. Avant de se coucher on a cherché un café pour boire un coup ; on en a trouvé un dont les grilles étaient déjà presque tirées, les gens discutaient sur des questions de lumière, de municipalité et

1. Dont il faisait commerce.

nous ont demandé avec méfiance de quel coin de Paris on était. On est rentrés dormir. Védrine a dormi sur un matelas dans la chambre de son père et moi dans un grand lit avec l'employée. Il y avait une grande horloge éloquente qui a menacé de nous empêcher de dormir mais on en a arrêté avec soin le balancier.

Le lendemain, le *mardi 11 Juin*, je me suis réveillée à 8 h. – tout de suite j'ai sauté du lit, une tristesse infernale m'avait prise à la gorge. J'ai été à la fenêtre, je revois ce ciel gris, ce jardin rectangulaire avec une horrible campagne plate derrière lui – je me suis habillée, j'ai couru au café de la veille pour écrire à Sartre. J'ai écrit une petite lettre, je ne pouvais pas m'empêcher de pleurer ; je ne pense pas qu'il l'ait eue. A 8 h. 1/2, la T.S.F. a parlé – j'ai été dans l'arrière-boutique, une femme était là aussi qui écoutait le communiqué en sanglotant. Moi aussi j'ai pleuré ; depuis la veille ça puait la défaite, et ce matin c'était impossible de ne pas commencer à y croire, elle était là, dans la voix du speaker, et dans les phrases qu'il disait, sur le visage de la femme qui écoutait et dans mes propres larmes – elle était aussi partout dans le village, et tout le jour, dans tous les villages on nous accueillait par ces mots : « Alors c'est foutu ? Paris est pris ? ». Les Védrine sont arrivés, on a vaguement mangé, et puis on est sortis. On collait aux murs des affiches concernant les Italiens, les femmes s'interpellaient d'un air sombre. Il y avait plein d'autos de réfugiés aux coins des rues.

On est partis vers 9 h. – le voyage a été très facile, de temps en temps on apercevait de grandes charrettes semblables à celles du Bd St Michel, mais déjà à demi démantelées, le foin mangé en partie, les gens à pied ; on avait vu des campements la veille au soir, chevaux dételés, gens mangeant dans les fossés, ça ne faisait pas trop triste parce qu'ils n'étaient encore pas trop nombreux, et surtout à cause du beau temps. On a roulé sans histoire, jusqu'au Mans qui était plein d'Anglais, jusqu'à Laval – ça commençait à grouiller de réfugiés par là ; on a rencontré une voiture aux pneus crevés qui avait traversé Évreux en flammes, j'ai commencé à trembler de peur pour les Kos. Il y avait un tas de gens qui se ramenaient de Normandie. A

Laval même, c'était un encombrement immense. On sentait vaguement quelle paisible petite ville ça avait dû être autrefois, au bord de sa rivière, mais tous les trottoirs étaient bordés d'automobiles et tous les ponts et places couverts de réfugiés assis, les riches à des tables de cafés qui avaient indéfiniment étalé leurs terrasses, et les pauvres sur le sol ou sur leurs valises. On a d'abord été à la gare – le bruit y courait que les trains venus de Paris s'étaient perdus en route – on s'est renseignés pour les autocars et j'ai appris que j'en avais un à 5 h.1/2 pour Angers, c'était parfait. Après ça on s'est mis en quête d'un restaurant, au grand hôtel de la ville on nous a ri au nez, il ne restait même plus une bribe de jambon; alors on a été dans une brasserie aux murs de faïence qui devait être bien paisible en temps ordinaire, avec ses jeux de jacquet et de dames contre une fenêtre; mais elle ressemblait à un immense buffet de gare, avec toutes ses tables mises bout à bout et uniformément servies de veau aux petits pois – je me sentais terriblement fatiguée – on a trouvé une table et j'ai été bien contente de manger moi aussi du veau aux petits pois en buvant un peu de vin. Après ça, on a sorti mon bagage de l'auto et j'ai dit adieu aux Védrine. J'ai porté mes valises au bureau des cars, et j'ai été à la poste, tâcher de téléphoner à La Pouèze. J'ai attendu plus d'une heure la communication, il y avait un monde fou, une chaleur épaisse; de temps en temps je m'abattais sur une chaise dans un coin avec l'impression que j'allais me trouver mal – je me rappelle une réfugiée minable qui s'est approchée de la téléphoniste en demandant : « Voulez-vous téléphoner pour moi ? » – l'autre a ri d'un grand rire – par besoin d'activité je me suis occupée de la bonne femme; elle m'a dit à quelle localité elle voulait téléphoner, et je lui ai énuméré les noms des abonnés, mais aucun ne lui convenait : celui-là était parti, celui-là devait être aux champs – finalement je l'ai plantée là. J'étais si fatiguée et nerveuse que mon cœur s'est mis à battre et ma voix tremblait quand j'ai eu le Mops [1] au téléphone; cette dame est venue aussi et on m'a dit que la maison était sens dessus dessous et bondée de monde mais qu'on m'accueillerait avec joie et

1. Jacqueline, fille de madame Morel, « cette dame », mariée à un Isorni.

qu'on viendrait après dîner me chercher en auto à Angers – c'était merveilleux. Il m'est resté juste le temps d'aller rechercher mes valises et de sauter dans l'autocar bondé – j'ai dû me tenir debout. J'ai rencontré C. Neveu, une ancienne élève de Rouen que j'aimais un peu; elle était avec son mari, elle fuyait Rouen, sac au dos, d'autocar en autocar – elle était devenue bien terne mais ça m'a occupée de parler de C. Audry, Collinet, de Mme Feldman [1] qu'elle ne semblait pas beaucoup aimer. A Château-Gontier j'ai pu m'asseoir et vers 8 h. j'étais à Angers.

Je me suis assise à la terrasse d'un café place de la gare – c'était bondé de réfugiés qui ne savaient que faire de leur peau car il n'y avait pas le moindre endroit où se loger. Je revois une espèce de folle enveloppée d'une couverture qui poussait une poussette chargée de valises – indéfiniment et désespérément elle tournait en rond autour de la place. Cette dame m'a raconté plus tard qu'Angers avait toujours regorgé de réfugiés, et que ceux du Nord s'amenaient avec leurs autos criblées, amenant leurs cadavres sur le toit des voitures entre deux matelas.

J'étais très fatiguée – le temps passait, la nuit tombait et un peu de pluie avec la nuit et je me demandais ce que j'allais devenir quand enfin une voiture s'est amenée : le Mops, sa belle-sœur Lili, une grande belle femme d'origine et de type allemand qui a épousé J. Isorni après divorce d'un mari qui lui a laissé un fils blond, ravissant et stupide qui se trouvait là aussi. On m'a embarquée. A La Pouèze j'ai trouvé cette dame qui m'a fait manger des œufs durs et de la salade. J'étais charmée de la voir et j'aurais volontiers causé avec elle si Lili n'était restée à déclamer sur le manque d'idéal des soldats français d'aujourd'hui. Elle est quand même partie. J'ai un peu causé avec cette dame et je suis montée me coucher. Les trois premiers soirs j'ai dormi dans la chambre même de cette dame. Le lit était plaisant parce qu'on avait ôté le sommier et le matelas s'enfonçait profondément entre les bois de lit, si bien que je pouvais me croire au fond d'une barque. Cette dame dormait dans la chambre voisine de celle de ce monsieur pour pouvoir

1. Amis et collègues professeurs de Rouen.

répondre au moindre coup de sonnette vu qu'il avait des angoisses atroces. Il y avait un caniche qui dormait dans ma chambre ; il était un peu trop amical, surtout vers le matin, mais il ne me gênait pas trop.

Mercredi 12 Juin – Je me suis réveillée après une bonne nuit. Léa m'apportait du thé et de la confiture de prunes – tous les jours à 8 h.1/2 j'ai fait ce même petit déjeuner. J'ai eu une première déception car il n'y avait pas de lettre et j'étais sûre que de Paris on m'avait fait suivre des lettres de Sartre et Bost – il y a eu seulement une dépêche de Sorokine demandant qu'on lui envoie une autorisation du préfet de Maine-et-Loire pour qu'elle puisse venir me rejoindre. J'avais le cœur bien sombre. J'ai été écrire des lettres à la salle à manger, ce que je ne pouvais faire sans verser des larmes, et puis je me suis jetée sur des romans policiers, pendant trois jours je n'ai rien pu lire d'autre, ils étaient stupides mais je m'en foutais. La journée se passait à lire, dans ma chambre ou à la salle à manger, sans même me soucier de mettre le nez dehors. Vers 1 h. on mangeait et causait un peu, et vers 8 h. 1/2 on dînait et causait jusque vers 10 h. Mais je ne voyais guère cette dame qui ne quittait quasi pas le chevet de ce monsieur [1] : non seulement sa chambre est hermétiquement fermée et plongée dans la nuit, mais il paraît qu'il a encore des rideaux autour de son lit, et il est tellement surélevé qu'il ne peut apercevoir personne si on ne se tient debout à son chevet – cette dame et Mops restent comme ça des trois heures. A la fin elles étaient si fatiguées qu'elles avaient installé des matelas par terre et se couchaient pendant les somnolences de ce monsieur.

Presque toutes les nuits, il les appelait, et elles devaient le veiller tandis que ruisselant de sueur il se dépensait en d'affreux cauchemars de guerre – cette dame ne dormait littéralement pas, je me demande comment elle résistait.

Il y avait plein de monde dans le village : la famille Isorni s'était amenée de Villers, après avoir vu exploser et flamber au loin les réservoirs du Havre. Il paraît que le ciel était d'un noir de suie et la mer chargée d'huile. Il y avait le père, la mère qui

---

1. Qui se séquestrait depuis son retour de la guerre de 1914-1918.

gémissait du matin au soir sur ses quatre fils au front, et la fille Hélène avec sa petite fille – il y avait aussi Lili et son fils qui ne s'entendaient pas du tout avec le reste, on les traitait comme des étrangers – tantôt elle décidait d'aller habiter de son côté, tantôt elle revenait vivre avec les autres. La question du logement a fait du drame le premier jour, Mme Isorni se disputant le logement avec une autre bonne femme et chacune se jetant au visage le nombre de ses fils mobilisés. Cette dame qui avait des responsabilités là-dedans s'indignait beaucoup. Outre les Isorni il y avait la famille Nissim, arrivée deux jours plus tôt de Rambouillet ; ce Nissim était un médecin horticulteur qui avait correspondu à ce titre avec ce monsieur pendant des années, sans le voir ; il écrivait de belles exhortations stoïciennes à la vie, à l'espoir, et cette dame lui avait proposé de venir se réfugier chez elle avec sa famille ; ils étaient arrivés en train et on leur avait donné le bungalow. Il y avait une femme effacée, une jeune femme complètement hébétée, aux yeux ronds brillants, qui avait eu des malheurs conjugaux, et ses deux enfants, terriblement juifs, importants et prétentieux. Lui-même était un misérable petit bonhomme, un humilié et offensé. De toute la famille, on ne voyait guère que lui ; il arrivait, aux moments les plus tragiques, avec des dessins au crayon représentant des plants de rosier, ou une manière ingénieuse de puiser de l'eau inspirée des fellahs hindous. Il emmenait cette dame herboriser et une fois elle était aux cent coups parce qu'elle n'arrivait plus à retrouver l'emplacement d'un cèdre bleu dont Nissim avait fait don à ce monsieur. Quand on lui demandait : « Comment vont vos femmes ? » il répondait toujours : « Elles sont catastrophées ! » et puis il levait les mains au ciel en disant : « Espérons, espérons. »

Il y avait aussi dans le village Marie-Noëlle et Martine de Quayla mais on ne les voyait quasi jamais. Dans la maison d'en face il y avait une vieille gâteuse, ancienne gouvernante de la cousine de Mops [1], qui prenait ses repas avec nous, Mme Mairelle – elle était toute nouée et bossuée, avec des yeux mangés de peau rose ; il paraît qu'avant ma venue elle parlait

1. La cousine surnommée « Zébuth ».

sans cesse comme un vieux phonographe, mais j'ai dû l'intimider, car en ma présence elle ouvrait à peine la bouche.

Enfin, dans la grande chambre en face de la salle à manger, il y avait la princesse russe, plus sourde que jamais, et tombée en disgrâce. Elle n'avait que deux soucis, qui suffisaient à lui faire remplir la maison de ses cris de pintade : son chien Capri dont un ongle était malade, et ses papiers d'identité qu'elle voulait faire prolonger par le maire. On ne la voyait quasi jamais, sauf au moment des communiqués où elle arrivait d'un air hagard pour qu'on lui mette un résumé sur un papier. Elle vivait dans la terreur d'être abandonnée de tous et fusillée.

Cette première journée a passé sombrement – on prenait tous les communiqués, 8 h.1/2, 11 h. 1/2, 4 h.1/2, 6 h.1/2, 11 h.1/2, c'était l'attente, le rythme de la journée et ç'a été ainsi tous les jours jusqu'au silence – je ne sais plus trop ce qu'on annonçait ce mercredi, encore des replis en tout cas, ce n'était pas fameux. L'Aigle [1] était très menacé, la pression s'accentuait vers Reims, c'était ce qui me faisait le plus peur, à cause de Sartre et parce que je comprenais bien que c'était encore plus grave que Paris, que c'était par là que tout allait craquer. Le soir vers 9 h. on a sonné – c'était des inconnus qui demandaient Mme Mairelle. On les a regardés d'un mauvais œil. Au dîner en effet il y avait eu une alerte : on était venu mystérieusement prévenir cette dame et tandis que Boudy [2] tremblait de peur, cette dame et Mops disparaissaient en hâte. On avait vu des parachutistes, et cette dame devait aller prévenir la gendarmerie à 5 km. de là et pour ce faire elle s'armait d'un fusil – par le fait on a su le lendemain que les parachutistes étaient de simples ballonnets mais ce soir-là cette dame était très énervée et quand les gens sont arrivés elle était toute prête à les prendre pour les parachutistes eux-mêmes bien que Mme Mairelle les connût. Elle se défiait surtout de l'homme parce qu'il était hollandais. En fait c'était la fille d'une teinturière de Paris et son mari, ils étaient partis le mardi soir, et avaient eu un voyage difficile car le mardi déjà c'était la cohue et ils avaient été un

1. Où Olga était revenue chez ses parents.
2. Fille du Mops, âgée de sept ans.

peu mitraillés. Ils se sont installés dans la maison de Mme Mairelle où la teinturière est venue les rejoindre à trois jours de là.

Le lendemain, *jeudi 13 Juin*, il n'y avait de nouveau aucune lettre – j'ai envoyé des télégrammes, écrit des lettres pour la dernière fois, sans espoir.

30 JUIN [1].

Toute la vie depuis cinq jours est commandée par les certitudes contraires : ils rentreront – ils ne rentreront pas. Hier soir en arrivant à Paris, ç'a été le fond du désespoir – on parle d'immenses camps de prisonniers à Garches, à Antony, où ils sont « nourris de chien crevé », et mes parents prétendaient qu'on les garderait jusqu'à la fin de la guerre. L'armistice dit qu'on gardera jusqu'à la fin de la guerre ceux qui sont « prisonniers en Allemagne » – mais mon père objecte qu'on assimile la France occupée à l'Allemagne. Ce matin, réflexion faite, je ne le crois plus guère, et puis il y a une note un peu consolante dans *Le Matin* : on demande si en attendant la démobilisation, on ne pourrait pas autoriser les familles à communiquer avec les soldats – alors je pense que ces camps retiennent peut-être les soldats qu'on va démobiliser par paliers. C'est une idée qui m'est venue pendant la nuit. Et puis ce matin au « Dôme » comme il y a une vieille femme qui gémit en disant qu'elle est sans nouvelles, que « sa » chambre attend toute prête, la caissière la rassure en disant qu'ils vont arriver un beau matin. Je ne peux pas m'empêcher d'espérer.

Du coup, après avoir été hier soir plus misérable que dans ma vie entière, je retrouve une espèce de gaieté ce matin – il fait doux – je suis à ma place habituelle au « Dôme », près de la terrasse ; c'est presque vide : trois couples dont les jeunes femmes sont assez fraîches, je reconnais la caissière, les garçons, le décor. Il y a les plats du jour affichés et j'ai vu des boutiques

1. Du 30 juin au 14 juillet, le journal est de nouveau utilisé en partie dans *La Force de l'âge*.

311

d'alimentation ouvertes avec des fruits superbes, du jambon frais : à côté des boutiques vides du Mans, de Chartres, ça semblait de la prospérité. Presque personne sur le boulevard. J'ai vu passer deux camions chargés de jeunes Allemands en gris clair, mais j'ai tant vu d'Allemands tous ces jours-ci que ça m'a à peine paru insolite. De toutes mes forces, soudain, je crois à un « après » – triste ou gai, n'importe, un après où on vivra ensemble, la preuve c'est que j'ai acheté ce carnet et une bouteille d'encre et que je veux y débrouiller l'histoire de ces trois semaines, et bien tout noter pour Sartre et Bost, pour l'avenir. C'est le premier jour que je sors un peu de ma coquille et que je cesse d'être une « punaise écrasée » pour essayer de redevenir une personne. Ces trois semaines, je n'étais nulle part – il y avait de grands événements collectifs ou une angoisse physiologique particulière, et ni passé, ni avenir, ni personne. Je voudrais me retrouver comme en septembre et penser que tout cela fait partie de mon histoire. Peut-être à Paris ce sera possible – je crois que si je peux toucher mon traitement je resterai ici assez longtemps. Certainement les moments durs le sont beaucoup plus, mais il y a des instants où on émerge – tandis qu'à La Pouèze on vit en politesse et il y a malséance à s'occuper de soi – c'est une fuite constante.

Je me suis levée vers 8h.1/2, j'étais sombre en faisant ma toilette mais la douceur du matin m'a assaillie. Hier soir Paris c'était « quelque part sur terre » et j'étais absolument perdue dans le monde – ce matin le carrefour Montparnasse avait retrouvé son individualité et m'était devenu un refuge. J'ai acheté *Le Matin* allemand où je n'ai rien trouvé à lire, je me suis assise au « Dôme », j'ai retrouvé le café, les suisses d'il y a un mois et j'ai écrit les premières pages du carnet. Vers 10 h. j'ai commencé ma quête dans Paris : téléphoné en vain chez Mme Mancy, été chez elle à pied et en métro, essayé en vain de téléphoner à Taverny [1], passé à pied chez Sorokine qui n'y était pas, chez C. Audry qui n'y était pas, repassé chez Mme Mancy où j'ai laissé à tout hasard un mot pour Sartre ; et je suis reve-

_____

1. Chez les parents de Bost, « le pasteur et la pastoresse ».

nue en métro au Quartier Latin, je me suis installée au
« Mahieu » où je vais écrire un moment. J'ai mangé des groseilles et des petits-beurre en route et je viens de prendre un
citron pressé.

Paris est extraordinairement vide, encore beaucoup plus
qu'en septembre. C'est un peu le même beau temps, c'est le
même calme ; on ne voit pas beaucoup d'Allemands : quelques
motos et autos, quelques-uns à pied aussi ou dans les métros –
et quelques casernes occupées par eux – une autre différence
avec septembre ce sont les queues pressées aux rares boutiques
d'alimentation restées ouvertes. Mais la différence est surtout
intérieure, pas tant dans la rue même. En septembre c'était un
commencement. Quelque chose de terrible commençait, mais il
y avait dans cette idée quelque chose d'aventureux et de passionnément intéressant ; j'étais intéressée par moi-même, je me
demandais comment j'allais réagir, comment je supporterais le
malheur ; et moi aussi tout comme Sartre je me plaçais déjà à la
fin de la guerre ; ce n'est pas tant que je m'y donnais rendez-
vous, mais tout prenait un sens d'après cette fin heureuse dont
je ne doutais pas. Maintenant c'est fini – il n'y a plus aucun
moment qui brille à l'horizon et auquel on fasse hommage du
présent – il n'y a plus d'attente, plus d'avenir – le temps devant
moi est absolument stagnant, il semble qu'on n'aura plus qu'à
pourrir sur place pendant des années. De temps en temps j'ai
l'impression plaisante de vivre quelque roman de Wells, d'être
transportée dans une époque, un endroit absolument détachés
de moi avec la possibilité miraculeuse de regarder ce qui arrive
au monde – et puis je me rappelle qu'il n'y a aucun autre
monde qui m'attende, qu'il n'y aura aucun réveil, que c'est bien
là mon propre destin.

Passy, Auteuil, sont absolument morts, avec des odeurs de
verdure, de tilleuls, qui rappellent les approches de vacances
des autres années – même les concierges sont partis. J'ai passé
bd de Grenelle devant l'ancien camp de concentration pour
femmes – aux termes de l'Armistice on doit rendre à l'Allemagne tous les Allemands réfugiés – il y a peu de clauses qui
fassent plus sinistres et plus implacables.

Je suis revenue au Quartier Latin – c'est très vide, mais les cafés sont presque tous ouverts et il y a du monde un peu aux terrasses – presque aucun Allemand par ici, je n'en ai vu passer que deux. Il y a juste trois semaines j'écrivais à Sartre de cette place – j'étais dans une angoisse noire, je me rappelle la lourde chaleur et les fumées de D.C.A. qu'on voyait au ciel. Je voudrais raconter depuis ce moment-là, mais je vais commencer par le voyage de retour parce que c'est plus proche et que c'était le plus intéressant.

Le *vendredi 28 Juin* au matin je suis partie – il y avait quatre jours que je ne tenais plus en place – je m'étais persuadée que Sartre et Bost pourraient être rentrés impromptu à Paris et qu'en tout cas je recevrais des nouvelles, et je voulais revoir Paris occupé, et en somme je m'ennuyais à lire du matin au soir et à éviter avec soin la moindre pensée. On parlait vaguement de train jusqu'à Chartres, mais surtout les Hollandais ont décidé de rentrer et accepté de m'emmener – ils voulaient partir le 25, on leur a conseillé d'attendre vu qu'avec l'affluence des voitures il se pourrait qu'on les arrêtât 24h. en chemin – on ne voyait passer des voitures qu'en petit nombre à La Pouèze et ce retard m'a déçue; ils ont d'ailleurs décidé de partir quand même trois jours plus tard. Le Mops a mis le réveil à 5h. du matin et il y a eu une grande réunion dans la chambre – on m'a apporté le petit déjeuner, et cette dame est venue, et Boudy et Zébuth. J'étais émue de partir, angoissée à l'idée de ce vide qui m'attendait à Paris mais heureuse en même temps d'essayer quelque chose. On devait partir à 7h., je suis descendue et remontée plusieurs fois parce que l'auto n'était pas là, et quand elle a été là, il a fallu au moins une heure pour la charger – le Hollandais avait des gestes placides qui inciteraient au meurtre – il a mis un matelas sur le dessus, et plein de valises en arrière, et la jeune femme a amoncelé une foule de petits paquets, sans oublier un bocal de haricots verts, reste du dîner de la veille et qu'ils n'entendaient pas laisser perdre. Puis on a installé dans le reste de la banquette la belle-mère et moi-même – la jeune femme s'est mise devant à côté de son mari – elles avaient des chapeaux sur la tête, et des blouses en satin blanc.

314

On est partis par des petits chemins – en principe on disait aux réfugiés de ne pas prendre les grandes routes mais en fait les grandes routes étaient parfaitement encombrées de voitures. On a traversé des villages ; il y avait çà et là des traces de bombardement, et aussi un tank, puis un canon au bord de la route, un clocher percé, une tombe d'Allemand avec son casque sur une croix – et surtout des voitures renversées, embourbées, ça nous en avons vu un grand nombre tout au long du chemin. Nous allions à La Flèche pour trouver de l'essence, c'est à ce moment que j'ai appris que nous nous étions embarqués avec 10 litres en tout, confiants en la promesse des Allemands de distribuer tout au long du chemin l'essence nécessaire – en fait seul ce Hollandais s'y fiait, tout le monde à La Pouèze avait fait ses provisions – pour lui, il aurait pu en avoir l'autre jour 25 litres, mais il s'était lassé de faire la queue et au lieu d'attendre une demi-heure de plus, il s'en était tranquillement allé ; ce lui fut maintes fois amèrement et justement reproché par la suite. A La Flèche, on s'est arrêtés et il a été à la Kommandantur ; elle est installée dans un superbe bâtiment au bord de l'eau, avec des jardins autour ; c'est là que j'ai vu les premiers uniformes gris fer, tous les Allemands de La Pouèze étaient en vert italien. Ceux-ci, dans leurs beaux uniformes et de belles autos de même couleur avaient une allure somptueuse ; ils n'étaient pas blonds comme ceux de La Pouèze, il y avait un tas d'espèces différentes et dans tous ceux que j'ai vus par la suite, il y avait la plus grande diversité.

Pendant que le type attendait mollement son tour, j'ai fait un tour dans la ville, flanquée des deux femmes ; on a acheté un journal, *La Sarthe,* où on a lu de bout en bout les conditions d'armistice. Je les connaissais à peu près toutes par T.S.F., sauf la clause sur l'extradition des Allemands réfugiés – et j'ai lu attentivement le paragraphe sur les prisonniers et il m'a semblé certain alors qu'on gardait seulement ceux qui étaient déjà en Allemagne, et cette certitude a illuminé mes deux journées – ça a valorisé tout mon voyage et ça m'a permis de me laisser prendre par l'intérêt des choses. Rarement j'ai passé des jours plus intéressants et forts que ces deux-là. On est revenues vers la voiture et le Hollandais a annoncé qu'on aurait seulement 5 litres et à 2 h. de l'après-midi. Il était 11 h., on a hésité sur ce qu'on allait faire et décidé de gagner Le Mans; il « croyait » avoir assez d'essence pour ça – en fait il n'en avait pas du tout assez. On est partis – à 10 km. du Mans on nous a détournés de notre chemin en nous disant qu'il n'y avait pas d'essence au Mans et que déjà 300 voitures étaient là-bas en attente – comme il ne nous restait plus une goutte il fallait bien y aller quand même – on a donc essayé de rejoindre, et à 5 km. il y a eu panne. Le Hollandais a eu la chance extraordinaire de trouver dans une ferme 5 litres d'une essence rougeâtre, l'essence abandonnée par les Anglais (il y a eu des gens qui ont fait des voyages entiers avec l'essence abandonnée par les Anglais – ils laissaient derrière eux cigarettes, essence, etc. etc. tellement ils avaient hâte de fuir). On a mis ça dans le réservoir et on s'est amenés au Mans.

Là a commencé une après-midi étonnante. Il était midi, l'auto s'est arrêtée dans une grande rue, entre deux places. Sur l'une des places se trouvait la Kommandantur et sur l'autre la Préfecture. Nous avons attendu que le Hollandais se renseignât, et nous avons été d'abord à la Préfecture – c'était fermé encore – devant les grilles, cent à deux cents personnes se pressaient, des bidons, des brocs, des arrosoirs à la main, autour de la statue d'un conventionnel en grand chapeau à plumes et ridiculement petit (Levasseur je crois), il y avait une foule de voitures, de camions, surchargés de matelas et de batteries de cuisine, et des réfugiés qui attendaient, qui mangeaient, des réfugiés sales et minables avec des gosses et des ballots comme je devais en voir par milliers pendant toute la suite du voyage. La foule grommelait; on disait que des gens étaient restés pendant huit jours sur place, sans essence, qu'on se renvoyait le monde de Kommandantur en Préfecture, indéfiniment. Des bruits couraient sur Paris aussi, on disait qu'il n'y avait plus de ravitaillement. Un soleil de plomb; le Hollandais souriait de son sourire idiot, il avait reculé d'ennui en voyant une telle mêlée mais sa femme, soutenue par moi, l'avait obligé à rester – elle lui disait qu'elle avait faim-faim d'une ignoble petite voix, comme celle qu'on suppose à Mme Bloom dans *Ulysse*, et elle se plaignait que la populace sentît mauvais – et elle faisait un chapeau de papier pour protéger la précieuse tête de son mari. On racontait qu'il fallait un numéro d'ordre, moyennant quoi on avait un bon, moyennant quoi on aurait de l'essence le jour où l'essence arriverait. Quand enfin vers 2 h. 1/4 les portes se sont ouvertes, ç'a été une ruée, mais l'employé a chassé tout le monde en criant qu'un wagon-citerne allait arriver avec 10 000 litres et qu'à 3 h. on les distribuerait sur la place sans bon à tout venant. Personne n'a cru, mais on est partis tout de même. En fait si le Hollandais avait tenu bon il aurait eu un numéro et il aurait su qu'à 1 km. de là on distribuait de l'essence par 5 litres dans un garage – mais il ne songeait qu'à aller manger – de ma vie je n'ai rien vu d'aussi inerte et stupide que cet homme. On a donc été vers la grande place – là c'était un spectacle extraordinaire. Ce que ça évoquait le plus, c'est l'atmosphère des grandes foires-exposition parisiennes, grouillantes et brûlées de soleil. Sur le terre-plein du milieu il y avait des foules et des foules de voitures allemandes et des soldats en gris, et aussi des centaines de camions de réfugiés et de gens et d'autos en panne – tous les cafés étaient bondés, intérieur et terrasses, presque uniquement occupés par des Allemands. Beaucoup étaient jeunes et avaient des têtes plaisantes. Les officiers sanglés, gantés, conscients de leurs gants, de leur bel uniforme, de leur distinction, de leur courtoisie, étaient d'une morgue épaisse et odieuse, mais il y avait beaucoup de soldats tout souriants et heureux et jeunes et souvent assez beaux. Tous ceux que je vois passer en ce moment dans Paris avec leurs appareils photographiques et leurs faces roses ont de telles têtes d'imbéciles que j'hésite – mais avant-hier au Mans, ils m'ont paru d'une autre espèce et je sentais quelle formidable aventure ça devait être pour un jeune Allemand de se trouver en France en vainqueur, d'avoir traversé indemne un mois de guerre, d'être bien vêtu, bien nourri et de se sentir d'une race élue – c'était écrasant de les voir avec leurs belles voitures d'ambulance, leur air soigné, leur politesse épanouie, alors que la France était représentée par des centaines de réfugiés craintifs et misérables qui ne pouvaient attendre que de ces beaux soldats la nourriture, l'essence, le transport, un remède à leur malheur immédiat. Et au-dessus de toute cette foule, dans le va-et-vient des camions militaires, des voitures de radio, des motocyclistes il y avait un immense haut-parleur qui diffusait une musique militaire assourdissante et aussi le communiqué en français, en allemand. Dans le soleil, la faim, la fatigue d'une journée tôt commencée, c'était l'enfer. Mais c'était aussi passionnément intéressant. Nulle part je n'ai senti [mieux] ce que ce pouvait être pour les Allemands que la victoire, on la touchait du doigt ; chaque regard, chaque sourire, c'était la victoire, et il n'y avait pas un visage français qui ne fût une défaite vivante – dans la sénilité chez les serveurs de café, dans la misère chez les réfugiés qui sans arrêt se transportaient d'une place à l'autre un bidon vide entre les mains.

On est entrés dans un café où il ne restait rien à manger ; on a été chercher nos provisions qui ont servi de déjeuner ; à part quatre cyclistes femelles hautes en couleur et suant l'énergie, il n'y avait que des Allemands et nous. Ils entraient et sortaient en saluant avec un claquement de talons, et ils buvaient et riaient. J'ai laissé tomber je ne sais quel objet et on s'est empressé pour me le ramasser. C'est ce même empressement que Von Salomon reproche aux Français d'occupation dans *Les Réprouvés*, et souvent il a une couleur agaçante parce qu'il est tellement conscient de soi et obéissance à une consigne – mais souvent aussi il a de la grâce, et même chez les soldats (le lendemain surtout, chez les camionneurs) il y a une gentillesse toute spontanée et amicale et ronde. (Je pense qu'on a dû laisser à Paris des troupes « d'élite » car toutes ces gueules d'Allemands qui envahissent en ce moment le « Dôme » sont infâmes – blonds, roses, à lunettes, des têtes d'étudiants mais de la pire espèce.)

On a donc mangé, en pressant le Hollandais d'aller à 3 h. à la distribution promise. Il s'est enfin décidé à s'y rendre, et nous avons été nous asseoir minablement sur des marches, en face de l'automobile. J'étais tellement fatiguée que tout m'était égal et d'ailleurs l'atmosphère était si puissante qu'il était impossible de s'ennuyer. Le défilé continuait, allées et venues, retours, des bidons d'essence et des brocs, et des arrosoirs, toujours vides. De guerre lasse, certains s'asseyaient sur leurs bidons et attendaient le miracle : le wagon-citerne géant avec ses 10 000 litres. Ils assiégeaient la Kommandantur que des Français et des Allemands gardaient énergiquement. Je les regardais, et je regardais inlassablement les Allemands ; une ou deux heures ont passé. Le Hollandais est revenu : il avait commencé à faire la queue au garage et puis s'en était fatigué. Il m'a dit que des camions allemands emmenaient des gens à Paris et j'ai bondi, décidée à rentrer par mes propres moyens si c'était possible. J'ai couru à travers la ville, jusqu'à la place de la cathédrale : partout le même spectacle de réfugiés et de soldats. Place de la cathédrale, des gens attendaient, assis par terre, mais personne ne savait si des camions passeraient, ni quand. J'ai rejoint les gens, on a bu dans un autre grand café plein de soldats, et puis on a décidé le Hollandais à retourner au garage tâcher d'avoir de l'essence. Tout le monde s'est rendu là-bas, en caravane, la belle-mère geignant et me faisant ses doléances sur l'incapacité de son gendre. Devant le garage, une queue insensée – on a un peu piétiné puis j'ai suggéré que la belle-mère et moi allions aux provisions, ce qui fut fait. J'ai passé à la gare, on m'a dit qu'il y avait un train le lendemain matin à 8 h. 1/2 pour Paris, d'arriver à 6 h. pour avoir un billet. On a acheté un peu de pain et de charcuterie – dans les pâtisseries, de jeunes Allemands se gorgeaient de glaces et de bonbons. Toujours cette formidable impression de jeunesse et de bonheur, je ne sais pas la différence entre les uniformes verts et ceux d'un si beau gris dur, qui dégagent le cou et qui sont d'une coupe infiniment plus élégante – mais au Mans ils étaient presque tous en gris.

On a de nouveau été à une terrasse de café où on a attendu jusqu'à 8 h. Enfin le Hollandais s'est ramené avec sa femme et 5 litres d'essence. On a filé. C'était un soulagement sans nom que de quitter ce caravansérail torride. On a roulé dans la campagne en commençant à se demander où dormir. Et puis vers 9 h. on a obliqué vers une ferme. On nous a dit que la veille, dix voitures de réfugiés s'y étaient arrêtées mais ce soir-là il n'y avait que nous et une voiture de Belges. On a mangé un peu et on s'est couchés dans la paille.

Maintenant je suis au « Dôme ». Il est près de 4 h., il y a du monde à la terrasse du « Dôme » : le sculpteur suisse [1], la femme du « Hoggar », l'ex-belle femme qui porte d'étranges pantalons de golf et un petit capuchon, mais dans l'ensemble peu de têtes connues. Et depuis une heure, les Allemands ne cessent de rappliquer. Ça me fait abstraitement étrange quand je pense : les Allemands au « Dôme », mais ça reste abstrait. Ils sont nombreux, mais égaillés malgré tout, ils ont des têtes complètement inertes, je ne sens rien à propos d'eux. Ça m'étonne un peu parce que ces deux jours, j'étais remplie d'un tas d'impressions violentes. Il faut dire qu'ils étaient beaucoup plus proches, on avait la vie mêlée à la leur, on se sentait solidaires; et puis ils étaient en action – ici ce sont des touristes, réservés, étrangers. On ne sent pas leur force collective, et individuellement ils découragent l'intérêt. De manière générale, je ne sens rien aujourd'hui, touchant tous ces grands cataclysmes – était-ce par fatigue que j'étais dedans jusqu'au cou ces deux jours ?

Toute la journée, des avions qui passent en rasant presque les maisons, avec d'énormes croix sous leurs ailes brillantes.

5 h. 1/2 – je suis restée au « Dôme » à lire *Le Drageoir d'or* – c'est plein maintenant, à l'intérieur et à la terrasse – peu de putains, trois ou quatre qui cherchent la clientèle allemande avec quelque succès.

Le *29 Juin, samedi,* je me suis donc réveillée dans une écurie où nous avions passé la nuit. Il faisait un peu froid, mais j'avais assez bien dormi. Les bonnes femmes se sont réveillées en geignant, surtout la vieille qui avait ses rhumatismes et son nerf sciatique qui lui faisaient mal – et la jeune disait de sa voix odieuse « les vilains Allemands – ah! si on avait ces petits boches sous la main, on leur ferait pan pan! » – le mari disait avec tristesse que la paille lui avait piqué les genoux pendant la

1. Giacometti.

nuit. On a été manger un peu – la fermière faisait payer les œufs et le lait, mais très discrètement – il y avait de la rosée dehors, il était 7 h. du matin, c'était plaisant cette cour de ferme, la campagne, et cette impression d'aventure. Mais je commençais à être excédée d'être avec ces gens et je me demandais anxieusement si on trouverait de l'essence à La Ferté-Bernard. Il y avait des réfugiés dans la ferme, des gens de Pontoise qui avaient fui au hasard et avaient fini par s'arrêter là – ils racontaient que les villes des environs, La Ferté, Nogent etc., avaient été pillées, mais non par les Allemands, par des soldats français en déroute.

Nous sommes partis ; il y avait déjà énormément de monde sur la grande route ; les autos, avec leur immanquable matelas sur le toit, les camions et surtout ces charrettes que j'ai vues pour la première fois sur le Bd St Michel et qui m'avaient serré le cœur. A nouveau elles étaient chargées de foin, et les femmes étaient assises, les yeux vides, un mouchoir blanc sur la tête, parmi les bicyclettes et les matelas tandis que les hommes marchaient à pied à côté des chevaux. Beaucoup de bicyclettes aussi, quelques piétons, mais peu.

On est arrivés à 8 h. à La Ferté-Bernard – de nouveau sur la place les voitures en panne, les réfugiés assis sur les valises, les enfants, les ballots – les camions allemands qui les avaient ramenés du Mans les avaient laissés là pour la nuit. Ils attendaient qu'il y en ait d'autres qui passent. De nouveau aussi, les gens trimbalaient vainement des bidons à essence et le bruit qui courait : pas d'essence de la journée. Du coup j'ai décidé de rentrer par mes propres moyens. J'ai été en courant à la gare, à 2 km. de là. Comme j'y arrivais à 8 h. 1/2, j'ai vu un train entrer en gare. J'ai cru que c'était celui qui venait du Mans pour Paris et j'ai voulu me précipiter, mais on m'a arrêtée : c'était seulement les employés du chemin de fer qu'on rapatriait à Paris. Il y avait beaucoup de wagons vides, mais on ne laissait monter personne. D'ailleurs, il y avait ordre soudain de n'accepter aucun voyageur pour Paris ; on n'en prenait dans le train payant que jusqu'à Chartres, et pour Chartres même, il fallait justifier qu'on était domicilié là-bas. J'ai attendu un moment – il y avait là des gens qui depuis plusieurs jours venaient tous les matins et repartaient tout déçus. Les employés disaient que Paris manquait de ravitaillement et que c'était pourquoi on refusait de rapatrier les réfugiés – c'est étrange vu que journaux et T.S.F. disaient à chacun de rentrer, et que les camions allemands rapatriaient fort bien les gens, et que d'ailleurs ces villes entre Angers et Paris sont dénuées de tout ravitaillement si bien qu'on y mourra sur place beaucoup plus sûrement qu'à Paris. Le bruit courait dans cette gare que les Anglais avaient bombardé Le Mans dans la nuit. Étrange. Ce qui est sûr, c'est qu'on m'a refusé avec décision tout billet. Je suis revenue dans la ville, désemparée. Je me suis assise sur le marchepied de l'auto, le soleil commençait à taper dur. J'ai voulu acheter à manger, et les boutiques étaient toutes absolument vides, je n'ai trouvé que du pain épais et trop salé dont j'ai mangé mélancoliquement un énorme morceau. Les gens sont revenus : on leur avait dit qu'il n'y aurait pas d'essence d'ici trois jours – le cœur m'a manqué – j'ai dit de nouveau à la vieille teinturière que je lui confiais ma valise et j'ai décidé de partir par n'importe quel moyen. Le seul possible, à vrai dire, c'était de trouver un véhicule. J'étais à 170 km. de Paris – c'est facile à dire « on ira à pied s'il le faut » mais 170 km. sur une route goudronnée et ensoleillée, ça fait une distance décourageante et il semble terriblement vain de mettre un pied devant l'autre. Il y en a pourtant des foules de ces réfugiés qui ont fait des 400 km. à pied. Je suis restée stupidement assise un moment, angoissée de ne pouvoir rentrer, un peu contente d'être jetée du coup dans l'aventure commune, presque sans privilège – en fait j'avais le privilège énorme de 1 000 f. dans mon sac, ce qui me permettait de rester sur place sans dommage – mais pour changer de place l'argent ne servait de rien : on avait demandé 1 500 f. à des gens pour les rapatrier, la veille, et je crois que ce jour, même à ce prix on n'aurait pas trouvé de voiture. En ce sens, j'étais vraiment à égalité. J'ai donc attendu, deux bénévoles avaient attaché des brassards à leurs manches et plantés au milieu de la route, ils arrêtaient toutes les voitures qui semblaient avoir un peu de place : mais

322

aucune n'en avait en fait. Enfin un camion allemand s'est arrêté ; deux femmes se sont ruées, et moi avec ; l'Allemand a ri et dit qu'il y avait seulement trois places, et comme les deux femmes étaient montées j'ai grimpé moi aussi par-dessus bord. Le camion allait à Mantes et j'étais si abrutie que ce nom ne me disait plus rien – mais on disait que c'était à 40 km. de Paris et ça rapprochait drôlement. J'étais donc toute contente, seule, sans bagage, dans ce camion allemand qui brûlait la route ; seulement il y avait une bâche épaisse, des bidons d'essence, plein de gens, une chaleur folle et j'étais assise à l'envers sur une valise, à l'arrière tout secoué de cahots. Je me suis sentie bientôt horriblement malade et un peu angoissée parce qu'il était impossible de gagner une ouverture – j'ai pris le parti de vomir à mes pieds, entre les bidons – c'est étonnant d'ailleurs comme ça atténue le désagréable d'une situation, quand il n'y a absolument plus de contrainte sociale ni d'inhibition et que les gens trouvent le vomissement une fonction naturelle – en quatre ou cinq crises douloureuses j'ai dégagé tout le pain pâteux que j'avais ingurgité – grâce au ciel, le camion s'est arrêté au bout d'une demi-heure – je me suis assise et même couchée au bord du chemin pendant que les gens mangeaient. Un Allemand est venu me toucher l'épaule pour me demander si je voulais manger ; comme j'ai dit non il n'a pas insisté et au bout d'une heure il est venu aimablement me réveiller – il y avait une vieille réfugiée qui disait que depuis deux jours ces camionneurs les gorgeaient de cigarettes, de nourriture, de champagne ; et le fait est qu'ils étaient sympathiques au possible, prévenants et discrets, tout empressés à rendre service sans avoir aucunement conscience de personnifier la générosité allemande.

J'ai eu l'heureuse idée de demander à monter dans le camion suivant qui était découvert, au début j'étais à l'envers et ça marchait bien tant que le camion bougeait mais quand il s'arrêtait je me sentais drôle – et puis je me suis assise à l'endroit et ç'a été jusqu'à Mantes une superbe promenade ensoleillée. Il y avait avec moi une plaisante Tunisienne aux cheveux noirs somptueux. On a passé Nogent-le-Rotrou qui était bien abîmé,

323

Chartres dont quelques rues seulement étaient touchées, Dreux à peu près intact – il y avait de gros trous d'obus sur la route – et toujours les camions d'Allemands qui nous croisaient gaiement, j'en revois un surtout dont tous les soldats en gris portaient de somptueuses roses rouges ; ils criaient souvent « heil ! » au passage – et puis toujours, interminablement, les réfugiés, les chars à foin, les autos en panne, les autos renversées ou brûlées – ça faisait une vue d'ensemble saisissante sur la France d'après la bataille, du moins un certain coin de France. On est arrivés vers 4 h. à Mantes et les Allemands nous ont descendus à bout de bras. J'ai tourné sur moi-même un peu ahurie et j'ai eu la chance d'aviser une voiture de la Croix Rouge qui semblait prête à prendre le départ – j'ai demandé s'il y avait des trains pour Paris et on m'a proposé de me rapatrier – je suis montée, au fond, entre une infirmière extra-chic, une demoiselle de Hérédia et qui ne l'oubliait pas, et une grande chefesse à lunettes. Devant il y avait une autre infirmière et le conducteur, un monsieur de... je ne sais quoi aux attributions incertaines. Elles ont discuté au long du trajet sur la valeur des infirmières amateurs et professionnelles avec un sérieux imbécile, mais elles ont raconté plusieurs trucs intéressants. D'abord la panique folle où étaient tombés tous les médecins-majors, il paraît que dans toute la France ils fuyaient des jours avant tout le monde, laissant les infirmières en plan – la fuite des Anglais et des Français : une disait que pendant 3 semaines elle n'avait pas quitté son revolver parce que les soldats assiégeaient sa voiture pour s'en emparer et filer plus vite – c'est partout le même son de cloche quant à cette extraordinaire et frénétique débâcle. Elles décrivaient aussi les incendies autour de Paris, et Étampes où deux files de voitures embouteillées avaient flambé ; et l'exode des réfugiés, l'insuffisance des secours ; et le ridicule de la défense passive : il paraît que les Allemands se marraient en regardant nos tranchées-abris avec les centimètres de terre qui les recouvrent. Elles étaient farouchement anglophobes.

On a fait une halte à St Germain. J'étais épuisée de fatigue, j'avais la tête en morceaux – je me suis vue dans une glace, j'étais sale à faire peur. On a bu des pippermints à la terrasse d'un café-tabac. La ville était complètement morte, tous volets clos – cette impression de mort qui m'a saisie ne m'a plus quittée jusqu'à Paris. J'ai vu les ponts sautés sur la Seine, des traces de bombes; des maisons effondrées, et partout un silence désertique. J'étais prête à pleurer en remontant l'avenue de la Grande Armée. On a passé rue François-Iᵉʳ, il y avait une queue devant la Croix-Rouge pour aller demander des nouvelles des prisonniers – j'ai vu quelques queues devant des boucheries, mais presque tous les magasins étaient fermés, je n'avais absolument pas idée d'un pareil vide, c'était atterrant.

On m'a posée rue Vavin – ma bonne femme [1] s'est répandue en exclamations de désespoir parce qu'elle a jeté toutes mes affaires – elle m'a donné une lettre du 9 juin de Sartre. Je suis montée dans ma chambre, et j'ai eu une grosse crise de larmes, je n'avais plus regardé ses photos ni son écriture pendant ces trois semaines. Cette vieille lettre d'un autre temps, elle était encore optimiste – c'est le dernier écho, après il n'y a plus eu que du silence. Je me suis rendu compte de la force avec laquelle j'avais espéré dès mon arrivée trouver Sartre tout souriant en train de m'attendre au « Dôme » – c'était pure folie – mais il y a toutes ces histoires énervantes de soldats qui se ramènent, vêtus en civil, au jour où on s'y attend le moins. Mais rien ne m'attendait, c'était la même solitude qu'à La Pouèze, en plus irrémédiable. J'ai vaguement refait ma figure et je suis descendue pour tâcher de téléphoner à la poste. Sur le chemin j'ai rencontré mon père à la terrasse du « Daumesnil ». J'étais complètement étourdie, mes yeux brûlaient. J'ai mangé un sandwich et bu un demi – il y avait quelques Allemands à la terrasse mais ça en faisait peu dans l'ensemble, c'était beaucoup moins proche qu'à La Pouèze. Mon père a convenu qu'ils étaient fort polis, il m'a dit que naturellement Paris n'a plus que des informations allemandes – et aussi que toutes les monnaies étrangères étaient bloquées, et que tout était stagnant. Et aussi que sûrement on ne libérerait pas les prisonniers, qu'il y en aurait d'immenses camps qui mourraient de faim. Je me suis sentie dans une souricière, secouée dans l'espace et le

1. La patronne de son hôtel.

temps, sans avenir, sans espoir. Je l'ai quitté. La poste était fermée – j'ai passé chez les Bost [1]. Le « Flore » était fermé, il y avait un peu de monde à la terrasse des « Deux Magots ». Les Bost étaient partis mais on m'a dit que les pasteurs étaient à Taverny et j'ai décidé que tant pis, j'irais courageusement. Et puis je suis montée chez ma mère qui a sangloté en me voyant. Ils ont réveillé ma vieille grand-mère. Ils sont tellement atterrés que leur haine des Boches ne sert plus, n'existe même plus : mon père essaie même de comprendre – ils sont ivres de fureur contre les Anglais. Ils racontent cependant des histoires sûrement fausses de coups de fusil tirés sur les gens qui s'attardent dans la rue, mais il n'est plus du tout question de « leur tenir tête » ; au contraire, on traite d'imbéciles les gens qui n'observent pas la plus stricte prudence. Ils racontent l'interminable défilé des réfugiés, les Allemands qui les suivent aussi interminablement.

A 9 h. 1/2 on me chasse en me disant de me presser – je ne crois pas pouvoir jamais tomber plus bas que pendant ce retour dans des rues vides, sous un ciel d'orage, fiévreuse et fatiguée comme j'étais, et sûre de ne plus revoir Sartre ni Bost d'ici des temps et des temps, s'ils n'étaient pas morts de faim en cours de route – je ne pensais même plus à eux – mais je sentais une solitude absolument désespérée, sans but, sans espoir. Un grand cataclysme avait passé : non de ceux qui dévastent le sol et laissent tout à reconstruire, mais au contraire qui laissent le monde intact mais anéantissent l'humanité. Tout était là, les maisons, les boutiques, les arbres du Luxembourg, mais il n'y avait plus d'hommes, il n'y en aurait plus jamais – personne pour rouvrir les magasins fermés, personne pour se promener dans ces rues, pour repenser à tout le passé, pour refaire un avenir. J'étais là, moi, une survivante absurde.

Je me suis couchée. J'ai trouvé heureusement un roman policier et je suis arrivée à dormir.

La journée suivante a donc été meilleure. J'ai attendu Sorokine au « Dôme » jusqu'à 6 h. Après j'ai été chez Zébuth, pour

1. Les Pierre Bost, rue de l'Abbaye.

bouger, pour parler à quelqu'un. Je l'ai trouvée dans sa confiserie qu'elle venait juste de rouvrir, servant du chocolat à deux Allemands – elle rentrait, elle était partie le matin et elle avait eu un retour paisible, ayant eu de l'essence. Il paraît qu'à La Pouèze le soir de mon départ il y avait encore eu visite de trois soldats allemands dont un voulait embrasser le Mops. On cause, sur les prisonniers essentiellement – elle en avait vu à Angers un camp de 12 000, on disait qu'ils crevaient de faim, qu'ils mangeaient uniquement ce que leur apportaient les civils. Mais je me persuade que Sartre ayant 35 ans va être libéré. J'emporte quelques livres et je vais dîner chez mes parents. Au retour à 9 h. 1/2 je trouve Sorokine devant ma porte, elle m'avait attendue des heures. On cause, je la garde coucher – elle est si heureuse, si bouleversée et si charmante que j'en suis tout émue. Mais tout de suite elle décide qu'elle va s'installer avec moi et elle me fait aggripant et comme je ne dors pas de la nuit par énervement et parce qu'elle remue trop, je la hais un peu.

1er JUILLET.

Je suis au « Dôme », fatiguée au retour de Taverny – il y a quatre putains qui causent, dont une à moitié en larmes – elle ont comme autrefois envahi tout l'avant du café si bien qu'on croit entrer dans un bordel. On console celle qui pleure : « il n'a pas écrit, mais personne n'écrit, ne t'en fais pas » – c'est la même rengaine partout – les femmes dans le métro, les femmes sur le pas des portes : « avez-vous des nouvelles ? – non, il est sûrement prisonnier – quand pourra-t-on avoir les listes ? » etc. Je suis de nouveau convaincu qu'on n'en lâchera aucun avant la paix, c'est trop certain. Mais les histoires continuent à circuler : « il était arrivé à la porte de Paris quand il s'est fait arrêter – les Allemands leur donnent des vêtements civils » – alors le miracle est toujours possible et en levant les yeux on s'attend à chaque coup à voir au milieu du carrefour Vavin Sartre ou Bost s'avancer en souriant. C'est aussi fallacieux qu'un billet de loterie, aussi énervant et irrésistible. C'est l'obsession de toutes les femmes de Paris. J'avais pensé que cette incertitude ne pourrait pas se supporter, qu'on deviendrait fou – mais non, même ici, la patience s'installe. Dans huit jours peut-être on aura des nouvelles, il y aura des listes, il y aura des lettres – on attendra huit jours, le temps n'est pas cher, on n'attend pas *pour* quelque chose, on attend juste une nouvelle base d'attente – tout est stagnant, fini, indifférent. Il fait lourd. Je me suis bien fatiguée et je n'ai plus qu'envie de dormir, c'est ce qu'on peut souhaiter de mieux.

2 JUILLET.

Tous les matins au réveil, la surprise atterrée en face de la situation retrouvée : où est Sartre ? et je reste quelques minutes avant de comprendre comment j'ai pu vivre la journée de la veille. Je me suis levée, j'ai fait ma toilette et suis revenue au « Dôme » – il fait gris et un peu froid, tout est désert – il y a juste six personnes autour du vendeur de journaux, au métro. J'ai acheté deux de ces journaux – c'est miraculeux à quel point ils sont vides – toujours de la propagande sentimentale en faveur des Allemands, un ton d'apitoiement désolé, supérieur, fraternel pour le pauvre peuple français – et des promesses : les chemins de fer reprennent, la poste va reprendre. Si au moins on avait des lettres. Hier j'ai eu une petite lettre de Bost [1], d'Avignon – il semblait bien fatigué, mais enfin on l'avait évacué à Avignon, c'est un immense soulagement ; il va rester là je pense un long temps en convalescence et puis on le renverra dans ses foyers, je peux espérer le revoir dans 15 jours, un mois, et il n'aura pas été maltraité. En fait je n'étais pas tellement inquiète pour lui, j'avais bien pensé qu'on avait dû l'emmener de Beaune au plus vite.

Hier *1ᵉʳ juillet*, j'avais donc décidé d'aller chercher à Taverny de ses nouvelles – j'avais la vague idée qu'il serait

1. Blessé le 23 mai, il avait été transporté à l'hôpital de Beaune, puis de là à Avignon.

peut-être déjà là : assez pour me mettre en marche, pas assez pour avoir le moindre battement de cœur. Je n'ai guère dormi de la nuit à cause de Sorokine et je me suis réveillée à 6 h. nerveuse, et pâteuse, par un jour gris comme aujourd'hui. Elle voulait absolument venir avec moi et ça m'agaçait ; elle m'a installée à l'arrière de son vélo et m'a emmenée à travers Paris gris et vide jusque chez elle ; ça ne marchait pas trop bien et j'ai fini par mettre pied à terre ; elle a commencé à se plaindre de douleurs dans le dos et je lui ai dit que je voulais aller là-bas sans elle ; elle a protesté en trépignant comme elle fait et je me suis énervée au point de briser avec fracas une bouteille d'encre qui avait glissé du paquet que je portais et m'avait taché les mains. Du coup elle est devenue toute douce, elle a posé sa bicyclette et m'a seulement accompagnée en métro porte de la Chapelle.

J'y suis arrivée à 8 h ; il y avait un groupe de réfugiés qui attendaient des camions à la sortie du métro ; j'ai hésité à me joindre à eux et finalement je suis partie à pied. J'étais contente de me retrouver seule ; cette large, interminable avenue droite était suivie ; il y avait des réfugiés qui la suivaient et quelques autos qui passaient, mais assez rares. Très vite je n'ai plus pensé à rien, j'ai suivi les quais de la Seine, après St Denis, traversé Épinay. Je connais mal la banlieue de Paris et ça m'intéressait ; d'autant plus que ça me faisait bien historique, c'était l'endroit par où les Allemands étaient arrivés, un passage pour réfugiés, aller et retour – d'ailleurs tout le long du chemin c'était ça qu'on entendait : « on arrive de Montauban, si on avait su on ne serait pas partis, etc. ». Les gens se reconnaissaient, se saluaient les uns les autres – j'ai vu un cycliste arrêter un groupe de gens sur la route en leur criant : « votre mère, elle est déjà rentrée », et on l'a vite entouré pour lui demander des nouvelles de la maison, de la mère. Après Épinay, j'ai stupidement obliqué vers Argenteuil ; ça devenait de la banlieue verdoyante ; rien n'existait plus, que cette consigne un peu inquiète de marcher jusqu'à Taverny, ça faisait un fond buté et paisible qui permettait de goûter le soleil, l'odeur de verdure et des mélilots jaunes. A Argenteuil, il commençait à faire très chaud et j'ai appris que je m'étais trompée de route. J'ai dû rejoindre Sannois, gagner Ermont. Je me suis arrêtée un quart d'heure dans un bistro pour manger des petits-beurre, boire de la limonade et écrire un mot pour Bost. Une femme parlait de son mari prisonnier, deux femmes suppliaient un type de leur vendre des pommes de terre mais il refusait obstinément. J'ai lu *Le Matin*. J'ai repris ma route en suivant la voie de chemin de fer – ce n'était pas déplaisant, ces jardins pleins de roses et de groseilles, coupés de quelques prés, de champs de blé avec des coquelicots – ce qui était étrange c'était toute cette vie épanouie de la campagne autour des villas mortes – aux portes de certaines il y avait une petite carte : « Maison habitée » ou plus souvent : « Bewohnt ».

Je suis arrivée à la halte de Vaucelles. J'étais un peu émue, j'ai bien reconnu l'endroit [1]. Il faisait pluvieux quand j'étais venue, les cafés étaient grouillants de monde et ça m'avait fait aventure plaisante. J'ai passé devant le 32 : il y avait « Bewohnt » écrit à la porte et les fenêtres étaient ouvertes. J'ai été dans un café me laver et rapproprier un peu et écrire ce carnet en achevant mes petits-beurre. Et puis un peu intimidée je me suis amenée – je n'ai vu qu'une vieille femme de ménage qui m'a dit que les pasteurs étaient partis à Paris voir leurs enfants. Du coup le soir j'ai téléphoné aux Pierre Bost mais ils n'y étaient pas, ce devait être chez quelque sœur. J'ai laissé mon mot : je savais ce que je voulais savoir, que Bost n'était pas là.

Je suis repartie, par la grande route cette fois, goudronnée, soleilleuse. J'étais contente parce que j'avais fait 25 km. aller et je m'en revenais gaillardement et pourtant j'ai des souliers mal adaptés – mais j'avais chaud, je guettais les voitures. Deux m'ont refusée, mais la troisième, un petit tacot découvert avec un type seul dedans, s'est arrêtée avec empressement – c'était un bonhomme de St Leu qui s'était évacué à Montauban en moto et qui venait de rentrer : « Si on avait su ! » disait-il lui aussi, c'est le mot qu'on entend partout. Il m'a expliqué

---

1. Où elle était venue avec Bost le dimanche 4 décembre 1938, pendant une permission de celui-ci (alors en service militaire à Amiens).

combien c'était pénible ces 700 km. en moto, pour sa femme qui a la colonne vertébrale déviée et pour lui-même. » Je peux vous le dire parce que vous êtes âgée, mais là, à côté des parties, je souffre, Madame, je souffre ! » – il me dit que dans les départements non occupés les maires défendent de partir en disant qu'on sera arrêté à Vierzon et qu'à la sortie de chaque département il y a des barrages de gendarmes, mais qu'on attendait la nuit et qu'alors on passait – que par ailleurs à Vierzon on n'a arrêté personne du tout. Il me ramène en suivant tous ces bords de la Seine que je ne connaissais pas, vers l'île de la Grande Jatte que je regarde avec étonnement : c'était un de ces endroits légendaires que je ne pensais situés nulle part. Il y a des gens qui canotent et qui se baignent, ça fait une drôle d'odeur de vacances. D'ailleurs la saison, la nonchalance des gens, le bon marché du temps, tout cela donne à la vie un air de vacances louches, quelque chose de gratuit et d'insolite. Comme l'auto est arrêtée près d'un pont, un paquet tombe d'un camion allemand : un gros paquet de chocolat. Le soldat nous sourit et on lui sourit en retour. J'en ai vu sur la route qui causaient gaiement avec de très jolies filles et le type a dit : « il y aura bien des petits Allemands de fabriqués » – phrase que j'ai aussi entendue dix fois, et toujours sans reproche. « C'est la nature » m'a dit le type, « il n'y a pas besoin de parler la même langue pour ça. » Je n'ai vu de haine chez personne, seulement des peurs paniques et idiotes chez des villageois, ou ma mère par exemple, et quand la peur s'est dissipée, les gens en gardent des yeux ronds et reconnaissants.

Je descends au Pont de Neuilly et je m'aperçois avec douleur que je suis complètement percluse – je passe au « Dôme » en sortant du métro écrire un peu ce carnet, puis je rentre dormir un peu. Sorokine arrive vers 6 h., sanglotant parce que sa mère l'a chassée : elle compte sur moi pour la faire vivre mais ça m'ennuie parce que je n'ai pas d'argent et ne sais si j'en aurai. Je lui ai dit que si je touchais mon traitement, je lui donnerai 500 f. par mois pendant ces trois mois, ce qui lui suffirait pour vivre, mais ensuite en octobre, elle rentrera chez sa mère. Elle arrête de pleurer et elle me raconte un tas d'histoires sur sa vie à Paris depuis mon départ. Elle a essayé de quitter Paris, elle a persuadé son élève de faire fréter un camion par sa mère, mais comme tout était prêt le mercredi, Sorokine a été retenue par des scrupules moraux parce que sa mère était si désespérée de son départ – elle ne s'est décidée que le jeudi, après une nouvelle scène. Les Allemands étaient déjà Porte de St Cloud, ils n'empêchaient pas les gens de sortir, elle est sortie en vélo. Pendant un grand moment elle a marché sur la route côte à côte avec une division allemande, puis elle s'est trouvée prise dans un défilé de camions et on lui a enjoint de disparaître. Et un peu plus tard, on s'est saisi d'elle, on l'a fourrée dans un camion et ramenée à Paris; les Allemands couraient en motocyclette après les réfugiés et les forçaient à revenir, et les rapatriaient en camions si c'était nécessaire.

Elle me raconte aussi comment pendant huit jours elle a gagné sa vie en vendant des journaux – elle dit qu'on peut gagner 43 f. par jour mais que c'est horriblement fatigant et qu'elle n'arrivait qu'à 25 f. – il y avait un agent qui s'était pris d'amitié pour elle et qui lui laissait acheter les journaux sans carte, mais il a disparu, un autre est venu et elle a dû s'arrêter. C'est terrible cette situation où elle est, sans carte de travail, avec une mère qui ne pense qu'à se débarrasser d'elle pour filer en Allemagne chercher du travail. Elle me raconte aussi comment elle a volé un superbe vélo dont elle me fera cadeau. On projette des leçons de vélo et de grandes promenades dans la banlieue de Paris.

Dîner chez mes parents – ils me racontent, comme avait fait Zébuth, que je ne sais quoi ayant sauté le mardi, Paris a été couvert pendant 24 heures d'une suie noire qui ajoutait encore au sinistre des canonnades. Bien entendu, le thème de la conversation c'est l'absence de toute nourriture : il y a juste une soupe et du macaroni à dîner. Ça fait des jours que je n'ai pas fait un vrai repas. Il semble que Paris soit vraiment mal ravitaillé : ni beurre, ni lait, ni œufs, ni pommes de terre, ni viande souvent, ni charcuterie. Mon père me cite le menu du grand restaurant « Gaillon » : salade de concombres, 8 f. – omelette au fromage, 12 f. – pilaf de crabe, 20 f. – nouilles, 8 f. – framboises, 18 f. Et rien de plus. Ça rappelle un peu les repas des Goncourt chez « Braibant » pendant le siège de Paris.

Je rentre avec Sorokine qui m'attendait à la porte. On installe deux lits avec un seul. On passe une heure tout tendrement ensemble – et je m'endors comme le plomb.

Il est 5 h. 1/2, au « Dôme » toujours, des putains, des Allemands et quelques autres gens. J'ai téléphoné chez Toulouse et j'ai eu au téléphone Mme Jollivet qui m'a dit que Toulouse était partie à pied, sac au dos, avec Zina [1] : ça lui va si bien. On n'a plus de nouvelles d'elle. Il semble que Dullin ait aussi essuyé des aventures, dormi à la belle étoile, etc. J'irai les voir demain.

J'ai écrit ce carnet ce matin au « Dôme » – et puis Sorokine est venue – en un sens, elle m'arrache à moi et m'empêche de penser, c'est un bien mais ça me pèse en même temps, je n'ai pas envie d'aucun effort – elle est gentille au possible, mais déjà elle me fait lourd. Je lui ai dit que je ne voulais pas la garder dans ma chambre et ça l'a attristée, mais ça peut durer un mois, deux mois comme ça et je voudrais retrouver un équilibre normal et pour ça d'abord, avant tout, mon indépendance. On a été à l'Hôtel de Ville se renseigner sur mon traitement et de là on m'a renvoyée à la Sorbonne ; comme je remplissais des fiches au bureau de l'Académie, un type à Légion d'Honneur qui était je pense un inspecteur m'a sauté dessus : « Professeur de philosophie ? mais c'est justement de ça dont on a besoin ! » et il a téléphoné à Duruy et je dois y aller demain. Il m'a promis une avance sur mon traitement au cas où on ne toucherait qu'à la fin du mois et où l'argent viendrait à me manquer. En un sens j'étais vexée de m'être fait prendre au piège, mais en un sens aussi ça ne me déplaît pas, 8 h. de travail par semaine, surtout que ça ne sera pas ennuyeux. Du coup, je suis fixée à Paris au moins pour le mois, je me sens stabilisée. Du coup aussi, j'ai été chez le coiffeur, et j'ai acheté des bas et de belles sandales blanches. Avec Sorokine c'était un peu morne, elle était triste que je ne veuille pas la garder, triste de me voir un peu morne

1. Amie et esclave de Toulouse depuis l'enfance, son âme damnée.

aussi moi-même. On a mangé chez « Capoulade », c'était follement cher, 10 f. au bar un plat chiche de raviolis. Elle m'a raconté encore des choses sur elle – et aussi qu'elle connaît une juive directrice de 7 cinémas à qui on a défendu de rouvrir : on lui a dit de revendre son entreprise si elle pouvait mais qu'on n'autoriserait pas les juifs à exploiter leurs capitaux. Je suis venue au « Dôme » retrouver Zébuth, et on a causé 2 h., sur cette dame, Guille, sur le passé et ça m'a fait un peu précieux de me replonger dans tout ça. Et puis j'ai regardé le journal. Il paraît que Reynaud voulait à tout prix défendre Paris, et Mandel et le général Ruhr voulaient porter la guerre aux colonies si c'était nécessaire, mais Lebrun a proposé sa démission si on ne suivait pas Pétain, et Mandel et Ruhr ont été arrêtés. Les journaux sont infâmes, exhortant les Français à la moralité, à l'imitation de l'Allemagne, etc.

Une espèce de vie se reforme autour de moi – c'est intéressant de voir comment on vit une séparation comme celle-là. Il y a d'abord cette espèce de suspens, de mise entre parenthèses du monde, du présent tout entier – on est dans une vie avec des « préférables » mais sur fond d'indifférence totale – presque aucune image vivante de Sartre, une vague image stéréotypée et le mot même « Sartre » qui réapparaissent dans tous les repos d'action et de pensée précise, sans être appelés. Un peu à la manière dont on a l'idée de son propre corps, par exemple, familière et terne, et constante, quoique souvent recouverte par autre chose. Presque jamais une évocation de retour possible, de réunion – souvent une idée précise du malheur où lui se trouve, plus souvent encore une carte de France, avec une vague image de barbelés du côté de Morsbronn et des soldats dedans, je les vois tous en bleu comme lui, mais je ne l'imagine pas plus spécialement que les autres. Somme toute, ce que j'attends le plus précisément quand je saisis malgré tout une orientation du temps, c'est une lettre. Quand je sens la semaine comme allant vers quelque chose, c'est vers une lettre, des nouvelles. Dès qu'on entend les gens parler : où sont-ils ? quand saura-t-on ? ce pincement au cœur, cette envie de pleurer. Mais tout ça, dans le terne, sans accent – ça me fait comme une espèce de tétanos, où on est paralysé par excès de contraction. Parfois je me dis que j'évite de penser, qu'il faudrait essayer de penser, mais c'est comme une illusion, ce n'est pas que j'évite, c'est qu'il n'y a aucun objet à saisir, c'est du sable – l'absence, ce n'est rien de positif, ça je le savais déjà – et le malheur d'autrui, ce n'est pas imaginable, encore moins saisissable à plein. Pour les souvenirs, je peux en évoquer tant que je veux, il y a comme une croyance au souvenir, une impression d'appartenance qui s'est dissipée, ce n'est plus mon passé, ça ne me touche pas – ce passé est trop définitivement enterré, il n'a pas ce caractère émouvant d'une chose qui pourra renaître – rien derrière moi, rien devant moi – rien à l'horizon, rien en moi. Le mot obsession ne convient absolument pas, la pensée de Sartre n'a rien d'obsédant – il n'est pas une forme sans cesse répétée, mais se détachant sur un fond étranger. Il n'y a plus ni forme, ni fond, une confusion neutre ; le malheur est partout et nulle part, il n'y a que des consciences physiologiques, dépendant surtout de la fatigue, du sommeil : tantôt c'est le soleil, le bien-être, tantôt l'abattement, tantôt une crispation angoissée. En un sens je ne peux même pas dire que je sois malheureuse. Au fond de ce calme, malgré tout, il y a l'optimisme encore : Sartre est vivant, ça je ne le mets plus en doute une seconde – un jour j'aurai de ses nouvelles (vaguement je pense dans 15 jours, un mois) – un jour je le reverrai (au fond, je ne dépasse pas quelques mois). Tout ça j'en suis *sûre*, si cette certitude vacillait, je me retrouverais comme à certains jours de La Pouèze. Mais je suis butée dans la confiance, et dans cette certitude aussi que le malheur, la fatigue, les contraintes ne l'auront pas abîmé d'un pouce, et que quel que soit l'avenir, il sera toujours lui-même. Alors, malgré tout, j'ai la paix.

Sorokine est venue vers 6 h. 1/2 – on a été en métro à la gare de Lyon pour aller chercher ma valise chez la teinturière : elle n'était encore pas rentrée, ils ont dû rester tous ces jours en plan sur la route, j'en ai le frisson. On rentre à pied en causant. Je dîne dans ma famille et rentre chez moi où Sorokine m'attend.

Je suis assise à la terrasse du « Dôme » – le garçon m'a chassée de l'intérieur en disant qu'on ne recevait plus les dames seules; est-ce le commencement de la vague de moralité qui va fondre sur Paris? il fait un peu beau – il y a un violoniste qui racle une valse. Les journaux annoncent la rupture des relations diplomatiques avec l'Angleterre. Les correspondances reprennent; j'ai écrit à Kos., je vais écrire à Védrine, à cette dame. Je ne m'en sens pas moins désespérément isolée. Hier on parlait d'aménager avec beaucoup de soin les baraquements d'Antony : ils vont donc garder longtemps les prisonniers – le temps que j'aurai à attendre est illimité. Ce qu'il y a c'est que chaque jour après l'autre on arrive au bout de la journée – et les jours finiront par avoir composé des semaines, des mois.

Mercredi, *le 3 Juillet*, j'ai été au lycée Duruy, mais avant j'ai pris une leçon de bicyclette avec Sorokine dans les petites rues calmes autour de la rue Vavin – du premier coup je me suis tenue en selle et j'ai même appris à monter seule et à tourner. J'étais très fière et ça m'amusait. J'ai passé une heure comme ça et puis elle m'a accompagnée à Duruy – j'ai fait un cours sur les maths, sans intérêt ni ennui. A midi j'ai retrouvé Sorokine et on est revenues vers Montparnasse, on discutait sur des questions de bicyclette et d'emménagement. On a passé une demi-heure à chercher un restaurant et on a échoué chez « Rougeot » place Montparnasse où on a mangé des œufs et des pommes de terre – puis on a un peu causé à la terrasse de « Dupont ». Et à 2 h. 1/2 je suis partie voir Dullin à l'Atelier. J'ai trouvé Montmartre terriblement mort. La concierge ne voulait pas me laisser passer : « Monsieur Dullin n'est pas dans un état à recevoir », et puis elle est revenue tout étonnée en me disant que j'avais de la chance, qu'il m'attendait. Je l'ai trouvé en bras de chemise, un tablier noué sur le ventre, dans une accumulation de vieux papiers et de photos déchirées et l'air bien hagard. Il m'a serré les mains avec effusion et m'a dit comme il est inquiet pour Toulouse. Il est parti lui le mardi vers Crécy-en-Brie pour chercher la vieille Madame J. et pendant ce temps Toulouse, chargée de bagages, partait en taxi avec Zina à la gare d'Ivry où elle a attrapé un train. Ils avaient rendez-vous à Tours mais Dullin n'ayant pu joindre Tours, il ne sait si elle est restée là-bas, ou si elle est descendue vers Toulouse, il ne sait rien. Pour lui, son équipée a été pénible au possible ; Crécy était déjà presque entièrement évacué quand il est arrivé ; il a embarqué la vieille femme et sa vieille bonne, et ils sont partis vers la Loire : tout de suite ils ont rejoint l'interminable défilé où on pouvait à peine faire 6 km. à l'heure et ils ont tourné en rond, pendant 13 jours, sans pouvoir traverser, dormant dans la voiture, souvent mitraillés, ne mangeant quasi rien. La bonne est devenue folle ; elle a divagué une journée sur des questions de nourriture et pour finir elle s'est enfoncée dans un bois en disant qu'elle allait chercher des œufs, et on ne l'a jamais revue. A la fin ils ont été rattrapés par les Allemands qui les ont obligés à revenir. Il dit que les gens étaient d'une terreur abjecte, et il décrit aussi, comme tout le monde, le pillage opéré par les civils fuyants. Lui-même semble avoir été assez craintif, il était persuadé que les Allemands lui feraient du mal s'ils savaient qui il était et il s'efforçait de passer pour un paysan. Il était fort ennuyé en longeant un convoi de prisonniers de s'entendre appeler de temps en temps : Dullin ! Je l'ai quitté – je suis venue lire au « Dôme » *Le Moulin de la Sourdine* de M. Aymé qui n'est qu'un peu amusant. Sorokine m'a prise à 6 h. et on a été vers le « Lion de Belfort » lui chercher une chambre. On lui en a trouvé une à 160 f. dans un hôtel sordide et un peu plaisant. J'ai encore fait un peu de bicyclette. Puis dîner chez mes parents et dernière nuit avec Sorokine dans mon hôtel.

Hier, *jeudi 4 Juillet*, j'ai été au lycée de 9 h. à 11 h., puis je me suis assise à la terrasse des « Deux Magots » et j'ai lu *Autant en emporte le vent* qui m'a un peu amusée. Déjeuner en famille : il y avait du soufflé au fromage, du bœuf et des pommes de terre, c'était merveilleux. Je suis retournée aux « Deux Magots » lire et écrire à Kos. – ensuite de 5 à 6 j'ai fait de la bicyclette avec amusement, fatigue et succès. J'ai lu le journal au « Dôme », qui m'a plongée dans une humeur noire. J'aurais voulu être seule et l'idée d'avoir à passer quatre heures avec Sorokine m'a levé le cœur – elle était pourtant bien gentille – on est parties à pied vers le Palais Royal où je voulais vaguement regarder la liste des prisonniers – en route on s'est un peu disputées parce que je refusais d'aller voler avec elle une bicyclette et j'en ai profité pour m'enfermer dans un noir silence. Le Palais Royal était fermé ; il y a une queue folle et on a des nouvelles surtout des camps des environs de Paris – d'ailleurs je *sais* que Sartre est prisonnier, la seule chose qui m'intéresse c'est quand on le relâchera. On a été vers le boulevard et on a pris un sorbet au « Café de la Paix ». C'était bondé d'officiers allemands très chics et à part ça vide et complètement sinistre. On est revenues par la Concorde, les Tuileries où on a vu une vieille folle qui posait culotte. On s'est réconciliées, mais c'est resté morne. On a ramené les affaires chez ma grand-mère et dîné de saucisson acheté en cours de route. Je me suis couchée et j'ai fini au lit *Le Moulin de la Sourdine* et commencé un roman policier. J'ai dormi près de 11 h. – j'ai rêvé de Sartre au matin – il était en soldat, il voulait m'étrangler, et puis il s'adoucissait et je lui caressais les cheveux. Je me suis dit : « c'est trop cruel un rêve pareil en ce moment » et je me suis réveillée avec une terrible impression de détresse. Il était près de 11 h. et j'ai eu juste le temps de m'habiller avant l'arrivée de Sorokine. Elle m'a dit qu'elle n'était pas si enchantée de ces journées, elle trouve qu'elle colle trop à moi et se sent crasseuse. On a été faire des achats, du pain, des chaussons aux pommes, etc. et on a mangé du saucisson et du riz qu'elle a fait cuire mais dont elle a foutu la moitié par terre. (« Vous avez des nouvelles de votre fiancé ? – Non, comme tout le monde – Vous avez été voir la liste des prisonniers ? – Il y a 200 noms, ça ne vaut pas la peine. » On n'entend que ça, et c'est vrai que c'est beaucoup moins pénible de penser que c'est le sort commun – ça supprime l'inquiétude, ça donne la certitude que ça changera, ça aide à la patience. Mais comme dit la bonne femme, c'est quand les premières lettres commenceront à arriver que ce sera terrible.)

Après déjeuner on a été à la bibliothèque de la Sorbonne où j'ai lu un gros livre intéressant sur Debussy. Et puis je suis venue ici – j'ai mal à la tête, je crois que c'est de faim, je dînerai tout à l'heure – J'ai dîné à la terrasse du « Dôme », d'un sauté d'agneau et d'un verre de vin – et puis je suis rentrée chez moi sans que mon mal de tête ait passé. Sorokine est venue à 9 h. et elle est restée une heure. Je me suis endormie presque aussitôt, comme une brute.

SAMEDI 6 JUILLET.

On reçoit très bien les dames seules au « Dôme », ce qu'il y a c'est que le garçon m'avait prise pour une putain – en revanche il y a une affiche en allemand annonçant que l'établissement est interdit aux Allemands, je me demande pourquoi, en tout cas ça fait plaisir de ne plus voir ces uniformes.

J'ai lourdement dormi ce matin ; je me suis levée à 8 h., pâteuse et triste à mourir. J'ai suivi la rue Froidevaux, je me rappelais la dernière permission de Sartre quand nous suivions cette rue et que je lui disais qu'il me rendait la vue du monde tout entier par sa seule présence – j'ai pris un café chez « Rey », j'ai été jusqu'au lycée Duruy où j'ai fait deux heures de cours. De là à pied aux « Deux Magots » où j'ai commencé à reprendre mon histoire depuis le 10 juin. J'ai essayé de lire le livre d'Aldanov *Le 9 Thermidor,* mais c'est illisible. Déjeuner chez moi – il y avait une carte de Kos. du 30 juin, un peu sèche, peut-être parce qu'elle était écrite à découvert – ça m'a fait un petit choc de retrouver contact avec elle – il y avait aussi une grande lettre de Poupette à maman, assez ridicule, mais ça m'a fait quand même plaisir de penser qu'elle avait de nos nouvelles, je me sens un peu moins en prison. Déjeuner ennuyeux – j'ai été à pied à la Nationale où j'ai eu une carte et lu un peu de Rabelais qui m'a amusée, en attendant des livres sur Hegel. J'ai travaillé 2 h. Hegel avec le Wahl sur la conscience malheureuse et la *Phénoménologie de l'esprit,* pour l'instant je ne comprends quasi rien. J'ai décidé d'aller là-bas tous les jours de

2 à 5 h. travailler Hegel. C'est ce qu'on peut trouver de plus apaisant. D'abord le cadre lui-même qui me rappelait poétiquement l'année d'agrégation. Et puis la réalité des livres, des idées dans les livres, de l'histoire humaine dont ceci n'est qu'un moment – je me suis sentie plus assurée dans le monde que depuis longtemps.

Je suis rentrée à pied et en métro – rue Vavin j'ai trouvé deux vieilles lettres de Kos., du 10 et du 11, elle était sinistre, au milieu de gens bouleversés de peur – et j'ai eu une lettre de Bost, du jeudi 13, qui m'a bien secouée – il croyait encore à la victoire, moi aussi ce jour-là, c'est le soir que Reynaud a fait son discours de corbeau qui tuait tout espoir. Mais quand même il parlait avec frisson d'une défaite possible, et de longues séparations à envisager. Hélas! Encore lui je le sens assez proche, on va sûrement l'expédier bientôt chez lui. Mais que Sartre est loin – il y a des moments où il me semble que la seule conduite adaptée serait de me jeter sur un lit et d'y rester à pleurer jusqu'à son retour ou jusqu'à la mort. L'idée de mourir ne me semble plus du tout scandaleuse depuis cette année; ce qui est surtout terrible quand on l'envisage, c'est sa réflexion sur la vie, la désolation, l'abandon dans lequel la vie apparaît alors comme noyée – ça donne un tel écœurement que précisément il semble que vivre et mourir c'est la même chose, que de toute façon on n'est jamais qu'un mort en espoir.

Je ne peux même pas dire que j'ai désir ou besoin de voir Sartre. Dans l'état où je suis il n'y a même pas place pour le désir d'autre chose. Ce que j'envisage, c'est une totale révolution du monde – tellement brutale que j'ai même presque paresse à l'imaginer – l'idée peut mal s'en supporter, à la fois parce qu'elle m'éblouit trop la pensée et parce qu'on n'y croit pas assez.

J'ai écrit la suite de l'histoire du 10 juin, j'ai commencé *L'Imaginaire* [1] et téléphoné à Dullin : il a été à Crécy qui a été terriblement saccagé, par des Français. On lui a signalé la présence de Toulouse aux environs de Tours et il veut filer là-bas en camion.

1. Paru en avril 1940.

Sorokine est arrivée à 7 h., un peu morose. On a fait une heure de math. et ça nous a amusées toutes deux, j'ai constaté que je me rappelais bien des choses. Ensuite on est rentrées ; on a mangé un peu de pâté et on s'est installées dans ma chambre où je lui ai raconté des histoires sur ma jeunesse. On s'est couchées à 10 h. et on a passé 2 heures plaisantes – elle dit qu'elle redoute toujours bien l'avenir, mais qu'elle est contente de voir que vraiment je la vois sans ennui plusieurs heures chaque jour. J'ai mal dormi, avec un tas de rêves où Sartre était mêlé, qui n'étaient pas exactement des cauchemars, mais nettement du désagréable.

DIMANCHE 7 JUILLET.

Toujours cette détresse au réveil – je prolonge le sommeil le plus possible, je ne me suis levée qu'à 9 h. 1/2, on est descendues avec Sorokine prendre un café avenue d'Orléans – et puis j'ai été chercher sa bicyclette et pendant une heure j'ai fait une promenade, au parc Montsouris et retour, à la « Closerie des Lilas » et retour. Ça marchait vraiment avec aisance, sauf que je me suis jetée une fois dans un chien et une fois dans deux bonnes femmes, et j'étais toute contente. Ensuite je suis venue à pied au « Dôme » – j'ai croisé un défilé d'autos blindées chargées d'Allemands vêtus de noir dont les grands bérets flottaient au vent – c'était assez beau et sinistre. Puis ici, à la terrasse, j'ai lu du Hegel. J'ai trouvé un passage que j'ai recopié qui servirait merveilleusement d'épigraphe à mon roman [1]. J'ai encore beaucoup de mal à comprendre, surtout à travers des morceaux choisis, mais je vois se dessiner quelque chose. Du coup l'envie m'est venue de faire de la philosophie, d'achever mon roman, l'envie aussi hélas! de causer avec Sartre.

Je suis rentrée déjeuner à l'intérieur du « Dôme », écrire à Kos., et faire ce carnet.

Il y a de nouveau des pommes de terre à discrétion dans Paris, et de la viande et même souvent du beurre – et au

1. Celui qui figure en tête de ce carnet VI.

« Dôme » on mange normalement. On ne se sent plus du tout
en disette. Ce dont j'ai bien envie c'est de cinéma mais on ne
joue que des films impossibles.

J'ai passé l'après-midi à lire et vers 5 h. je suis repartie à
bicyclette : j'ai passé rue de Charenton voir si la teinturière
était enfin rentrée – elle est rentrée, mais absente. Je suis revenue avec fatigue parce que les petites rues étaient affreusement
mal pavées, et les grandes aussi. Chez moi j'ai trouvé Sorokine
en train de faire des pommes de terre frites, et aussi un paquet
de lettres : une de Védrine qui se demande si elle va rentrer à
Paris ou non – et six de Bost toutes écrites d'Avignon et de Car-
pentras; jusqu'au 17 ou 18 juin elles ont passé – c'était pénible
de voir le champ de sa permission se restreindre [1] : d'abord
Angers et Laigle, puis Angers seul, puis Marseille, et pour
finir il n'y a pas eu de permission du tout. Ça m'a plongée dans
la tendresse, et la tristesse; et la séparation a fondu sur moi
plus fort que jamais. Ceci joint à la fatigue où j'étais m'a mise
dans un état d'énervement terrible. J'étais agacée contre Sorokine parce qu'elle a eu l'air elle-même agacée des lettres et ne
m'en a soufflé mot, parce que je savais qu'elle exigeait de moi
bonne humeur et sourire, et plus simplement, parce qu'il fallait
la voir alors que je voulais être seule. D'où immense scène
absurde de 4 h. qui était aussi un peu pour moi une manière de
remplir le temps. D'abord on a mangé les pommes de terre
frites, et ça ramait beaucoup. Puis je lui ai expliqué *Eupalinos*
de Valéry et elle avait pris son air boudeur et buté, et moi j'étais
méprisante et ironique, on a tenu une heure la rage au cœur.
Tout a explosé pour une lettre de moi que je voulais relire,
qu'elle m'empêchait de relire par esprit de contradiction, et que
j'ai déchirée en morceaux; après quoi vague réconciliation,
mais on ne trouvait plus aucun sujet de conversation. J'ai fini
par me secouer un peu mais elle refusait de causer, elle me
tenait les mains et frottait sa tête alors que j'étais nouée de
colère; d'où mille petites explosions de fureur; à la fin comme
elle disait que je l'agaçais à être étalée dans mon fauteuil, je l'ai
engueulée comme plâtre. Elle a quitté la chambre et j'ai lu une

1. Au fur et à mesure de l'avance allemande.

demi-heure mon roman policier. Après ça il était 11 h. moins le quart et il fallait qu'elle parte, je l'ai cherchée dans l'appartement, d'abord sans la trouver, puis je l'ai découverte tassée sur elle-même dans un coin de la cuisine et secouée de rage. Je lui ai dit de partir, elle a dit qu'elle resterait là, et m'a quasi bourrée de coups de poing. Je suis arrivée à la mettre à la porte en disant que si elle ne partait pas, je ne la reverrais de huit jours – elle est partie en disant qu'elle couchait dans l'escalier. Je me suis couchée, j'ai lu et elle a carillonné au bout d'une demi-heure – elle voulait « causer » mais je m'y suis refusée farouchement, je lui ai donné un matelas, d'abord dans ma chambre, puis dans l'antichambre et je me suis endormie.

LUNDI 8 JUILLET.

On s'est saluées tout aimablement le lendemain matin – elle m'a accompagnée jusque chez « Rey » où j'ai pris mon petit déjeuner avant d'aller à Duruy – 3 h. de cours – elle m'a rejointe, on a déjeuné ensemble au « Milk Bar » et j'ai commencé à lui expliquer le fond de ma colère de la veille, cette indifférence totale où elle est de ma propre vie, jointe à une tyrannie infantile. Elle m'a accompagnée à la Nationale, un peu bien accablée, ce dont je n'étais pas fâchée, mais dévorée d'une bonne volonté qui me touchait.

J'ai lu Hegel, la *Phénoménologie,* et le livre de Wahl, je n'ai pas compris grand-chose encore – ensuite je suis remontée chercher la bicyclette et j'ai fait une promenade de deux heures, du côté de la rue des Francs-Bourgeois – ça a bien marché. C'est plaisant de se promener comme ça dans Paris qui recommence à grouiller de monde. Je me suis arrêtée une heure finir un roman policier et boire un Xérès aux « Deux Magots ». Dîner chez moi. Revenue à pied avec Sorokine et conversation aimable dans un café avenue d'Orléans.

Un mot de Sartre, au crayon, dans une enveloppe ouverte qui porte un cachet de la poste et un du gouvernement de Paris – un instant je ne reconnais pas l'écriture – et puis je regarde sans comprendre la lettre elle-même qui a l'air d'avoir été posée : comme si je prenais le temps de la compréhension avant de laisser monter l'émotion elle-même. Et puis l'émotion même ne vient pas – il y a un sentiment heureux de présence : présence du papier, de l'écriture, et une joie abstraite, comme un bon à valoir pour de la joie, sans que celle-ci naisse exactement – il dit qu'il sera peut-être rentré avant la fin du mois, mais ça reste un peut-être – il dit d'écrire, mais je ne suis pas sûre que la lettre arrivera – il dit qu'il n'est pas malheureux : mais c'est tout naturel, je ne sais comment il est au fond. C'est immense cette lettre, et ce n'est rien – c'est une affirmation, un réel positif, mais on ne sait quel réel, un quelque chose qui est là, mais sans détermination. Je la retourne entre mes mains, indéfiniment, il me semble que d'autres richesses devraient en sortir – il me semble que le monde autour de moi devrait être changé, et rien n'a bougé, au point que je ne peux me signifier ce changement que par une sorte de ruse personnelle, en changeant moi-même l'ordre de ma journée, en n'allant pas à la Nationale, en projetant une promenade, une lettre, etc. Effort vain pour créer un remaniement du monde à partir de cette indication « je suis prisonnier, je ne suis pas malheureux ». Au fond, la libération négative que ça me donne était opérée depuis longtemps, je savais S. vivant, prisonnier, et je faisais confiance à sa bonne santé et à la solidité de sa tête. N'empêche, je respire mieux. Je peux envisager plus fermement la suite de ces journées.

Je ne peux pas écrire une longue lettre, je ne sais si elle arriverait, mais je vais me remettre à faire ce carnet avec ardeur maintenant qu'il a un avenir certain.

Le *mardi 9 Juillet* – j'ai été au lycée à bicyclette, je n'en étais pas peu fière. Deux heures de cours, je suis venue à bicyclette au « Dôme » où j'ai lu puis j'ai déjeuné avec Sorokine – j'ai été à bicyclette à la Nationale travailler 3 h. Hegel – puis j'ai fait une grande promenade qui m'a enchantée de la B.N. à l'Étoile, au pont de Neuilly et tout le long des quais jusqu'à Auteuil; il faisait beau, ça roulait bien, j'étais charmée de pouvoir faire une vraie promenade. Je suis arrivée à Auteuil fatiguée et satisfaite. J'ai bu une limonade et retrouvé Sorokine chez son élève pour avoir un peu de musique : *Quatuor* de Debussy, *Concerto 2* de Bach, *Concerto pour basson* de Mozart, *Ouverture de Fidelio* et du Strauss. Ça me faisait plaisir d'entendre de la musique et ça me faisait un ensemble heureux : Hegel, bicyclette, musique – mais c'était coupé de causeries allemandes effarantes (contre les étrangers, les juifs, pour le travail, etc.).

On est revenues à pied avec Sorokine par la longue rue de la Convention toute déserte – ç'aurait été bien plaisant, cette solitude dans le soir tombant, si on n'avait été obligées de tant se presser. On a fini l'avenue d'Orléans moi à bicyclette et elle au galop poursuivies par la voix des haut-parleurs. Elle a dormi chez moi : tendres conversations, étreintes tendres – elle était vraiment charmante et je l'aimais bien. Le lendemain mercredi *10 Juillet* je me suis réveillée à 8 h., encore un peu sommeilleuse, mais je me suis levée parce que je voulais faire une longue promenade à bicyclette. Je suis partie vers la porte de Vanves, puis Clamart : le bois était plein d'Allemands qui faisaient l'exercice, c'est vrai qu'on dirait des mécaniques d'acier. Il faisait beau, mais il y avait trop de montées, de descentes, trop de mauvais chemins – ç'a été fatigant, et pas trop intéressant. Je suis revenue par Chaville, la porte de St Cloud d'où en 25 mn. j'ai été chez moi. Déjeuner – avec Sorokine à pied à la Nationale – lecture de Hegel – retour à pied. Deux heures au « Dôme » à lire, dîner. Je lis *Dieu est-il français ?* de Sieburg – il paraît que Sieburg est un de ceux qui règnent sur Paris en ce moment – le livre n'est pas très intéressant, mais c'est amusant de voir comme il loue de la France exactement ce que *Le Matin* lui reproche avec pédantisme – amusant aussi de lui voir écrire en 1930 que c'est seulement lorsque l'antisémitisme aura disparu en Allemagne que celle-ci prendra conscience d'elle-même comme d'une nation. Vers 8 h 1/2 vient Sorokine – quoique j'aie mal à la tête, j'arrive à être aimable avec elle. On reste là, puis on monte dans sa petite chambre où on cause tendrement. Je rentre et très voluptueusement au lit un roman policier.

Ce matin je me suis levée bien mélancoliquement pour aller au lycée – hier soir aussi j'étais triste à pleurer. J'ai pris mon petit déjeuner chez « Rey » – vide, contingence – deux heures de classe puis j'ai passé à l'hôtel où j'ai eu la lettre de Sartre. J'ai commencé à lui répondre et Sorokine est venue – on a déjeuné ensemble, et elle s'est mise à bouder parce que je ne voulais pas lui montrer la lettre de Védrine – comme elle boudait j'ai pris mon livre et elle est partie comme une furie. J'ai fini mon repas et mon roman policier et écrit ce carnet.

JEUDI 25 JUILLET.

J'ai longtemps arrêté ce carnet – je vais essayer de retrouver la chronologie des événements du mois.

Le *jeudi 11* il y a donc eu la lettre de Sartre – et la dispute avec Sorokine à déjeuner. Et puis je me rappelle bien cette journée nerveuse, presque heureuse, tendue, que j'ai passée : j'ai été rue du Louvre à la poste demander si je pouvais écrire à Sartre, on m'a dit oui et j'ai envoyé une carte et successivement deux lettres écrites au café vert que j'aime bien, près de la place des Victoires – puis j'ai marché dans les rues. Je revois la place de la Concorde couverte de marins allemands et de soldats en noir. J'ai remonté les Champs-Élysées. J'ai été écrire encore une lettre aux « Deux Magots ». Je crois que c'est ce soir que je suis montée dîner et entendre de la musique chez mes parents : symphonie de Schumann, étonnamment vulgaire, *Sonate pathétique*, *Le Coq d'Or* de Rimsky-Korsakoff qui est plaisant, et *L'Oiseau de feu*. Bien entendu c'est difficile au possible d'obtenir un peu de silence : ma mère bat la mesure de la tête ou de la main – papa commente ou parle avec bonne-maman. Ce qui est charmant, c'est que pour respecter mon recueille-

346

ment, quand maman veut me parler, elle me parle à voix basse. Je rentre chez moi assez tard, vers 10 h. 1/2, sûre que Sorokine sera là et décidée à vite liquider l'explication ; quand je sonne, elle vient ouvrir (les clés étaient sous la porte, elle les avait prises) et elle apparaît avec une tête toute savonneuse ; elle n'avait rien trouvé de mieux, étant ivre de colère de m'avoir attendue, que de se faire un grand shampooing dans la salle de bains. Je lui dis de se presser afin d'être prête à temps, que je ne veux pas la garder. Elle se presse en rageant, mais à la dernière minute elle ne veut plus partir et il faut la mettre à la porte à la force des poings. Au bout de 10 mn. elle se met à sonner tandis que la locataire d'en dessous, outrée de tout le vacarme que nous avons fait, gueule que je suis une mal élevée. Je ne suis pas en colère, mais j'ai un peu de mauvaiseté et pour la faire un peu râler, je la laisse une demi-heure à carillonner sur le palier pendant que je lis mon roman policier – je lui ouvre, elle a encore du noir et des larmes plein le visage, elle est attendrissante, mais par trop impraticable. Je lui jette la literie dans l'antichambre et je lui fais un discours sec et digne qui la laisse sans mot et écrasée de fureur – toute la nuit elle a erré dans l'appartement. Je dors mal. A 7 h. 1/2 elle me réveille « pour se réconcilier » et ça m'exaspère si bien que je la mets à la porte avec violence – et elle se sauve terrorisée.

Ça c'était le *vendredi 12* – j'ai dormi, j'ai été au « Dôme » récrire à Sartre et puis j'ai été à la Nationale travailler Hegel. Je ne sais trop ce que j'ai fait entre-temps mais j'ai retrouvé Sorokine assez tard au « Dôme » ; on a parlé, de façon très morne. Je m'étais remise en amitié avec elle mais elle était abattue et vaguement digne, et moi-même sur la défensive. Dîner et musique chez mes parents (Jannequin, Gabrielli, Bach, et *Nocturnes* de Debussy) – et puis je retrouve Sorokine qui me reconduit à pied chez moi, toujours dans le morne.

Le *samedi 13 Juillet*, lycée jusqu'à midi – puis à la Nationale ; j'ai écrit à Sartre, et le soir il y a eu une conversation réconciliée avec Sorokine mais je ne sais plus trop où ni comment. On s'est promenées un peu je crois.

Le *dimanche 14 Juillet* Paris était sinistre je me souviens – il pleuvait – j'ai passé au « Dôme » un bout de matinée poisseux, mais j'ai rédigé sagement mes notes sur Hegel – ça m'intéressait de plus en plus. J'ai téléphoné chez Dullin tant j'avais envie de parler à quelqu'un, de bouger, de changer. J'ai eu l'étonnement d'entendre la voix de Toulouse, on a pris rendez-vous pour le jour même, à 6 h. J'ai déjeuné en famille, écrit à Sartre aux « Deux Magots ». Je suis rentrée chez moi, ai somnolé, fait mes ongles et passé chercher Sorokine à 5 h. Elle était douce comme l'agneau, vraiment charmante, et on a été ensemble à Montmartre.

A 6 h. j'étais chez Toulouse. Elle était en vêtement d'intérieur, bouffie, mais l'air assez prospère. Il y avait Dullin, en vêtement d'intérieur tout soie, l'air épanoui, et Mme J. et Vandéric. Vandéric a fait partie de l'armée belge et il raconte comme on les a envoyés sur les lignes, absolument sans arme, comme on les a posés là, et comme au bout de 3 j. on leur a dit de repartir, toujours sans les avoir armés. Toulouse me raconte son voyage ; le mardi, elle a inventé d'expédier ses colis vers Tours : il est probable qu'ils sont perdus, et ils contenaient une foule de manuscrits et de notes – pour elle, elle est partie avec Zina, chacune sac au dos et tenant en mains la valise de Friedrich et Albrecht [1]. Elles ont été sur Melun, puis sur Nevers, cela en train, en deux jours, sans trop de peine. Puis elles ont voulu remonter sur Châteauroux, de là sur Tours ; elles ont réussi, par camions, mais ç'a déjà été plus difficile. Tours était presque vide ; on minait les ponts, on bombardait chaque nuit. Elles ont eu des chambres dans un grand hôtel et trouvé un restaurant – mais la poste était fermée, il n'y avait plus aucun moyen de joindre Dullin, le rendez-vous étant poste restante, et elles ont fini par quitter la ville. Elles ont trouvé aux environs un train dans la campagne, un train sans locomotive qui était arrivé de Juvisy depuis des temps indéfinis et où les gens pourrissaient doucement sur place. Elles y sont montées. On attendait les Allemands dans la nuit et les gens tremblaient. Au bout de quelques heures, Toulouse dégoûtée a quitté le train et demandé refuge au garde-barrière qui les a mises dans le serre-

1. Poupées fétiches de Toulouse.

348

bois. Le lendemain elles ont obtenu une chambre et sont restées là un grand temps, se cousant des robes paysannes, et s'ennuyant ferme. Le train cependant se vidait peu à peu de ses occupants. Un soir un colonel est arrivé, avertissant qu'il y aurait le lendemain un « bref combat d'artillerie » et qu'il fallait se mettre à l'abri. Alors ils ont tous été coucher dans une grotte, et quand le bref combat a été fini le lendemain, ils sont rentrés chez eux. Toulouse a cru devoir se faire passer pour la belle-sœur du garde-barrière (même souci chez Védrine à Quimper) avec cette drôle d'idée que les Allemands feraient aux réfugiés je ne sais quel sombre sort. Elle a donc vécu là – quand elle a voulu rentrer à Paris on lui a dit que c'était impossible parce que le gros de l'armée allemande ayant fait une descente en parade vers Bordeaux s'en revenait sur Paris et occupait toute la route – elle a pu quand même envoyer une lettre et ensuite se ramener en camion. Quand Dullin a su qu'il y avait une lettre, il paraît qu'il a laissé tomber tous les paquets qu'il tenait à la main et qu'il s'est mis à tant trembler que Mme J. a cru qu'il allait s'en évanouir – elle raconte ça en ajoutant avec rancune que pendant les jours précédents « on était comme les animaux malades de la peste », évitant de se parler et même de croiser le regard.

Je ne reste que jusqu'à 8 h. 1/2 – je retrouve Sorokine ; on a faim, je mangerais bien, mais nous trouvons les boulevards, la place du Tertre et tous les restaurants absolument grouillants d'Allemands. Alors nous redescendons à pied en mangeant seulement du petit pain.

Le *lundi 15 Juillet* il y a eu lycée, puis j'ai travaillé Hegel. Je pensais un peu que Védrine allait venir, j'ai téléphoné plusieurs fois ; j'avais un peu envie de la voir, et Kos. aussi, envie de gens, de changements – il pleuvait, inexorablement. J'ai dû dîner à la maison – c'est peut-être là que j'ai entendu du Debussy (*Pagode, L'Ile enchantée, Arabesques* et la *Sonate pour harpe, hautbois, flûte*). J'ai dû rentrer avec Sorokine et passer avec elle une soirée tendre.

Mardi 16 Juillet. – Lycée, Hegel – j'avais rendez-vous au « Dôme » avec Sorokine à 5 h. 1/4 (j'avais usé de la bicyclette tout le jour, ça m'avait amusée) et quand je suis venue elle m'a dit que Védrine me cherchait partout, mais elle l'avait mise sur une fausse piste en l'envoyant chez ma grand-mère. Ça m'a agacée parce que j'avais envie de voir Védrine. J'ai fini par la trouver au « Dôme » et on a passé un moment ensemble. Elle m'a raconté qu'elle avait passé 10 jours chez une fermière, à ramasser des petits pois couverts de puces (pour fuir Quimper et éviter les Allemands). Je suis déçue en la retrouvant, comme toujours lorsque j'ai attendu des gens je ne sais quelle plénitude que seuls Sartre et Bost pourraient me donner. J'ai été déçue aussi chez Toulouse la veille.

Je vais chez moi entendre le *Quatuor* de Ravel et un très beau festival Mozart (*Concerto pour basson, Symphonie en sol, Flûte enchantée, Concerto pour piano*) – mais j'écoute un peu mal, agitée par l'immense paquet de lettres qu'on me renvoie de La Pouèze – de Kos., de Sorokine, Poupette, Bost et Sartre même : une vieille lettre mais où il envisage la défaite avec une espèce de sérénité – du coup je me retrouve toute sereine moi-même et grâce à ce mot qui vient de si loin plus confiante que je n'ai été depuis des temps. Je lui écris du « Dôme » en sortant de chez mes parents.

Le *mercredi 17 Juillet* j'ai écrit des lettres et rédigé des notes au « Dôme », puis été à la Nationale qui ouvre maintenant dès 10 h. du matin. Hegel. J'aborde la *Logique*. Je retrouve Védrine place du Trocadéro et on revient à pied vers St Germain-des-Prés – on dîne au « Casque » et boit un verre aux « Deux Magots ». Grande conversation où je lui expose un tas d'idées inspirées de Hegel et qui m'aident à accepter sans trouble la situation présente – elle m'agace un peu comme toujours par son parti pris de désespoir et par sa sensibilité à de pures apparences sociales (qu'elle soit capable de pleurer parce que les Anglais ont tiré sur la flotte à Oran, etc.) Je retrouve Sorokine à 10 h. au « Dôme » et la ramène chez moi ; elle est un peu peinée que l'amie rousse soit là et on cause un peu âcrement d'abord, puis tout s'achève en tendresse.

Le *jeudi 18 Juillet,* je vais au lycée à bicyclette et en reviens de même sous une grosse pluie. A l'hôtel, un mot de Kos. qui m'annonce qu'elle est là. Elle descend vite de sa chambre, nous allons au « Dôme »; elle a un bel imperméable neuf, un fichu rouge sur les cheveux, elle est toute plaisante à voir et je suis heureuse de la voir – elle raconte les événements à sa manière enfantine et imprévue. Mais dès qu'on ébauche des commentaires, il est facile de sentir une dure opposition entre nous – elle a fait un terrible voyage, 6 h. debout dans un train où même les w.c. étaient pleins de monde si bien que les enfants se soulageaient par les portières et les vieilles dames à même le sol. On va aux « Deux Magots », puis au Palais Royal où j'ai rendez-vous à 5 h. avec Védrine – je ne reste qu'1/2 h. avec elle. J'aperçois aussi Sorokine qui le matin à 11 h. m'apercevant avec Kos. au « Dôme » avait repris sa bicyclette sans mot dire et s'était éloignée, très digne sous son affreuse cape de ciré noir. Elle s'est réjouie à annoncer à Védrine que Kos. était à Paris et à lui envoyer quelques pointes venimeuses. Je retrouve Kos. sous une pluie battante. On reste un moment dans un café – on rentre à Montparnasse, puis chez moi où on boit un peu de thé. On se couche dans le même lit mais chacune dort très mal.

Le *vendredi 19 Juillet* [1]

1. Ce carnet s'interrompt ici.

CARNET VII

VENDREDI 20 SEPTEMBRE 1940-29 JANVIER 1941

C'est une lettre que je commence pour vous – peut-être l'aurez-vous dans un an. Je vous écris parce que j'ai fini de vous attendre – maintenant je sais que vous n'apparaîtrez pas derrière la statue de Balzac [1]. Je vous ai tant attendu – vous étiez en bleu avec votre béret de soldat, une musette en bandoulière, et souvent, je ne sais pourquoi, c'est à bicyclette que vous apparaissiez. Je regardais si fort que vraiment j'ai *cru* deux ou trois fois que vous alliez vous matérialiser, et traverser la place en chair et en os – il y a même eu un jour où je vous ai rencontré par deux fois – sur la place du Panthéon, j'ai eu un choc si fort que j'ai cru que j'allais vomir.

Maintenant je sais qu'il va falloir vivre sans vous – je ne sais pas du tout encore comment je pourrai le faire. Ça n'est pas du tout comme l'an dernier où nous avions pris le départ ensemble et où chaque jour je savais tout de vous. Vous êtes dans un gouffre – votre amour pour moi, il existe, je le sais vivant, je le sens – mais il n'y a plus rien absolument que je puisse toucher. Je n'ai même pas envie, j'ai peur de revoir votre écriture, ce sera sur une carte d'Allemagne qui dira « je suis bien-portant » avec une adresse sinistre.

Cette fois, je suis malheureuse. Je me demandais l'an dernier si je pourrais jamais l'être – le monde autour de moi était

1. Carrefour Vavin. Sartre lui avait promis d'y apparaître inopinément.

devenu tragique et je vivais en accord avec lui, ce n'était pas du malheur. Je me rappelle bien comme en septembre je me sentais juste un fragment d'un grand événement collectif – j'étais intéressée par l'événement et par moi-même devant lui. Mais depuis huit jours, c'est différent. Je suis sans rapport avec le monde et d'ailleurs il est autour de moi tout informe. Le malheur est en moi, comme une maladie intime et particulière. Une vraie maladie – ce n'est pas la saisie d'un objet, ni de ma vie, ni de la vôtre. Ça n'est qu'une suite d'insomnies, de cauchemars et de larmes et de maux de tête. Quelquefois, en récompense, vous m'apparaissez à l'horizon avec un sourire plus précis que je ne vous en avais vu depuis longtemps – dans ces moments-là, je pleure à plein ; mais le plus souvent je passe sans pensée, le matin, du cauchemar aux larmes, le soir de la fatigue aux sanglots. Et j'ai la tête tellement vide, mon petit. Je vois vaguement une carte d'Allemagne avec une grosse frontière barbelée, et puis il y a quelque part le mot Silésie, et puis des phrases entendues comme « ils meurent de faim » – et rien de plus. Il pleut ce matin, je suis au « Dôme » et il est 10 h., j'ai du café et des suisses [1] devant moi, comme l'an dernier. Je retrouve tout, même l'odeur de ces matinées austères mais confiantes où je me mettais au travail, tout unie à vous. Je voudrais être capable de me remettre à travailler, mais il faudrait que j'aie au moins un signe de vous, un repère pour fixer ma vie.

Zuorro est rentré hier matin, il va venir tout à l'heure. Bost est avec Kos. et je le verrai cet après-midi. Nous avons de la chance de tous nous retrouver intacts, m'écriviez-vous. Et c'est vous qui n'êtes pas là, vous autre qui m'êtes tout.

Drieu La Rochelle a dit à Brice Parain que Nizan avait été tué – ça m'a remuée – ça me fait absurde et puis ça consacre cette impression de fin d'un monde, d'une époque, que j'ai si fort en ce moment.

Je ne sais pas quelles dernières lettres vous avez eues de moi. Je vais tâcher de résumer ces semaines pour pouvoir bien m'en souvenir un jour et vous les raconter.

---

1. Brioches.

356

Mon doux petit – je n'ai pas continué ce petit carnet – je n'ai pas le courage – chaque fois que je m'arrête à vous parler, je me mets à pleurer. Je suis instable, avec un tas de moments d'angoisse et de nervosité. Et puis même dans le calme, même quand quelques jours passent assez pleins et tranquilles, c'est sur fond de néant, ça serre l'âme. Comme si toute ma vie était entre parenthèses ; elle coule comme ça, et elle ne s'affirme pas comme existante, elle est suspendue hors du temps et du monde. Ça fait que je ne sens rien, ne pense rien, que rien en moi ne va nulle part.

J'ai essayé de travailler ces jours-ci, tout en vain. Cet après-midi je me suis mise en haut du « Mahieu ». Et d'abord j'ai été désespérée ; vous vous rappelez, mon doux petit, nos grands débats moraux dans une de ces petites cases ? Et puis le courage m'est un peu venu. Je veux travailler. Ça me fait comme un petit hommage à vous autre – un acte de foi en vous, en notre avenir, en notre destin.

Je pense que vous n'avez pas oublié comme je vous aime – je pense que vous savez que je ne suis absolument plus rien qu'une attente de vous. Ça me donne des forces. Puisque vous me savez avec vous, vous êtes encore avec moi – vous autre, mon unique absolu.

(Écrit au crayon [1])

« J'ai trouvé la planque ici. Tout d'abord j'étais malade pour « faiblesse d'esprit » (aimable plaisanterie) à l'infirmerie. Je me portais au mieux. J'avais été mis là par un médecin allemand, ami des lettres, qui voulait me permettre d'écrire. Je logeais dans une toute petite chambre que je partageais avec deux camarades, je travaillais énormément et puis d'obscures intrigues m'ont fait *chasser* de l'infirmerie et j'ai vu le moment où je serais expédié dans quelque ferme ou quelque autostrade. Le plus pénible c'est qu'on m'a pris *tous* mes écrits en me promettant il est vrai de me les rendre. Mais par un prompt rétablissement je me suis aussitôt fait inscrire chez les Artistes, une trentaine de chanteurs et musiciens qui font des représentations dans le camp pour distraire leurs camarades. Comme le capitaine Fracasse je leur fais des sketches et la mise en scène. Nous sommes très bien vus. On joue dimanche une pièce policière de moi et c'est mon début au théâtre. Mes camarades sont charmants et très vivants. Nous sommes 25 dans une chambre et le résultat de cette captivité c'est que je ferai un joueur de bridge très potable pour nos soirées plus tard. Je n'ai pas froid (nous

1. De la main de Simone de Beauvoir, recopiant une lettre clandestine reçue de Sartre, prisonnier au stalag XII. Elle put recommencer à lui écrire là-bas à partir du 17 octobre, uniquement sur des formulaires officiels allemands.

avons du charbon – 100 kg pour 10 j.) – je n'ai pas faim (une bonne âme me donne du pain). J'ai des vêtements chauds et des couvertures. Si vous pouviez m'envoyer une ou deux paires de chaussettes, ça me ferait grand plaisir. Un savon serait aussi de première nécessité et un savon à barbe. Je peux très bien me passer de fumer ce dont je suis fier, mais il arrive aussi que je fume et alors je regrette le tabac français. J'ai une pipe à tête de mort. *Je ne m'ennuie jamais.* Je fais des cours de Philo à des prêtres (un jésuite, un dominicain et un curé de campagne) sur la liberté, sujet mélancolique et d'actualité. J'ai comme vous bien des sujets de tristesse mais ils dépassent de beaucoup ma personne. Je voudrais surtout vous revoir. Savez-vous que je suis tout en haut d'une montagne, d'où nous jouissons d'une vue superbe sur une grande ville (Trèves) – et des collines environnantes. Vous ne sauriez croire combien cette exposition et ce spectacle peuvent être de poids pour la conservation du moral. Jusqu'ici je n'ai pas eu une minute de cafard. Pieter est à l'hôpital et essaie de se faire porter incurable, ce qui lui assurerait un prompt retour. Je jouis hélas! d'une santé de fer, ce qui m'ôte tout espoir de revenir par ce moyen. Il y en a d'autres.

Écrivez-moi aussi souvent que vous pouvez par le moyen officiel. Je n'ai encore rien reçu, ni colis ni lettre, mais cela va sûrement arriver sans tarder. Dites-moi tout...

Il semble que Nizan ait passé par ce camp mais je ne l'y ai pas vu. Par contre, j'ai rencontré ici Mogader que j'avais obligé autrefois et qui a tout fait pour moi quand j'arrivai ici dans un état total de dénuement. C'est grâce à lui que j'ai été envoyé à l'infirmerie, 2 heures avant le départ de tout mon groupe pour un Arbeitskommando. Malheureusement il est breton et on l'a retiré d'ici. Je ne sais où il est...

19 NOVEMBRE.

Sombre – jours de sombre dépression parce que je sais de nouveau après un tas d'espoirs que je ne vous reverrai pas d'ici longtemps. Si c'était pour toujours, vraiment je me tuerais. Mais si je vis, il ne faut pas fuir. Le meilleur temps a été en juillet-août quand j'essayais de *penser* la situation. Maintenant je fuis dans les gens, et partout je vous cherche sans vous trouver nulle part – dans le travail (qui me semble périmé et obstiné souvent) – dans la musique qui remplit seulement le temps. Il faudrait ne plus fuir, essayer de penser. Ça serait le moment d'écrire de vrais mémoires, ou de refaire de la philo avec Hegel qui m'avait tant apporté. Mais qu'il faudrait de courage! Il m'en vient en cet instant, par réaction contre la mélancolie poisseuse de ces derniers jours, et parce que c'est la seule manière qui me reste de m'unir à vous. Rechercher votre souvenir, c'est vain et lugubre. Il faut essayer de vivre au présent dans un monde où vous êtes.

21 NOVEMBRE.

A force de malheur, par lassitude des larmes et des maux de tête, une vague envie de me reprendre et de me retrouver dans la solitude métaphysique de la jeunesse – au point que le journal intime de l'ami du boxeur me met les larmes aux yeux. Mais ce n'est pas une volonté assez ferme – je ne veux pas cesser d'attendre – je ne peux pas le vouloir. Je continuerai à traîner au jour le jour, de musique en travail ; de travail en conversations – dût cela durer quatre ans. J'aimerais être malade un bon coup. Sans cesse en ce moment les images reviennent lancinantes. J'avais pourtant bien essayé de me défendre, je suis empoissée jusqu'au cou.

9 JANVIER 1941.

Une idée qui m'a si fort frappée chez Hegel : l'exigence de la *reconnaissance* des consciences les unes par les autres – peut servir de base à une vue sociale du monde – le seul absolu étant cette conscience humaine, exigence de *liberté* de chaque conscience pour que la reconnaissance soit valable et libre : reconnaissance dans l'amour, l'expression artistique, l'action, etc. En même temps, idée existentielle que la réalité humaine n'*est* rien d'autre que ce qu'elle *se fait* être, ce vers quoi elle se transcende. D'où tragique métaphysique d'un fascisme – il ne s'agit pas seulement d'étouffer une expression mais de nier absolument un certain être, de confondre réellement l'humain avec son aspect animal, biologique. Et d'après cette autre idée de Heidegger que moi et l'espèce humaine c'est une même chose, c'est vraiment *moi* qui suis en jeu. J'éprouve cela jusqu'à l'angoisse après lecture d'un numéro ridicule et odieux de la *N.R.F.* Je suis loin du point de vue hégélien qui en août m'était si secourable. J'ai repris conscience de mon individualité et de l'être métaphysique opposé à cet infini historique où Hegel dilue toutes choses avec optimisme. Angoisse. J'ai enfin réalisé ce dont j'avais l'an dernier une espèce de nostalgie : la solitude, aussi complète que devant la mort. L'an dernier j'étais encore avec Sartre – maintenant je vis dans un monde où Sartre est absent, bâillonné. Psychologiquement j'ai été bêtement fière parfois de me sentir si solide et de m'en tirer si bien. Mais aujourd'hui, ces défenses superficielles ne m'aident plus. J'ai le vertige. C'est la seule raison pour laquelle je trouve qu'il vaut d'accepter de mourir, l'espoir de maintenir son *être* même. Il ne s'agit pas de « raisons de vivre » – il ne s'agit pas de la vie. Mais de quelque chose de plus encore. Se faire fourmi parmi des fourmis, ou conscience libre devant des consciences. Solidarité *métaphysique* qui m'est une découverte neuve, pour moi qui étais solipsiste. Je ne peux être conscience, esprit, parmi des fourmis. Je comprends en quoi notre antihumanisme était court. Admirer l'homme comme donné (bel animal intelligent, etc.), c'est imbécile – mais il n'y a d'autre réalité que la réalité humaine – toutes valeurs se fondent en elle. Et c'est le « ce vers quoi elle se transcende » qui nous a toujours émus et qui oriente notre destinée à chacun.

Depuis le 21 nov. je n'ai fait que fuir – parce que cette reprise solitaire me semblait quasi trahison. Maintenant, elle s'est faite d'elle-même. Et cependant il me semble la faire en son nom autant qu'au mien. Et plus que jamais je sens (avec inconséquence) que je me tuerais si je ne devais plus le revoir.

21 JANVIER.

Hegel ou Heidegger ? pourquoi si la conscience peut se transcender mon destin individuel aurait-il tant de prix ? je n'arrive pas à décider. Tantôt il me semble que le point de vue universel Hegel-Marx ôte tout sens à la vie. Tantôt que peut-être l'individualité comme telle n'a pas de sens, que c'est un leurre de vouloir lui en donner un. Idée de *salut* personnel – mais pourquoi cette idée ? (Kierkegaard, Jacques [1], Kafka, etc.) aurait-elle un sens ? Où est le vrai ? où est le leurre ? Avons-nous seulement besoin de *penser* que cela a un sens ? Mais comment l'universel en aurait-il si l'individu n'en a pas ? Ce pourrait être le sujet de mon prochain roman et c'est ma préoccupation constante depuis un an. Que mon idée du bonheur,

1. Son cousin, proche d'elle durant son enfance et son adolescence. Voir *Mémoires d'une jeune fille rangée*.

d'autrefois, me paraît courte! Elle a dominé 10 ans de ma vie mais je crois que j'en suis presque totalement sortie. (Bonheur lié à une pensée contemplative du monde.)

Mon roman [1]. Hâte de le finir. Repose sur une attitude philosophique qui déjà n'est plus la mienne. Le prochain sera sur la *situation individuelle*, sa signification morale et son rapport avec le social. Importance de cette dimension métaphysique [2]. Comme les gens à qui elle manque me paraissent *courts*. Il n'est pas d'attitude vivante qui n'ait un *sens* métaphysique, ignoré souvent, mais pour moi tellement présent qu'au contraire mes réactions psychologiques se modèlent là-dessus. Impression de domination malgré tout sur ceux qui ne savent pas eux-mêmes dégager ce sens.

Lu Scheler (*L'Homme du ressentiment*). Des passages sur le génie et l'homme moyen qui traduisent exactement ce que je sens. Pour le « génie », l'appréhension des valeurs n'est pas d'abord comparative.

29 JANVIER.

A propos de *Banjo* de Mac Kay. Mouloudji lui reproche de poétiser l'existence des ouvriers, et de se placer du point de vue du type qui en est sorti (puisqu'il écrit). Je repense au boxeur qui soutient que chaque *individu* peut en sortir. Sophisme. Certainement en un sens, seul le point de vue individuel est vrai : mais en ce qui concerne ma seule individualité, et encore en tant que je l'*éprouve*, non en tant que je la pense. Je ne peux pas penser la masse et prétendre la penser comme *sujet* – c'est l'erreur de Lévy quand il dit qu'un mort ou un million de morts c'est pareil. Seule *ma* mort est unique, et je ne peux pas réellement vivre la mort d'*un* autre comme *ma* mort. Faux universalisme kantien du sujet. Une pensée sociale doit délibérément prendre les hommes comme objet. (La conscience étant

1. *L'Invitée*.
2. Thème repris et développé en 1948 dans « Littérature et métaphysique », chapitre 3 de *L'Existentialisme et la sagesse des nations*.

dans cet objet, mais comme passivisée). Je peux toujours me
sauver, ça ne me donne aucun droit d'affirmer qu'un autre
devrait pouvoir se sauver. Car ce salut est (oui ou non) opéré
par ma liberté – donc imprévisible, et non assignable à autrui
comme Sollen [1].

Je voudrais que mon prochain roman illustre ce rapport à
autrui dans sa complexité existentielle. C'est un beau sujet.
Supprimer la conscience d'autrui, c'est un peu puéril. Le problème rejoint le social, etc., mais doit exister à partir d'un cas
particulier. Il faut trouver un rapport sujet-objet, sans doute un
amour non partagé, simplement.

1. Devoir.

SUR MON ROMAN

Peut-être est-ce une faute d'avoir mêlé deux thèmes : – a) la rationalisation du monde par le bonheur – b) l'irrationnel de la conscience d'autrui. Le second est bien traité, mais pas le premier [1].

Autre aspect de la conscience d'autrui : en un sens elle est l'ennemi. Mais aussi rien n'a de valeur que par elle (Hegel). Le seul absolu, c'est la conscience d'autrui, soit incarnée (comme Sartre pour moi), soit niée indistinctement. Si le sens de la valeur de ces consciences disparaît, la valeur de la mienne n'existe pas non plus. Idée profonde de Hegel sur la *reconnaissance des consciences les unes par les autres*. Ça pourrait être le thème d'un nouveau roman plus intimement lié au social que le premier [2].

L'historicité, liée à ce problème : conscience transcendantale et temporelle cependant – passage de la jeunesse à l'âge mûr, etc.

Peut-être cette construction simple : deux héros, homme et femme, avec le point de vue de chacun (totalement adopté à chaque fois). Chez l'homme thème de la *faute* – chez la femme l'illusion de la reconnaissance des consciences à travers l'amour

1. Réflexion sur *L'Invitée*.
2. Ce sera *Le Sang des autres*, auquel Simone de Beauvoir travaillera de 1941 à 1943, et qui paraîtra en 1945.

365

– d'où épreuve, et solitude (quelque chose comme Sorokine en face de Guille). C'est un sujet romanesque qu'un effort d'*intégrité morale* (au sens de totale assomption et reconstruction du monde) aboutissant à l'échec de la facticité. Ce serait le sujet essentiel – le défaut de l'autre thème c'est qu'il en retrouve un du premier roman : dévoilement de la solitude. Rapport du *social au métaphysique* (après le rapport du psychologique au métaphysique ça serait un excellent sujet). Il faudrait aboutir à un *acte social* (moins difficile à inventer).

Tentation de se fondre dans l'universel (par exemple au retour à Paris, en juin, quand l'Allemagne gagne) – puis reconquête de l'existence individuelle. Recherche de la *conciliation*.

SUR LE ROMAN

Rapport des gens entre eux – comment chacun ne peut être pour l'autre que l'extériorité, la facticité – donc est en faute, et débordé par son être pour autrui – et ne peut jamais atteindre l'autre que dans son extériorité. Ce qui interdit de prendre dans son action un point de vue *moral* sur autrui (du point de vue d'autrui) mais seulement le point de vue de la facticité. D'où aussi le caractère de *lutte* que comportent les rapports des gens, chacun cherchant à réaliser son être, même dans l'amour le plus généreux (comme Sorokine), chacun combattant et devant combattre pour son être.

Sans doute décrire dans cette perspective un amour.

Plusieurs étapes – Une jeunesse – 2) l'idée individualiste : si *je* ne *me* préfère pas, qui me préférera ? – 1) le rapport à Dieu, pris comme conscience par qui mon être est reconnu – et l'écroulement quand cesse la croyance en Dieu. Brusque nudité du monde, et l'homme n'est plus que fourmi. Puis essai de recours à soi.

3) Dessèchement triste – impuissance à se fonder seule.

4) Un amour – malheureux. 5) Conscience que cet amour était encore une manière de se sauver. Individualisme élargi et passage au social.

En même temps, histoire de cet amour du point de vue de l'homme qui se laisse aimer sans aimer mais cherche à être moral et se désole de ne pas pouvoir et pose le problème du rapport avec l'autre dans la facticité. (L'héroïne étant le rapport à l'autre dans la liberté.) Comment puis-je *choisir pour autrui*? (par exemple de ne pas voir ou de voir quelqu'un. On peut imaginer Sor. courant après Guille qui se demande de quel droit choisir – et prétend la laisser libre, c'est encore créer une situation).

(Il vaudrait mieux corser un peu la situation.)

Scène possible : l'exode (vu par la femme) avec la tentation de renoncer à soi ; elle aurait perdu son amour à ce moment, elle serait abîmée. Et puis le redressement, le maintien de sa valeur individuelle – un destin lié à celui du monde. Se jette dans une action antifasciste.

(Mais comme c'est ingrat, l'expression du social, et comment éviter que ça ne fasse édifiant et moralisateur ?)

Il faudrait être capable de manier de la matière sociale (grèves, émeutes, action d'un chef) – pour marquer le rapport à autrui : liberté, facticité. Peut-être choisir un homme beaucoup plus âgé que la femme et lancé dans une action. Un journal, un parti. Un homme ayant une grosse influence (un Garric des Equipes Sociales, à gauche et puissant)[1]. La faute de l'homme est qu'il n'aime pas la femme et lui construit un faux bonheur. Ses angoisses devant son action. La femme ne s'intéresse pas par individualisme. Puis, 10 ans plus tard, l'homme est mort ou prisonnier – elle reprend son œuvre sous forme d'action clandestine. Ou ils se retrouvent dans ce travail commun par-delà l'amour. (Quelque chose de moral et con dans ce sujet.)

Un beau cas de conscience : doit-il ou non pousser à la guerre ? (Il suffirait que ce soit un homme dont la voix est entendue : Malraux, Gide, Alain.)

---

1. Ce thème sera repris dans *Les Mandarins*. Pour Garric, voir *Mémoires d'une jeune fille rangée* ; la jeune Simone admira beaucoup ce professeur de littérature française à l'institut Sainte-Marie de Neuilly, catholique convaincu mais aux idées sociales généreuses.

Bl. [1] refuse de faire le démiurge, de prendre un point de vue intermonadique sur les hommes : parce que le point de vue est faux, il n'y a que des vies *séparées* – parce qu'il n'atteindra jamais que le dehors, la facticité – parce que le rapport à la facticité est *absurde* comme la facticité même et qu'il devient lui-même puissance mécanique et absurde.

---

1. Blomart, héros du *Sang des autres*.

Dans ce carnet VII, on trouve encore, non retranscrits ici :

— des exposés philosophiques (destinés à des cours) ;
— des notes de lectures philosophiques ;
— des listes de lectures diverses à faire (philosophiques et musicales en particulier, et de romans anglais) ;
— des listes de lectures destinées à divers amis (Védrine, Mouloudji) ;
— des notes de lecture sur les Quatuors *de Beethoven ;*
— des comptes rendus de parties d'échecs ;
— des comptes ;
— des emplois du temps (hypokhâgne et khâgne) ;
— des notes sur l'histoire des syndicats entre 1922 et 1936.

Œuvres de Simone de Beauvoir (suite)

LES ÉCRITS DE SIMONE DE BEAUVOIR (1979), par Claude Francis et Fernande Gontier.

LA CÉRÉMONIE DES ADIEUX suivi de ENTRETIENS AVEC JEAN-PAUL SARTRE, août-septembre 1974 (1981).

Témoignage

DJAMILA BOUPACHA (1962), en collaboration avec Gisèle Halimi.

Scénario

SIMONE DE BEAUVOIR (1979), un film de Josée Dayan et Malka Ribowska, réalisé par Josée Dayan.

Composé et achevé d'imprimer
par la Société Nouvelle Firmin-Didot
à Mesnil-sur-l'Estrée, le 8 février 1990
Dépôt légal : février 1990
Numéro d'imprimeur : 13421
ISBN 2-07-071809-3 Imprimé en France

48526